Col

Biblio

LISA MOSCONI este directoarea programului Women's Brain Initiative, profesoară de neuroștiințe și autoarea câtorva cărți devenite bestselleruri. Și-a luat doctoratul în neuroștiințe și medicină nucleară, are un atestat de nutriționist și unul de specialist în îngrijire medicală holistică.

A publicat peste o sută de articole în reviste medicale prestigioase, printre care *Nature Medicine*, *Journal of Medical Association* și *The British Medical Journal*, și a ținut peste optzeci de conferințe, difuzate pe canale TV precum CNN, CBS și NBC.

LISA MOSCONI

# Hrană pentru creier

## Dezvoltă-ți puterea cognitivă prin nutriție

Traducere din engleză de
ELENA CECIU

CURTEA VECHE

**Descrierea CIP a Bibliotecii Naționale a României**
**MOSCONI, LISA**
**Hrană pentru creier : dezvoltă-ți puterea cognitivă prin nutriție** / Lisa Mosconi ;
trad. de Elena Ceciu. - București : Curtea Veche Publishing, 2021
Index

ISBN 978-606-44-1027-6

I. Ceciu, Elena (trad.)

159.9

ISBN epub: 978-606-44-1028-3
Carte publicată și în ediție digitală

Redactor: Andreea Florescu
Corector: Maria Petricu
Tehnoredactor: Irinel Niculae
Copertă: Teona Teodorescu

CURTEA VECHE PUBLISHING

str. Aurel Vlaicu nr. 35, București, 020091
redacție: 0744 55 47 63
distribuție: 021 260 22 87, 021 222 25 36, 0744 36 97 21
fax: 021 223 16 88
redactie@curteaveche.ro
comenzi@curteaveche.ro
curteaveche.ro

LISA MOSCONI
*Brain Food*



Cu toate că autoarea a depus toate eforturile pentru a oferi adrese de internet valide la data publicării, nici ea și nici editorul nu își asumă responsabilitatea pentru schimbări sau pagini devenite inactive ulterior. În plus, editorul nu deține niciun control și, în consecință, nu își asumă nicio responsabilitate față de site-urile folosite de autoare sau de terți și față de conținutul lor.

*Familiei mele,*
*a cărei dragoste nu o voi uita niciodată*

# CUPRINS

# PREFAȚĂ

Acum câțiva ani, am ținut discursul inaugural la o conferință internațională pe tema prevenirii bolii Alzheimer. Era o zi frumoasă și însorită în Italia, aula – plină de medici, studenți și profani, toți nerăbdători să afle ultimele știri legate de tratamentele farmacologice pentru boala Alzheimer.

Eu eram mai puțin nerăbdătoare să fiu purtătoarea veștilor proaste. Din nefericire, medicațiile actuale pentru boala Alzheimer reduc simptomele pentru o anumită perioadă, dar nu pot opri deteriorarea neuronilor cauzată de îmbătrânire și de boala în sine. E adevărat că o nouă generație de medicamente cu implicații asupra bolii este în curs de dezvoltare, dar testele clinice au produs în mare parte rezultate dezamăgitoare până în prezent, confirmând ceea ce știe toată lumea: nu se întrevede niciun remediu complet.

La un moment dat, cineva din public a întrebat: „Dar ce spuneți de uleiul de măsline?"

Creierul meu, cu pregătirea lui în neuroștiințe, a fost derutat. *Uleiul de măsline?*

Uleiul de măsline nu se regăsea în niciunul dintre proiectele mele de cercetare și nici nu studiasem nimic despre el. Mi-am dat doctoratul în neuroștiințe și în medicină nucleară pentru a mă concentra pe aspectele genetice ale bolii, motivată în parte de efectele devastatoare pe care le-am văzut la rudele apropiate. Munca mea din ultimii 15 ani s-a concentrat pe descoperirea timpurie a bolii Alzheimer. Mai exact, în cercetarea mea folosesc tehnici de imagistică a creierului, cum ar fi imagistica prin rezonanță magnetică (IRM) și tomografia cu emisie de pozitroni (PET), pentru a observa creierul oamenilor în relație cu moștenirea genetică și, de-a lungul acestui proces, pentru a descoperi probabilitatea ca ei să dezvolte boala.

Datorită acestor studii, am ajuns să conduc în 2009 programul de cercetare numit Family History of Alzheimer's al NYU School of Medicine. Programul se axează pe copiii și pe membrii familiilor pacienților cu boala Alzheimer. Aproape toți sunt preocupați de aceleași întrebări: „Există riscul să dezvolt și eu boala? Ce pot face ca să mă asigur că nu mă îmbolnăvesc?"

De-a lungul anilor, am observat cum tipul de întrebări care îmi sunt puse de pacienți s-a schimbat, cum a fost cea cu uleiul de măsline de la conferință. Pe lângă discuțiile despre gene și ADN, mai devreme sau mai târziu ajungem să vorbim despre alimentație: „Ce ar trebui să mănânc pentru a-mi păstra creierul sănătos?"

În timp ce toate cercetările mele au la bază educația din viața de adult, tot ce asociez cu mâncarea își are originile în copilăria petrecută în Florența, Italia. În orașul meu natal, încă de la o vârstă fragedă mi-am dezvoltat o recunoștință pornită din inimă pentru mâncarea hrănitoare, sănătoasă, pe care am considerat-o un lucru firesc până când m-am mutat în Statele Unite ca să studiez pentru doctorat. Nu anticipasem că îmi va fi greu să găsesc roșii cu gust, nici pericolul de înfundare a arterelor ascuns într-un fursec cu fulgi de ciocolată aparent inocent.

Pe când mă chinuiam cu dieta din noul meu mediu, am înțeles din cercetarea mea că nu sunt singura. Potrivit testimonialelor, mai mult de jumătate dintre participanții la studiul meu au declarat că dietele lor nu conțin decât cantități infime de legume și fructe.

Încet-încet, a devenit cât se poate de clar că nu mă depărtasem doar de casă. Ci și de ipotezele inițiale cu privire la aspectele genetice ale demenței. De fapt, s-a dovedit că rolul factorilor genetici în boala Alzheimer – și în demență în general – nu este atât de important pe cât am crezut înainte. În timp ce unii pacienți sunt purtători ai unor mutații genetice agresive care duc la demență, pentru marea majoritatea a populației riscul dezvoltării ei este influențat de o diversitate de factori medicali, precum și de stilul de viață – inclusiv de dietă. După ce cercetarea mea a scos la iveală cât de importante și cât de ciudat de neglijate sunt dieta și nutriția în acest domeniu, m-am întors la școală și am finalizat doctoratul în nutriție integrativă. În baza lui, precum și a altor cercetări, am fondat Nutrition & Brain Fitness Lab la NYU cu scopul de a identifica factorii legați de stilul de viață care susțin sănătatea creierulul și care îl protejează împotriva demenței. Câțiva ani mai târziu, am dezvoltat niște cursuri cu privire la nutriția creierului și am început să predau la catedra de Studii ale alimentației și nutriției din cadrul NYU Steinhardt School. Cam în același timp, m-am mutat la Weill Cornell Medical College, unde am avut onoarea de a îndeplini funcția de director asociat la prima clinică de prevenție a bolii Alzheimer din țară. Abordarea inovatoare a clinicii include intervenții deopotrivă farmaceutice și comportamentale, care urmăresc îmbunătățirea atât a stării medicale, cât și a alegerilor ce privesc stilul personal de viață într-o manieră menită să prevină boala Alzheimer. Practica presupune, în mare parte, dietă și nutriție. Această activitate m-a convins să studiez relația complexă dintre creierul nostru și alimentele cu care ne hrănim și de a educa oamenii cum să mănânce într-un mod sănătos pentru creierul lor.

Ca în cazul tuturor celor care au încercat, cu ajutorul unei diete, să dezvolte o nutriție optimă, mi-am dat seama numaidecât că recomandările disponibile erau adesea contradictorii și incoerente. Am fost surprinsă mai ales de volumul mare și de efectul informațiilor pseudoștiințifice disponibile pe internet comparativ cu rapoartele medicale de specialitate publicate și revizuite *inter pares*.

Am auzit destule despre ce este și ce nu este bun pentru creierul nostru. De exemplu, mulți dintre noi au devenit recent conștienți de panica americană cu privire la gluten. Însă cu numai câțiva ani în urmă, cerealele erau considerate întruchiparea mâncatului sănătos – și oamenii erau îngroziți de consumul alimentelor grase. Problema este că, deși numeroase recomandări pe care le poți găsi on-line promovează o viziune științifică asupra lumii, foarte puține au fost susținute de cercetări temeinice. Internetul și mass-media, în special, au tendința de a extrapola unele descoperiri limitate și de a le da o notă de senzațional. De exemplu, cel puțin o dată pe săptămână, o persoană îmi va cere opinia cu privire la cel mai nou „medicament miraculos“ pentru boala Alzheimer. Caut studiul. Cel mai adesea, este adevărat că medicamentul a funcționat…, dar pe o populație de numai zece șoareci. Așa că este o veste excelentă dacă ești unul dintre acei zece șoareci. Dacă acele descoperiri sunt sau nu relevante pentru *oameni* este o cu totul altă poveste.

Aici intră în scenă cultura științifică. Care sunt sursele de informare cele mai credibile? De unde putem ști dacă merită să ne lăsăm influențați de studiul despre care am auzit la jurnalul de seară?

Deși cercetarea științifică temeinică este mai restrânsă decât blogurile de pe internet, rezultatele se dovedesc a fi consecvente. O nouă generație de studii a început să identifice care nutrienți sunt cu precădere utili în activarea creierului pentru ca acesta să funcționeze la capacitate maximă și pentru a fi protejat pe parcursul înaintării în vârstă, asigurându-ne astfel o putere mintală continuă pe parcursul întregii vieți. Totodată, învățăm și care sunt nutrienții dăunători creierului, cei care ne afectează abilitățile cognitive și care cresc riscul deteriorării mintale. Aceste studii cuprind experiența mea personală acumulată de-a lungul anilor de cercetare practică cu privire la interacțiunile semnificative dintre moștenirea genetică, nutriție și stil de viață.

Este important de remarcat că nu prezint doar rezultatele propriei cercetări, ci mai degrabă analizele a sute de oameni de știință care au studiat relația dintre alimentele pe care le mâncăm și sănătatea creierului nostru de-a lungul câtorva decenii. Sper să clarific că știința nu este niciodată rezultatul opiniei unei singure persoane, ci implică întotdeauna un colectiv de medici, oameni de știință și chiar pe tine și populația însăși, în ceea ce este un continuu schimb educativ care se desfășoară în timp. Grație acestui angajament la nivel mondial, ne îndemnăm unii pe alții să dăm de capăt lucrurilor cărora ne dorim cel mai mult să le găsim rezolvare. De fapt, frumusețea științei rezidă în faptul că unde-s mulți, puterea crește.

Pericolul de a citi lucrări izolate este că ceea ce pare a fi adevărat într-un studiu se dovedește a fi greșit în următorul. Într-o zi poți citi că, „potrivit științei“, trebuie să eviți colesterolul cu orice preț. Apoi ajungi să descoperi o explicație la fel de „științifică“ legată de rolul pe care colesterolul îl joacă în susținerea unui creier sănătos. Cum pot fi adevărate ambele lucruri?

În cele din urmă, niciun studiu separat nu este perfect. Nimeni nu poate fi 100% sigur că descoperirile sale sunt valide și aplicabile întregii populații. Trebuie să privim lucrurile dintr-o perspectivă mai largă. Cu cât un studiu independent reproduce de mai multe ori o anumită descoperire și insistă asupra aplicării unei game generoase de metode pe un număr deopotrivă generos de pacienți, cu atât mai probabil este ca descoperirea să fie adevărată și aplicabilă tuturor.

Nu te lăsa înșelat. Există o concluzie când vine vorba despre ce e și ce nu e bun pentru creier. În *Hrană pentru creier*, m-am bazat pe specializarea mea în domeniul neuroștiințelor ca să construiesc un cadru neurologic și nutrițional pentru modurile în care mâncarea este vitală pentru susținerea sănătății creierului. În paginile care urmează vom detalia descoperirile făcute de știință în ceea ce privește explorarea *neuronutriției* sau a *nutriției pentru creier*. Vom cerceta modul în care mâncarea se descompune în substanțe nutritive și în ce măsură aceste substanțe nutritive ne hrănesc creierul. Vom vorbi despre cum funcționează, de fapt, creierul și despre influența specifică pe care o are dieta asupra performanței noastre cognitive. Dar în mare parte, vom vedea cum creierul uman are *propria dietă unică*, diferită de cea a restului corpului. La fel cum mâncăm diferit atunci când vrem să slăbim față de când vrem să ne antrenăm pentru un triatlon, atunci când urmărim optimizarea sănătății cognitive pe termen lung, creierul are propriile nevoi. Așa cum se dovedește, viitorul nostru stă în propriile mâini – și în ce se află în meniul nostru.

# PASUL 1
## Să înțelegem neuronutriția

# 1
# Ce amenință sănătatea creierului

## Veștile bune

Să începem cu câteva vești bune. Noi, ca specie umană, trăim mai mult ca oricând. Speranța de viață este în mod constant în creștere de peste 200 de ani. În timpul secolului al XX-lea cu precădere, a avut loc o adevărată explozie în ceea ce privește longevitatea umană. Această creștere spectaculoasă a speranței de viață este una dintre cele mai mari realizări ale societății. Potrivit Centers for Disease Control and Prevention[1], cu toate că majoritatea celor născuți în 1900 nu au depășit vârsta de 50 de ani, speranța de viață atinge acum în medie aproape 80 de ani în majoritatea țărilor industrializate.

Se dovedește că secretul duratei de viață recent prelungite nu se datorează moștenirii genetice sau selecției naturale, ci mai degrabă îmbunătățirilor necontenite aduse standardului nostru de viață pe toate planurile. Din punctul de vedere al medicinei și al sănătății publice, aceste dezvoltări au dus la schimbări majore. De exemplu, boli grave, cum ar fi variola, poliomielita și pojarul au fost eradicate prin vaccinarea în masă. În același timp, au fost atinse standarde mai bune de viață prin îmbunătățiri aduse educației, locuințelor, nutriției, iar sistemele de sănătate au redus considerabil malnutriția și infecțiile, prevenind nenumărate decese inutile printre copii. Mai mult, tehnologiile proiectate pentru a îmbunătăți sănătatea au devenit disponibile maselor, fie prin folosirea frigiderului pentru a preveni alterarea alimentelor, fie prin colectarea sistematizată a gunoiului, care elimină în sine multe surse comune de boli. Aceste impresionante schimbări nu doar că au influențat considerabil modul de hrănire al civilizațiilor, ci au determinat și felul în care acestea vor trăi și vor muri.

În final, trăim tot mai mult. În majoritatea națiunilor industrializate, vârsta înaintată este o așteptare rațională, într-o asemenea măsură încât oamenii de știință pot afirma cu fermitate: o societate longevivă este viitorul. O veste bună – una cu greu câștigată de-a lungul mileniului de istorie a omenirii.

## Veștile mai puțin bune

Acum, reversul medaliei. Așa cum se dovedește, într-o oarecare măsură, am putea fi victimele propriului nostru succes. Din nefericire, această creștere a duratei de viață nu ne oferă neapărat mai mulți ani în care să plesnim de sănătate. Vârsta înaintată poate aduce înțelepciune, dar la fel de bine vine cu adăugiri mai puțin glorioase. Pierderea auzului, ochelarii bifocali, reflexe mai lente și afecțiuni medicale obișnuite, cum ar fi artrita, reumatismul și problemele respiratorii sunt doar câteva exemple ale acelor efecte secundare pe care am prefera să nu le avem. O preocupare și mai mare este că deteriorarea creierului apare pe nesimțite la mulți dintre noi pe măsură ce îmbătrânim, făcându-ne vulnerabili la deficiențe de memorie și la pierderea funcției cognitive.

De-a lungul anilor, am întrebat nenumărați pacienți: „Ce te îngrijorează cel mai mult cu privire la viitoarele probleme de sănătate?“ Cel mai adesea, nu se gândesc la sănătatea inimii lor și nici măcar la riscul de a avea cancer. Astăzi, cea mai mare frică a majorității oamenilor este că ar putea să-și sfârșească zilele luptându-se cu demența.

Cea mai frecventă cauză a demenței, și probabil cea mai de temut, este boala Alzheimer, cea care îți răpește memoria. Ideea de a pierde șirul propriilor gânduri sau de a fi incapabil să ți-i amintești pe cei dragi cauzează o anxietate, o frică și un stres uriașe. La fel de înfricoșătoare este durerea noastră intrinsecă atunci când vedem o rudă sau un prieten apropiat cum suferă de această afecțiune devastatoare.

Această preocupare este de înțeles. Dintre toate problemele pe care îmbătrânirea le aduce în secolul al XXI-lea, nimic nu se compară cu dimensiunea fără precedent a bolii Alzheimer. Conform rapoartelor recente ale Alzheimer's Association, numărul celor care suferă de pe urma acestei boli este estimat la 5,3 milioane doar în Statele Unite. Pe măsură ce generația *baby boomer** îmbătrânește[2], se prevede că numărul pacienților va atinge uimitorul număr de 15 milioane de cazuri până în 2050. Aceasta este populația orașelor Los Angeles, New York și Chicago laolaltă.

Se observă o tendință asemănătoare pe întreaga planetă. Astăzi, mai mult de 46 de milioane de oameni la nivel mondial trăiesc cu demență. Se estimează că acest număr va crește la 132 de milioane până în 2050.

Mai mult, în timp ce boala Alzheimer reprezintă cadrul cel mai ușor de recunoscut (și cel mai frecvent) pentru demență, există multe căi prin care un creier sănătos poate ajunge să funcționeze anapoda: alte forme de demență, boala Parkinson, comoție cerebrală, depresie și așa mai departe. Pe măsură ce tot mai multe țări se bucură de beneficiile unei vieți mai îndelungate, povara tuturor acestor afecțiuni atinge o proporție alarmantă[3]. Și de parcă

---

* Generația celor născuți între 1946 și 1964, perioada de după război, când a avut loc o creștere a natalității. (*N. trad.*)

nu ar fi fost de ajuns, în afară de bolile specifice, deteriorarea cognitivă generală legată de vârstă ar putea afecta până la de trei sau patru ori mai mulți oameni, cu consecințe psihologice, sociale și economice extraordinare.

Dacă luăm în considerare dificultățile unei asemenea situații de criză fără precedent în ceea ce privește sănătatea creierului, anul 2050 nu mai pare așa departe.

Avem nevoie de un leac și avem nevoie de el repede.

## Știri de ultimă oră

Acum, știrile care ne aduc speranță. Descoperiri medicale recente au schimbat radical modul în care înțelegem îmbătrânirea și boala, arătând că modificările creierului care duc la demență se desfășoară de-a lungul a *zeci* de ani până când cineva ajunge să uite un nume sau să își piardă cheile. Aceste descoperiri au pus lucrurile într-o perspectivă mult mai largă decât până acum.

Două tehnologii au schimbat considerabil modul în care înțelegem cum îmbătrânește creierului. Pe de o parte, în sfârșit avem acces la testare „genomică ieftină" (teste ADN accesibile), care ne permite să aruncăm o privire asupra predispozițiilor noastre genetice. În timp ce cu doar cinci ani în urmă ar fi trebuit să cheltuim mii de dolari pentru a face o examinare genetică corectă, oricine poate obține azi astfel de informații prețioase pentru doar câteva sute de dolari.

În plus, avem teste de laborator, cum ar fi imagistica creierului, care ne permit să vedem cum funcționează creierul în timp, ca răspuns atât la moștenirea noastră genetică, cât *și* la alegerile referitoare la stilul nostru de viață. Oamenii de știință au acum acces la tehnici sofisticate de imagistică a creierului, cum ar fi imagistica prin rezonanță magnetică și tomografia cu emisie de pozitroni, care permit o vedere a creierului uman din interior spre exterior. Imagistica creierului ne oferă o fereastră extraordinară și adecvată, de unde putem arunca o privire asupra evoluției actuale a multor afecțiuni ale creierului cu ani înaintea apariției oricăror simptome clinice observabile. În sfârșit, putem urmări dezvoltarea bolilor precum Alzheimer pe măsură ce evoluează și putem folosi această cunoaștere pentru a identifica persoanele cu risc cu ani, dacă nu chiar cu zeci de ani înainte de apariția simtomelor clinice.

Așa cum veți observa, mare parte din discuția pe tema nutriției pentru sănătatea creierului face referire la boala Alzheimer. Și asta pentru că boala Alzheimer este una dintre puținele afecțiuni neurologice de proporții epidemice asupra căreia oamenii de știință pot fi de acord că este direct influențată de dietă și care, prin urmare, este catalizatorul celor mai multe cercetări subvenționate din domeniu. Pentru a ne da seama de ce au nevoie oamenii să mănânce pentru a-și îmbunătăți sau pentru a-și menține abilitățile cognitive optime, trebuie să comparăm persoanele care îmbătrânesc frumos (în ceea ce privește creierul) cu acelea care, din nefericire, nu fac asta. În acest context, boala Alzheimer este, de fapt, o prescurtare pentru răspunsurile extreme ale creierului la substanțele nutritive pe care i le furnizăm. De aceea, lecțiile învățate și comportamentele care decurg din ele se aplică unei sănătăți cognitive mai ample, precum și multor, dacă nu chiar tuturor, formelor de declin cognitiv asociate cu îmbătrânirea creierului. În mare parte, așa cum respectarea indicațiilor pentru prevenirea bolilor de inimă este bună pentru toată lumea – nu doar pentru cei cu risc de evenimente cardiace –, recent descoperitele strategii nutriționale pentru prevenirea bolii Alzheimer sunt de asemenea cele care optimizează *sănătatea cognitivă în mod normal*, pe parcursul unei vieți și cu beneficii extinse. Descoperirile cercetărilor cu privire la boala Alzheimer pot fi apoi folosite ca o bază pentru a împiedica declinul cognitiv al creierului.

Folosind imagistica creierului, mai multe echipe de cercetători din întreaga lume au cartografiat cu succes evoluția bolii Alzheimer de-a lungul timpului, arătând cum se dezvoltă treptat în creier[4] și cum avansează pe o perioadă de 20 până la 40 de ani *înainte* de apariția simptomelor clinice. Cu alte cuvinte, deteriorarea cognitivă nu este o simplă consecință a vârstei înaintate[5], ci mai degrabă reprezintă stadiul final al traumelor acumulate de creier ani după ani. Este și mai tulburător faptul că schimbările din creier care duc la demență pot începe[6] încă spre finalul adolescenței și, în unele cazuri, chiar de la naștere. Așa cum se dovedește, Alzheimerul *nu* este o boală a bătrâneții, și nici nu lovește fără avertizare.

În prezent, știm că mulți factori genetici și de mediu, precum și stilul de viață pot dăuna creierului încă din tinerețe, declanșând o serie de evenimente patologice care în final duc la deteriorare cognitivă. Fie că ne referim la uitarea oarecum tipică sau la memoria slabă cu care mulți oameni încep a se confrunta în jurul vârstei de 60 de ani sau chiar la demența în toată regula, schimbările din creier pot surveni de-a lungul unei perioade extinse de timp, cu mult înainte ca boala să dezvolte simptome observabile.

Dacă sună înfricoșător, prinde curaj.

Mesajul-cheie din aceste studii, inclusiv din propriile mele cercetări, este că acest interval mare deschide o fereastră prețioasă de timp pentru a explora, în sfârșit, temeinic puterea *prevenției*. Există dovezi din ce în ce mai puternice care susțin că implementarea schimbărilor în stilul de viață descrise în această carte are potențialul de a împiedica dezvoltarea bolii Alzheimer și de a ajuta încetinirea, ba chiar oprirea evoluției afecțiunii în rândul celor care suferă în prezent de demență.

Și dacă nu pare suficient, să mănânci pentru bunăstarea creierului tău nu este doar o măsură de prevenire a bolii, ci și un ajutor pentru obținerea unor performanțe de top *în fiecare aspect al vieții*. Lăsând la o parte temerile specifice legate de orice boală și sperând la o sănătate mai bună a creierului, acesta este un apel la acțiune. Orice individ suficient de matur ca să se gândească la sănătatea creierului său la bătrânețe e suficient de matur și pentru a începe să facă neîntârziat schimbări esențiale în această direcție.

## Pur și simplu de neînlocuit

A avea grijă de creierul nostru este un proces care ține toată viața, în mare parte datorită înseși naturii celulelor noastre nervoase. De fapt, celulele noastre nervoase, sau neuronii, sunt literalmente de neînlocuit. Aceasta este diferența majoră dintre creier și celelalte organe ale corpului. În restul corpului, celulele sunt înlocuite în mod constant (gândește-te cât de repede cresc părul și unghiile). Dar creierului îi lipsește capacitatea de a dezvolta încontinuu noi neuroni.

În timp ce unii neuroni continuă să se dezvolte pe măsură ce înaintăm în vârstă[7], cei mai mulți dintre ei rămân alături de noi întreaga viață, devenind sensibili mai ales la uzura care intervine în mod natural ca parte a procesului de îmbătrânire[8]. De aceea bolile ca Alzheimer sunt atât de devastatoare: dau lovitura decisivă neuronilor, care nu se pot regenera.

Asta înseamnă că trebuie să acordăm o și mai mare atenție sănătății celulelor noastre nervoase, din moment ce, în general, s-ar putea să fie singurele pe care le avem.

Acest lucru este cu atât mai important, ținând cont de informațiile limitate pe care le avem cu privire la ce se întâmplă în interiorul creierului nostru. De cele mai multe ori, nici nu ne dăm seama că creierul nostru suferă, până când nu apare o problemă internă suficient de severă cât să producă simptome externe, cum ar fi pierderea cunoştinţei, halucinaţii sau deficienţe cognitive. De exemplu, nu este neobişnuit ca oamenii care suferă o comoţie să-şi continue activitatea ore sau zile înainte să se simtă, în cele din urmă, slăbiţi sau derutaţi. Un exemplu şi mai frecvent este că mulţi dintre noi nu îşi dau seama că, de fapt, creierul funcţionează cu resurse minime până când nu ajung zăpăciţi sau incoerenţi. De ce există o astfel de deconectare între starea creierului şi conştientizarea noastră în privinţa lui?

Pe de o parte, nu putem să ne vedem creierul. Dar şi mai important este că nu putem să-l *simţim*.

Aceasta este o altă diferenţă majoră între creier şi restul corpului. În ciuda a câte se petrec în interiorul său, un lucru la care creierul nu se pricepe este să ne lase să aflăm cum se simte. Totuşi, nu este greşeala lui. Spre deosebire de orice alt loc din corp, în creier nu există senzori de durere. Astfel, nu e posibil să simţim „durerea creierului". Dacă ţi-ar atinge cineva creierul, nu ai simţi nimic. De aceea chirurgii pot realiza operaţii pe creier chiar şi atunci când pacientul este treaz.

Majoritatea oamenilor confundă o migrenă sau o durere de cap cu una generată în interiorul creierului. Cât de des am spus ceva de genul: „Am avut o migrenă atât de rea, încât am crezut că mi se rupe capul în două"? Această exprimare este mai literală decât ne dăm seama. De fapt, capul nostru este cel care ne doare, nu creierul. Se întâmplă aşa când muşchii gâtului şi ai umerilor (nu creierul) stau semicontractaţi o anumită perioadă, de exemplu, după ce petrecem mai multe ore în faţa computerului. Această tensiune poate, de asemenea, să radieze spre faţă şi spre scalp, activând senzorii de durere ai corpului localizaţi acolo şi semnalizând disconfort. Cu asta confundă majoritatea oamenilor durerea creierului. Data viitoare când vei avea o durere de cap, fă nişte exerciţii de întindere.

Asta nu înseamnă doar că neuronii noștri nu se pot regenera, ei nu pot nici măcar să dea alarma când apare o problemă.

Drept rezultat, rămânem în necunoștință de cauză când vine vorba de sănătatea creierului nostru. Totuși, există câteva lucruri pe care le putem face pentru a ne ajuta neuronii să rămână puternici și pentru a evita surprizele neplăcute. Abilitatea noastră de a interveni și de a schimba cursul îmbătrânirii și al îmbolnăvirii este posibilă datorită capacității remarcabile a creierului însuși. Sute de studii științifice au arătat că creierul uman este un adevărat luptător. Creierul poate încasa o mulțime de lovituri înainte de a fi făcut *knocked out* sau, în termeni biologici, înainte de a-și epuiza capacitatea. Atunci și numai atunci apar simptomele.

Acest lucru se datorează propriei rezerve a creierului. Așa cum un rezervor suplimentar ajută o mașină, conceptul de „rezervă a creierului" face referire la capacitatea lui de a obține rezultate în fața atacurilor continue. Fie că e vorba de îmbătrânire, de accident sau de boală, dacă lăsăm aceste atacuri să se acumuleze fără să le acordăm atenție, în cele din urmă rezerva noastră se va epuiza[9]. Având în vedere acest factor, un obiectiv clinic deosebit de important este identificarea acelor oameni al căror creier se luptă în tăcere cu boli ca Alzheimer și inițierea tratamentului preventiv necesar pentru a-i salva de la a suferi pe deplin efectele lor.

Auzind acestea, ai putea fi tentat să dai o fugă până la farmacie, cu o rețetă în mână. Din păcate, tratamentele farmacologice sunt limitate. În cazul bolii Alzheimer, de exemplu, medicația actuală diminuează sau stopează simptomele pe o perioadă limitată de timp, dar nu poate opri deteriorarea neuronilor cauzată de boală. O nouă generație de medicamente modificatoare este în curs de dezvoltare, acestea fiind concepute pentru a acționa ca un vaccin, însă nici chiar companiile farmaceutice nu pot garanta că aceste medicamente vor fi gata în următorii zece ani. Între timp, testele clinice au dat rezultate în mare parte dezamăgitoare[10], confirmând ceea ce nu toată lumea era dispusă să admită: să tratezi un pacient odată ce simptomele clinice au apărut deja ar putea fi prea târziu. Este mult mai probabil ca produsele farmaceutice să funcționeze dacă sunt administrate în faza incipientă a bolii, cu mult înainte de declinul cognitiv.

Dar, deocamdată, nu există un astfel de tratament preventiv și nici nu pare să fie descoperit prea curând.

Acest lucru ne face să ne punem câteva întrebări stringente. Ar trebui să așteptăm să apară medicamente încă netestate? Avem timp să așteptăm? Ar putea exista o alternativă la fel de eficientă la abordarea farmacologică? Mai presus de toate, ce putem face pentru a ne asigura că creierul nostru rămâne sănătos și activ, prevenind din start instalarea bolii?

## Înnăscută sau dobândită?

Cercetări recente cu privire la boala Alzheimer au scos la iveală rolul pe care noi înșine îl jucăm în stabilirea capacităților noastre mintale viitoare. Așa cum s-ar putea să știți, boala Alzheimer este privită ca o consecință aproape inevitabilă a îmbătrânirii, a genelor proaste sau a unei combinații între cele două. S-a dovedit că niciuna dintre aceste două alternative nu este, de fapt, adevărată.

Ceea ce nu știm majoritatea dintre noi este că *mai puțin de un procent* din întreaga populație dezvoltă boala Alzheimer[11] din cauza unei mutații genetice rare din ADN. Așa cum vom discuta în detaliu mai târziu, cei mai mulți pacienți nu poartă nicio astfel de mutație. Așa că pentru restul de 99%, riscul real *nu este hotărât* de gene.

Nu ar trebui să fie o surpriză atât de mare. Chiar și bolile precum obezitatea, cancerul, diabetul și afecțiunile cardiovasculare apar, în majoritatea cazurilor, mai degrabă în urma interacțiunii dintre o serie de factori genetici și stilul de viață[12] decât în urma unei singure mutații genetice. Astfel, trebuie să admitem că, deși pot fi în parte genetice, cauzele care stau la baza celor mai multe forme de declin cognitiv asociat cu îmbătrânirea creierului au la fel de multă legătură cu factorii de mediu și cu stilul personal de viață, cum ar fi dieta și exercițiile fizice. Prin urmare, pentru majoritatea dintre noi, indiferent de riscul pe care îl prezentăm, dezvoltarea bolii are mai puțin de-a face cu genele noastre și mai mult cu modul în care ne trăim viața.

Acest lucru este important într-un mod cât se poate de specific. În primul rând, indică faptul că viitorul nostru (și cel al creierului nostru) nu se datorează, până la urmă, genelor noastre, dar este în mare măsură dependent de alegerile pe care le facem. De exemplu, studiile pe gemeni oferă o dovadă destul de concludentă că experiența este cea care ne modelează viitorul, indiferent de genele noastre. Cercetarea pe gemeni identici este cu atât mai edificatoare[13] în această privință. Studiile efectuate pe mii de gemeni identici, cu același ADN, dar care au trăit în familii diferite și au avut stiluri de viață diferite au dezvăluit că doar 25% din longevitatea lor depinde de gene. Așadar, mai degrabă stilul lor de viață, și nu moștenirea genetică, a avut un impact mai mare asupra oricărui eventual risc. Aceste studii oferă o dovadă destul de concludentă că experiența este cea care ne modelează viitorul, indiferent de materialul nostru genetic – și că tocmai aceste lucruri care se află sub controlul nostru sunt importante în ceea ce privește nu doar cantitatea, ci și calitatea următorilor ani.

În acord cu acest lucru, s-a estimat că 70% dintre toate cazurile de accidente vasculare[14], 80% dintre toate cazurile de boli cardiovasculare și 90% dintre toate cazurile de diabet de tip 2 din ultimii ani au fost cauzate de nimic altceva decât de stilul de viață nesănătos. Aceste boli ar fi putut fi prevenite pur și simplu acordând o atenție mai mare alegerilor alimentare, modificărilor în greutate și activității fizice. Important este că există dovezi recente care să indice faptul că, ținând cont de numai câțiva factori de risc în ceea ce privește bolile de inimă și diabet[15], s-ar putea preveni *peste o treime* din cazurile de Alzheimer din lume. Aceste intervenții ar trebui să fie cu atât mai eficiente în prevenirea sau reducerea problemelor cognitive mai puțin severe care apar în mod natural odată cu vârsta.

Adevărul este că avem o putere mai mare decât ne dăm seama. Puterea alegerilor personale rămâne adesea neexploatată din cauza tendinței medicinei occidentale de a trata simptomele cu medicamente sau cu intervenții chirurgicale înainte de a lua în considerare abordări mai puțin riscante și deseori mai eficiente – cum ar fi să mâncăm mai bine.

## Legătura minte–mâncare

De zeci de ani, comunitatea medicală recomandă planificarea științifică a dietei ca parte dintr-un plan terapeutic mai amplu privitor la multe afecțiuni, cum ar fi diabetul, bolile de inimă, tensiunea arterială ridicată și colesterolul mare. Până în prezent, nu există astfel de recomandări pentru îmbătrânirea creierului sau pentru demență. De fapt, mulți oameni de știință și mulți profani încă ezită să creadă că alegerile noastre alimentare ar putea avea ceva de-a face cu modul în care îmbătrânește creierul sau cu riscul de a dezvolta o boală a creierului.

În parte, asta se datorează faptului că, în mod tradițional, nutriția a fost tratată superficial în școlile medicale, precum și în programele postuniversitare de cercetare a sănătății mintale. Abia în ultimii ani nutriției i s-a acordat un statut de domeniu științific, iar dieta a fost recunoscută ca un mijloc real de prevenire a bolilor creierului cum ar fi Alzheimer. Puțin câte puțin, oamenii de știință au ajuns să aprecieze legătura puternică dintre alimentele pe care le mâncăm și sănătatea creierului. Această revelație a dus la creșterea rapidă a numărului de dovezi care arată că am putea foarte bine să ne „pavăm" drumul către demență cu ajutorul mâncării.

Calitatea alimentelor pe care le ingerăm în prezent a scăzut în mod alarmant, iar mulți dintre noi abia începem să înțelegem acest lucru. Animalele sunt hrănite zilnic cu hormoni de creștere, cu antibiotice și cu hrană modificată genetic (OMG), pe care noi le ingerăm când pregătim o masă din ele. Puii și porcii sunt hrăniți cu otrăvuri precum arsenicul pe post de conservanți. Legumele produse convențional sunt inundate de pesticide și de fertilizatori chimici. Pe lângă faptul că sunt toxice și ne golesc solul de substanțe nutritive[16], aceste tratamente fac ca legumele să crească mai mari, mascând conținutul din ce în ce mai mic de vitamine și de minerale. În plus, grăsimile modificate genetic și zahărul rafinat sunt adăugate regulat în majoritatea alimentelor. Iar asta se face nu doar pentru a maximiza perioada de valabilitate a produselor, ci și pentru a spori în mod deliberat pofta noastră pentru ele, ceea ce duce la vânzări și la profit.

Ce a trecut neobservat până acum este că dintre toate organele corpului, creierul este cel mai ușor de deteriorat printr-o dietă săracă. De la arhitectura până la capacitatea sa de a funcționa, tot ce este în creier cere o dietă corespunzătoare. Cei mai mulți dintre noi nu suntem conștienți că singura cale a creierului de a primi substanțe nutritive este prin dieta noastră. Zi după zi, alimentele pe care le mâncăm sunt descompuse în substanțe nutritive, preluate de fluxul de sânge și purtate la creier pentru a umple rezervorul golit, pentru a activa reacțiile celulare și, cel mai important, pentru a fi încorporate în țesutul creierului. Proteinele din carne și din pește sunt sparte în aminoacizi care, printre alte lucruri, servesc ca aliment al neuronilor. Legumele, fructele și cerealele integrale oferă carbohidrați importanți cum ar fi glucoza, dar și vitaminele și mineralele care energizează creierul. Grăsimile sănătoase din pește și din nuci sunt descompuse în acizi grași Omega 3 și Omega 6, care fac ca neuronii noștri să fie flexibili și receptivi, susținându-ne totodată sistemul imunitar și protejându-ne creierul de deteriorare. Creierul nostru este literalmente ceea ce mâncăm.

## Mâncarea e ca o magie

Adesea, oamenii de știință văd mâncarea ca pe un ansamblu de calorii și de substanțe nutritive care au anumite interacțiuni cu biologia umană. Dacă am urma acest gând, mâncarea găsită în natură ar fi de nediferențiat față de mâncarea făcută în fabricile industriale. Doar că natura nu lucrează ca o fabrică.

Mâncarea industrială reflectă aproximativ 200 de ani de inovație și de cercetare umană în nutriție, în producție și în optimizare pentru consumul uman. Mâncarea naturală, în schimb, reflectă mii de ani de evoluție și de adaptare a vieții pe planetă. Când pui în gură o afină, de exemplu, beneficiezi de tot efortul (și de mii de ani de încercare și eroare) pe care tufa de afine l-a depus nu doar pentru creșterea fructelor, ci și pentru protejarea viitorului speciei, aflat în stare latentă în semințe.

În loc să riște supraviețuirea semințelor pe cont propriu, afinele folosesc propriul sistem de apărare, care este compus din mai multe substanțe chimice pe care noi, oamenii, le numim *substanțe nutritive* – chiar acele substanțe nutritive pe care lucrăm din greu să le decantăm industrial în pilule și în capsule. Printre aceste substanțe nutritive se numără vitaminele care împiedică semințele să se strice, mineralele care le dau putere si zaharurile care le dau energie.

În plus, plantele produc o gamă largă de compuși puternici numiți *fitonutrienți* (adică nutrienții plantelor), cum ar fi *antocianinele* și *pterostilbenele*, care au dus la apariția afinelor în buletinele de știri. Fitonutrienții îndeplinesc obiectivul important de a se lupta cu stresul oxidativ și cu inflamația, crescând astfel durata de viață a semințelor. Sunt de asemenea responsabile pentru culoarea, mirosul și aroma afinelor. Un motiv pentru care aceste afine au gustul atât de bun este că fac tot posibilul să atragă păsările care le mănâncă. Asta pentru că, prin combinația dintre digestia păsării, zborul ei și excreția, planta își poate răspândi semințele dincolo de propriul teritoriu, asigurându-și mai departe supraviețuirea pe planetă.

În final, făcând afine, planta aspiră să-ți perpetueze specia. Mâncând afine, primim toate beneficiile acestui efort. E ca o magie. Fără intenție sau premeditare, fără publicitate, fără laboratoare sau planuri de afacere, afinele s-au făcut pe ele însele nutritive și delicioase. Dar departe de a fi ceva „supranatural“, acest lucru este pur și simplu magia naturii obișnuite.

În neuronutriție, există o gamă nesfârșită de exemple în care întregul nutritiv (prin efectele sale) este literalmente mai măreț decât simpla sumă a părților sale.

În ciuda a ceea ce mintea noastre ar putea să ne spună când ni se oferă o negresă, ceea ce creierul nostru poftește, de fapt, este multitudinea de substanțe nutritive prezente în natură, hrană activă biologic. Când substanțele nutritive corecte se combină în modul corect, aceeași magie care contribuie la sănătatea afinelor contribuie și la construirea unui creier sănătos.

## Dovada este în alimentație

Să fie oare atât de simplu? Toate astea ți se par greu de crezut?

Mie mi s-au părut, cu ceva timp în urmă. Dar chiar cercetarea mea a fost cea care m-a convins de contrariu. Dă-mi voie să-ți arăt cum.

În figura de mai jos (Figura 1) sunt scanările IRM a două persoane sănătoase, fără demență, care urmează diete foarte diferite. Să verificăm diferențele dintre ele.

În stânga poți vedea creierul unei femei de 52 de ani care a avut o dietă de tip mediteraneean cea mai mare parte a vieții ei. Nefiind neurolog, e posibil să nu îți dai seama la prima vedere, însă creierul ei arată minunat. De fapt, așa ai vrea să arate și creierul tău la 52 de ani. În primul rând, creierul ei ocupă cea mai mare parte din interiorul craniului (banda albă de la exterior care înconjoară creierul). *Ventriculii*, acele mici fisuri în formă de fluture din mijlocul creierului, sunt infimi și compacți. *Hipotalamusul* (centrul memoriei din creier) este bine echilibrat și în strânsă legătură cu țesuturile care-l înconjoară.

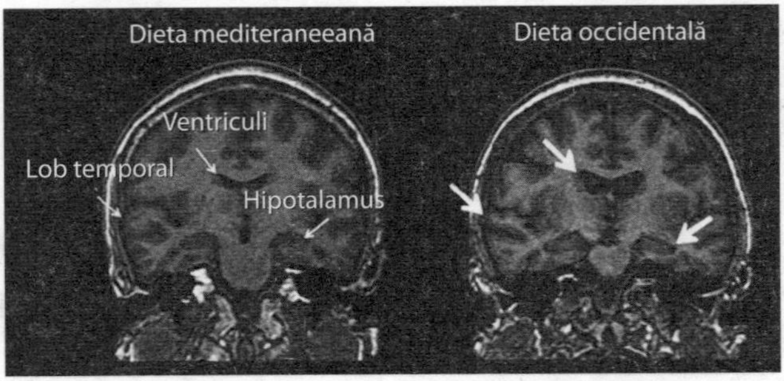


**Figura 1.** Cum arată creierul la două persoane cu diete diferite: dieta mediteraneeană *versus* dieta occidentală

Prin comparație, scanarea din dreapta arată creierul unei femei un pic mai tinere, de 50 de ani, care de ani buni are o dietă de tip occidental. Asta se traduce prin fast-food, cărnuri procesate, lactate, dulciuri rafinate și băuturi carbogazoase. Săgețile indică *atrofierea* creierului, sau micșorarea, un indicator al pierderii neuronilor. Pe măsură ce creierul pierde neuroni, spațiul este înlocuit de fluide, care apar negre la IRM. Așa cum poți vedea, există mai multe zone negre prezente în creierul care a fost hrănit cu o dietă tipic occidentală decât în creierul care a consumat mâncare mediteraneeană. Ventriculii în formă de fluture sunt mai mari în creierul din dreapta, rezultat al micșorării creierului. Și hipotalamusul este înconjurat de fluid (în negru), la fel cum este și lobul temporal, altă regiune direct implicată în formarea memoriei. Toate acestea sunt semne ale îmbătrânirii accelerate și ale riscului crescut de demență.

Bineînțeles, nu toți oamenii care urmează o dietă mediteraneeană au un creier perfect sănătos și nu toți oamenii care mănâncă fast-food au un creier care se deteriorează. Dar, în medie, creierul oamenilor care urmează o dietă mediteraneeană[17] pare să aibă, în general, o formă fizică mai bună decât a celor care urmează o dietă mai puțin sănătoasă, indiferent dacă poartă sau nu factori genetici de risc pentru demență[18].

Descoperiri ca acestea au dus la o adevărată schimbare de paradigmă în practica medicală, din moment ce un număr din ce în ce mai mare de experți recunosc acum că dieta este importantă atât pentru sănătatea mintală, cât și pentru cea fizică. Există tot mai multe dovezi care să susțină faptul că adoptarea unei *diete sănătoase pentru creier* este cheia pentru menținerea capacităților cognitive optime la vârsta adultă, întârziind astfel sau, mai bine, prevenind apariția bolilor debilitante ca Alzheimer. În același timp, a mânca bine și a duce un stil de viață sănătos oferă beneficiile suplimentare ale reducerii riscului apariției altor afecțiuni medicale sau agravării lor, afecțiuni care atacă creierul, cum ar fi bolile de inimă și diferite tulburări metabolice.

În cele din urmă, știința ne învață că sănătatea creierului nostru este extrem de dependentă de alegerile alimentare pe care le facem. Chiar dacă moștenirea genetică ne poate predispune la diverse boli, ar trebui să ne acordăm nouă înșine un pic mai multă încredere când vine vorba de controlul pe care îl avem asupra sănătății creierului nostru (și a corpului). Ceea ce noi toți putem și ar trebui să facem este să ne asigurăm că avem grijă de creierul care ne-a fost dat cu atât de multă bunăvoință, hrănindu-l cât mai bine posibil, lucru care ne va spori în mod natural șansele pentru o viață mai lungă și mai sănătoasă.

## Trei pași pentru hrănirea creierului tău

Următoarele capitole oferă informațiile necesare pentru explorarea acestei rute alternative, care promite să sporească și să protejeze sănătatea creierului nostru, oferind în același timp îndrumări pentru o condiție cognitivă optimă care se aplică independent de orice boală sau simptom. Pe măsură ce ne croim drum către acest obiectiv, abordarea mea față de neuronutriție implică trei pași de bază în îngrijire pe care îi poți încorpora cu ușurință în viața de zi cu zi pentru a-ți îmbunătăți sănătatea creierului. Planul are la bază concepte nutriționale de ultimă generație, rezultate din cercetări științifice de renume în neurologie, biologie, genetică și terapie nutrițională medicală, dar și din ultimele studii de sinergie alimentară și microbiom.

Pasul 1: Primul pas este aflarea alimentelor și substanțelor nutritive de care creierul tău are nevoie pentru hrănire optimă. Construirea unui meniu pentru sănătatea creierului este cel mai important lucru pe care îl poți face pentru a-ți ajuta prețiosul creier să-și atingă potențialul maxim. În plus, să-ți păstrezi creierul activ – din punct de vedere fizic, intelectual și social – este de o importanță capitală pentru asigurarea condiției cognitive optime.

Pasul 2: Pasul al doilea este de a-ți îmbunătăți și optimiza dieta și stilul de viață în întregime, urmând indicațiile generale din capitolele 11 și 13. Acestea sunt recomandări de bază pe care oricine le poate adopta și îmbunătăți și, făcând astfel, poate dobândi o sănătate a creierului mult mai bună atât pe termen scurt, cât și lung.

Pasul 3: Pasul al treilea este să descoperi unde te afli pe spectrul cunoașterii și practicilor tale legate de neuronutriție, făcând testul de la capitolul 14. Acest cadru te va ajuta să îți dai seama unde te afli în procesul hrănirii creierului tău pe termen lung. Ești începător, deja ai început sau faci progrese – unde te afli pe această traiectorie? Ce poți face pentru a înainta pe drumul către o condiție cognitivă optimă? Ți se vor oferi recomandări personalizate pentru fiecare dintre aceste trei niveluri, împreună cu o descriere amănunțită a fiecărui nivel în parte.

Cu ajutorul acestor trei pași de descoperire și de integrare a planului tău personalizat, vei fi asimilat toate cunoștințele dobândite din această carte pentru a concepe un plan de dietă și un stil de viață optime pentru *tine* și doar pentru tine. Fie că obiectivul tău este să stimulezi puterea propriului creier pe termen lung, să reduci deficiențele de memorie sau riscul de apariție a bolii Alzheimer, dacă urmezi acești pași simpli, vei ajuta creierul să funcționeze la capacitate maximă în anii ce vor urma.

# 2
# Să facem cunoștință cu creierul uman, un mofturos

## Oase și bariere

Pentru a înțelege pe deplin cum să răspundem cel mai bine nevoilor celui mai complex organ al nostru, anume creierul, trebuie mai întâi să aruncăm o privire asupra mecanismelor sale interne: cum se prezintă, cum funcționează, cum a ajuns să fie așa cum este. Așa cum vom vedea în paginile următoare, creierul uman nu este doar unic, ci și destul de rebel, având propriile reguli – și propriile gusturi. Așadar, să aruncăm o privire asupra acestui incredibil organ.

Din perspectiva unui neurolog, creierul poate fi descris printr-o serie de superlative. În primul rând, este cel mai vulnerabil organ din corp.

Am putea crede că o astfel de parte indispensabilă a corpului ar trebui alcătuită din materiale indestructibile. În schimb, creierul uman este destul de moale. Dacă ți-ai ține creierul în mâini, ai observa că are consistența unui jeleu. Conținând o cantitate considerabilă de grăsime, textura creierului este delicată, făcându-l vulnerabil. Inutil să mai precizăm că este și foarte ușor de vătămat. Atât de ușor, încât Mama Natură a considerat necesar să-l protejeze cu un craniu făcut din straturi de oase groase și să-l învelească mai departe în mai multe foi de membrane protectoare numite *meninge*.

Această cască încorporată și la îndemână, de care dispunem cu toții, este destul de robustă și rezistentă, încât o lovitură accidentală în cap produce de obicei doar ceva mai mult decât un „au“ sau o grimasă de durere. Însă, în lipsa craniului sau a meningelor, astfel de accidente inofensive ar duce la stricăciuni majore ale creierului sau chiar la moarte.

În interiorul craniului, creierul este cufundat într-o baie de lichid incolor numit *lichid cefalorahidian* (același fluid care apare negru la IRM), fără de care creierul nostru atât de delicat nu ar putea nici măcar să-și susțină propria greutate. Acest fluid face creierul să plutească și să absoarbă șocul cauzat de mișcările bruște ale capului, ca să nu mai vorbim de lovirea lui de o suprafață tare. Acest lichid este, de asemenea, responsabil de „curățare“, procesul prin care creierul îndepărtează toxinele și reziduurile pentru a se menține curat și funcțional.

Craniul, meningele și lichidul cefalorahidian sunt toate necesare pentru a asigura protecție structurală și susținere pentru creier, acordându-i astfel statutul de „cel mai protejat organ“ din corp. Totuși, traumatismele externe nu sunt singurul pericol pentru un organ care este atât de ușor de deteriorat. Acesta are nevoie să fie protejat și din interior, din moment ce multe substanțe care circulă în mod obișnuit în fluxul de sânge l-ar putea afecta grav. Natura a avut grijă și de acest aspect, construind o barieră specială care previne pătrunderea acestor substanțe în creier.

Ca o dovadă în plus a statutului său de VIP, creierul este singurul organ despre care știm că are propriul sistem de securitate: o rețea de vase de sânge denumite *bariera sânge–creier*. Bariera sânge–creier este ultimul strat de protecție al creierului. Este făcută dintr-un perete de celule aplatizate[1], împletite atât de strâns laolaltă, încât bariera este complet impermeabilă, împiedicând pătrunderea la creier a oricăror elemente ce nu sunt recunoscute ca fiind sigure și utile.

Închipuie-ți bariera sânge–creier ca o instituție guvernamentală de maximă securitate. La fel ca sediile FBI, aceasta dispune de intrări monitorizate și de paznici la fiecare poartă de acces. Unii vizitatori sunt imediat recunoscuți și lăsați să intre. Alții trebuie să-și arate cartea de identitate și să treacă prin echipamentul de securitate înainte de a fi escortați înăuntru. În timp ce altora nu li se permite nici măcar să se apropie de instituție. Această strategie îi permite astfel să decidă în totalitate ce substanțe pot intra fără probleme, ce substanțe trec numai sub supervizare și ce substanțe reprezintă un pericol, deci trebuie menținute la distanță.

Zi după zi, bariera sânge–creier protejează creierul împotriva infecțiilor și a inflamațiilor, restricționând trecerea substanțelor străine, potențial vătămătoare, cum ar fi bacterii, toxine și chiar unele medicamente. În același timp, exercită control precis asupra tuturor mesagerilor chimici produși în oricare altă parte din corp care ar putea interfera cu activitatea creierului, inclusiv unii dintre propriii noștri hormoni.

Pe de altă parte, acelor tipuri de substanțe necesare pentru funcționarea creierului le este permis să treacă de barieră fără ezitare. Este fascinant faptul că majoritatea substanțelor cărora li se permite să treacă de bariera sânge–creier sunt fragmente din aerul pe care îl respirăm, din pământul pe care umblăm și din hrana care crește pe el. Este destul de emoționant să ne gândim că părticele din planeta pe care trăim – râurile, văile, cerul, oceanele sale – devin în mod recurent parte din creierul nostru cu fiecare inspirație și cu fiecare masă pe care o luăm.

În primul rând, apa este un invitat bine-venit. Apei îi este întotdeauna permis să intre liber în creier, precum și unor gaze ca oxigenul, de care celulele noastre au nevoie ca să respire.

Și ce urmează după apă și aer?

Substanțele nutritive.

Proteinele, grăsimile și carbohidrații, precum și vitaminele și mineralele asigură funcționarea creierului, susțin activitatea celulară și previn deficiențele. De-a lungul milioanelor de ani în care creierul uman a evoluat ca să ajungă ce este azi, porțile extrem de specializate și concepute anume pentru nutrienți au dezvoltat bariera sânge–creier pentru a-i permite celui mai important organ al nostru să aibă acces la toți nutrienții necesari pentru creșterea și vitalitatea sa.

## Hrană pentru minte

Sănătatea creierului și capacitatea noastră de a ne adapta și de a supraviețui sunt dependente în mod intrinsec de dieta noastră – și astfel și de mediul nostru înconjurător. Pentru a aprecia pe deplin avantajul evoluționist al acestui aspect, precum și cât de delicată este interacțiunea dintre creierul din interiorul nostru și lumea din afara noastră trebuie mai întâi să înțelegem cum a apărut creierul uman.

Cercetările biomedicale acordă o atenție fără precedent importanței folosirii unei perspective evoluționiste a originii și a naturii problemelor de sănătate ale lumii moderne. În ultimii 20 de ani, cercetările în domeniul biologiei evoluționiste au arătat[2] că multe dintre elementele-cheie care ne deosebesc de alte primate merg mână în mână cu nevoile noastre nutriționale distincte. Totuși, o asemenea abordare s-a adresat în principal pierderii în greutate, exercițiilor fizice și tratării tulburărilor metabolice, cum ar fi obezitate și diabet – încă o dată lăsând creierul în plan secund.

Totuși, când analizăm evoluția noastră nutrițională ca specie, creierul este cel care a fost afectat cel mai mult. Din timpurile preistorice și până azi, mărimea creierului nostru a crescut de trei ori mai mult, mulțumită în mare măsură schimbărilor dietei și obiceiurilor alimentare ale strămoșilor noștri. Procesul construirii acestor creieri mai mari a fost unul lent și constant, care s-a desfășurat de-a lungul a 7 milioane de ani, timp în care perioadele lungi de creștere ușoară au alternat cu perioadele de creștere bruscă – care se pare că au survenit în tandem cu schimbări importante în dietă.

La începuturi, în ceea ce privește puterea creierului, nu era cu adevărat nimic special la oameni. În primele două treimi din istoria noastră pe planetă, mărimea creierului strămoșilor noștri se afla în limitele dimensiunii creierilor unor maimuțe de azi. De exemplu, unii dintre primii membri ai familiei noastre, *Australopitecii*, aveau creieri micuți, cu mărimea de aproximativ 400-500 de $cm^3$.

Lucrurile au rămas relativ neschimbate milioane de ani până când a apărut *Homo erectus*, cu aproximativ 1,8 milioane de ani în urmă, etalând un creier demn de luat în seamă, de 1 000 $cm^3$. Consemnările despre fosilele umane indică faptul că aceasta a fost prima schimbare evolutivă importantă în ceea ce privește mărimea creierului. Al doilea salt nu a durat atât de mult. Expansiunea creierului a accelerat semnificativ în ultimii 500 000 de ani, înzestrându-i pe *Homo sapiens*, precum și pe rudele lui, neandertalienii, cu creieri de aproximativ aceeași mărime cu cele din ziua de azi.

Rezultatul este că avem un creier enorm pentru un animal de mărimea noastră. Prin comparație, cimpanzeii, cele mai apropiate rude ale noastre, sunt foarte asemănători cu noi în ceea ce privește mărimea corpului, însă creierul lor are doar o treime din mărimea creierului nostru. Mare parte din această diferență se datorează expansiunii acelor părți din creierului uman responsabile cu activitățile cognitive sofisticate, cum ar fi limbajul, conștiința de sine și rezolvarea de probleme, aceleași care de altfel ne-au și permis fabricarea de unelte și socializarea – tocmai abilitățile care ne fac umani, permițându-ne totodată să avem grijă mai bine de noi înșine.

Expansiunea creierului a venit însă cu un cost foarte ridicat pentru specia noastră. În afara faptului că nu este ușor de cărat, un creier uriaș cere proporțional mai multă energie și, prin urmare, mai multe calorii și substanțe nutritive. În comparație cu alte primate și mamifere de mărimea noastră, oamenii trebuie să aloce o proporție mult mai mare din bugetul lor zilnic de energie pentru hrănirea propriului creier.

Pentru a acoperi nevoile energetice în creștere ale creierului, strămoșii noștri au fost nevoiți să caute o dietă mai bogată în grăsimi și energie, lucru care trebuie să fi fost foarte costisitor în ceea ce privește timpul și resursele necesare pentru furnizarea ei. Oricum, abilitatea de a menține această dietă a fost vitală pentru strămoșii noștri. O serie impresionantă de dovezi științifice sugerează o relație directă între accesul la mâncare și mărimea creierului, unde chiar și micile diferențe în calitatea nutrițională au avut un efect major pentru supraviețuire și pentru aptitudinile de reproducere. Probabil că natura a hotărât că acest compromis merită efortul de dragul progresului nostru. La urma urmelor, această expansiune impresionantă a creierului a fost prima care i-a provocat pe oameni să viseze la primele picturi din peșteri, mai târziu să înfăptuiască prima aselenizare și, cel mai recent, să inventeze și să extindă universul on-line pe care îl numim internet, așezând în cele din urmă specia noastră pe o treaptă evolutivă separată de toate celelalte animale.

## Dieta „paleo pentru creier"

De ceva timp, rolul dietei și al nutriției în modelarea rasei umane îi intrigă pe oamenii de știință și ne acaparează imaginația colectivă. Deși dieta lui *Homo sapiens* și a rudelor sale dispărute, care au trăit cu milioane de ani în urmă, este dificil de studiat, paleontologii au reușit să reconstruiască evoluția dietelor predecesorilor noștri cu precizie și cu detalii remarcabile.

Geografia le-a oferit primul indiciu. Africa a fost mult timp considerată leagănul umanității[3]. Dar Africa strămoșilor noștri nu a însemnat fierbintele și însetatul deșert Sahara la care ne gândim azi. În schimb, mediul reconstituit al oamenilor primitivi sugerează un mozaic de păduri extinse cu plante ierboase, păduri-galerii și zone umede cu câmpii fluviale, care produc lacuri și arii mlăștinoase, cu vegetație. Din acest sălaș înverzit, luxuriant, au apărut cu milioane de ani în urmă primii hominizi, cu capetele lor mici și mersul clătinat. Acești oameni primitivi consumau fructe și frunze, având o dietă asemănătoare cu cea a maimuței de azi. Ierburi, semințe și rogoz, fructe, rădăcini, bulbi, tuberculi[4] – chiar și scoarță de copac – au fost, cel mai probabil, surse de hrană pentru strămoșii noștri, ale căror fălci masive, fețe robuste și molari mari s-au potrivit atât de bine cu mestecatul lent, temeinic, necesar asimilării acestor alimente.

Însă este puțin probabil ca această dietă, cu al ei conținut scăzut în calorii, să fi fost un candidat potrivit pentru oferirea energiei necesare stimulării unei creșteri semnificative a creierului. Creșterea bruscă a mărimii creierului care vestea apariția lui *Homo erectus* nu s-ar fi produs niciodată dacă strămoșii noștri s-ar fi mulțumit să mănânce tulpini și flori. Pe măsură ce creierii lor deveneau treptat din ce în ce mai mari și mai puternici, deveneau și din ce în ce mai *flămânzi*.

Așadar, ce s-a întâmplat de s-a produs o asemenea expansiune spectaculoasă a creierului?

Mulți ani, s-a crezut că predecesorii noștri și-au luat energia suplimentară necesară pentru a-și alimenta creierul în expansiune prin renunțarea la dieta cu plante săracă în calorii cu care erau obișnuiți în favoarea consumului de carne, mai densă din punct de vedere caloric. Acest lucru ar fi absolut firesc dacă ar fi fost mai ușor de procurat carnea. Însă oamenilor primitivi le-a lipsit abilitatea de a vâna ei înșiși. Aveau trupuri relativ reduse ca dimensiuni, iar trăsăturile lor primitive asemănătoare cu cele ale maimuței nu erau făcute pentru urmărirea animalelor mari. Mai mult, creierul strămoșilor noștri era destul de mic, iar abilitățile lor – la fel de limitate. Abia câteva milioane de ani mai târziu, *Homo erectus* va cunoaște o creștere însemnată atât a mărimii creierului, cât *și* a corpului, creându-se astfel proporțiile adecvate ale membrelor și postura necesare pentru a alerga eficient după pradă.

Vechea paradigmă a „omului vânător" a suferit recent o mare lovitură, întrucât cercetările au revelat faptul că rolul nostru de vânători a fost exagerat. În ciuda a ceea ce sugerează imaginile populare și oricât de apreciată ar fi fost carnea ca aliment, aceasta a rămas un bun rar și periculos de obținut.

Dacă nu a fost carnea, atunci ce a fost?

Aparent, peștele.

Există numeroase dovezi preistorice legate de mediu și fosile potrivit cărora oamenii primitivi ar fi trăit în apropierea apei. Apa de băut proaspătă este într-adevăr resursa cea mai importantă pentru corpul uman. De-a lungul istoriei, am făcut tot posibilul să ridicăm civilizații având resurse de apă la îndemână. Un bonus al traiului în preajma râurilor și a lacurilor este că și alte animale trăiesc pe lângă ele – și cel mai important, *în* ele. Valea Marelui Rift din estul Africii, cu rețelele sale fluviale extinse și vegetație luxuriantă, a fost probabil lăcașul ecologic de excepție care a impulsionat expansiunea creierului, asigurându-i acestuia „hrană pentru minte", densă din punct de vedere energetic[5]. Pe atunci, țărmurile erau o sursă generoasă de specii acvatice din ape de mică adâncime sau aduse de reflux, printre care se numărau melci, crabi, moluște, arici-de-mare și pești mici, precum și icre, plevuști, amfibieni și reptile. Când captura zilei mergea prost, insectele și viermii erau din abundență tot timpul anului, în timp ce ouăle de pasăre erau disponibile sezonier. Mai mult decât atât, aceste ținuturi dispuneau de o rezervă aproape nelimitată de plante, fructe, legume și ierburi.

Ceea ce face acest habitat potrivit în mod special pentru dezvoltarea creierului este că respectivele alimente necesită puțină pricepere pentru a le obține și a le consuma[6], favorizând abilitățile mai puțin coordonate ale unui creier mai mic și conținând în același timp volumul nutrițional perfect, necesar pentru a încuraja creșterea creierului. Peștele și crustaceele sunt surse excelente de grăsimi polinesaturate, codul din compoziția acizilor Omega 3 care sunt astăzi pe prima pagină a ziarelor – însăși grăsimea din care este alcătuit în mare parte creierul nostru. Ele conțin și o mulțime de proteine, de vitamine și de minerale care sunt esențiale pentru funcționarea creierului. Legumele și fructele oferă încă și mai multe vitamine și minerale, dar și zaharuri bune pentru creier, în timp ce ouăle conțin nutrienți prețioși, cum ar fi *colina* – o substanță folosită de creier pentru a memora informații și pentru a învăța din experiență. Vom vorbi mai mult despre aceste alimente și substanțe nutritive în capitolele următoare.

Acum, înapoi de unde am plecat. Există dovezi că, pe lângă ospățul cu o pradă ușoară precum ouăle și crustaceele, oamenii preistorici au participat la „vânătoarea conflictuală"[7], lăsând alți vânători să ucidă animale înainte de a-i alunga pentru a lua stârvul. Evident, creierul lor evoluase deja suficient cât să le ofere abilitățile necesare pentru a-și păcăli competitorii. Acest comportament nu prea respectabil a facilitat accesul la proteinele de origine animală, fie ele de pe uscat sau din apă, printre care se numărau păsări, broaște-țestoase, amfibieni și chiar și crocodili. Indiferent cât de respingătoare ar putea părea aceste animale pentru papilele noastre gustative moderne, ele au oferit cu siguranță o sursă suplimentară de hrană pentru creierul nostru lacom, mereu în expansiune.

Hrana mai bună i-a făcut pe strămoșii noștri mai inteligenți, iar inteligența sporită le-a permis apoi să se hrănească mai eficient. Puțin câte puțin, pe măsură ce creierul a devenit mai mare, oamenii au devenit mai înalți. În același timp, îmbunătățirea coordonării mână–ochi și abilitățile de planificare au ajuns să fie mai sofisticate. În acest proces, strămoșii noștri au învățat să stea în picioare, să se plimbe și, în sfârșit, să alerge, ceea ce alături de noile tehnici de vânătoare dezvoltate le-a permis să înceapă să prindă păsări și mici mamifere și, în cele din urmă, să vâneze animale mai mari și mai rapide.

Această dietă de calitate superioară a condus apoi la creșterea consumului de grăsimi[8] și a rezervei de energie a strămoșilor noștri, dovedindu-se de o importanță capitală pentru evoluția rapidă a creierului lui *Homo erectus*.

Alimentele de origine animală, precum peștele și carnea s-au dovedit utile în multe privințe. În primul rând, ambele sunt surse excelente de grăsimi. Oasele puternice necesită minerale, iar grăsimile trebuie să fie prezente pentru absorbția acelor minerale. De asemenea, grăsimile ajută la reglarea temperaturii corpului, a producerii de hormoni și a tensiunii arteriale. Dar, mai important de atât, grăsimile acționează ca rezervor de energie al organismului. Când supraviețuirea depinde de căutarea fructelor și a legumelor, vânatul animalelor sălbatice fiind doar un eveniment ocazional, capacitatea de stocare a caloriilor sub formă de grăsimi a făcut adesea diferența dintre viață și moarte. La fel ca urșii, care își petrec vara și toamna mâncând ca să se pregătească pentru somnul lor lung și profund, trupurile noastre au învățat să facă același lucru. Această nouă abilitate de a stoca grăsimea de azi pentru a servi drept combustibil mâine a reprezentat un avantaj evolutiv incredibil pentru strămoșii noștri vânători-culegători, mai ales când s-au confruntat cu perioade de lipsă a hranei. Este greu să ne imaginăm ce înseamnă asta când suntem înconjurați de supermarketuri și avem la dispoziție magazine alimentare on-line 24/7. Dar înainte de vremurile moderne, omul era la mila ciclurilor neîncetate ale naturii. Erau perioade cu relativă abundență și perioade dificile. Când carnea și fructele erau limitate[9], ceea ce se întâmpla des, strămoșii noștri se bazau pe ce oferea pământul, ceea ce deseori însemna nu mai mult decât plante, nuci și semințe, tuberculi, cereale sălbatice... și insecte.

Dar chiar și pe timp de abundență, contrar a ceea ce cred oamenii, nu „bărbatul-vânător" – sau, mai bine zis, „bărbatul-pescar" – a fost cel care a furnizat cele mai multe proteine și grăsimi din dietă. În realitate, majoritatea alimentelor dense din punct de vedere energetic din dieta strămoșilor noștri nu au venit atât de mult de la vânători sau pescari, cât au venit de la femeile culegătoare. Potrivit studiilor, chiar și în zilele noastre, peste 65% dintre alimentele din comunitățile de vânători-culegători din întreaga lume sunt pe bază de plante, în timp ce nu mai mult de 25-35%[10] provin din vânătoare.

În plus, în timp ce un principiu de bază a așa-numitei diete paleo este că oamenii preistorici nu consumau cereale, au apărut noi dovezi potrivit cărora aceștia se desfătau cu carbohidrați cu mult înainte de era paleolitică (suficient de mult timp pentru evoluția capacității de a le digera). Mai multe echipe de cercetare s-au documentat[11] în legătură cu modul în care grânele străvechi, cum ar fi ovăzul și grâul sălbatic[12], făceau recurent parte din meniul strămoșilor noștri acum mai bine de 3,5 milioane de ani. În principiu, oamenii mâncau tot ceea ce le era la îndemână. A mânca a însemnat a supraviețui.

De-a lungul acestei căutări de alimente mai bune și mai bogate, nu am reușit doar să dezvoltăm creieri și trupuri mai mari. Am descoperit și căi mai ingenioase de a procura și de a asimila acele alimente.

## Omul devine *chef*

Un alt punct de cotitură important în evoluția creierului a survenit când omul a ajuns să stăpânească focul. Deși strămoșii noștri au descoperit focul acum aproape 3 milioane de ani, le-a luat ceva vreme să controleze acest element poznaș. Posibil ca ultimul element care a contribuit la puseul de creștere a creierului, cu jumătate de milion de ani în urmă, să fi fost apariția gătitului obișnuit[13], susținut de construirea vetrei de piatră și a vaselor de lut.

Bătând mâncarea și încălzind-o, cel mai probabil carne friptă și legume coapte, substanțele nutritive au fost mai ușor de digerat și de absorbit. Gătitul produce alimente moi, bogate din punct de vedere energetic, ceea ce înseamnă mai puțin timp petrecut mestecând și digerând, dar acele alimente își păstrează totodată conținutul caloric. Astfel am rămas cu mai mult timp și cu mai multă energie pentru a ne concentra asupra altor activități – cum ar fi creșterea unor creieri mai mari. Este posibil chiar ca creierii noștri să fi plănuit dinainte toate acestea în mod intuitiv. La urma urmelor, gătitul se află printre abilitățile noastre unice.

În plus față de efectele sale asupra creierului, consumul de hrană gătită a contribuit și la remodelarea corpului uman. Oamenii preistorici au avut nevoie de dinți și de fălci mari pentru a mastica fibrele groase ale plantelor, fără a mai pomeni de organe gastrointestinale mai mari care să înlesnească absorbția substanțelor nutritive. Însă, grație accesului sporit la alimentele de origine animală și abilităților proprii de gătit[14], *Homo sapiens* nu a mai avut nevoie de asemenea echipamente greoaie. Dinții, maxilarul și stomacul au devenit progresiv mai mici, în timp ce capul s-a mărit, dând la schimb stomacul pe creier. Drept rezultat, tractul nostru gastrointestinal se caracterizează printr-un stomac mai mare și un colon mai scurt decât cele ale animalelor complet erbivore, dar nu așa scurt precum cel al carnivorelor, oamenii fiind capabili să extragă o mulțime de substanțe nutritive atât din alimentele de origine animală, cât și din cele de origine vegetală.

Să revenim în trecut, cu 10 000 de ani în urmă, când dieta umană a luat o altă întorsătură importantă, grație dezvoltării tehnicilor agricole și a celor de creștere a animalelor. Abilitatea de a obține recolte, precum și de a crește animale a asigurat acces constant, continuu la mâncare, oferindu-ne un avantaj nutrițional fără precedent. Această sursă nouă și sigură de hrană provenită din cereale, cum ar fi orz, grâu, porumb și orez, dar și ouă, lapte și carne de la animale domesticite a dus la mese mai regulate și în același timp ne-a îngăduit un stil de viață mai sedentar. Acest lucru i-a permis populației să crească mai repede ca niciodată. Totuși, deși suntem în general mai bine hrăniți, am devenit mai grăsuți și cu mușchi mai puțin dezvoltați în comparație cu alte primate. În plus, schimbările din compoziția grăsimilor din corp, care inițial au ajutat la compensarea cererilor ridicate de energie ale creierului, au început să facă rasa noastră mai predispusă la boli cauzate de belșug, cum ar fi obezitate și diabet, care, pe de altă parte, pot afecta creierul. Drept rezultat, predispoziția oamenilor de a depozita grăsimi nu prea constituie un avantaj atunci când suntem înconjurați de alimente care îngrașă.

Începând cu revoluția agricolă, ba chiar mai mult, cu revoluția industrială de la sfârșitul anilor secolului al XVIII-lea și începutul secolului al XIX-lea, când a avut loc mecanizarea din agricultură și apariția căilor ferate și a navelor cu aburi, oamenii și-au schimbat radical stilul de viață și obiceiurile alimentare..., deși nu în bine.

## Suntem... ceea ce am mâncat

Astăzi, când îi analizăm conținutul, dieta strămoșilor noștri nu ar putea fi mai diferită de a noastră[15], nici din punctul de vedere al calității, nici din cel al cantității. Uimitoare este mai ales scăderea dramatică a calității. În timp ce strămoșii noștri mâncau mai ales legume, fructe, nuci și semințe, mulți americani aproape că abia se ating azi de aceste alimente. Iar când o fac, arareori sunt în starea lor naturală, ci mai degrabă conservate, congelate, făcute suc, procesate chimic și adesea consumate ca garnitură sau gustare, și nu ca fel principal. Lucrurile nu sunt cu mult diferite în alte părți ale lumii industrializate.

În timp ce carbohidrații proveneau din fructe și din legume (și uneori din miere) proaspete, de sezon, acum le obținem din leguminoase, din cereale și, cel mai frecvent, din produse cu zahăr rafinat. Plus de asta, animalele sălbatice care hoinăreau de obicei prin savană conțineau mai multe proteine și o cantitate mai mare de grăsimi bune pentru creier decât nefericitele găini și vaci domesticite, care au devenit materie primă pentru dietele noastre moderne. Chiar și azi e clar că peștele sălbatic dispune de un profil cu grăsimi Omega 3 mai sănătoase decât cel crescut la fermă, și nici pe departe atât de multe toxine și poluanți. Mai rău, consumul nostru de grăsime s-a redus la produse de patiserie procesate[16], produse lactate, margarină și unturi contrafăcute, care includ tocmai proporții inverse dintre grăsimile nesănătoase și cele sănătoase.

Drept rezultat, dieta noastră modernă occidentală este o combinație dezastroasă de cereale rafinate, cărnuri procesate și produse lactate deposedate de orice valoare nutritivă. Totodată, am eliminat în totalitate fructele și legumele proaspete, organice. Și în ce măsură dieta noastră dintr-o săptămână include pește capturat din sălbăticie?

De-a lungul acestei revoluții alimentare de proporții, un lucru a devenit dureros de clar: creierii noștri nu au reușit să țină pasul.

Există din ce în ce mai multe dovezi că ADN-ul nostru nu a avut timpul necesar pentru a se adapta cu succes la schimbările dramatice în ceea ce privește nutriția și stilul de viață, schimbări care au intervenit rapid și recent pe scara noastră evolutivă. Acest fapt în sine are implicații majore atunci când analizăm nevoile noastre alimentare de astăzi.

Oamenii se află pe Pământ de peste 5 milioane de ani și au trăit ca vânători-culegători 99% din această perioadă. În timp ce dietele se pot schimba într-o clipită, structura noastră genetică nu este atât de flexibilă. Majoritatea variațiilor genetice care ne fac să fim ceea ce suntem astăzi erau deja prezente când a apărut *Homo sapiens*, acum 500 000 de ani. Acest lucru este valabil și pentru multe, dacă nu pentru cele mai multe, gene care cauzează bolile cunoscute de oamenii de știință până la acest moment.[17] Drept rezultat, creierii noștri pur și simplu nu sunt pregătiți din punct de vedere genetic să consume dieta modernă.

Acum, când ne-am pierdut instinctul pe care l-am avut cândva de a mânca ce trebuie pentru creierul nostru și când suntem adesea induși în eroare de mass-media și de educația învechită pe care o primim, trebuie să decidem noi înșine să reînvățăm ce este cu adevărat bun pentru noi.

Potrivit unor idei actuale populare, am putea să începem prin a analiza alimentele și substanțele nutritive care au făcut posibilă evoluția creierului nostru. Totuși, nu este atât de simplu să mâncăm și să ne mișcăm așa cum au făcut-o strămoșii noștri – la fel cum nu este atât de simplu să aducem înapoi mediul și condițiile lor de trai. Mai degrabă, indiferent cât de ciudat sună, trebuie să ne ascultăm creierul pentru a obține o mai bună cunoaștere a ceea ce avem nevoie pentru a atinge un nivel de sănătate optim, precum și ascuțime mintală.

# 3
# Apa vieții

## Acceptat sau eliminat

Când am devenit pentru prima dată interesată de neuronutriție, mi-am dat seama că exista destul de multă confuzie cu privire la ce alimente și ce nutrienți sunt buni pentru creier și care dintre aceștia sunt vătămători. În funcție de persoana pe care o ascultai și de moment, într-o zi aflai că ouăle sunt bune și într-o altă zi că sunt rele, că sodiul este responsabil de tensiunea arterială ridicată... până când nu mai e, în timp ce carbohidrații și grăsimile se joacă de-a băieții buni și băieții răi.

Personal, am descoperit că, în mare parte, confuzia apare din cauza faptului că puțini specialiști din domeniul medical știu cum funcționează, de fapt, creierul, și încă și mai puțini au avantajul de a-i fi studiat chimia.

Majoritatea oamenilor nu-și dau seama că solicitările nutriționale ale creierului sunt extrem de diferite de cele ale altor organe din corp. Așa cum am început să vedem în capitolul anterior, creierul uman este un organ special, care funcționează în conformitate cu propriile reguli și preferințe. Acum vom vedea în ce fel creierul este absolut unic și în termenii propriei diete. Indiferent cât de înfometat ar putea fi, creierul rămâne totuși un consumator pretențios. În comparație cu restul organismului, care a găsit o cale de a procesa majoritatea nutrienților în avantajul său, creierul este foarte strict și deosebit de selectiv când vine vorba de mâncare.

Dacă ar fi să comparăm organismul uman cu sistemul internațional de comercializare a alimentelor, creierul ar fi cel care ar impune reglementări severe, spre deosebire de alte organe. În lumea reală, dacă o țară își poate furniza singură suficiente alimente, poate limita importul lor. Când mănânci afine proaspete cu fulgi de ovăz într-o zi de iarnă, acele afine au fost importate din America de Sud. Dar dacă adaugi lapte la același ovăz, cel mai probabil acesta vine de la o fermă din SUA.

Creierul este la fel de strict când vine vorba de importul alimentelor. Tot ceea ce creierul poate să producă local este făcut local. Da, ai citit bine. Creierul are capacitatea de a-și asigura propria nutriție. Nu chiar toată, atenție, ci o parte. Restul trebuie să fie obținut din mâncarea pe care o consumăm.

„Restul" înseamnă toți nutrienții de care creierul are nevoie, dar pe care nu-i poate produce el însuși (sau pe care nu-i poate produce în cantitate suficientă pentru a-și acoperi necesitățile) – anume nutrienții *esențiali pentru creier*. De unde știm care sunt nutrienții esențiali pentru creier și care nu? Pentru început, nutrienții esențiali pentru creier au deosebita onoare de a fi printre puținele substanțe care pot trece de bariera sânge–creier, așa că pot fi primele care ajung cu succes în creier. Acum devine utilă studierea chimiei creierului.

Creierul uman are nevoie de peste 45 de nutrienți pentru a fi în cea mai bună formă, și modurile în care acești nutrienți sunt folosiți sunt la fel de diferite precum sunt moleculele, celulele și țesuturile la a căror creare contribuie. Nutrienții se împart de obicei în patru grupe importante, reprezentând elementele constitutive de bază ale hranei noastre: proteinele, carbohidrații, grăsimile, vitaminele și minerale.

Acum, o diferență particulară între trupul și creierul nostru.

În medie, organismele noastre sunt făcute dintr-o cantitate destul de mare de apă[1] (60%), urmată de proteine (20%), grăsimi (15%), carbohidrați (2%) și niște vitamine și minerale. Aceste proporții din creier se schimbă din moment ce conținutul de apă de acolo este într-o proporție chiar și mai mare decât în restul corpului. De fapt, creierul este făcut din 80% apă. O cantitate destul de mare de apă pentru un organ atât de activ. Grăsimile (de exemplu, lipidele) vin pe locul al doilea (aproximativ 11%), urmate de proteine (8%), vitamine și minerale (3%) și un pic de carbohidrați.

Vom descoperi și mai multe diferențe dintre corp și creier pe măsură ce începem să analizăm acești nutrienți mai în detaliu. Între timp, să lăsăm creierul să ne conducă în explorarea neuronutriției, începând cu cel mai important nutrient dintre toți.

## Creierul însetat

Dacă nu privești apa ca pe un nutrient, gândește-te mai bine. Mulți oameni de știință cred că însăși viața pe Pământ a fost posibilă datorită prezenței apei pe planetă și că primele creaturi s-au născut în adâncurile oceanelor[2], acum 4 miliarde de ani.

Apa este fără îndoială vitală pentru viața umană și, după cum se vede, și pentru inteligența noastră. Pe lângă că reprezintă cea mai mare parte a masei sale, apa este implicată în toate reacțiile chimice care apar în creier. De fapt, celulele nervoase au nevoie de un echilibru delicat dintre apă[3] și alte elemente, cum ar fi minerale sau săruri, pentru a putea funcționa eficient. Acești *electroliți* (minerale și săruri care te ajută să rămâi hidratat, cum ar fi clorură, flor, magneziu, potasiu și sodiu) circulă spre și dinspre creierul tău cu fiecare sorbitură de apă pe care o bei. Mai mult, apa este indispensabilă pentru *producerea de energie* pentru că poartă oxigen, necesar respirației și arderii zahărului pentru producerea energiei de către celulele funcționale. Apa joacă și un rol structural, umplând spațiile dintre neuroni, ajutând totodată la formarea proteinelor, la absorbția nutrienților și la eliminarea deșeurilor.

Ca o dovadă în plus a importanței sale, putem rezista săptămâni fără mâncare, însă doar câteva zile fără apă. Corpul nu poate depozita apa, așa că avem nevoie de o rezervă proaspătă în fiecare zi pentru a face față pierderii ei prin urină, scaune și ca urmare a funcționării plămânilor și a pielii. Când rezerva de apă este prea scăzută, devenim deshidratați. Deshidratarea apare când folosim sau pierdem mai multă apă decât preluăm din afară, iar corpul nu are suficiente fluide pentru a-și îndeplini funcțiile normale. Acest lucru ar putea fi deosebit de periculos, mai ales pentru creierul nostru fragil. Deshidratarea perturbă procesele energetice și determină pierderea electroliților, o pierdere la care creierul este deosebit de sensibil. O scădere a aportului de apă de numai 3-4% va afecta aproape imediat echilibrul fluidelor din creier, cauzând mici probleme cum ar fi oboseală[4], „ceață cerebrală“, energie redusă, dureri de cap și modificări ale dispoziției, pentru început. Dacă 3-4% pare o cantitate mică de apă pierdută, așa și este. Ai putea atinge ușor acest nivel de deshidratare doar lăsând să treacă o zi în care ai făcut exerciții moderate, dar ai neglijat să bei apă.

Mai rău este că majoritatea oamenilor nici nu beau suficientă apă. Potrivit unui studiu recent realizat de Centers for Disease Control and Prevention, 43% dintre americanii adulți declară[5] că beau mai puțin de 4 cești de apă pe zi, dintre care 36% beau între 1 și 3 cești pe zi, și 7% nu beau nici una.

Acest lucru este deosebi de îngrijorător, din moment ce s-a demonstrat că deshidratarea accelerează micșorarea creierului care are loc odată cu înaintarea în vârstă și cu demența. Studiile IRM arată că, atunci când suntem deshidratați[6], mai multe părți ale creierului par că se subțiază și că pierd din volum. Fără îndoială, aceasta este o problemă mult mai presantă decât ar fi putut să creadă mulți. Vestea bună este că efectul deshidratării poate fi anulat complet în câteva zile bând pur și simplu mai multă apă.

Există o controversă legată de cantitatea de apă pe care trebuie într-adevăr să o bem. În medie, recomandarea este de 8 pahare de circa 240 de ml pe zi. Dacă încă nu ești suficient de motivat[7], estimarea este susținută de cercetări care demonstrează că atunci când bei între 8 și 10 cești de apă pe zi îți poți crește performanța creierului cu aproape 30%. Cercetătorii din Marea Britanie au realizat un experiment[8] pentru a testa potențialele efecte ale apei asupra performanței cognitive și a dispoziției. Câțiva dintre participanții la studiu au completat o serie de teste mintale după ce au mâncat un baton de cereale. Celorlalți li s-a dat să bea și apă. Cei care au băut în jur de 3 cești cu apă chiar înainte de efectuarea testelor au dat dovadă de reacții mult mai rapide față de cei care nu au băut apă deloc.

Ia în considerare avantajele unei gândiri mai rapide. Un pahar cu apă imediat ce te trezești îți poate dezvolta abilitatea de a face duș, de a lua micul dejun, de a te îmbrăca și de a ieși pe ușă la timp pentru a prinde metroul. În schimb, până și abilitatea de a calcula cât timp iau toate acestea este compromisă atunci când fluidele au un nivel redus, iar tu sfârșești prin a lovi butonul de amânare al ceasului deșteptător pentru încă jumătate de oră (pierzând astfel trenul).

În mod normal, rețeta nu este greu de urmat: stabilește-ți obiectivul de a bea 8 pahare de circa 240 de ml pe zi sau aproape 2 litri. Apoi adaptează cantitatea în funcție de nevoile tale specifice. În funcție de vârstă, mediu, nivel de activitate, ai putea avea nevoie de mai multă apă. Dacă trăiești într-un climat cald, e necesar să bei mai multă apă decât o persoană care locuiește în Alaska. Dacă ești atlet de profesie, trebuie să bei mai multă apă (și electroliți) decât o persoană sedentară. În plus, noi toți avem nevoie de mai multă apă pe măsură ce îmbătrânim. Din motive încă neclare, îmbătrânirea afectează răspunsurile la sete și la băut, făcându-i pe oamenii în vârstă mai vulnerabili[9] la dezechilibrul fluidelor din creier, lucrul care ar putea foarte bine contribui la declinul cognitiv și la tulburările neurologice cum e boala Alzheimer.

Ca neuronutriționist și susținător al sănătății creierului sunt convinsă de importanța consumului suficient de apă. Dintre toate trucurile pe care le folosesc pentru a-mi păstra ascuțimea minții, să rămân hidratată este cel pe care îl urmez cu sfințenie, începând cu un pahar de apă imediat după trezire (ceea ce este esențial după o noapte fără aport de fluide) și sfârșind ziua cu o ceașcă de ceai din plante.

## Ce vrei să spui prin „apă"?

Când medicii prescriu apa ca parte-cheie dintr-un regim sănătos, la ce anume se referă mai precis? La apa de la robinet sau la apa filtrată? Sifonul intră în calcul? Și ceaiul din plante nu este practic tot apă? Nu obținem unele beneficii și din apa conținută în sucuri sau în băuturi cofeinizate? Până la urmă, există mulți oameni care beau foarte puțină apă și reușesc să supraviețuiască. Să aruncăm o privire mai de aproape.

Desigur, potrivit U.S. Department of Agriculture (USDA), băuturile slab carbogazoase sunt cele mai consumate băuturi[10] din Statele Unite, alături de apa îmbuteliată purificată și de bere. Laptele, cafeaua, sucul de fructe și băuturile pentru sportivi vin imediat pe loc doi, la fel și ceaiul rece. Vinul și băuturile distilate sunt de asemenea prezente pe listă, dar în cantități mai mici per cap de locuitor. Este aceasta suficientă „apă"?

Dintr-o perspectivă pur științifică, orice crește conținutul de apă din organism e luat în calcul ca *lichid*. Acestea fiind spuse, există o diferență destul de însemnată între a bea un pahar de apă de izvor și o ceașcă de cafea. În timp ce proporția acestei reacții variază de la o persoană la alta, mulți dintre noi sunt sensibili la cafeina conținută în cafeaua noastră. Când consumi apă în cafea sau în ceai negru, cafeina te deshidratează în mod activ pe măsură ce o ingerezi, diminuând astfel eficiența aportului de apă. Pe de altă parte, băuturile slab carbogazificate conțin apă, dar nici pe departe atât de multă cât conțin zahăr rafinat. Chiar și laptele ar putea fi înșelător. În cea mai pură formă a sa, laptele conține apă, precum și alți nutrienți importanți. Totuși, în multe țări industrializate, laptele este unul dintre produsele cel mai puternic procesate de pe piață și este consumat în exces pe scară largă.

Concluzia este că a înlocui apa cu băuturi care conțin grăsimi nedorite, zaharuri dure, îndulcitori artificiali, conservanți și coloranți și care în același timp determină deshidratarea și creșterea în greutate cu siguranță ne împiedică să ne atingem scopul.

Longevitatea și starea de bine atât a creierului, cât și a trupului depind în mod semnificativ de consumul a ceea ce numim *apă dură*. Se referă la apa plată cu un conținut ridicat de minerale[11], cum ar fi calciu și magneziu.

Apa dură nu e greu de găsit. Fiind un fan al tuturor lucrurilor naturale, prefer să beau apă de izvor. Fie dintr-un izvor subteran nepoluat din Franța, fie dintr-o fântână arteziană din Fiji, apa de izvor provine din ploaie și din zăpadă. După ce e colectată în bazine naturale, este filtrată lent prin straturi de rocă, de unde preia tot felul de minerale valoroase, săruri și compuși ai sulfului.

Apa carbogazoasă care vine dintr-un izvor natural conține de asemenea diferite minerale sănătoase. În acest caz, carbonatarea nu e adăugată de îmbuteliator, ci de izvorul însuși. Asta înseamnă că bulele din sticle sunt complet naturale. Singurul dezavantaj e că poate fi destul de scumpă.

În schimb, sifonul și apa carbogazoasă sunt doar ape plate care au fost carbogazificate artificial. Sifonul nu conține săruri de sodiu (și de aceea nu te va ajuta să rămâi hidratat), în timp ce apa carbogazoasă conține de obicei ingrediente asemănătoare mineralelor care sunt adăugate de îmbuteliator pentru a amplifica aroma apei. Așa cum vom aduce în discuție mai în profunzime în capitolul următor, nutrienții produși în laborator nu sunt nici pe departe la fel de eficienți ca nutrienții naturali când vine vorba de îmbunătățirea sănătății, metabolism sau rezistența la boli. Recomandarea mea este să consumi apă naturală dură cât de mult poți.

Asta îmi amintește de primul drum la un supermarket din New York, imediat după sosirea mea în Statele Unite. Descoperind lipsa apei potabile de la robinet, am mers să caut apă îmbuteliată. Dar asta era mai ușor de zis decât de făcut. Mai întâi, spre surprinderea mea, am fost îndrumată către culoarele cu frigidere. Așa cum am învățat mai târziu, apa îmbuteliată poate fi găsită atât pe rafturi, cât și în frigidere, dar majoritatea americanilor preferă să-și bea apa rece – chiar mai bine, cu câteva cuburi de gheață aruncate în ea. Nu mi se mai întâmplase niciodată să caut apă îmbuteliată în frigider. Majoritatea italienilor își beau apa la temperatura camerei pentru că e mai confortabil pentru stomac, așa că apa noastră îmbuteliată este arareori vândută rece. Până în acea zi, m-am conformat acestui principiu. Într-un final, odată ce am localizat frigiderul, am fost copleșită de multitudinea de tipuri de sifon, de apă carbogazoasă, de băuturi energizante și pentru sportivi, dar și de toate sucurile, lactatele aromatizate și smoothie-urile, în timp ce variantele de apă pălesc în comparație cu ele. Lovitura finală mi-a fost dată când am localizat sortimentele de apă, majoritatea sticlelor purtând cu ostentație o etichetă pe care scria „purificat", lucru care m-a năucit.

Așa cum se dovedește, apa purificată este în prezent cea mai consumată apă din Statele Unite. Din nefericire, deși cuvântul „purificat“ implică de obicei un lucru bun, în acest caz se referă la apa care a fost golită de conținutul său chimic – eliminându-se astfel toate mineralele sale prețioase. Deși apa purificată ar putea fi o variantă mai sigură de băut decât cea de la robinet, a fost deposedată de nutrienți. Drept rezultat, este absolutamente incapabilă să te hidrateze pe tine sau creierul tău însetat. Dacă bei apă purificată pentru că îți faci griji din cauza impurităților, ar trebui să iei niște suplimente minerale în completarea ei.

O soluție mai bună ar fi să-ți filtrezi singur apa. Personal, din moment ce apa îmbuteliată bogată în nutrienți poate fi scumpă, am investit într-un filtru de înaltă calitate, atașat la robinet pentru a filtra apa acasă. Apa de la robinet este necesară și pentru alte lucruri în afară de băut și gătit, cum ar fi spălat și curățenie, așa că e important să ne asigurăm că e cât se poate de curată. Scopul filtrului este de a te scăpa de substanțe chimice vătămătoare, ca azbestul, clorul, plumbul, benzenul și tricloretilena – toate putându-se găsi în apa de la robinet. Filtrele pot elimina ce e dăunător din apă, lăsând neatins conținutul de minerale bune. Sunt disponibile multe opțiuni de filtrare, așa că dacă ești interesat să afli mai multe, consultă un specialist. Pot confirma că instalarea unui filtru de apă este o soluție mai ușoară și mai ieftină decât ai putea crede și e un prim pas important în a te asigura că tu și familia ta aveți zilnic acces facil la apă potabilă și cât se poate de nutritivă.

În ciuda credinței populare, apa dură este mai bună și decât băuturile energizante și decât cele pentru sportivi pentru rehidratarea de după antrenament. Majoritatea acestor băuturi au un conținut ridicat de zahăr și sodiu, pe lângă faptul că abundă în minerale și săruri artificiale, motiv pentru care nu sunt bune. Dacă simți că doar apa nu este suficientă, recomandarea mea este să încerci apa de cocos. Apa de cocos este o băutură răcoritoare naturală, având un conținut scăzut de zahăr, totodată asigurând cantitatea necesară de potasiu. Majoritatea apelor de cocos conțin până la 300 de mg de potasiu și o cantitate mică, de 5 mg, de zahăr natural per pahar, spre deosebire de băuturile pentru sportivi preferate, care conțin doar jumătate din cantitatea de potasiu de care ai nevoie și o cantitate de cinci ori mai mare de zahăr procesat nedorit. Asigură-te că alegi apă de cocos neîndulcită, organică pentru a reaproviziona corpul cu fluidele pe care le pierde în timpul antrenamentului și chiar și pe parcursul zilei.

În plus față de consumul de apă din belșug (și de apă de cocos, atunci când am nevoie de ea), mă bazez pe un truc preferat: sucul de aloe vera. Sucul de aloe este primul ajutor al naturii: antibacterial, antiviral și antifungic natural, acest suc sănătos conține în jur de 99% apă și peste 200 de componente active, de la vitamine și minerale la aminoacizi, enzime și chiar acizi grași. Grație proprietăților sale bine stabilite, a bea suc de aloe vera este o cale minunată de a calma și hidrata toate organele, de a reduce inflamația și de a *face* creierul să fie gata de a trece la acțiune, din interior spre exterior.

Ține minte că băutul nu este sigura modalitate de a menține echilibrul hidrolitic. Potrivit recomandărilor făcute de Institute of Medicine of the National Academies (consilierii națiunii în ce privește alimentația și sănătatea), am putea, de fapt, să mâncăm, mai degrabă decât să bem până la 20% din aportul zilnic de apă. Asta înseamnă că 1 până la 2 pahare din fluidele noastre zilnice pot fi obținute mai degrabă din alimente bogate în apă decât din apa însăși. Pentru a face asta, concentrează-te pe fructe și legume. Aceste alimente pline de fluide te vor ajuta să rămâi hidratat, totodată oferindu-ți nutrienți sănătoși, ca să nu mai vorbim de zaharurile naturale pe care corpul poate să le folosească în avantajul său. Aruncă o privire pe Tabelul 1, unde găsești o listă cu fructe și legume care se mândresc cu cel mai mare conținut de apă. Dintre legume, castravetele și salata sunt în fruntea listei cu un procent imens de 96%. Următoarele sunt zucchini, ridichile și țelina apio, apoi roșiile, vinetele și legumele crucifere, cum ar fi broccoli, ardeiul și spanacul. Probabil nu este de mirare că pepenele roșu are cel mai mare conținut de apă dintre toate fructele (93% apă), urmat de căpșune, grepfrut și pepene galben. Prin comparație, o banană oferă un procent relativ mic, de numai 74% apă.

În concluzie, pur și simplu a bea mai multă apă și a mânca alimente bogate în apă ar putea fi una dintre schimbările sănătoase pe care să le faci în viața ta pentru te bucura de o sănătate mai bună, precum și de o putere cognitivă mai mare.

| Fructe | Conţinut de apă | Legume | Conţinut de apă |
|---|---|---|---|
| Pepene roşu | 93% | Castravete | 96% |
| Căpşune | 92% | Salată | 96% |
| Grepfrut | 91% | Zucchini | 95% |
| Pepene galben | 90% | Ridichi | 95% |
| Piersici | 88% | Ţelină apio | 95% |

**Tabelul 1.** Top 5 fructe şi legume cu conţinut ridicat de apă

# 4
# Despre grăsimea din creier

## Ce este grăsimea din creier

Până aici, au pomenit de cât de importanți sunt unii nutrienți pentru sănătate și pentru creier. Am expus și niște idei despre cum alți nutrienți sunt supraapreciați în raport cu sănătatea creierului. Grăsimea se află în cea de-a doua categorie.

Majoritatea oamenilor sunt conștienți că creierul uman este bogat în grăsimi[1], grăsimi care reprezintă în jur de 11% din greutatea lui. Totuși, pariez că te-ai fi așteptat la un procent mai mare de 11%. Dacă da, asta pentru că probabil ai auzit pe undeva că *creierul e făcut din grăsime* în proporție de 60% sau mai mult. Dacă nu ai auzit așa ceva, pur și simplu caută pe Google: „grăsimea din creier". În martie 2017, erau 127 000 000 de rezultate care confirmau cu precizie acest lucru. Ar putea fi chiar mai multe la data la care citești aceste pagini.

Am fost întotdeauna derutată de aceste statistici și nu am putut niciodată să găsesc vreun studiu științific care să confirme o asemenea predominanță a grăsimii în creier față de alți nutrienți. Dintr-o perspectivă pur biologică, diferența se datorează în parte faptului de a fi inclus apa în estimare. În principiu, există două modalități de a evalua compoziția creierului: incluzând conținutul său de apă sau excluzându-l, adică în termeni de „masă uscată" a creierului. Includerea apei diminuează conținutul de grăsime, în timp ce excluderea ei îl crește. Dacă incluzi apa în calcul, grăsimea acoperă 11% din compoziția creierului. Dacă scoți apa din ecuație, grăsimea reprezintă mai puțin de jumătate din masa creierului.[2] De fapt, nu există mai multă grăsime decât proteine, ceea ce face ca postările de pe internet să fie și mai derutante pentru mine. Problema este că mulți oameni, inclusiv jurnaliști și chiar și câțiva medici sunt de părere că a consuma grăsimi este bine pentru creier – raționamentul fiind acela că, din moment ce creierul e „făcut din grăsime", cum ar fi colesterolul, consumarea acelei grăsimi trebuie să fie bună pentru tine. Pe de altă parte, majoritatea oamenilor de știință vor spune exact opusul. Din nefericire, oamenii de știință apar rar la știrile de seară, și vocile lor rămân limitate la ziarele academice la care nimeni nu are acces, cu excepția altor oameni de știință, ceea ce complică și mai mult o imagine de ansamblu deja complexă. Din punct de vedere medical, lipsa de claritate a devenit problematică și astfel ajungem la o discuție despre grăsimi bune versus grăsimi rele, o discuție vizibilă în multe cercetări și care, în ultima vreme, mai răzbate și pe prima pagină a ziarelor.

În timp ce înțelepciunea predominantă din ultimele decenii a sugerat că dietele cu conținut redus de grăsimi și bogate în carbohidrați sunt cele mai bune pentru sănătatea umană, societatea se află acum în faza de „reabilitare a grăsimilor". Această tendință este bine exemplificată de articolul apărut în publicația *Time* în iunie 2014: „Ending the War of Fat"* – un titlu care atrage atenția, alături de o imagine cu o bucată de unt.

Dovezile arată că americanii mănâncă mai multe alimente pline de grăsimi decât în deceniile anterioare, în măsura în care specialiștii se așteaptă ca tendința pro-grăsimi să continue în următorii 15 ani. În 2015, vânzările de unt din Statele Unite au crescut cu 20%. Numărul oamenilor care cumpără lapte integral a sporit cu 11%, în

---

* „Războiul împotriva grăsimii se încheie". (*N. red.*)

timp ce vânzările de lapte degresat au scăzut cu 14%. În plus, toată lumea se descotorosește de carbohidrați în favoarea grăsimilor. În parte, aceste schimbări alarmante ale obiceiurilor alimentare s-a produs ca urmare a repoziționării științei față de grăsimi în raport cu sănătatea noastră. Cercetări recente au arătat că dietele bogate în carbohidrați pot determina creșterea în greutate în aceeași măsură ca dietele bogate în grăsimi. În plus, consumul de colesterol are doar o influență modestă asupra nivelului colesterolului din sânge și, ca urmare, un impact mai redus asupra riscului apariției bolilor de inimă decât s-a crezut înainte.

În timp ce dietele în tendință apar și dispar, o concepție greșită cu privire la sănătatea creierului pare să fi rămas neschimbată. Așa cum am învățat de la participanții la studiile mele, oamenii sunt convinși că aportul de grăsimi este necesar pentru a ne asigura buna funcționare a creierului. Dar atunci când pacienții sunt întrebați în ce ar trebui să constea o dietă bogată în grăsimi, se dovedește că mulți, dacă nu chiar toți, se gândesc la o felie de bacon care sfârâie, o frumoasă bucată de brânză, probabil o lingură de frișcă fără zahăr. Sunt aceste alimente într-adevăr bune pentru creierul tău?

Răspunsul este *nu*.

Este timpul să facem un pic de lumină cu privire la această problemă controversată. Creierul uman conține grăsime – adevărat. Dar ar putea să nu fie tipul de grăsime la care te gândești. Adevărul este că *grăsimea nu e doar grăsime*. Există multe tipuri de grăsimi (sau *lipide*). Unele grăsimi au devenit bine-cunoscute, cum ar fi colesterolul. Colesterolul este una dintre grăsimile cu care toți suntem familiari grație medicilor noștri care îl măsoară în mod curent cu ajutorul analizelor de sânge.

Dar există multe alte grăsimi, probabil necunoscute de noi, în interiorul creierului, cum sunt *fosfolipidele* și *sfingolipidele*. Probabil nu ești singurul care se întreabă „ce sunt astea?". Majoritatea oamenilor nu a auzit niciodată de acești termeni. Adevărul este că aceste grăsimi, neglijate, spre deosebire de cele familiare nouă, reprezintă nu mai puțin de 70% dintre toate grăsimile aflate în creier.[3] Multe astfel de inconsecvențe în „neuroștiința popularizată" au generat confuzie cu privire la nutrienții care sunt cu adevărat importanți pentru sănătatea neurologică. Mai sunt și altele de scos la iveală – *și* de corectat.

## Nu toate grăsimile îngrașă

O altă concepție des întâlnită, dar greșită este aceea că creierul are nevoie de grăsimi pentru energie. Asta pentru că știm în mod intuitiv că *organismul* nostru va folosi grăsimea conținută în alimentele care îngrașă pentru a ne da energie. În schimb, în ciuda faptului că deține ceva grăsime, creierului îi lipsește, de fapt, abilitatea de a arde acea grăsime pentru a produce energie pentru sine.

Citind aceste rânduri, probabil ridici din sprâncene și ești nedumerit. Cum, nu ardem grăsimi pentru a produce energie? Nu ai spus că strămoșii noștri au început să prospere odată ce corpurile lor au învățat să stocheze grăsime ca sursă de energie? Ce face creierul cu toată acea grăsime, dacă nu o poate folosi? Acest „paradox creier-grăsime" le-a dat bătăi de cap atât nutriționiștilor, cât și celor aflați la dietă.

În realitate, când vine vorba să-și întărească forțele, creierul nu se atinge deloc de aceste grăsimi. Pur și simplu nu poate.

Majoritatea oamenilor nu își dau seama că există două tipuri de grăsime în corpul uman: grăsime cu rol de depozitare și grăsime structurală.

Când vorbim de „grăsime", vorbim de obicei despre grăsimea cu rol de depozitare (denumită și *țesut adipos* sau *grăsime albă*), grăsimea pe care corpul nostru o folosește pentru a depozita energie. Grăsimea cu rol de depozitare este cea moale, pufoasă, vizibilă pe care o poți observa pe corp. Cum rămâne cu toți acei colăcei de pe șolduri, de care oamenii vor să scape? *Aceea* este grăsimea cu rol de depozitare.

Grăsimea cu rol de depozitare provine în mare parte din dieta noastră. Când consumăm alimente care conțin grăsime, cum ar fi carne, brânzeturi sau batoane cu ciocolată, grăsimea din ele este spartă în unități mai mici la fel ca grăsimea saturată. Acest proces generează el însuși căldură și energie. Aceste grăsimi sunt apoi reasamblate în *trigliceride*, moleculele pe care doctorul tău le verifică regulat cu ajutorul analizelor de sânge în paralel cu colesterolul. Trigliceridele sunt apoi depozitate în țesutul adipos pentru a produce combustibil. Acest lucru face din grăsimea cu rol de depozitare cel mai mare rezervor de energie pe care îl deținem ca ființe umane, acționând ca un acumulator portabil, la îndemână.

Un bărbat obișnuit de circa 70 de kg are aproape 12 kg de țesut adipos, corespunzător unei energii în valoare de aproximativ 100 000 de calorii. Dacă ar suferi de foame, această rezervă i-ar asigura energia pentru aproape două luni. Așa că, în ceea ce privește corpul, a avea un pic de „cărniță pe oase" este o idee foarte bună.

Pe de altă parte, creierul nu conține deloc acel fel de grăsime. De fapt, nu există deloc grăsime cu rol de depozitare în creier.

Grăsimea care se găsește în creierul nostru este total diferită și se numește grăsime *structurală*. Restul corpului conține o astfel de grăsime din belșug. Grăsimea structurală îi este la fel de indispensabilă vieții pe cât este de esențială grăsimea cu rol de depozitare care ne asigură combustibilul, însă modul în care corpul folosește cele două tipuri de grăsime nu ar putea fi mai diferit. În primul rând, grăsimea structurală nu e utilizată ca energie. În al doilea rând, nu plutește prin sistemul circulator și nici nu ne înfundă arterele. În schimb, așa cum indică denumirea sa, este folosită pentru a ne structura celulele, un fel de suport „tehnic".

De exemplu, în ceea ce privește creierul, celulele nervoase sunt învelite într-o membrană adipoasă numită *mielină*, o izolație inteligentă pentru impulsurile electrice care circulă către și dinspre creier. Colesterolul conținut de creier se găsește în cea mai mare parte în această teacă de mielină, cu rol izolator. Neuronii sunt de asemenea înconjurați de membrane delicate, adipoase, care nu doar că îi protejează de atacuri din exterior, dar le și permit semnalelor și nutrienților să pătrundă și să iasă din celule. Aceste membrane sunt făcute din alte tipuri de grăsime, ca renumiții acizi grași esențiali Omega 3 și fosfolipidele, de cele mai multe ori trecute cu vederea. Există multe alte exemple despre cum grăsimea din creier este folosită exclusiv pentru structură, și nu pentru energie.

O explicație posibilă pentru asta ar fi că, dacă creierul ar fi fost făcut din grăsime combustibilă sau „inflamabilă“, ar fi putut să înceapă să se mănânce pe sine însuși în caz de foamete – un dezavantaj evoluționist absolut.

Ca o concluzie, singurele grăsimi de care avem într-adevăr nevoie pentru a ne hrăni creierii sunt elementele de bază care susțin sănătatea structurală. Dacă te întrebi ce alimente conțin aceste grăsimi, iată o altă surpriză. Doar pentru că aceste grăsimi sunt prezente în interiorul creierului tău, nu înseamnă că trebuie să le și mănânci.

## Acizii grași: unii sunt necesari, alții nu

Când ne gândim la grăsime, ne gândim de obicei la *acizi grași*. Probabil ai auzit de grăsimi saturate și nesaturate. Acestea sunt acizii grași, cele mai mici grăsimi care pot fi găsite.

Din punct de vedere chimic, acizii grași sunt molecule cu coadă. Aceste cozi (sau lanțuri) sunt acoperite de hidrogen. Măsura în care hidrogenul acoperă coada grăsimii se numește *saturare*. Grăsimile saturate sunt complet acoperite de hidrogen, în timp ce grăsimile nesaturate sunt doar parțial acoperite cu hidrogen. De ce este important acest lucru? Pentru că în funcție de nivelul lor de saturare (de exemplu, câți atomi de hidrogen poartă), aceste grăsimi îndeplinesc roluri foarte diferite în creier – și au efecte complet diferite. Cu alte cuvinte, 500 de g de bacon nu este același lucru cu 500 de g de tofu sau de ulei de măsline.

Să începem cu grăsimile saturate. Toți suntem obișnuiți cu felul în care arată și în care se simte grăsimea saturată – fie că o cunoaștem dintr-un strat de smântână care se formează deasupra laptelui integral de la fermă, de la banda albă care mărginește o felie de prosciutto sau din aspectul marmorat al bucății preferate de carne de vită. Aceste grăsimi sunt destul de rigide, motiv pentru care untul este solid la temperatura camerei.

La capătul celălalt al spectrului se află grăsimile nesaturate. Aceste grăsimi sunt destul de flexibile, dar și foarte delicate și perisabile. De exemplu, multe uleiuri vegetale bogate în grăsimi nesaturate, ca uleiul de măsline, râncezesc repede dacă sunt expuse la lumină sau căldură sau dacă nu sunt păstrate în mod corespunzător. Un alt lucru important de știut este că există diferite tipuri de grăsimi nesaturate: *mono*nesaturate (cu o singură „pată" liberă de hidrogen în lanțul său de grăsime) și *poli*nesaturate (cu mai multe „pete" libere).

Grăsimile mononesaturate se găsesc din abundență în uleiuri, cum ar fi uleiul de măsline, în nuci și semințe și în fructele cu un conținut ridicat de grăsimi, ca avocado, dar și în laptele integral, în grâu și în ovăz.

Grăsimile polinesaturate (sau PUFA) se găsesc în cea mai mare parte în uleiuri din plante și din surse marine, mai ales în pești grași, cum ar fi somonul, în alge și în unele nuci și semințe. Probabil ai auzit de grăsimile PUFA și le-ai văzut încapsulate în lichidul gălbui al suplimentelor de ulei de pește, etichetate ca grăsimi Omega 3 sau promovate în cerealele de la micul dejun, fortificate cu Omega 3.

Grăsimile saturate și nesaturate sunt un exemplu excelent al faptului că, deși creierul le conține pe amândouă, rezerva lor nu are nevoie să fie reumplută.

Îți amintești cât de selectiv este creierul în ceea ce privește importul/exportul? Grăsimile saturate nu se află pe lista de alimente a creierului. În ciuda a ceea ce propovăduiesc multe cărți, creierul poate să producă local atât de multe grăsimi saturate câte are nevoie[4] și astfel nu solicită reaprovizionarea. Când iei o masă bogată în grăsimi saturate (coaste la grătar sau o bucată de brânză), creierul ar putea să preia o mică parte[5] din ele, dar, în principal, aportul este minim după adolescență. Creierul are nevoie de grăsimi saturate doar când dezvoltă noi celule nervoase, ceea ce corespunde perioadei dintre copilărie și adolescență. După perioada adolescenței, avem, în mare parte, toate celulele nervoase de care vom avea vreodată nevoie, așa că creierul nostru nu mai are nevoie de grăsimi saturate. Este momentul în care se închide „poarta grăsimilor saturate". După acea perioadă, cu câteva mici excepții, grăsimile saturate nici măcar nu vor mai putea să ajungă în creier.

Acum, excepțiile. Există câteva tipuri *foarte specifice* de grăsimi saturate care încă pot intra în creierul adult, când e necesar. Coada lor trebuie să fie scurtă[6], cum ar fi *acidul butiric* din laptele integral, sau de lungime medie, ca *acidul miristic* din uleiul de cocos. Altfel, cea mai mare parte a grăsimii saturate din creier este produsă în interiorul creierului și nu este absorbită din dieta noastră. *Pare* a fi aceeași grăsime pe care o găsim în carne și brânză, dar nu provine însă din aceste alimente. Același lucru se aplică și în cazul grăsimilor mononesaturate, care sunt în mare măsură „făcute în casă", la nivelul creierului.[7]

Din moment ce creierul acoperă necesarul de grăsimi saturate, ele mai sunt denumite și *grăsimi neesențiale*. Este ca și cum, într-un dialog care continuă de milioane de ani, creierul îi spune corpului:

„Nu te îngrijora. Le am pe astea. Te rog adu-mi în schimb *alte* grăsimi de care am nevoie.“

Așadar, care sunt aceste alte grăsimi de care are nevoie creierul? PUFA (acizi grași polinesaturați), desigur. Cele mai rare și mai prețioase grăsimi esențiale pentru creier.

PUFA sunt singurele grăsimi pe care creierul nu le poate face singur[8], în același timp poftind la ele neabătut. Asta înseamnă mai ales Omega 3 și Omega 6, care se găsesc în pește, ouă, nuci și semințe. Nu te duce cu gândul la dietele strămoșilor noștri primitivi înainte să apară în meniu carnea? Ba da!

PUFA sunt acizii grași care se găsesc din abundență în membranele celulelor din întreg creierul. Creierul este proiectat anume pentru a strânge aceste grăsimi[9] prin porți dedicate, localizate în bariera sânge–creier. De aceea, un număr mare de PUFA intră constant în creier – sau cel puțin așa ar face dacă am mânca alimentele potrivite. Este o nevoie atât de strigentă pentru acești acizi grași, că imediat ce sosesc în creier sunt consumați în consecință. De fapt, creierul are nevoie de ei pentru a forma grăsimi mai mari și complexe – fosfolipidele și sfingolipidele menționate mai devreme.

Din moment ce PUFA sunt de o importanță capitală pentru sănătatea creierului, să analizăm mai în detaliu aceste grăsimi esențiale pentru creier.

## Cele bune: familia Omega

Printre toate tipurile posibile de PUFA, două varietăți, Omega 3 și Omega 6 sunt cele mai cunoscute[10] pentru susținerea sănătății creierului. Fără îndoială, merită să facem un efort conjugat pentru a introduce cele două PUFA în dieta zilnică, din moment ce îndeplinesc funcții foarte diferite.

Omega 6 este în general privit ca având proprietăți *proinflamatorii*. Este mare lucru. În biologie, inflamația nu se referă la un deget umflat. Inflamația înseamnă cât de inflamat este sistemul imunitar și, ca urmare, cât de protejat vei fi de pericol. Omega 6 participă în acest proces, încurajând corpul și creierul nostru deopotrivă să lanseze un răspuns inflamatoriu în cazul unei răni sau al unei infecții. Omega 3 este necesar pentru a opri acest răspuns odată ce pericolul nu mai e prezent. Prin urmare, sunt privite ca fiind *anti-inflamatorii.*

Nenumărate studii științifice au demonstrat că echilibrul dintre aceste două PUFA[11] este esențial pentru o comunicare adecvată între neuroni, precum și ca mijloc de menținere a sistemului imunitar sănătos. O perturbare a acestui echilibru dintre agenții pro și antiinflamatori ar putea duce fie la o inflamație menținută în mod nenecesar, ceea ce ar putea afecta creierul pe termen lung, fie la o capacitate redusă de a lupta cu boala, o responsabilitate evidentă.

Acest echilibru depinde în mod direct de alegerile noastre culinare.

Cercetările au găsit că un raport de 2:1[12] (de două ori cantitatea de Omega 6 la o cantitate de Omega 3) este echilibrul ideal pe care să-l atingem. Totuși, există unele estimări că americanii consumă de *20 până la de 30* de ori mai mult[13] Omega 6 decât Omega 3, făcând ca dieta americană obișnuită să fie extrem de proinflamatorie.

Mai rău, recomandările de dietă actuale pentru Omega 3 și Omega 6 îl favorizează puternic pe cel din urmă. U.S. Food and Nutrition Board a stabilit valori de referință pentru consumul multor nutrienți identificați ca fiind esențiali pentru sănătate, cum sunt și PUFA. Valorile de referință îți spun în ce cantitate ar trebui să consumi zilnic un nutrient anume pentru a evita atât carențele, cât și excesele care pot duce la toxicitate. În prezent, doza recomandată pentru un bărbat adult este de 1,6 g de Omega 3 și între 14 și 17 g de Omega 6 pe zi, iar pentru o femeie este de 1,1 g de Omega 3 și 11-12 g de Omega 6. Asta înseamnă o cantitate de Omega 6 de zece ori mai mare[14] decât cea de Omega 3!

Mâncând prea mult alimente bogate în Omega 6 și prea puține cu Omega 3 ne punem în pericol pe noi înșine în fața multor boli asociate cu inflamația în exces. Printre aceste boli se numără ateroscleroza, artritele și bolile vasculare, bolile autoimune, proliferarea tumorilor și, ultimele, dar nu cele din urmă, tulburările neurologice, cum ar fi boala Alzheimer. Ar trebui să luăm această problemă în propriile mâini și să ne asigurăm că dieta noastră susține echilibrul important și delicat de 2:1.

Ce opțiuni avem?

Pornind de la Omega 6, alimentelele care conțin din plin aceste grăsimi în mod natural, și de aceea trebuind să fie reduse drastic, sunt alimentele grase de origine animală, cum ar fi bacon și grăsime de pui, dar și uleiurile vegetale din semințe de struguri, rapiță, porumb, arahide și semințe de floarea-soarelui (vezi Tabelul 2).

În ceea ce privește Omega 3, există trei tipuri majore care provin din diferite alimente. Acestea sunt *acidul alfa lipoic* (ALA), *acidul eicosapentaenoic* (EPA) și *acidul docosahexaenoic* (DHA). ALA provine din surse vegetale, în special din semințe de in, nuci, semințe de chia și din germeni de grâu, precum și din plante marine, cum e spirulina. DHA și EPA se găsesc din belșug în uleiurile de pește, nu în cele vegetale. Cele mai bogate surse de Omega 3 sunt peștii de apă rece, somonul, macroul și codul. Adevărata vedetă este caviarul. Caviarul este alimentul cu cea mai mare concentrație de DHA, elementul constitutiv al creierului. 28 g de caviar conțin de trei ori cantitatea de DHA care se găsește în somonul de cea mai bună calitate. În plus, caviarul este o sursă excelentă de colină, care stimulează memoria, ceea ce îl face o combinație perfectă pentru creier. Acestea sunt alimentele pe care trebuie să i le oferim zilnic creierului nostru.

**PUFA Omega 3 (g/100 g de produs)**

| SURSĂ VEGETALĂ | ALA | SURSĂ DE ORIGINE ANIMALĂ | DHA + EPA |
|---|---|---|---|
| Ulei din semințe de in | 52,8 | Caviar negru | 6,8 |
| Semințe de in | 22,8 | Icre de somon | 6,7 |
| Semințe de cânepă | 12,9 | Somon sălbatic | 2,2 |
| Nuci albe* uscate | 8,7 | Hering | 2,0 |
| Semințe de chia | 3,9 | Macrou | 1,9 |
| Nuci negre** | 3,3 | Sardine | 1,7 |
| Boabe de soia (crude) | 3,2 | Anșoa | 1,5 |
| Ovăz, germeni | 1,4 | Sardine (conservă) | 1,0 |
| Spirulină | 0,8 | Păstrăv | 0,9 |
| Grâu, germeni | 0,7 | Rechin | 0,8 |

**PUFA Omega 6 (g/100 g de produs)**

| SURSE VEGETALE | OMEGA 6 | SURSE DE ORIGINE ANIMALĂ | OMEGA 6 |
|---|---|---|---|
| Ulei din semințe de struguri | 70 | Grăsime de curcan | 21 |
| Ulei de floarea-soarelui | 66 | Grăsime de pui | 19 |
| Ulei din germeni de grâu | 55 | Grăsime de rață | 12 |
| Ulei de porumb | 53 | Untură | 10 |
| Ulei de soia | 51 | Burtă de porc | 5,2 |
| Ulei de susan | 41 | Bacon | 4,5 |
| Nuci | 38 | Gălbenuș | 3,5 |
| Maioneză | 37 | Pui | 3,1 |
| Ulei de arahide | 32 | Cârnați Frankfurt (vită și porc) | 2,3 |
| Dressing de salată | 23 | Avocado | 1,6 |

**Tabelul 2**. Top 10 surse de alimente cu Omega 3 și Omega 6, clasificare în funcție de concentrația PUFA, o metodă accesibilă pentru compararea cantităților relative de PUFA pe care le obține creierul din fiecare aliment.

* Fructul nucului alb (*Juglans cinerea*), care se găsește în Statele Unite și în sud-estul Canadei. (*N. red.*)

** Fructul nucului negru (*Juglans nigra*), care se găsește în zone cu vegetație riverană, cum ar fi sudul și centrul Texasului, nordul Floridei, sudul Georgiei, sud-estul Dakotei de Sud și sudul provinciei Ontario. (*N. red.*)

O mulțime de studii epidemiologice au identificat Omega 3 ca fiind nutrientul care luptă cel mai eficient împotriva declinului cognitiv asociat vârstei și demenței. De exemplu, un studiu-reper realizat pe 6 000 de participanți de 65 de ani sau mai bătrâni a arătat că persoanele care au consumat cantități reduse de Omega 3[15] au prezentat un risc cu 70% mai ridicat de a se îmbolnăvi de Alzheimer decât aceia care au consumat mai mult Omega 3. Mai precis, persoanele care au consumat mai puțin de 1 g de Omega 3 pe zi au avut riscul cel mai crescut de a suferi de demență, în vreme ce probabilitatea în cazul celor care au ingerat mai mult de 2 g pe zi de a dezvolta vreo formă de demență era nulă. În plus, chiar și în cazul persoanelor care nu au suferit de demență, un consum mai mic de Omega 3 le-a afectat abilitatea de a-și aminti detalii, de a se concentra și de a-și gestiona timpul.

Pe măsură ce alte câteva studii au obținut aceleași rezultate, s-a ajuns la un consens: persoanele care consumă regulat alimente bogate în Omega 3 își păstrează mintea limpede și au mai puține șanse de a suferi deteriorări cognitive față de cei care consumă o cantitate mai mică din aceste grăsimi sănătoase.

Poate e și mai fascinant faptul că efectele benefice ale consumului de Omega 3 sunt evidente și la tomografii. Pe măsură ce înaintăm în vârstă, creierul nostru își pierde din volum. Dar studii făcute pe mii de bătrâni fără demență au arătat că aceia care nu au consumat suficient Omega 3[16] în dieta lor au *accelerat* micșorarea creierului, așa cum arată IRM-urile. Creierul lor, mai ales hipotalamusul (centrul memoriei din creier), a pierdut neuroni într-un ritm echivalent a doi ani suplimentari de îmbătrânire. Cu alte cuvinte, o dietă săracă în Omega 3, în special DHA, sporește viteza cu care îmbătrânește creierul! Niște concluzii: creierul celor care mănâncau mai puțin de 4 g de DHA pe zi avea un ritm de micșorare alert, în timp ce creierul celor care consumau 6 g sau mai mult[17] de DHA pe zi părea să-ți mențină tinerețea.

În timp ce toate aceste concluzii arată efectul protector al acizilor Omega 3 împotriva îmbătrânirii creierului, experimentele clinice aleatorii încă nu reușesc să demonstreze modificări semnificative[18] asupra sănătății cognitive în urma administrării de suplimente de ulei de pește. De ce?

Decât să fim dezamăgiți de rezultatele negative, mai degrabă observăm o lecție de învățat. În primul rând, experimentele clinice se bazau pe suplimente. Dar cercetările arată că efectele protectoare ale acizilor Omega 3 sunt mai mari în cazul persoanelor care își iau grăsimile din surse naturale, cum ar fi peștele, *și nu din suplimente*.[19] Mai mult, majoritatea experimentelor clinice de până acum au folosit doze destul de scăzute de Omega 3, în general în jur de 2 g pe zi – mai puțin de *jumătate* din doza minimă necesară pentru a încetini micșorarea creierului, conform studiilor cu IRM menționate mai devreme. Acest lucru ar putea avea legătură cu îndrumările alimentare actuale, care recomandă doze mici de Omega 3, mai ales pentru femei.

În cele din urmă, studiile de cercetare oferă o regulă de bază mai bună, concepută anume pentru creier. Obiectivul este de a consuma *cel puțin* 4 g zilnic din grăsimile râvnite de creierul nostru pentru a-l păstra tânăr și funcțional la capacitate maximă.

Nu este nevoie de prea mult pentru a atinge obiectivele asimilării de grăsimi necesare creierului. Doar 85 g de somon sălbatic de Alaska (o bucată mică) oferă aproape 2 g de Omega 3, majoritatea fiind DHA. Împreună cu o mână de migdale (sau poate o lingură de caviar) și ești numai bine.

Cât despre Omega 6, ai nevoie o cantitate foarte mică: câteva picături de ulei din sâmburi de struguri sau o mână de arahide este tot necesarul zilnic al creierului tău.

Ușor de zis, greu de făcut. Din nefericire, dieta occidentală obișnuită tinde să includă exact proporțiile opuse ale acestor alimente. Există mai multe modalități de a răsturna acest raport pentru a crește consumul de Omega 3. O simplă cale de a face acest lucru este de a înlocui unele alimente bogate în Omega 6, ca arahidele din untul nostru de arahide, cu alte nuci mai bogate în Omega 3, cum ar fi migdalele sau nucile obișnuite.

O altă idee bună ar fi să mărim consumul de pește de apă rece, mâncându-l în loc de carnea de porc, de vită sau alte cărnuri grase. Comparând o porție de pește cu una de carne de vită care are aceeași cantitate de proteine, peștele este bogat atât în proteine, cât *și* în Omega 3, în timp ce carnea asigură mai mult Omega 6 decât Omega 3.

Când e preparat corespunzător, peștele este o alternativă delicioasă și sănătoasă de care creierul nostru are nevoie mai presus de orice. Dieta mediteraneeană, comună în țara mea natală, Italia, dar și în cea mai mare parte a Europei, include mai mult pește decât se obișnuiește în State. Majoritatea dintre noi apreciază acel pește cu gust de mare – aroma sa sărată, ușor iodată, care ne aduce aminte de apele turcoaz, ca niște nestemate ale Mării Mediterane. Biban de mare, midii, *vongole* (moluște), *orata* (dorada)… toate au pentru mine gustul unei vacanțe pe plajă.

Fiecare mare are punctele sale forte. Un *branzino* (biban de mare) proaspăt prins, făcut la grătar, este o delicatesă mediteraneeană, cum sunt stridiile în Franța și somonul și heringul sălbatic în nordul Europei. Mâncarea japoneză, în special sushi, a devenit acum cunoscută în toată lumea, iar consumul de pește proaspăt a înlocuit obișnuita felie de pizza de la cină în multe gospodării, aducând o cantitate fără precedent de Omega 3 atât de sănătos pe mesele americanilor.

Tu, conservatorul care iubește o friptură adevărată, investește în carne provenită de la vitele crescute cu iarbă, care e mult mai bogată în Omega 3 și lipsită de nutrețuri cu OMG și hormoni prezente în carnea de vită de calitate scăzută.

O altă cale probabil neașteptată de a ne reumple rezervoarele cu grăsimi esențiale pentru creier este de a mânca alimente bogate în fosfolipide.[20] Chiar dacă poate nu ai auzit de ele până acum, fosfolipidele sunt prezente în întregul organism și într-o cantitate mult mai mare în creier. Acest tip specific de grăsimi este de o importanță capitală, căci asigură tuturor membranelor celulare ale creierului formă, rezistență și elasticitate. Astfel, sunt necesare tuturor operațiunilor mintale și tuturor gândurilor. Fosfolipidele sunt făcute în cea mai mare parte din Omega 3. Drept rezultat, alimentele care conțin fosfolipide sunt în același timp surse excelente de Omega 3. Corpul descompune aceste grăsimi mai mari în unități mai mici, eliberând mai întâi Omega 3 în sistemul circulator și apoi în creier. Alimentele bogate în fosfolipide înseamnă orice fel de pește, crustacee, precum crabul și creveții, și ouă. Gălbenușul este cel mai concentrat cocteil: cu peste 10 000 de mg de fosfolipide per 100 de g de produs – și 230 de mg de Omega 3. Gândește-te la asta data viitoare când vei vrea să comanzi o omletă doar din albușuri – să nu pierzi din vedere esențialul. Dintre toate alimentele de origine animală disponibile, ouăle sunt greu de învins când vine vorba despre nutriția creierului. Într-un fel, ouăle sunt pentru animale ceea ce fructele sunt pentru plante – în decursul a mii, dacă nu milioane de ani, ouăle au fost îmbunătățite pentru a produce și a susține viața, asigurând vietăților nutriție, structură și protecție, ou cu ou. Din acest motiv, ouăle conțin tot felul de nutrienți necesari nu doar pentru creșterea și dezvoltarea oaselor și a mușchilor, ci și pentru dezvoltarea tubului neuronal de la nivelul creierului și al măduvei spinării. Clorina pentru formarea memoriei, acizii grași Omega 3, proteinele complete, o gamă largă de vitamine și minerale, chiar și antioxidanți care luptă cu bolile ca luteina și zeaxantina – oul le conține pe toate, și asta pentru că un organism în dezvoltare are nevoie de toate.

Când vorbim despre ouă, ne referim de obicei la ouă de găină. Însă același principiu se aplică tuturor păsărilor ouătoare, de la prepeliță la struț. Îți recomand să explorezi toate opțiunile disponibile, din moment ce diversitatea este cheia în neuronutriție. Și să nu uităm de pește. Ouăle de pește, zise și caviar sau icre, sunt cea mai bună tratație pentru creierul nostru mare și înfometat. Chiar și Picasso își exprima recunoștința față de binefăcătorii săi, oferindu-le caviar în dar. Și le-a făcut o favoare mai mare decât a știut. Caviarul este cea mai mare sursă disponibilă de fosfolipide: o singură lingură conține mai mult de 1 g de Omega 3 de calitate ridicată.

În plus, regatul vegetalelor este și el bogat în fosfolipide. Perele dulci, castraveții și tapioca (esențială în bucătăria din America de Sud) sunt surse neașteptat de bogate în fosfolipide. Grânele ca ovăzul, grâul integral și orzul, precum și soia și semințele de floarea-soarelui sunt, de asemenea, niște surse bune. Consumând aceste alimente, îți ajuți creierul să obțină toate „grăsimile bune" de care are nevoie. Aceste sugestii sunt în special utile din rațiuni medicale, dacă ai alergii la pește ori dacă ești vegan/vegetarian. Există și alte modalități de a-ți crește aportul de Omega 3. De exemplu, poți consuma mai multe alimente care conțin ALA. ALA se găsește în cantități importante în surse de origine vegetală, în special în uleiurile de in, chia, cânepă și semințe de floarea-soarelui (vezi Tabelul 2), făcându-le o opțiune atractivă pentru vegetarieni. Dezavantajul este că creierul nostru trebuie să convertească ALA în DHA pentru a-și acoperi necesitățile, iar 75 % din ALA se pierd în timpul procesului.

Uleiurile de pește de calitate ridicată care conțin DHA sunt alternative potrivite, care se găsesc ușor sub formă de suplimente sau ca ingrediente într-o gamă variată de alimente fortificate, de la laptele fortificat cu DHA până la ouă și pâine. Mulți care iau suplimente cu ulei de pește observă gustul de pește al pilulei care persistă după înghițire. Dacă asta te deranjează, încearcă în schimb o sursă vegană de Omega 3, provenită din plante marine, cum ar fi algele cu puritate ridicată. Un alt avantaj al acestor suplimente vegane este că nu au contaminanți și poluanți de mediu, care ar putea fi prezenți în unele uleiuri de pește.

În concluzie, deși rezultatele nu sunt întotdeauna consecvente, unele studii au arătat că un consum mai ridicat de grăsimi mononesaturate, ca acelea care se găsesc în uleiul de măsline și în avocado, au legătură cu o mai bună funcționare cognitivă și un risc mai scăzut de demență la bătrânețe. În acele studii, oamenii care au consumat cel puțin 24 g pe zi din aceste grăsimi[21] au avut un risc mai redus cu 80% de a face boala Alzheimer în comparație cu aceia care au consumat 15 g sau mai puțin. Grăsimile mononesaturate sunt cunoscute pentru efectele lor benefice pentru sănătatea inimii și, în acest caz, ce e bun pentru inimă e bun și pentru creier. Vestea bună este că e nevoie de doar 2-3 linguri de ulei de măsline pentru a atinge doza zilnică dorită pentru protejarea creierului.

Pentru a le însuma pe toate, acizii Omega 3, Omega 6, fosfolipidele și, într-o oarecare măsură, grăsimile mononesaturate sunt tipii buni pe care creierul i-a ales ca aliați – dar și furnizori – pe parcursul a milioane de ani. Totodată, creierul tău și-a făcut și câțiva dușmani.

## Cele rele: grăsimile saturate

Chiar dacă ne pare oarecum neclar, grăsimile saturate sunt inamicul public numărul unu. În timp ce unii medici susțin și chiar încurajează consumul nelimitat de alimente bogate în grăsimi saturate, în comunitatea științifică este bine stabilit că nivelurile ridicate ale acestor grăsimi au un impact negativ asupra capacităților mintale, crescând riscul de demență.

Așa cum am descris mai devreme, creierul nu consumă prea multe grăsimi saturate după adolescență. Totuși, un aport ridicat de grăsimi saturate în dietă poate provoca inflamație în întregul corp și poate reduce fluxul de oxigen, mai ales cel spre creier. Creierul este lacom când vine vorba de oxigen, așa că este posibil ca și cea mai mică lipsă de circulație să-i afecteze performanțele. În plus, prea multe grăsimi saturate pot crește riscul bolilor de inimă[22] și al diabetului de tip 2 – care, la rândul lor, cresc riscul apariției demenței.

Un exemplu printre multe altele. Un studiu realizat pe 800 de participanți vârstnici a demonstrat că persoanele care au mâncat constant cele mai multe grăsimi saturate[23] au prezentat un risc de patru ori mai mare de apariție a deteriorării cognitive pe măsură ce au înaintat în vârstă, în comparație cu cele care au consumat cantitatea cea mai mică. Mai exact, era mult mai probabil ca persoanele care au consumat mai mult de 25 g de grăsimi saturate pe zi să dezvolte demență în anii următori decât cele care au ingerat jumătate din cantitate (13 g pe zi).[24]

Concret, șase felii de bacon conțin 25 g de grăsimi saturate. Așa că reducerea celor șase felii la trei poate diminua riscul de demență la o pătrime.

Studii ulterioare au arătat că și cele 13 g pe zi, deși mai puțin rele decât 25, sunt tot prea multe. De exemplu, un studiu făcut pe 6 000 de vârstnici a demonstrat că aceia care au mâncat zilnic 13 g de grăsimi saturate (sau mai mult) au avut o probabilitate de două ori mai mare de a dezvolta o alterare cognitivă față de cei care au mâncat mai puțin de 7 g pe zi. Acum am ajuns la o felie și jumătate de bacon.

Un număr de studii bine controlate au confirmat aceste descoperiri: grăsimile saturate cresc rata declinului abilităților cognitive pe măsură ce îmbătrânim. Așa că în timp ce corpul are cu siguranță nevoie de niște grăsimi saturate pentru a se menține sănătos, în ceea ce privește creierul, cu cât mai puține grăsimi saturate, cu atât mai bine.

În prezent, majoritatea nutriționiștilor recomandă să ne propunem o dietă care nu include mai mult de 5-6% de calorii din grăsimi saturate pe zi. De exemplu, dacă urmezi o dietă cu 2 000 de calorii zilnic, nu mai mult de 120 din aceste calorii ar trebui să provină din grăsimi saturate. Asta înseamnă circa 13 g pe zi, sau trei felii de bacon, ceea ce este în concordanță cu studiile menționate mai devreme. Așa cum îți poți închipui, majoritatea oamenilor mănâncă mult mai multe grăsimi saturate decât câteva felii de bacon pe zi. Astfel că, dacă vrei să îți maximizezi performanța creierului, în timp ce reduci la minimum riscul de demență și de boli de inimă, îți recomand să consumi mai puțin de 13 g pe zi sau, chiar mai bine, jumătate din această cantitate – în timp ce îți concentrezi atenția pe surse sănătoase, de calitate ridicată.

Dacă te întrebi ce tip de carne și de produse lactate sunt sigure, iată regula mea de aur. Alimentele grase organice, proaspete sunt mult mai bune decât acelea procesate de orice fel. Când consumi alimente de origine animală, asigura-te că mănânci ouă, carne de pui, de curcan și bucăți slabe de carne de vită de la animale crescute în ferme, în aer liber, hrănite cu iarbă *în locul* cărnii de porc și al baconului de la animale crescute în scopuri comerciale. La fel pentru toate cărnurile procesate, fie bucăți reci de șuncă, fie cărnuri combinate, ca pastrama. Aceste alimente nu sunt bune nici pentru tine și cu atât mai puțin pentru creier. Vom vorbi mult mai mult despre acestea în „Pasul 2: Puterea cognitivă prin nutriție".

În ceea ce privește produsele lactate, cele din lapte organic, integral, ca iaurtul și chefirul, sunt cea mai bună opțiune. În afară de faptul că asigură un raport mai bun de grăsimi nesaturate la grăsimi saturate, ele au beneficiul suplimentar de a conține bacterii active vii, care susțin sistemele digestiv și imunitar deopotrivă. În schimb, alimentele procesate ca brânza americană, brânza topită, iaurtul îndulcit, îngheţata din comerţ, budinca şi majoritatea băuturilor cu lapte sunt pur şi simplu rele şi ar trebui să fie limitate, dacă nu chiar eliminate complet din dieta ta. Aceste alimente nu sunt doar bogate în tipul de grăsimi saturate care nu au nicio utilitate pentru creier, dar conţin şi multe alte ingrediente dăunătoare, printre care şi grăsimile trans.

## Cele urâte: grăsimile trans

Cu toţii am auzit despre grăsimile transsaturate (zise grăsimi trans) şi despre cât de nesuferite sunt pentru corp. Majoritatea doctorilor consideră grăsimile trans cel mai rău tip de grăsimi pe care e posibil să le ingerezi. Acest gen de grăsimi a fost de curând pe prima pagină a ziarelor din cauza efectelor periculoase asupra sănătăţii şi sunt din ce în ce mai mult recunoscute şi ca inamici ai creierului.

O mulţime de articole din literatura de specialitate indică o asociere între consumul de grăsimi trans şi riscul crescut de declin cognitiv[25] şi demenţă la bătrâneţe. De fapt, sunt necesare foarte puţine grăsimi trans în dietă pentru a dezvolta alterări cognitive. În cadrul mai multor studii, oamenii care au consumat zilnic 2 g sau mai multe de grăsimi trans[26] au avut un risc de două ori mai mare decât aceia care au ingerat mai puţin de 2 g. Foarte descurajantă este conştientizarea faptului că cei mai mulţi participanţi la acele studii au mâncat cel puţin 2 g pe zi, majoritatea dintre ei consumând mai mult decât o cantitate dublă ingerată în mod obişnuit.

Dar ce sunt, mai exact, grăsimile trans şi unde se ascund ele?

Grăsimile trans sunt create printr-un proces industrial denumit *hidrogenare*, prin care hidrogenul este adăugat uleiurilor vegetale nesaturate, de altfel sănătoase, „saturându-le" chimic. Fabricanţii procedează astfel pentru a crea o consistenţă specifică pentru produse, una care este aproape solidă la temperatura camerei, dar care se topește prin gătire sau încălzire. De exemplu, uleiurile de rapiță și de șofrănel sunt hidrogenate artificial pentru a crea margarine și creme tartinabile. Este mai puțin probabil ca aceste așa-numite uleiuri parțial hidrogenate să se strice și sunt mai puțin predispuse să râncezească, asigurând alimentelor o viață mai lungă pe raft. Unele restaurante folosesc aceste uleiuri în friteuzele lor pentru că nu trebuie schimbate la fel de des ca alte uleiuri, mai sănătoase. Evident, grăsimile trans sunt convenabile, nemaivorbind că sunt ieftine.

Din nefericire, grăsimile trans au multe efecte adverse pentru sănătate, de la creșterea nivelurilor de colesterol și trigliceride în sânge până la dezvoltarea inflamației generalizate în corp. Acest lucru mărește riscul de boli cardiovasculare[27] și de accident vascular cerebral și, la rândul său, riscul de demență. În momentul de față, uleiurile parțial hidrogenate nu mai sunt GRAS – „general recunoscute ca fiind sigure" – în alimentația umană. Mai multe țări, ca Danemarca, Suedia și Canada, au redus și chiar au restricționat folosirea acestor grăsimi în unitățile care oferă servicii alimentare. Se speră că studiile desfășurate în mod continuu vor duce curând la o interdicție finală și completă a tuturor grăsimilor trans din dieta americanilor. Între timp, trebuie să ne protejăm pe noi înșine și să ne apărăm creierul de orice produse care includ grăsimi trans.

Ele sunt relativ ușor de identificat. Înainte de toate, se găsesc aproape întotdeauna în alimentele procesate. Definiția a ceea ce constituie o mâncare procesată poate varia, dar la modul general este vorba despre un aliment ambalat în cutii, în conserve sau în pungi. De asemenea, aceste alimente au o viață foarte lungă pe raft. Unele supe la conservă pot ține până la 4 ani. Asta nu poate fi ceva natural, nu?

Pare mai ușor ca niciodată să identificăm cantitatea de grăsimi trans în orice aliment ambalat prin verificarea etichetei pe care sunt trecute informațiile nutriționale. Un tabel obișnuit cu informațiile nutriționale va lista nu doar mărimea porțiilor și caloriile per recipient, ci imediat dedesubt vei găsi grăsimile totale. Grăsimile totale sunt apoi defalcate în grăsimi saturate, colesterol și grăsimi trans. Și cu siguranță vrei ca pe tot ceea ce pui în cărucior să scrie la grăsimi trans: „zero/0 g".

Dar există un șiretlic. Din cauza unei anumite libertăți în reglementările actuale[28], chiar și alimentele care par să nu aibă grăsimi trans ar putea în schimb să conțină până la 0,5 g de grăsimi trans per porție. Cu alte cuvinte, dacă un aliment conține 0,49 g de grăsimi trans per porție, companiei îi este permis să îl înregistreze cu „0 g".

Dar cât de mulți oameni mănâncă doar o porție din ceva? Să zicem că mănânci două porții dintr-un asemenea aliment (cum ar fi „cremă de unt", unde două porții ar putea însemna 2 lingurițe). Făcând astfel, de fapt ingerezi aproape 1 g de grăsimi trans – în timp ce te gândești că nu le-ai consumat deloc. Un exemplu printre multe altele este produsul Land O'Lakes Fresh Buttery Taste Spread. Tabelul cu informații nutriționale declară cu mândrie „0" grăsimi trans. Însă lista cu ingrediente spune o poveste cu totul diferită. Finețea cremei tartinabile se datorează mai multor tipuri de grăsimi trans, cum ar fi soia parțial hidrogenată, uleiul de soia hidrogenat și uleiul hidrogenat din semințe de bumbac. Dacă nu crezi, caută pe Google.

Ideea de bază este aceasta: cu cât consumi regulat mai multe alimente ambalate și procesate, cu atât consumi probabil mai multe grăsimi trans ascunse și cu atât mai mare este riscul de a te îmbolnăvi. Recomandarea mea este să te uiți cu atenție la lista de ingrediente de pe ambalajele alimentelor pe care le alegi. Uită-te după oricare dintre următoarele: grăsimi hidrogenate (ca acelea menționate mai sus), grăsimi și uleiuri parțial hidrogenate (cunoscute și ca PHO) și grăsimi vegetale (sau doar grăsimi).

Printre cele mai obișnuite PHO se numără uleiul de soia parțial hidrogenat, uleiul din semințe de bumbac, uleiul din sâmburi de palmier și uleiul vegetal. Dacă lista cuprinde oricare dintre aceste substanțe, mai bine pune produsul înapoi.

Alimentele procesate tipice, care sunt bogate în grăsimi trans sunt produsele prăjite sau coapte, ca gogoșile, checurile, crusta de la plăcinte și biscuiții. Apoi sunt toate tipurile de margarină (solide sau creme tartinabile), împreună cu multe alte produse „cremoase" sau care pot fi întinse, care prin definiție sunt făcute din uleiuri hidrogenate sau parțial hidrogenate. Grăsimile trans sunt adăugate chiar și în majoritatea înlocuitorilor de frișcă pentru cafea. O mențiune specială pentru mămici: ai putea servi neintenționat copiii cu o cantitate importantă de toxicitate deasupra torturilor lor aniversare, din moment ce glazurile gata preparate sunt asaltate de grăsimi trans. Așa că analizează cu atenție coșul de cumpărături. Multe dintre alimentele pe care le depozitezi în cămară sunt probabil pline cu o substanță pe care trebuie de-acum să începem să o evităm cu orice preț.

## Colesterolul: prieten sau dușman?

Colesterolul a devenit un subiect atât de fierbinte, încât ne trezim vorbind despre nivelul nostru de colesterol chiar și la petreceri. Colesterolul este un lucru bun sau rău?

Ar putea părea o surpriză, dar colesterolul din creier este foarte diferit de colesterolul despre care vorbim de obicei. Când doctorul îți spune că ai colesterolul mare, se referă la colesterolul din sânge. Nivelurile de colesterol din sânge sunt stabilite, cel puțin în parte, de cât de multe alimente bogate în colesterol consumi, cum ar fi carnea, ouăle și unele produse lactate.

Totuși, acest tip de colesterol nu are *nimic* de-a face cu colesterolul din creier.

Spre deosebire de orice alt organ din corp, creierul își face propriul colesterol. În întregime. Poate și mai surprinzător, cea mai mare parte a colesterolului din creier este produs în timpul primelor săptămâni de viață, când neuronii noștri se dezvoltă cu viteza luminii și au nevoie de sprijin structural suplimentar. Creierul continuă să producă colesterol[29] într-un ritm mai scăzut în adolescență, dar odată ce acest proces este complet încetinește, continuând cu o cantitate foarte mică în viața de adult.

Odată ce am trecut de anii adolescenței, creierul dispune de tot colesterolul de care va avea vreodată nevoie. Pentru a și-l păstra, creierul îl izolează complet[30] de restul corpului. Ca o măsură de siguranță suplimentară, colesterolul din dietă (din alimentele pe care le mâncăm) nu se află pe lista nutrienților cărora le este permis să treacă de bariera sânge–creier. Pur și simplu nu există căi de trecere care să le permită să intre.

În consecință, nu există nicio legătură dintre cantitatea de colesterol pe care o ingerezi și buna funcționare a creierului. Indiferent de câte ouă pui în omletă sau cât bacon ai avut ca garnitură, capacitățile tale mintale nu vor avea de câștigat de pe urma colesterolului din aceste alimente – deși s-ar putea să îți înfunde, în schimb, arterele.

Astfel, colesterolul din dietă poate afecta creierul în măsura în care afectează sănătatea inimii. Când inima nu ne funcționează la nivelul ei optim, creierul nostru suferă. Iată cum stau lucrurile.

Colesterolul din organism are nevoie de ajutor pentru a se deplasa. Ajutorul este oferit sub formă de *lipoproteine*, șoferii personali ai sistemului de transport pentru grăsimea din corpul tău. Ai putea să-i recunoaștеți din cele mai recente analize de sânge. Ei se împart în două grupe: lipoproteine LDL – cu densitate scăzută – și lipoproteine HDL – cu densitate mare. Când vorbesc despre „colesterol rău“ și „colesterol bun“, doctorii se referă la aceste molecule.

LDL duce colesterolul la anumite organe. Uneori, acest proces nu se desfășoară atât de lin pe cât ar trebui. Din cauza moștenirii genetice sau a altor condiții medicale, LDL poate sfârși prin a abandona pasagerul la o destinație greșită – în interiorul pereților arterelor, de exemplu. Pe măsură ce acest proces continuă, poate apărea o acumulare de colesterol, determinând o îngroșare a arterei. Această îngroșare este denumită placă, sau *formațiune de placă aterosclerotică*. Pe măsură ce cresc, aceste plăci pot astupa arterele, producând atac de cord, accident vascular cerebral și alte probleme medicale grave. În schimb, HDL preia colesterolul și îl transportă la ficat, unde este fie eliminat, fie transformat în hormoni pentru alte utilizări. Acesta este motivul pentru care, chiar dacă nu sunt, de fapt, colesterol, LDL și HDL au fost etichetate ca fiind „colesterolul LDL rău", care a devenit ticălosul de care trebuie să scăpăm, și „colesterolul HDL bun", supereroul pe care îl căutăm.

În ceea ce privește terminologia medicală, pentru a-ți proteja inima și colesterolul deopotrivă, este de o importanță capitală să îți păstrezi colesterolul total la un nivel scăzut, împreună cu un HDL mare și un LDL mic.

Un număr mare de studii afirmă că un nivel ridicat de colesterol în sânge (*hipercolesterolemie*) la vârsta a doua înseamnă un risc crescut de a dezvolta demență mai târziu. Cu titlu de referință, termenul „colesterol mare" indică un nivel de colesterol în sânge mai mare de 240 mg/dl. Câteva studii cu până la 10 000 de participanți vârstnici au descoperit că aceia cu colesterol mare la vârsta a doua[31] au prezentat un risc de trei ori mai mare de a se confrunta cu probleme cognitive și demență mai târziu în comparație cu cei care au avut niveluri normale de colesterol. Însă în ceea ce privește riscul de a face boala Alzheimer, limita sănătoasă a fost chiar și mai scăzută. Un nivel al colesterolului de 220 mg/dl[32], considerat granița de sus de către standardele actuale, a fost suficient de ridicat ca aproape să dubleze riscul.

Ce trebuie să facem ca să ne păstrăm colesterolul sub control?

De obicei, dacă ai colesterol mare, doctorul te-ar fi sfătuit să reduci consumul de alimente bogate în colesterol, cum ar fi ouăle și brânza. Totuși, este din ce în ce mai acceptat faptul că acel colesterol din alimentele noastre nu crește nivelurile de colesterol din sânge, așa cum s-a crezut cândva. Adevărul este că până la 70% din colesterolul corpului este produs chiar de corp și doar vreo 25% provine din dietă.[33] Asta pentru că organismul reglează cu precizie cantitatea de colesterol din sânge prin controalele sale interne stricte ca să se asigure că nu absorbi prea mult colesterol din alimentele pe care le mănânci. Cu alte cuvinte, a ingera colesterol nu va duce obligatoriu la un atac de cord.

Totuși, alți nutrienți pot crește foarte mult nivelurile de colesterol. Pe cât de interesant ar putea să sune, consumul de grăsimi saturate și trans pare să influențeze nivelurile de colesterol mai mult decât însuși consumul de colesterol.[34] Așa că, dacă trebuie să îți reduci colesterolul, mai bine diminuează consumul *altor* grăsimi, dintre cele despre care am vorbit mai devreme. Am lămurit deja că grăsimile trans ar trebuie eliminate complet din bucătăria ta. Alimentele bogate în grăsimi saturate ar trebui, de asemenea, eliminate. Partea complicată este că mare parte din colesterol provine din alimente care conțin și o cantitate semnificativă de grăsimi saturate, cum ar fi cărnurile grase, carnea de porc, de pasăre și lactatele, ceea ce face dificil să le mănânci pe unele, evitându-le pe altele.

Peștele, fructele de mare și ouăle sunt excepțiile de la regulă, din moment ce sunt bogate în colesterol, dar au conținut redus de grăsimi saturate, prin urmare nu sunt atât de dăunătoare pe cât se credea înainte. De exemplu, testele clinice nu au semnalat vreo legătură între consumul de ouă și riscul de boli de inimă.[35] Încă un motiv bun de a renunța la omletele din albușuri și de a începe să mănânci din nou gălbenușuri. Totuși, dacă această veste te încurajează să faci o vizită la micul restaurant local pentru zece ouă făcute jumări, te gândești prea departe. Consumul sănătos de ouă înseamnă nu mai mult de câteva ouă pe săptămână. Din nou, ține minte vechea zicală: „Moderația este totul."

De asemenea, nu uita că nu toată lumea răspunde la colesterolul și la grăsimile saturate din alimentație în aceeași manieră. Dacă iei un grup de oameni, îi hrănești cu alimente bogate în acele grăsimi și măsori cât colesterol produc, vei avea o gamă largă de răspunsuri.[36] Unii vor produce mai mult, alții, mai puțin. Dacă ai colesterol mare sau există un istoric de afecțiuni ale inimii în familia ta, îți recomand să vorbești cu medicul tău despre testarea propriului răspuns la consumul de alimente grase. Dacă consumul de grăsimi saturate crește colesterolul total sau pe cel LDL, ai o mulțime de motive să-ți schimbi dieta.

## Creierul și corpul – sunt ele în acord?

Acum că am examinat tipurile importante de grăsimi și dacă ele se integrează sau nu într-o dietă sănătoasă pentru creier, să rezumăm totul. Anumite grăsimi din dietă, ca PUFA, sunt un exemplu excelent al felului în care ce este bun pentru creier e bun și pentru trup. Creierul are nevoie de PUFA (mai ales PUFA din pește și din ouă) pentru o structură și o funcționare adecvate. Restul corpului are de asemenea nevoie de PUFA și chiar poate arde aceste grăsimi pentru a produce energie. De exemplu, acizii grași ca PUFA sunt sursa principală de combustibil a inimii.[37] Așa că trebuie să te asiguri că mănânci suficiente alimente bogate în PUFA enumerate în acest capitol pentru a menține fericit atât creierul, cât și inima.

Totuși, acest lucru nu e neapărat valabil și invers: nu toate grăsimile care sunt bune pentru corp sunt bune și pentru creier. Există persoane care recomandă consumul de alimente bogate în grăsimi saturate și colesterol pentru păstrarea sănătății creierului. Nu sunt de acord. În cazul grăsimilor saturate, corpul are capacitatea de a arde singur aceste grăsimi pentru a produce energie. De asemenea, corpul se poate folosi și de colesterolul din dietă pentru o serie de funcții – de la susținerea membranelor organelor până la producerea mai multor hormoni. Creierul, pe de altă parte, după adolescență, nu are nevoie de aceste grăsimi și nici nu trage vreun folos de pe urma lor.

Acestea fiind spuse, subiectul grăsimilor saturate este unul complicat și este important să ținem minte că unele grăsimi saturate sunt mai bune decât altele. Așa cum a fost precizat mai devreme, uneori creierul ar putea face bine să asimileze[38] unele grăsimi saturate, precum cele care se găsesc în laptele integral și în uleiul de cocos. Chiar dacă nu are nevoie de aceste grăsimi în mod obișnuit, nici nu-i vor face rău dacă le consumă rar sau doar ocazional – mai ales dacă le preferă altor surse mai dăunătoare de grăsimi, cum sunt cele trans. Vom vorbi mai mult în capitolele următoare despre care dintre alimentele grase sunt cele mai bune pentru a susține atât creierul, cât și restul corpului.

Între timp, un avertisment pentru toți proaspeții părinți. Nu presupune că tot ceea ce e bun pentru tine e bun și pentru copilul tău de 2 ani. Un creier în dezvoltare (perioadă care durează de la naștere și până la adolescență) are nevoie de mai multe grăsimi saturate decât un creier adult. În Italia, pediatrii le recomandă copiilor să consume cel puțin două porții de carne de calitate pe săptămână, împreună cu lapte și produse lactate din belșug (organice, proaspete) și, desigur, pește. Am urmat această regulă și cu copilul meu de 2 ani, care adoră somonul sălbatic și parmezanul, dar căruia îi plac la fel de mult și uleiul de cocos, și crema de unt dulce din lapte de la vaci hrănite cu iarbă. Așa cum vom vorbi mai târziu în carte, și mai ales dacă ai copii, dintre toate criteriile de care să ții cont în privința mâncării, *calitatea* ingredientelor ar trebui să fie cel mai important.

# 5
# Beneficiile proteinelor

## Elementele constitutive ale proteinelor

Proteinele se află pe locul al treilea în topul nutrienților sănătoși pentru creier. Proteinele sunt molecule complexe care fac cea mai mare parte a muncii din celulele noastre și sunt necesare pentru structura, funcționarea și reglarea rețelei neuronale. Ele sunt alcătuite din unități mai mici, denumite *aminoacizi*, care sunt legate unele de altele în lanțuri mai scurte sau mai lungi. Numărul și secvența de aminoacizi necesare pentru a construi o proteină îi determină forma și proprietățile sale unice.

Aminoacizii sunt esențiali pentru toate funcțiile care au loc în corp și în creier. Printre acestea se numără menținerea sănătății țesuturilor, alcătuirea hormonilor și conducerea tuturor tipurilor de reacții chimice, pentru început. Dar și mai important pentru creier, aminoacizii se găsesc în mințile tuturor creaturilor de pe Pământ din timpuri străvechi. De fapt, mulți dintre acești nutrienți acționează ca *neurotransmițători*, mesagerii chimici pe care creierul nostru îi folosește pentru semnalizarea, comunicarea și procesarea informației. Neurotransmițătorii sunt responsabili pentru cum gândești, cum vorbești, ce visezi și ce îți aduci aminte. Stimulează impulsurile care te trezesc, care te fac să adormi, care îți mențin concentrarea și chiar cei care te fac să te răzgândești.

Creierul are nevoie să-i fie asigurate cantitățile potrivite de aminoacizi, și, prin urmare, de astfel de proteine, pentru ca toate acele funcțiile cognitive să fie îndeplinite. Totuși, creierul uman și-a dat seama cum să producă unii aminoacizi pe cont propriu, în timp ce pe restul îi importă din dietă. Astfel, chiar dacă toți aminoacizii sunt necesari pentru sănătatea *generală*, creierul nu are nevoie de toți.

Când iei o masă care conține proteine[1], aminoacizii esențiali, ca *triptofanul* (molecula aflată în curcan care înlesnește somnul) intră în creier foarte repede grație căilor de trecere încorporate în bariera sânge–creier. În schimb, aminoacizilor neesențiali (cum ar fi *asparagina* care se găsește în sparanghel) le e în mod special restricționat accesul în creier.

În general, proteinele nu sunt greu de obținut. Mai multe alimente conțin proteine complete, bine echilibrate, ceea ce înseamnă că asigură toți aminoacizii esențiali. Aceste alimente sunt în general de origine animală, printre care se numără peștele, laptele, ouăle, puiul, porcul și vita. Multe alimente vegetale, ca leguminoasele, cerealele, soia și unele nuci și semințe, conțin, de asemenea, cantități importante de proteine. În paginile următoare vom vedea care dintre proteine sunt mai exact necesare pentru un creier sănătos, activ și care alimente asigură cel mai bun conținut de aminoacizi pentru susținerea clarității și a ascuțimii mintale de-a lungul vieții.

## Stele, copaci, păianjeni, zmeie și morcovi… oh, Doamne!

Calea cea mai directă de a evalua cât de dependente sunt în mod intrinsec abilitățile cognitive de combinațiile corecte ale aminoacizilor esențiali pentru creier este de a analiza chiar acele mecanisme care le permit în primul rând gândurilor noastre să capete formă. Vom urmări acum modul în care celulele nervoase comunică unele cu altele, transmițând informații de-a lungul creierului pentru a forma idei, amintiri și emoții – și cât de mult, dacă nu în mare parte, se bazează acest proces literalmente pe proteine.

Dacă ar fi să privim în creier printr-un microscop, am fi martori la o priveliște deosebită. Creierul uman este înțesat cu o gamă incredibilă de celule nervoase, fiecare cu formă și mărime unice.

Unele ar putea arăta ca niște stele, altele mai degrabă ca niște copaci, fiecare etalându-și propria structură specifică ramificației. O grupare ar putea semăna cu niște păianjeni, în timp ce altele par mai degrabă niște zmeie care-și trag după sine cozile lungi. Unele ar putea arăta chiar ca niște morcovi cu capete frunzoase. Toate aceste stele, copaci, păianjeni, zmeie și morcovi lucrează cu sârg pentru a purta mesaje dintr-o parte în alta, asigurând comunicarea între diferitele regiuni ale creierului, înainte de a se ramifica mai departe pentru a împărtăși informația și cu restul corpului.

Orchestra sistemului nostru nervos central, al cărei dirijor este creierul, este compusă din peste 80 de miliarde de celule nervoase[2] denumite *neuroni*. Dintre toate celelalte celule care constituie corpul nostru, neuronii sunt unici datorită abilității lor de a trimite semnale altor celule indiferent la ce distanță se află. Mai exact, tocmai formele și mărimile lor diverse sunt cele care le permit să facă asta.

În realitate, pe parcursul acestui uimitor schimb electric, neuronii noștri nu se ating. Corpurile lor, sau axonii, se termină în mai multe *sinapse*, adică micile goluri ce separă un neuron de următorul și care acționează ca puncte de conexiune. Fiecare neuron are între 1 000 și 10 000 de sinapse, astfel ajungându-se la uimitorul număr de 100 de trilioane de conexiuni.

Fiecare impuls electric traversează mai multe sinapse, croindu-și drum prin sistemul nervos. Această „neurotransmisie“

este realizată de neurotransmițători, mesagerii chimici din creier. Neurotransmițătorii au sarcina de a trimite informația de la o celulă la alta. Fluxul neîntrerupt al neurotransmițătorilor dă naștere gândurilor, amintirilor și cuvintelor noastre – și chiar și unei nopți de somn bun –, pregătind terenul pentru o funcționare mintală sănătoasă. Creierul uman se bazează pe acțiunea bine orchestrată a peste 100 de neurotransmițători, fiecare cu propria specializare și alcătuire chimică. Unii dintre acești neurotransmițători au un efect major asupra performanțelor noastre cognitive și a capacităților mintale. Cel denumit *serotonină* influențează stabilitatea noastră emoțională și tiparele de somn, dar și memoria și pofta de mâncare. Altul, numit *dopamină*, este responsabil de comportamentul motivație-recompensă, de controlul mișcărilor și de pofte. Mai există și *glutamatul*, un neurotransmițător responsabil să te provoace să acționezi, și alter ego-ul său, *acidul gama-aminobutiric* (GABA), care îți inhibă complet impulsul de a acționa. Ne putem imagina cu toții cât de profund ne afectează aceste molecule intelectul și abilitățile mintale.

S-a dovedit că multe probleme cognitive apar ca o consecință a anomaliilor legate de acești neurotransmițători. De exemplu, se constată o scădere marcantă a serotoninei (neurotransmițătorul esențial pentru buna dispoziție, memorie și pofta de mâncare) în rândul pacienților cu depresie, ceea ce poate afecta și memoria, și atenția.

Ce ar putea cauza epuizarea neurotransmițătorilor noștri?

Ați ghicit: *o dietă săracă.*

Neurotransmițătorii noștri provin dintr-o singură sursă: mâncarea noastră.

O privire mai detaliată asupra procesului de neurotransmisie scoate la iveală un fapt surprinzător: neurotransmițătorii nu stau cu brațele încrucișate așteptând să-și transporte următorul semnal.

De fapt, sunt produși de fiecare dată când este necesar să poarte unul dintre nenumăratele mesaje ale creierului. Se prezintă la datorie când apare un mesaj și dispar odată ce și-au îndeplinit misiunea. Acest proces incredibil de sofisticat și totuși delicat este intrinsec dependent de nutrienții extrași din alimentele pe care le mâncăm zi de zi. În consecință, producerea de neurotransmițători în interiorul creierului răspunde destul de rapid la schimbările din dieta noastră – în special la consumul de proteine.

## Dormim, visăm cu ochii deschiși și ne amintim cu ajutorul serotoninei

Serotonina a fost în principal asociată cu dispozițiile noastre, din moment ce acest neurotransmițător îi semnalează creierului nostru când ne simțim relaxați sau fericiți. Când creierul produce niveluri scăzute de serotonină, semnalele de fericire ajung să fie mai puțin frecvente și de scurtă durată, ajungându-se în cele din urmă la boli ca depresia și anxietatea. Serotonina este recunoscută în mare măsură și pentru rolul său în reglarea somnului și a poftei de mâncare. Mai puțin cunoscut este faptul că epuizarea sa[3] poate fi responsabilă pentru unele aspecte ale deteriorării memoriei asociate cu vârsta înaintată și cu demența.

Mâncarea este stimulentul esențial pentru producerea serotoninei. De fapt, producerea de serotonină în creier[4] se bazează pe prezența aminoacidului triptofan și este dependentă în mod critic de cât de mult triptofan este disponibil în creier. Triptofanul este un aminoacid esențial, ceea ce înseamnă că nu poate fi produs deloc în corp. În consecință, singurul mod în care îi putem asigura prezența în creierul nostru este prin alimentele pe care le mâncăm zi de zi.

Din ce mâncare ne luăm aportul de triptofan? Și cum putem să obținem o cantitate suficientă?

Conform recomandărilor nutriționale actuale, adultul de vârstă medie, bărbat sau femeie, are nevoie zilnic de 5 mg de triptofan[5] per kilogram de masă corporală. De exemplu, doza recomandată pentru un adult de 79 de kg este 395 de mg de triptofan pe zi.

Acest nutrient esențial pentru creier nu este dificil de obținut. Există mai multe alimente care conțin tripofan, mai ales cele bogate în proteine de origine animală sau vegetală. Dar există o problemă: triptofanul stă de obicei în umbra celorlalți aminoacizi când vine vorba de cât de des și cât de ușor este absorbit de creier. În plus, mai puțin de 10% din toată cantitatea de triptofan pe care o asimilăm din dietă este folosită pentru a produce serotonină. În consecință, este și mai important să consumăm zilnic alimente bogate în triptofan pentru a atinge un nivel important în creierul nostru.

Tabelul 3 oferă exemple de alimente obișnuite care sunt surse bune de triptofan. Este interesant de observat că, deși învățătura populară ne determină să credem că triptofanul este responsabil pentru somnolența pe care o simțim după o porție de curcan mâncată la cină, acesta este mai degrabă în josul listei alimentelor bogate în triptofan. Atât de jos, încât nu a reușit să ajungă în Tabelul 3.

Chia, în schimb, se plasează în fruntea listei. Este unul dintre alimentele vegetale considerate a fi centralele termice ale naturii. Aceste micuțe semințe brune sunt de mult cunoscute pentru valoarea lor nutrițională ridicată și pentru capacitatea de a oferi energie sustenabilă. *Chia* este cuvântul mayan străvechi pentru „putere". De fapt, luptătorii azteci și mayași supraviețuiau din când în când numai cu provizii de chia, ca și alergătorii și mesagerii pe distanțe lungi. Două linguri de semințe de chia conțin peste 200 de mg de triptofan, de care creierul tău are nevoie pentru a produce serotonină, precum și o cantitate bună de PUFA, minerale și fibre.

În plus, alimente vegetale cum ar fi cacaua crudă (ciocolata!), grâul, ovăzul, spirulina și semințele de susan și dovleac figurează în mod proeminent printre sursele naturale cele mai bogate în triptofan de pe planetă. Alimentele de origine animală, cum ar fi laptele, iaurtul, puiul și peștele, ca tonul și somonul, sunt de asemenea un început bun. În special iaurtul este o sursă excelentă de proteine cu multe beneficii pentru sănătate, mai ales pentru sistemul digestiv. Totuși, nu vorbesc de substanțele zaharoase, cremoase, cu aromă de fructe, asemănătoare cu iaurtul pe care le găsești în ambalaje strălucitoare pe rafturile supermarketurilor. Aceste produse sunt pline de îndulcitori și de coloranți artificiali, nemaivorbind de conservanți, și nu vor face nimic să îți ajute creierul să rămână sănătos de-a lungul timpului. Când spun iaurt, mă refer la acela organic, simplu, acrișor – de preferat nedegresat și din lapte de capră, pentru un plus de proteine. Dacă nu-ți plac aromele acrișoare, îți recomand să îndulcești chiar tu iaurtul cu miere, sirop de arțar sau fructe proaspete.

| Aliment | Unitate (în sistem metric) | Triptofan (mg) | Suma AAC (mg) | Raportul Triptofan/ Suma AAC |
|---|---|---|---|---|
| Semințe de chia | 28 g | 202 | 1270 | 0,159 |
| Lapte integral | 946 ml | 732 | 8989 | 0,081 |
| Semințe de susan | 28 g | 189 | 2330 | 0,081 |
| Iaurt integral, simplu | 245 g | 49 | 3822 | 0,078 |
| Semințe de dovleac | 28 g | 121 | 1615 | 0,075 |
| Prune (uscate) | 26 g | 2 | 27 | 0,074 |
| Alge de mare, spirulină | 28 g | 260 | 3768 | 0,069 |
| Cacao crudă | 28 g | 18 | 294 | 0,061 |
| Pâine din grâu | 50 g | 19 | 317 | 0,060 |
| Soia (edamame) | 118 g | 236 | 2354 | 0,057 |

**Tabelul 3**. Top 10 alimente bogate în triptofan, clasificate după cantitatea de triptofan raportată la cantitatea de aminoacizi concurenți (AAC). Raportul oferă cel mai bun indicator pentru disponibilitatea triptofanului de a fi transportat prin bariera sânge–creier pentru utilizarea sa în sinteza serotoninei.

În general, triptofanul se găsește în multe alimente obișnuite, așa că deficiențele sunt puțin probabile. Totuși, o dietă prea săracă în proteine poate cauza un deficit. Dacă ești vegan sau dacă mănânci prea puține proteine de origine animală, nivelurile de triptofan ar putea fi reduse. În acest caz, asigură-te că mănânci o cantitate suficientă din sursele vegetariene cele mai bogate în triptofan. În plus, triptofanul (sub forma 5-hidroxitriptofan, sau 5-HTP) poate fi luat ca supliment alimentar.

Iată încă un truc. Cercetările au arătat că a consuma carbohidrați împreună cu sau imediat după consumul de alimente bogate în triptofan[6] duce la creșterea absorbției sale, sporind producția de serotonină. Această observație se află la baza recomandărilor multor nutriționiști de a consuma carbohidrați la cină pentru a promova absorbția de triptofan și pentru a înlesni somnul. Când eram mică, *mamma* mi-ar fi făcut o ceașcă de lapte cald cu miere înainte de culcare pentru a mă ajuta să adorm. Ea nu știa că acest obicei simplu ajută triptofanul să ajungă la creier, încurajând producerea de serotonină și, astfel, favorizând somnul.

În concluzie, uneori problema nu este atât disponibilitatea triptofanului, cât o deficiență de vitamine. Deși triptofanul este indispensabil pentru producerea de serotonină, vitamina B6 e de asemenea necesară pentru a-l transforma în serotonină. Așa cum vom vedea în capitolul următor, această vitamină este cu adevărat o necesitate pentru creier, din moment ce este de o importanță capitală nu doar pentru producerea serotoninei, ci și pentru alți câțiva neurotransmițători.

## Dopamina: ai grijă!

Deși serotonina obține destulă atenție și cea mai mare parte a publicității, dopamina capătă o popularitate din ce în ce mai mare grație rolului său în funcționarea cognitivă. Dopamina influențează recompensa, motivația și funcțiile atenției, precum și rezolvarea de probleme și controlul motric, nemaivorbind că, înainte de toate, ne permite să simțim plăcere.

Anomaliile dopaminei sunt implicate în mai multe afecțiuni medicale[7], inclusiv boala Parkinson, tulburarea de deficit de atenție și hiperactivitate (ADHD), schizofrenia și dependența de droguri.

Acest neurotransmițător este realizat de creier prin descompunerea *tirozinei*. Tirozina este un aminoacid neesențial, ceea ce înseamnă că organismul are capacitatea de a-l produce pe cont propriu. Dar există o problemă. Tirozina are nevoie să fie produsă din alt aminoacid[8] denumit *fenilalanină*, care se întâmplă să fie unul esențial, adică trebuie obținut din dieta noastră. Dacă nu am mânca alimente care să conțină fenilalanină, am putea să ne luăm adio de la plimbarea noastră plăcută prin parc sau de la jocurile noastre preferate – ca să nu mai vorbim de bucuria de a le câștiga.

Pentru a te asigura că obții o cantitate suficientă din acești nutrienți, fii atent la doza recomandată de fenilalanină și tirozină[9]. Fiecare dintre noi are nevoie de 33 de mg per kilogram de masă corporală, zilnic. De exemplu, doza recomandată pentru un adult, fie bărbat sau femeie, este 2,6 g pe zi.

Așa cum arată Tabelul 4, fenilalanina se găsește în multe produse de origine animală, cum ar fi pui, vită, ouă și pește (în special, peștii grași, ca somonul, bibanul dungat și halibutul), precum și în produsele lactate, ca laptele și iaurtul. Alimentele vegetale sunt de asemenea surse excelente, mai ales leguminoasele, ca soia și arahidele, nucile, precum migdalele și, din nou, chia, semințele de dovleac și de susan. Ah, și nu uita de spanac!

O deficiența simultană a ambilor aminoacizi este rar întâlnită, însă orice afecțiune medicală sau regim alimentar care reduce aportul acestor aminoacizi ar avea drept consecință afectarea producției de dopamină din creier.

| Surse animale | Fenilalanina (mg/100 g de aliment) | Surse vegetale | Fenilalanina (mg/100 g de aliment) |
|---|---|---|---|
| Parmezan | 1870 | Soia | 2122 |
| Cheddar | 1390 | Arahide | 1290 |
| Pui | 1310 | Semințe de chia | 1028 |
| Friptură de vită | 1210 | Migdale | 980 |
| Organe | 1200 | Semințe de susan | 959 |
| Porc, pulpă | 1030 | Semințe de dovleac | 924 |
| Creveți | 910 | Nuci | 540 |
| Cod | 790 | Năut | 460 |
| Somon | 775 | Linte | 400 |
| Biban de mare | 760 | Fasole roșie | 350 |

**Tabelul 4**. Top 10 surse de fenilalanină, clasificate după densitatea de fenilalanină, care este o cale convenabilă de a compara diferite alimente şi cantitățile lor relative de fenilalanină pe care le oferă creierului nostru.

Sunt disponibile și suplimente cu acești aminoacizi. În acest caz, recomand suplimentarea cu forma naturală L-fenilalanină în loc de D și DL-fenilalanină, care sunt forme sintetice. Întotdeauna cere sfaturi furnizorului tău de servicii medicale înainte de a lua orice supliment.

## Glutamatul: pe locuri, fiți gata, start… sau nu, apasă frâna!

Odată am citit o analogie interesantă despre modul în care gestionează creierul luarea deciziilor. Imaginează-ți următoarele: cineva intră în cameră ținând în mână o felie aburindă de pizza, iar tu te gândești: „Uau, vreau pizza aia și o vreau ACUM!" Neuronii responsabili cu inițierea interpretării acelui gând sunt pe cale să trimită impulsuri propulsate de la un capăt la altul al creierului pentru a-ți atinge scopul, când deodată apare în minte alt gând: „Poate nu ar trebui să mănânc pizza pentru că, sincer, *încerc* să slăbesc." Un grup diferit de neuroni trimite imediat un contra impuls pentru a pune totul în așteptare. Dar apoi simți din nou mirosul acelei felii de pizza și decizi că vei mânca un pic oricum. Așa cum neuronii din echipa *Pizza* încep să se activeze în toate direcțiile, gata să-și celebreze victoria, descoperi că nu ai nici un leu la tine. Neuronii din echipa *Nu o face* răspund prin încheierea discuției o dată pentru totdeauna. Oftezi și te întorci la treabă, chiar dacă un pic dezamăgit de rezultat.

Creierul tău poate atât să inițieze o acțiune, cât și să limiteze aceeași acțiune, totul cu o viteză incredibilă. Acest lucru este posibil datorită faptului că deținem diferiți neurotransmițători care să îndeplinească diferite obiective. Există neurotransmițători *excitatori*, care impulsionează neuronii să transmită semnale, și neurotransmițători *inhibitori*, care fac transmiterea semnalelor mai puțin probabilă. Consideră-i yin-ul și yang-ul neurotransmițătorilor – sau ca pe un diavol și un înger așezați unul pe un umăr și al doilea pe celălalt umăr.

*Glutamatul* este principalul neurotransmițător excitator din întregul sistem nervos, din cap până în vârful degetelor de la picioare. Este cel care te face să întinzi mâna după portofel ca să cumperi pizza. Pentru a înțelege mai bine cât de importantă este această moleculă micuță, ține cont că mai bine de 90% dintre toate sinapsele creierului tău sunt pregătite să elibereze glutamat. Asta înseamnă că o mulțime de acțiuni se învârt în jurul glutamatului.

În același timp, glutamatul este folosit de creier pentru producerea alter ego-ului său, acidul gama-aminobutiric (GABA), principalul neurotransmițător inhibitor din sistemul nostru nervos. Prin urmare, glutamatul nu doar că te face să vrei să pui mâna pe felia de pizza, dar te poate și opri să o iei.

Dar asta nu e totul. S-a dovedit că glutamatul se evidențiază prin încă un aspect de o importanță capitală pentru sănătatea creierului. El participă, de asemenea, la învățare și la memorie.

Povestea este următoarea. Conexiunile dintre doi sau mai mulți neuroni sunt întărite sau slăbite în funcție de cât de des sunt activați acești neuroni în tandem. Potrivit teoriei lui Hebb (una dintre cele mai renumite teorii în domeniul neuroștiinței), „neuronii care se activează împreună se conectează unii cu alții", în timp ce aceia care se activează fără să se sincronizeze... își pierd legătura. Există credința larg răspândită că acest proces[10], denumit *potențare pe termen lung* (PTL), are la bază glutamatul, sau o versiune ușor diferită a sa care apare sub numele destul de impresionant de N-metil-D-aspartat, sau NMDA, pe scurt. NMDA posedă propriul set specific de receptori în centrii memoriei din creier. Acești receptori acționează ca porți, care în general sunt ținute încuiate. Glutamatul (sub formă de NMDA) este cheia care deschide aceste lacăte. Când neurotransmițătorul sosește, poarta se deschide, permițând informației să ajungă la neuroni. În timp, cu cât se întâmplă asta mai frecvent, cu atât porțile vor sta deschise mai mult. Bucla de feedback care rezultă formează baza *plasticității sinaptice*, care este echivalentul biologic al formării memoriei.

Dar să punem toate aceste informații în contextul relației dintre alimente și creier. Abilitatea noastră de a iniția o acțiune, de a ne abține să facem ceva *și* de a forma amintiri pe termen lung sunt toate dependente de glutamat.

Glutamatul (sau *acidul glutamic*) este un aminoacid neesențial, ceea ce înseamnă că creierul este capabil să-l producă el însuși. Totuși, încă o dată, există o problemă. Creierul are nevoie de *glucoză* pentru a face glutamat. Glutamatul se formează atunci când creierul descompune glucoza[11] ca urmare a procesului denumit *metabolism*, același proces pe care creierul îl folosește pentru a produce energie. Acest lucru face ca activitățile noastre mintale să fie dependente de alegerile alimentare și, în special, de aportul de carbohidrați.

# 6
# Carbohidrați, zaharuri și alte lucruri dulci

## Nu toți carbohidrații sunt creați egal

Așa cum am descris în capitolul anterior, creierul este un organ deosebit de comunicativ. Activitatea sa solicită o alimentare continuă cu impulsuri electrice pe care neuronii le folosesc pentru a produce neurotransmițători, care comunică mai apoi unii cu alții. Acest proces impresionant are nevoie[1] de o cantitate uriașă de energie.

Una dintre primele întrebări la care nutriționiștii au căutat să afle răspunsul în cercetarea lor cu privire la o dietă sănătoasă a fost: „Ce ne menține în funcțiune?“ Răspunsul predominant a fost: *carbohidrații.*

Există multe forme diferite de carbohidrați, clasificate atât în funcție de compoziția lor chimică, cât și de capacitatea lor de a oferi energie. Există carbohidrați care oferă energie rapid, cum ar fi zaharurile simple, ca mierea, și există carbohidrați complecși, care au nevoie de o digestie mai îndelungată a elementelor lor constitutive pentru a fi absorbiți complet în corp, cum sunt grâul integral și orezul brun, care oferă energie eliberată în timp.

Tipul de carbohidrați cu eliberare rapidă de energie, zaharurile simple, a fost cel care i-a făcut încă de la început pe nutriționiști să recunoască acești nutrienți ca fiind sursa principală de energie și de combustibil pentru întreg corpul. Dar dintre toate organele, creierul este cel care are cea mai mare nevoie de ele.

Aceasta este o altă diferență majoră dintre creier și corp. În timp ce organismul poate folosi grăsimea și zahărul pentru energie, creierul se bazează exclusiv pe tipul de zahăr[2] denumit *glucoză*. Cu alte cuvinte, toată energia de care creierul nostru înfometat are nevoie – fiecare strop din ea – vine exclusiv din glucoză. Înainte să te alarmezi („Zahăr!“), ia în considerare că nu e nimic excepțional legat de acest fapt. În mod normal, corpurile umane sunt mașini care funcționează pe zahăr: glucoza este nutrientul de bază și calea cea mai rapidă de a obține energie pentru întreg corpul. Ori de câte ori mănânci alimente care sunt bogate în mod natural în carbohidrați, aceștia din urmă sunt descompuși în glucoză, care este absorbită rapid în sânge și transportată în tot organismul pentru a fi folosită imediat pentru energie prin procesul metabolic. Glucoza trece ușor de bariera sânge–creier pentru a hrăni toate acele miliarde de celule lacome care îți populează creierul.

Așa că nu lăsa statisticile să te inducă în eroare: deși carbohidrații reprezintă într-adevăr doar un procent foarte mic din compoziția fizică a creierului, există un flux nesfârșit de glucoză în creier. Din moment ce munca sa este atât de solicitantă, glucoza este utilizată cu o viteză atât de mare, încât nu are timp să încetinească și să se acumuleze în țesuturi.

De unde vine toată această glucoză? Din dieta noastră, desigur.

Din punctul de vedere al neuronutriției, carbohidrații, ca glucoza, sunt departe de a fi inamicul, din moment ce sunt esențiali pentru activitatea adecvată a creierului și pentru performanța cognitivă. Creierul uman este atât de dependent de glucoză, încât a dezvoltat mecanisme sofisticate pentru a converti și alte zaharuri *în* glucoză. De exemplu, *fructoza*, un zahăr care se găsește în majoritatea fructelor și în miere, precum și *lactoza*, din lapte și produsele lactate, pot fi ambele transformate în glucoză ca o soluție rapidă ori de câte ori aceasta e în cantitate prea scăzută.

Totuși, dacă ești pe cale să întinzi mâna după o gustare dulce, oprește-te! Când vorbim de carbohidrați, nu vorbim de brioșe. De asemenea, nu înseamnă să ne îmbuibăm prostește. Deși glucoza este unul dintre puținii nutrienți căruia i se admite rapid trecerea în creier, intrarea sa este bine reglementată. În concordanță cu un model strict de cerere-ofertă, „porțile specifice zahărului" sunt prezente în bariera sânge–creier[3] și se deschid când creierul are nevoie de glucoză, apoi se închid odată ce glucoza a fost furnizată. Dacă e activ și are nevoie de glucoză la muncă, creierul tău va prelua din sânge atâta glucoză câtă are nevoie. Dar dacă se simte sătul și nu are nevoie de mai multă glucoză decât a absorbit deja, acea ultimă înghițitură de paste sau de înghețată nu îl va face să muncească mai mult sau mai bine –, ci doar să se lovească de o ușă închisă. Ar putea totuși să te facă să acumulezi câteva sute de grame în alte părți ale corpului.

Odată ajunsă în creier, indiferent cât de mică ar fi cantitatea de glucoză care nu e folosită imediat pentru a produce energie, aceasta este convertită într-o substanță denumită *glicogen* și depozitată pentru utilizări viitoare. Un mod eficient de a economisi calorii utile și de a-i asigura creierului o rezervă de energie ce-i va permite să funcționeze și între mese. Totuși, depozitele de glicogen sunt minime. Rezervele noastre nu ne-ar ajunge mai mult de o zi, dacă ar fi necesar.

Când oferta de carbohidrați este limitată (de obicei, sub 50 g/zi, echivalentul a trei felii de pâine), depozitele de glicogen sunt golite rapid, lăsând creierul nostru funcțional într-un potențial pericol. Dar, ingenios ca întotdeauna, creierul are un Plan B. Dacă oferta de carbohidrați este prea mică, Planul B intră în acțiune, iar creierul se orientează către ficat pentru a-l face să ardă țesut adipos și pentru a produce un nou tip de molecule, numite *corpi cetonici*. Corpii cetonici sunt singura sursă de energie de rezervă pentru creierul nostru.

Probabil ai auzit de corpii cetonici dacă ai urmat vreodată o dietă cu un conținut redus de carbohidrați. Una dintre acestea este denumită dieta *ketogenică* sau „keto“ – și este un coșmar al neuronutriționiștilor. Este bogată în grăsimi saturate și foarte săracă în carbohidrați și în fibre, ceea ce forțează ficatul să ardă toate zaharurile disponibile înainte de a le transforma în grăsimi pentru a stabiliza nivelurile de zahăr din sânge. În același timp, arderea grăsimilor poate susține pierderea în greutate și, potrivit unora, chiar și buna dispoziție. Vom vorbi mai mult despre dieta keto în capitolul 9. Deocamdată, ține minte că, deși creierul poate folosi cetone în loc de glucoză, aceasta este *excepția, nu regula*. Arderea cetonelor în locul glucozei este mecanismul providențial al corpului rezervat situațiilor extreme, ca înfometarea. Dacă creierul ți-ar putea cere hrană, nu ți-ar cere cetone. Mai important de atât, creierul nu poate funcționa numai cu aceste molecule. Încă ar mai avea nevoie de nu mai puțin de 30% din energia obținută din glucoză.[4]

În general, creierul funcționează cel mai bine cu glucoză. De fapt, este atât de vulnerabil la carențele de zahăr, că orice întrerupere în furnizarea de glucoză provoacă un eșec aproape imediat în funcționarea cerebrală, așa cum poate fi văzut în cazul pierderii rapide a cunoștinței cauzate de *hipoglicemie* severă (foarte puțin zahăr în sânge). Mai ales când înaintăm în vârstă, trebuie să ne asigurăm că creierul nostru are acces la toată cantitatea de care are nevoie pentru a-și menține zilnic funcționalitatea și ascuțimea mintală.

## Căutarea disperată după glucoză

Carbohidrații sunt controversați când vine vorba de dietă. Dar, din perspectiva creierului, ceea ce separă „carbohidrații buni" de „carbohidrații răi" este, de fapt, aportul specific de glucoză din fiecare aliment.

Glucoza a fost principalul subiect al cercetării mele încă din facultate. De-a lungul anilor, am analizat glucoza în toate modurile posibile, de la recoltări de sânge la scanări ale creierului. Creierul are nevoie de ea. Indiferent cât de mulți nutriționiști, medici sau jurnaliști își spun că sunt răi carbohidrații, creierul funcționează cu glucoză, iar glucoza este un carbohidrat.

Problema este că majoritatea oamenilor care vorbesc despre carbohidrați se gândesc la alimente albe: zahăr, pâine, paste și produse de patiserie. Indiferent cât de dulci ar putea fi aceste alimente, ele nu sunt surse bune de glucoză.

Așadar, unde putem găsi acest zahăr prețios?

Așa cum poți vedea în Tabelul 5, alimente la care nu ne-am gândi neapărat ca fiind dulci, cum sunt napii, ceapa, sfecla roșie și napul suedez, se dovedesc a fi cele mai bune surse naturale de glucoză. Sfecla roșie în special este supranumită „bomboana naturii". O singură sfeclă roșie de mici dimensiuni conține 31% din aportul de glucoză necesar pentru o zi. Fructele, precum kiwiul, strugurii, stafidele și curmalele sunt și ele surse excelente de glucoză naturală, la fel și mierea și siropul de arțar. Indiferent dacă vorbim la modul general sau suntem în căutarea unui energizant pentru creier, aceste alimente sunt mult mai bune decât altele, pentru că ne oferă pe cale naturală glucoza prețioasă, oferindu-ne totodată o cantitate mică de zahăr.

În schimb, alimentele dulci ca bomboanele, prăjiturile și chiar sucul de portocale conțin din plin alte zaharuri, dar aproape deloc glucoză. Pentru comparație, zahărul alb de masă este 100% zaharoză, un alt tip de zahăr.

| Aliment | Glucoză (g/100 g de produs) | Zahăr total (g/100 g de produs) | % Glucoză |
|---|---|---|---|
| Ceapă verde | 1,4 | 1,6 | 88% |
| Napi | 1,9 | 2,5 | 76% |
| Nap suedez | 2,2 | 3,9 | 56% |
| Caise (deshidratate) | 20,3 | 38,9 | 52% |
| Kiwi | 5,0 | 10,5 | 48% |
| Struguri | 6,6 | 16,4 | 40% |
| Ceapă | 1,9 | 5,0 | 38% |
| Pâine din grâu integral | 1,4 | 3,9 | 36% |
| Sfeclă roșie | 4,0 | 13 | 31% |
| Miere | 24,6 | 57,4 | 30% |

**Tabelul 5.** Top 10 alimente naturale bogate în glucoză, clasificate după procentajul de glucoză.

Asta ne aduce la următoarea întrebare. De câtă glucoză avem nevoie?

Crezi sau nu, răspunsul nu îl vei găsi pe internet. De fapt, nici până în ziua de azi, nu există cerințe alimentare pentru glucoză (sau pentru carbohidrați, de altfel). Pentru a afla răspunsul, trebuie să apelăm la știință.

Cea mai bună cale de a analiza metabolismul creierului este prin intermediul scanărilor PET (tomografie cu emisie pozitronică). De mulți ani folosesc metoda PET pentru a studia modul în care creierul arde glucoza pentru a produce energie (metabolizarea glucozei) și relația sa cu funcțiile cognitive, cum ar fi memoria, atenția și gândirea.

În timp ce toată lumea este mai mult sau mai puțin familiară cu scanările IRM, nu mulți oameni știu ce este de fapt o scanare PET. Ai văzut vreodată una dintre acele imagini ale creierului în roșu aprins și galben sau în nuanțe mai închise de albastru și verde? Acelea sunt scanările de tip PET. Zonele mai luminoase sunt acelea mai active în creier, în timp ce zonele mai închise arată o activitate mai redusă a creierului. Din moment ce creierul folosește exclusiv glucoza din dieta noastră pentru a se menține activ și pentru a produce energie, noi urmărim, de fapt, glucoza procesată de creier din alimentele noastre.

Această procedură implică injectarea unei mici cantități de glucoză în sânge. Glucoza intră apoi rapid în creier și se îndreaptă către cele mai active regiuni, din moment ce acolo combustibilul este cel mai dorit. Dar noi am făcut ceva special cu această glucoză. Este anexată unui ingredient unic, radioactiv, denumit *florine-18*, care strălucește pe măsură ce se depune în creier. După aceea, am folosit un scaner pentru creier ca să detectăm lumina, care, mulțumită intensității sale variabile, demonstrează gradul și localizarea activității metabolice care are loc în interiorul capului.

Oamenii de știință au folosit această metodă pentru a descoperi cantitatea exactă de glucoză pe care o consumă zilnic un creier sănătos. În termeni tehnici, creierul arde o medie de 32 de micromoli de glucoză[5] per 100 de g de țesut cerebral pe minut. În cuvinte simple, asta înseamnă că, pentru a rămâne activ și sănătos, un creier adult dinamic are nevoie de 62 de g de glucoză într-o perioadă de 24 de ore. Unii creieri au nevoie de un pic mai mult; alții au nevoie de un pic mai puțin pentru a funcționa la nivelul lor optim.

Îți par a fi mult zahăr 62 de g de glucoză?

Nu este. De fapt, înseamnă mai puțin de 250 de calorii pe zi. Și, mai important de atât, nu poate fi orice fel de zahăr. Trebuie să fie *glucoză*. De exemplu, 3 linguri de miere crudă îi va da creierului toată glucoza de care are nevoie într-o zi. Ca o comparație, trebuie să mănânci circa 7,3 kg de biscuiți cu ciocolată pentru a atinge același obiectiv.

## Nivel ridicat de zahăr și nivel scăzut de zahăr

Nu tebuie să ne concentrăm doar pe conținutul de glucoză din mâncarea pe care o consumăm, ci și să acordăm atenție aportului total de zahăr de pe parcursul unei zile. Un dezavantaj major al dependenței creierului de glucoză este acela că ascuțimea noastră mintală este foarte vulnerabilă la orice scădere a nivelurilor de zahăr din sânge. De aceea, trebuie să oferim cantitățile adecvate de glucoză, totodată menținând nivelurile de zahăr din sânge, o necesitate pentru funcționarea corespunzătoare a creierului.

În plus, nu îți dorești nici ca zahărul din sânge să aibă un nivel prea ridicat. Așa cum orice pacient cu diabet știe prea bine, nivelurile de zahăr din sânge o pot lua razna. Dar pentru cea mai mare parte a populației, nivelul ridicat de zahăr din sânge apare din cauza unei afecțiuni medicale sau pentru că ADN-ul este amator de zahăr. Se va reduce în funcție de ce consumi.

Așa funcționează lucrurile. Nivelurile de zahăr din sânge sunt reglate de un hormon denumit *insulină*. Pancreasul secretă insulină când există cantități mari de zahăr într-o masă. Insulina ajută celulele și țesuturile să preia acel zahăr pentru energie, în același timp înlăturându-l din sânge.

Oamenii care consumă zilnic cantități mari de zahăr, în special zahăr alb rafinat, sfârșesc prin a-și extenua pancreasul și prin a-și epuiza sensibilitatea la insulină. Odată ce pancreasul este epuizat, nivelurile de zahăr din sânge vor rămâne ridicate indiferent de cantitatea de insulină produsă. Acest lucru duce la o afecțiune medicală denumită *rezistența la insulină*, în care corpul produce insulină, dar nu este capabil să o folosească în mod eficient. Când ai rezistență la insulină, glucoza se acumulează în sânge, afectând metabolismul corpului, în defavoarea sa.

Rezistența la insulină a devenit o afecțiune frecventă îngrijorătoare în Statele Unite. În 2012, U.S. Department of Health and

Human Services a estimat că cel puțin 86 de milioane de adulți americani de peste 20 de ani au rezistență la insulină sau prediabet. Se estimează că frecvența va crește chiar mai mult în viitor. Oamenii cu rezistență la insulină au risc mare de diabet de tip 2, obezitate și boli de inimă, care sunt de mult timp recunoscute ca factori de risc pentru demență. Nu mai puțin de 6-8% dintre toate cazurile de demență îi sunt atribuite diabetului de tip 2[6], în timp ce bolile de inimă și accidentul vascular cerebral cuprind alți 25% dintre pacienți[7]. Ca efect secundar suplimentar, rezistența la insulină are legătură cu acumularea crescută de grăsime, care agravează dezechilibrul metabolic, având repercusiuni îngrozitoare pentru sănătatea creierului nostru.

Mai mult decât atât, hipotalamusul însuși (regiunea din creier care are de-a face cu memoria) poate de fapt să experimenteze rezistența la insulină. Fără să intrăm în prea multe detalii, rezistența la insulină poate duce la inflamația creierului[8] și la producerea accelerată a radicalilor liberi, provocând lipsa memoriei.

## Nu atât de dulce pe cât pare

Ai experimentat vreodată maximele și minimele apărute când nivelurile de zahăr din sânge urcă prea sus, după care scad vertiginos? Ai observat cât de slab și de obosit te simți după aceea? Se numește „efectul tabletei de ciocolată" și nu îți face ție sau creierului tău niciun bine.

Așa cum am menționat mai sus, nivelurile ridicate de zahăr din sânge determină inflamația, rezistența la insulină, tulburările metabolice și diabetul de tip 2 – care, în schimb, cresc riscul de demență.

Dar nici nu e nevoie să ajungi bolnav de diabet ca să dai de bucluc. Cercetările arată că nivelurile ridicate de zahăr în sânge pot avea un efect distrugător asupra creierului, mai ales pe măsură ce îmbătrânim. De exemplu, un studiu a urmărit 7 ani nivelurile de zahăr din sânge a peste 2 000 de oameni vârstnici, pentru a asocia nivelurile ridicate de zahăr cu posibilitatea obținerii unor rezultate cognitive slabe[9] mai târziu, pe parcursul vieții. Cu toate că niciun participant nu suferea de demență la începutul studiului, mulți dintre cei cu nivelurile ridicate de zahăr în sânge au dezvoltat demență pe parcursul studiului. Cu cât cantitatea de zahăr din sânge e mai mare, cu atât mai mare e riscul de demență – chiar și în cazul unor niveluri de glucoză considerate a fi în parametri normali în testările standard (<120 mg/dl). Cu alte cuvinte, nivelurile de zahăr care sunt „tolerabile" pentru corp ca întreg ar putea fi, de fapt, prea mari pentru creierul nostru delicat.

Dovezi chiar și mai tulburătoare survin din studiile cu tehnici de imagistică cerebrală, care arată că bătrânii fără demență cu niveluri ridicate de zahăr în sânge prezintă nu doar o performanță scăzută a memoriei[10], ci și o micșorare accelerată a creierului, așa cum se observă la IRM-uri. Această corelație a fost de asemenea descoperită la participanții fără semne de diabet[11] și a fost alarmantă în special pentru regiunile creierului implicate în memorare.

Ca societate, dacă vrem să ne păstrăm amintirile și să diminuăm riscul de deteriorare mintală (și de diabet), trebuie să limităm grabnic aportul de zahăr la exact cantitatea și tipul de care creierul are cu adevărat nevoie. Asta înseamnă să ne concentrăm atenția pe surse sănătoase de glucoză, diminuând consumul acelor zaharuri proaste care cauzează scăderea dramatică a insulinei, pentru a ne păstra metabolismul puternic și stabil.

Din nefericire, farfuria unui american obișnuit este plină cu mâncare procesată și cu cereale rafinate, deseori însoțită chiar de mari (sau după standardele restului lumii, *gigantice*) pahare cu băuturi carbogazoase, fiecare abundând de zahăr concentrat. Este un lucru obișnuit să vezi oameni ciugulind între mese batoane de ciocolată, produse pufoase din făină albă și porții foarte mari de băuturi sofisticate cu cafea. Potrivit informațiilor nutritive oferite de Starbucks, un Caramel Chocolate Frappuccino Blended Crème *tall* (care e de fapt cea mai mică porție oferită) asigură 300 de calorii de *bunătăți*. Dar, ascunsă în spatele înfățișării tentante, veți găsi o cantitate enormă de zahăr rafinat: 48 g. De parcă nu era suficient, ai opțiunea de a le acoperi pe toate cu o grămăjoară suplimentară și consistentă de frișcă. Iar dacă încerci să dai de fibre, mai bine caută-le în altă parte.

Concluzia este că mâncăm mult prea mult din acel tip de zahăr care ne îngrașă și nu suficient din tipul de zahăr care ne face mai inteligenți. Pentru binele nostru, ne datorăm nouă înșine și copiilor noștri îndreptarea acestui lucru.

O modalitate bună de a fi cu ochii pe consumul de zahăr este de a acorda atenție *indicelui glicemic* al alimentelor. Indicele glicemic este un sistem de clasificare nutrițională care ordonează alimentele pe baza capacității lor de a influența nivelurile de zahăr din sânge. Dacă un aliment se metabolizează rapid în zahăr, iar zahărul este absorbit rapid în sânge, alimentul primește un punctaj mare din cauza abilității sale de a cauza un nivel nesănătos de insulină în corp. În plus, este important să analizăm *încărcătura glicemică* a alimentelor. Acesta este un sistem care clasifică alimentele nu doar în funcție de cât de repede produc un răspuns la zahăr, ci și în funcție de cantitatea de fibre pe care o conțin. Cu cât au mai multe fibre, cu atât mai mici vor fi efectele asupra insulinei.

În ceea ce privește activitatea creierului, alimentele care se metabolizează rapid în zahăr și care conțin foarte puține fibre sunt cele mai nocive. Printre ele se numără băuturi cu zahăr, sucuri de fructe îndulcite, produse coapte și dulciuri, precum și alimente din făină albă, ca paste și pizza.* În schimb, carbohidrații complecși și cu amidon sunt mai bogați în fibre și mai dificil de descompus pentru corp, iar o descompunere mai lentă duce la o creștere mai puțin vertiginoasă a zahărului din sânge. Cartofii dulci sau ignamele (în special consumate cu coajă), fructele bogate în fibre, ca fructele de pădure și grepfrutul, și legumele, ca dovleacul, dovleacul plăcintar și morcovii sunt toate alimente cu indice glicemic mic. Alte opțiuni, cum ar fi leguminoasele (lintea, năutul și fasolea neagră) și cerealele integrale (cu tot cu tărâțe) îți asigură niveluri mai stabile de zahăr, fiind în același timp o sursă bună de glucoză esențială pentru creier. Cu alte cuvinte, dacă ai poftă de dulce, trucul este de a o satisface cu fibre.

Din punct de vedere nutrițional, fibrele se împart în solubile și insolubile. Fibrele solubile, ca acelea care se găsesc în fulgii de ovăz, afinele și varza de Bruxelles, sunt tipul de fibre care capătă o textură asemănătoare unui gel, încetinind digestia și făcându-te să te simți sătul mai mult timp. Fibrele insolubile, ca acelea care se găsesc în tărâțele de grâu și în verdețurile cu frunze de un verde-închis, nu se dizolvă deloc în timpul digestiei, adăugând volum scaunului. Acestea, în schimb, ajută tractul digestiv să elimine deșeurile mult mai repede. Multe alimente integrale, în special fructe și legume, conțin în mod natural *ambele* tipuri de fibre, atât pe cele solubile, cât și pe cele insolubile.

În afară de echilibrarea răspunsului la insulină, cantitatea de fibre din dietă joacă un rol important în susținerea sănătății intestinului și a sistemului imunitar. Dietele cu conținut redus de fibre sunt în mod obișnuit asociate cu tulburările gastrointestinale, constipația, inflamația și riscul crescut de cancer, cum ar fi cel de colon. Acele țări ale căror diete se bazează pe consumul frecvent

---

* Pentru o listă completă, accesează health.harvard.edu/diseases-and-conditions/glycemic_index_and_glycemic_load_for_100_foods. (*N. a.*)

de fast-food și de produse proaspete puține sau deloc (ca Statele Unite) se află în fruntea listei consumatorilor de fibre[12] în cantități mici, care mănâncă 10-15 g de fibre pe zi, ceea ce se corelează cu un număr crescut de probleme gastrointestinale în țara noastră. Așa cum vom vedea în capitolul 8, dacă intestinele nu sunt sănătoase, creierul va suferi și el, ceea ce subliniază mai departe importanța consumului de fibre pentru o sănătate optimă a creierului.

În concluzie, pentru a-ți face creierul fericit, concentrează-te pe alimente cu indice glicemic mic/bogate în fibre ca sursă principală de carbohidrați din dietă și răsfață-te cu produse cu indice glicemic mare doar în cantități mici și nu foarte des.

Dacă, la fel ca mine, nu poți rezista fără un dulce ocazional, nu dispera. Unele alimente calificate ca „bunătăți" încă posedă, de regulă, o încărcătură glicemică mică[13], făcându-le niște produse mai bune decât ai fi crezut. De exemplu, un pătrățel de ciocolată neagră organică (70% cacao sau mai mult) are o încărcătură glicemică mică, ceea ce îl face satisfăcător *fără* agitația produsă de zahăr. La fel și în cazul popcornului. Te invit să intri pe blogul meu (brainfood-blog.tumblr.com) pentru mai multe gustări bogate în glucoză, absolut delicioase, cu care te poți răsfăța și care nu îți vor compromite nivelurile de zahăr din sânge la fel de mult cum ar face-o un baton de ciocolată obișnuit.

# 7
# Să înțelegem vitaminele și mineralele

## Ți-ai luat vitaminele?

Vitaminele joacă un rol esențial pentru activitatea, dezvoltarea și vitalitatea creierului. Deși nu sunt o sursă directă de energie, vitaminele susțin creierul în producerea ei. Mai exact, ele asigură cheia de care creierul are nevoie pentru a descătușa energia stocată în alimentele pe care le mâncăm și pentru a activa o diversitate de procese metabolice care altfel ar fi în pericol de a eșua.

Importanța vitaminelor în relație cu o sănătate optimă a fost înțeleasă de vindecători prin istoricul consemnat și a fost mult timp subiect al studiului științific. Descoperirea carențelor de vitamine a fost în mod special precum o rampă de lansare a recunoașterii faptului că acele carențe ale nutrienților se află în centrul atâtor afecțiuni cândva crezute inevitabile.

Noi știm acum că vitaminele sunt de o importanță capitală pentru stimularea sistemului imunitar, pentru absorbția și eliminarea altor nutrienți și, mai important de atât, pentru producerea neurotransmițătorilor, mesagerii chimici ai creierului. Drept rezultat, mai multe afecțiuni neurologice se agravează sau sunt chiar provocate de carența de vitamine. Lipsa vitaminei B1 (*tiamina*) este implicată în degenerarea sistemului nervos (*polineuropatie*) și în sindromul Wernicke-Korsakoff, o tulburare a creierului care poate evolua în demență. Niveluri insuficiente de vitamina B6 (*pirodixina*) și

B12 (*cobalamina*) pot, de asemenea, să ducă la demență. Se știe despre deficiențele de vitamina B9 (*folat*) că provoacă defecte ale tubului neuronal al fetusului, ducând mai târziu la disfuncții cognitive. Și lista continuă.

Toate aceste vitamine provin din alimentele pe care le mâncăm. Majoritatea vitaminelor nu pot fi produse în creierul sau în corpul nostru și de aceea aparțin grupului nutrienților esențiali pentru creier care trebuie obținuți din dietă. Când consumi legume sau fructe proaspete[1], vitaminele pe care acestea le eliberează în sânge călătoresc până la creier, unde sunt preluate de sistemele de transport dedicate, fiind lăsate apoi să treacă prin bariera sânge–creier.

Vitaminele sunt de obicei împărțite în două categorii: vitamine liposolubile (adică se dizolvă în grăsime) și hidrosolubile (adică se dizolvă în apă). Sunt mai departe clasificate cu denumiri din chimie și în subtipuri, cum ar fi vitamina B6 sau B12.

Vitaminele liposolubile includ vitaminele A, D, E și K. Un avantaj al vitaminelor liposolubile este că pot fi depozitate în grăsime sau în țesuturile noastre corporale și, drept rezultat, nu trebuie să fie reaprovizionate continuu. Dintre aceste vitamine, două sunt cunoscute pentru proprietățile lor care protejează creierul: vitamina A (prin precursorul său *beta-carotenul*) și vitamina E. Aceste două vitamine au funcții *antioxidante* și protejează celulele și țesuturile creierului de efectele vătămătoare ale toxinelor, ale radicalilor liberi și chiar ale poluării. Mai mult, vitamina E favorizează eliberarea și absorbția de oxigen în țesutul creierului, ceea ce este esențial pentru funcționarea și activitatea metabolică optime.

Toate celelalte vitamine sunt hidrosolubile. Vitaminele hidrosolubile nu pot fi depozitate și de aceea sunt solicitate zilnic din dietele noastre. Acestea cuprind o serie de vitamine care sunt esențiale pentru funcționarea creierului, cum ar fi vitamina C, vitamina B12, vitamina B6, folatul și colina. În general, cea mai importantă valoare a acestor vitamine este capacitatea lor de „a face lucrurile să se întâmple". Ele sunt cele cu inițiativa din creier; rolul lor este de a înlesni acțiunea neurotransmițătorilor noștri, uneori devenind chiar parte a unui neurotransmițător. Acest lucru este de o importanță capitală pentru comunicarea adecvată dintre celulele nervoase. Colina este un exemplu despre cum se desfășoară toate acestea.

## Colina îți protejează amintirile

Creierul depinde de colină (vitamina B) pentru a fabrica neurotransmițătorul numit *acetilcolina*. Acetilcolina este unul dintre neurotransmițătorii principali ai creierului, din moment ce este esențială pentru memorie și pentru învățare, precum și pentru stimulare și pentru recompensă. Dacă o persoană iubită suferă de boala Alzheimer, probabil ai auzit cum pierderea memoriei specifică bolii este asociată cu un deficit de acetilcolină. Majoritatea medicamentelor disponibile pentru boala Alzheimer, ca donepezil (Aricept), vizează îmbunătățirea acțiunii acestei substanțe în creier.

Totuși, oricine poate avea o cantitate redusă a acestui neurotransmițător din cauza dietei sale. Din moment ce colina este un nutrient esențial de care creierul are nevoie, dar pe care nu-l poate produce pe cont propriu, producerea de acetilcolină se limitează la cât de multă colină ajunge în creier[2] în orice moment.

Aproximativ 10% din cantitatea totală de colină care circulă în corp este produsă de ficat. Trebuie să ne bazăm pe dieta noastră pentru a oferi restul de 90%. A mânca o omletă din cinci ouă aproape că mărește de patru ori nivelurile de colină în doar câteva ore, oferind rapid acest nutrient creierului în vederea producerii de acetilcolină. Dar dacă ai o dietă deficitară în colină, e posibil să provoci o carență de acetilcolină în creier – afectând, în consecință, memoria. Din nefericire, nu mai puțin de 90% din populația americană suferă de un deficit de colină.[3]

Acest lucru ridică următoarea întrebare: este ușor să consumăm acest nutrient vital în cantitate suficientă?

Nu neapărat.

Conform recomandărilor nutriționale actuale[4], dacă ești femeie, ai nevoie de cel puțin 425 de mg de colină zilnic, în timp ce bărbații au nevoie de circa 550 de mg pe zi.

Concret, dacă ești femeie adultă, poți să îți iei cele 425 de mg de colină consumând 22 de grepfruturi, 1360 g de broccoli sau jumătate de pui... sau poți mânca 3 ouă. Dacă ești un bărbat adult, ai nevoie de o cantitate mai mare din aceleași alimente, așadar 27 de grepfruturi, 1815 g de broccoli, circa 910 g de carne de pui sau în jur de 4 ouă. În fiecare zi.

Acest lucru nu înseamnă că ar trebui să mănânci zilnic mai multe sute de grame de broccoli (în niciun caz de grepfrut), dar servește la clarificarea a două lucruri foarte interesante. În primul rând, faptul că unele alimente sunt mai dense decât altele în ceea ce privește conținutul de colină, prin urmare sunt mai utile creierului. De exemplu, este mai ușor să savurezi o omletă din 3 ouă decât să ingerezi 22 de grepfruturi. În al doilea rând, asta demonstrează că nu e deloc ușor să mănânci ce e corect pentru creier.

Acum să aruncăm o privire asupra alimentelor care asigură cantitatea de colina necesară pentru creșterea nivelurilor de acetilcolină ale creierului. Așa cum poți vedea în Tabelul 6, gălbenușurile sunt în fruntea listei, cu o valoare uimitoare de 682 de mg de colină per 100 de g de gălbenuș (sau în jur de 4 ouă). Din moment ce îmbuibatul cu ouă ar putea fi un pic greu de pus în practică, o combinație între mai multe alimente bogate în colină este fără îndoială cea mai bună soluție. Alte alimente bogate în colină sunt: icrele (caviarul), majoritatea speciilor de pește, organele de animale (ficat, rinichi, creier și inimă), ciupercile shiitake, germenii de grâu, quinoa, arahidele și migdalele.

| Aliment | Unități (în sistem metric) | Colină (mg) | Densitatea colinei (mg/100 g de produs) |
|---|---|---|---|
| Gălbenuș, crud | 20 g | 136 | 682 |
| Caviar | 16 g | 79 | 491 |
| Drojdie de bere | 30 g | 120 | 400 |
| Ficat de vită crud | 142 g | 473 | 333 |
| Ciuperci shiitake | 28 g | 57 | 202 |
| Germeni de grâu | 240 g | 202 | 84 |
| Cod | 227 g | 190 | 84 |
| Quinoa, crudă | 170 g | 119 | 70 |
| Pui | 227 g | 150 | 66 |

**Tabelul 6**. Top 9 surse alimentare de colină. Alimentele sunt clasificate după concentrația de colină.

Suplimentele nutriționale pot fi și ele de ajutor. Iată o soluție mai rapidă care ar putea duce la rezultatul dorit. Drojdia de bere (cea folosită pentru a face bere, nu pentru a coace prăjituri!) este o sursă naturală minunată de colină. Deși pentru mulți reprezintă un gust dobândit, Marmite, un produs care are drojdia de bere ca ingredient principal, a ajuns un articol de bază obișnuit în majoritatea bucătăriilor englezești și americane. De când a fost produsă pentru prima dată, la începutul anilor 1900, această pastă tartinabilă savuroasă a fost lăudată pentru valoarea sa nutrițională atât de mult, încât a fost inclusă în rația fiecărui soldat din timpul Primului Război Mondial. Având în vedere că e nevoie de doar două linguri de drojdie de bere pentru a acoperi cerințele zilnice de colină, presărând din ea pe legumele coapte sau pe salate sau adăugând-o în supe și tocănițe este o cale inteligentă de a crește nivelurile de colină. Întotdeauna adaug un pic în supele mele.

Avertisment: deși este destul de dificil să consumăm prea multe alimente bogate în colină, ține minte că excesul de colină poate fi toxic. În general, se recomandă nu mai mult de 3 500 de mg pentru un adult, bărbat sau femeie, zilnic.

## Vitamina B6: cheia principală a activității creierului

Așa cum am menționat în capitolul 5, creierul nu ar putea să producă neurotransmițători ca serotonina, dopamina sau GABA fără ajutorul vitaminei B6, așa că asigură-te că o consumi. Această vitamină trebuie obținută zilnic din dieta noastră.

Vitamina B6 este disponibilă în general în multe alimente naturale. După cum poți observa în Tabelul 7, cele mai bune surse naturale sunt semințele de floarea-soarelui și fisticul, dar și peștele (în special tonul), crustaceele, puiul, curcanul, carnea slabă de vită, avocado, legumele cu frunze verzi, varza, bananele și produsele integrale ca tărâțele de grâu și germenii. Dintre legume, usturoiul este surprinzător de bogat în B6. Un pic mai mult de 100 de g de usturoi ar asigura toată cantitatea necesară de B6 pentru o zi. Din nefericire, 100 de g de usturoi echivalează cu 40 de căței de usturoi proaspeți, a căror ingerare ar fi o adevărată problemă, nemaivorbind de efectul asupra respirației tale. Vampir sau nu, asta înseamnă mult prea mult usturoi.

Lăptișorul de matcă (o versiune mai potentă a mierii) este și el o sursă bogată. Personal, iau aproape zilnic o linguriță de lăptișor de matcă completat cu polen pentru efectele lor antibiotice naturale (chiar dacă, probabil, neconfirmate științific). Încearcă să-l împrăștii peste iaurt și acoperă totul cu semințe de chia și de fistic zdrobit pentru o gustare perfectă care va stimula serotonina.

Suplimentele cu vitamina B6 sunt de asemenea disponibile fără rețetă în capsule sau în tablete. În timp ce toxicitatea este puțin probabil să apară din surse naturale, se recomandă ca ingerarea zilnică de B6 să nu depășească 100 mg/zi pentru un adult, bărbat sau femeie. Așa că atunci când folosești suplimente, aruncă un ochi pe dozaj.

| Aliment | Unitate (în sistem metric) | Vitamina B6 (mg) | Densitatea vitaminei B6 (mg/100 g de aliment) |
|---|---|---|---|
| Fistic | 123 g | 2,1 | 1,70 |
| Usturoi | 20 g (6 căţei) | 0,22 | 1,10 |
| Ton | 113 g | 1,18 | 1,04 |
| Curcan | 113 g | 0,92 | 0,81 |
| Vită | 113 g | 0,74 | 0,65 |
| Pui | 113 g | 0,68 | 0,60 |
| Somon | 113 g | 0,64 | 0,57 |
| Lăptişor de matcă | 5 g (1 linguriţă) | 0,05 | 0,5 |
| Spanac | 90 g | 0,44 | 0,49 |
| Varză | 90 g | 0,34 | 0,38 |

**Tabelul 7.** Top 10 surse de vitamina B6, clasificate după concentraţia de vitamină B6.

## Alte vitamine B: ceea ce protejează inima protejează creierul

Acum să ne îndreptăm atenţia asupra unei substanţe denumite *homocisteină*. Aşa cum medicii ştiu de multă vreme, un nivel crescut de homocisteină (*hiperhomocisteinemie*)[5] reprezintă un risc ridicat de accident vascular cerebral, care la rândul său reprezintă un risc major pentru demenţă, care se înregistrează în nu mai puţin de 25% din cazuri.

Mai rău, cercetările arată că nivelurile înalte de homocisteină afectează funcţionarea cognitivă chiar şi *fără* accident vascular cerebral. În mod obişnuit, la un test de laborator, homocisteina în intervalul 4–17 mmol/l este considerat un prag sigur. Totuşi, un studiu pe mai mult de o mie de oameni în vârstă fără tulburări cognitive care au fost urmăriţi mai mulţi ani, a descoperit că riscul de dezvoltare a demenţei aproape s-a dublat[6] pentru cei care au avut niveluri de homocisteină de doar 14 mmol/l la începutul studiului. Chiar mai uluitor, o creştere de doar 5 mmol/l a nivelurilor de homocisteină a mărit riscul de deteriorare cognitivă cu 40%.

Acest lucru indică faptul că creierul nostru este mult mai sensibil la această substanță – și, de aceea, la schimbări vasculare – decât se crezuse.

Vestea bună este că nivelurile ridicate de homocisteină sunt complet reversibile. Nu doar atât, putem obține asta pur și simplu mâncând corect. Cum?

Se întâmplă ca producția de homocisteină să fie reglată de vitamine B specifice: B12 și în special folatul (adică, vitamina B9), în combinație cu vitamina B6, menționată mai devreme. Când nu ai o cantitate suficientă de vitamine B în sistem, nivelul de homocisteină crește și afectează circulația. Când dispui de o cantitate suficientă, acesta scade la loc, acolo unde îi e locul.

Mai multe studii sunt de acord că un nivel adecvat de vitamina B protejează împotriva declinului cognitiv asociat vârstei înaintate. De exemplu, un studiu pe 1 000 de oameni de 65 de ani sau mai mult a descoperit că aceia ale căror diete erau bogate în folat[7] (mai mult de 400 mcg/zi) au avut un risc mai scăzut de a dezvolta demență, în comparație cu cei ale căror diete erau sărace în folat (mai puțin de 300 mcg/zi).

Rezultate asemănătoare au fost observate și în cazul vitaminei B12. Dintre peste 500 de participanți vârstnici, cei cu un nivel scăzut de B12[8] (de exemplu, mai mic decât doza recomandată de 2,4 mg/zi) au avut un risc crescut de a dezvolta demență pe măsură ce au înaintat în vârstă. Totuși, nici chiar aceia al căror consum de B12 a fost în limite normale nu au fost în siguranță. Procentul declinului cognitiv la cei cu vârsta medie de 80 de ani care au consumat doza recomandată de B12 a fost mai mare cu 25% decât cei cu o vârstă similară de 80 de ani, dar care au consumat 20 mcg/zi. De observat că asta înseamnă de *zece ori* dozajul recomandat. Evident, creierul are nevoie de mai multe tipuri de vitamine B decât restul corpului.

Este foarte important să te asiguri că creierul tău are acces la o cantitate suficientă din aceste vitamine B. Nu doar că sunt bune pentru creier în general, dar au și un rol recunoscut în prevenirea demenței. Niște experimente recente, aleatorii, realizate cu metoda dublu-orb și placebo-controlate[9] au testat efectele suplimentării cu vitamina B în doze ridicate pe un grup de 85 de pacienți cu alterări cognitive ușoare, o afecțiune cu risc ridicat de a evolua către boala Alzheimer. Pe o perioadă de doi ani, pacienții au fost tratați cu o combinație de acid folic (0,8 mg/zi), vitamina B12 (0,5 mg/zi) și vitamina B6 (20 mg/zi). La sfârșitul studiului, suplimentarea cu aceste trei vitamine a menținut performanța memoriei și totodată a redus procentul de micșorare a creierului, după cum au arătat investigațiile la IRM. Tratamentul a fost eficient mai ales în cazul participanților cu niveluri ridicate de homocisteină. Homocisteina lor a scăzut la nivelul normal și s-a observat și o *reducere* cu 53% a micșorării creierului.

Interesant este că succesul tratamentului a fost asociat și cu consumul de Omega 3.[10] Pacienții cu niveluri ridicate de Omega 3 au răspuns foarte bine la suplimentarea cu vitamina B. Pe de altă parte, pacienții cu niveluri mici de Omega 3 înainte și în timpul tratamentului nu au arătat ameliorări, ci mai degrabă aceeași micșorare a creierului ca cea a pacienților netratați. Morala poveștii: asigură-te că ingerezi suficient Omega 3 cu vitaminele B pentru a maximiza eficiența lor combinată.

Aceste vitamine B sunt ușor de obținut dintr-o dietă echilibrată. Multe mâncăruri pe bază de plante sunt surse bogate în folat, în special cele cu fasole ochi-negri, linte, spanac, tofu și avocado. Vitamina B12 se găsește în crustacee (midiile sunt sursele cele mai bogate) și peștele (somonul, păstrăvul, macroul și tonul proaspăt sunt în capul listei), precum și puiul, ouăle, vita și produsele lactate. Îți amintești cum doar 85 g de somon sălbatic asigură doza suficientă de Omega 3 pentru întreaga zi? Ei bine, aceeași bucată mică de pește conține de trei ori doza zilnică recomandată de B12. Alături de o salată proaspătă de spanac și niște avocado te bucuri de o masă perfectă pentru sănătatea creierului.

În concluzie, gândește-te că 25% dintre toate cazurile de demență și cel mai probabil câteva dintre cele 75% rămase ar putea fi prevenite complet prin creșterea consumului de alimente bogate în vitamina B. La fel și în cazul accidentelor vasculare cerebrale și bolilor vasculare. E greu de crezut că după toate astea unii oameni încă nu sunt convinși că mâncarea e medicament.

## Sistemul de apărare al creierului: antioxidanții

Ai lăsat vreodată un măr tăiat în jumătate pe blatul din bucătărie? Ai observat cum a început să se maronească? Dacă l-ai lăsa acolo în continuare, s-ar închide și mai mult la culoare și ar începe să se zbârcească. Dacă ar fi lăsat în soare, acest proces ar accelera, iar dacă mediul e unul poluat, întregul proces ar accelera și mai mult. Acest tip de efect de „ruginire“ este cel la care ne referim ca fiind *oxidare*. Oxidarea însăși este un proces normal. Se întâmplă tot timpul în cazul creierului, corpului și multor lucruri care ne înconjoară – întocmai ca merele uitate pe masă sau precum conductele de fier lăsate în ploaie.

În creier, oxidarea se întâmplă ori de câte ori celulele noastre nervoase ard glucoză și oxigen pentru a produce energie. Și, cum probabil ai ghicit, asta se întâmplă în mod continuu. În general, creierul nostru reușește să contrabalanseze această oxidare neîncetată, dar uneori lucrurile scapă de sub control, și cantitatea de oxidare depășește capacitatea creierului de a o monitoriza. În acest caz, creierul nostru suferă de ceea ce se numește *stres oxidativ*. Cu alte cuvinte, stresul oxidativ este deteriorarea celulelor drept rezultat al oxidării prelungite și al acțiunii radicalilor liberi – molecule vătămătoare care sunt, de asemenea, produse în timp.

Dintre toate organele corpului, creierul este cel care suferă cel mai mult din cauza stresului oxidativ.[11] Radicalii liberi se dezvoltă încontinuu, gând după gând, croindu-și drum printre neuroni ca mici tornade. Cu cât creierul tău conține mai mulți radicali liberi, cu atât este mai deteriorat.

Totuși, noi nu suntem fără apărare. Putem apela la *antioxidanți* pentru a ne proteja creierii delicați. Aceste substanțe sunt calea naturii de a preveni în primul rând oxidarea. Antioxidanții hoinăresc prin trupul nostru (inclusiv prin creier), luptându-se cu orice radicali liberi întâlnesc pe drum. În termeni simpli, antioxidanții sunt polițiștii care îi fugăresc pe tipii răi.

Unii antioxidanți sunt produși de corpul nostru, dar majoritatea nu sunt, astfel că trebuie obținuți din dieta noastră. Vitamina E (din migdale și semințele de in) și vitamina C (din citrice, fructe de pădure și o varietate de legume) sunt principalii antioxidanți care apără corpul. Ca experiment, încearcă să stropești cu puțin suc de lămâie acel măr pălit și vei vedea cât de mult ține.

Este important să consumăm suficienți antioxidanți pentru a ne proteja împotriva îmbătrânirii creierului și a bolilor. Studii la scară mare în Statele Unite și în Europa au descoperit că vârstnicii care au consumat cel puțin 11 IU (16 mg) de vitamina E pe zi au avut un risc cu 67% mai mic de a dezvolta demență[12] pe măsură ce au îmbătrânit, în comparație cu cei care au consumat 6 IU (4 mg) pe zi. Cei care au ingerat cele mai mari cantități atât de vitamina C, cât și de vitamina E au avut un risc chiar mai mic.[13] Studiile au estimat că avem nevoie zilnic de 133 de mg sau mai mult de vitamina C pentru a-i asigura creierului nostru protecția optimă în plus față de cele 16 mg de vitamina E, menționată mai sus.

În termeni mai practici, se întâmplă ca salata de avocado și spanac menționată în secțiunea anterioară să fie bogată atât în vitaminele B, precum și în vitamina E. Stropește-o cu suc de lămâie pentru și mai multă vitamină C... *et voilà*. Vezi cât de ușor este să mănânci corect pentru creier?

Există un consens potrivit căruia consumul regulat de vitamina C și vitamina E[14], uneori alături de beta-caroten (un precursor al vitaminei A care se găsește în special în fructele și legumele de culoare portocalie), reduc viteza cu care îmbătrânesc celulele creierului[15], crescând longevitatea și scăzând riscul de boli cardiovasculare și demență.

Totuși, recomandările actuale sugerează să luăm doze mult mai mici din acești prețioși nutrienți. O parte a problemei este că, atunci când sunt testate în situații clinice formale, vitaminele antioxidante nu s-au dovedit atât de miraculoase pe cât a sperat toată lumea. Vitamina E a fost singura care și-a arătat potențialul[16] de a încetini declinul funcțional în cazul pacienților diagnosticați cu boala Alzheimer – dar numai la doze mari, de 2 000 IU (1,3 g) pe zi.

Ceea ce la început a fost interesant pentru mulți a dus la o revelație: suplimentele de antioxidanți, de fapt, nu funcționează. În schimb, trebuie să obținem acești nutrienți din surse alimentare naturale. Adevărul este că, în studiile menționate, doar acei participanți care și-au obținut antioxidanții din mâncare au arătat ritmuri mai mici ale declinului cognitiv și ale demenței. Cei care s-au bazat pe suplimente ca să-și obțină antioxidanții au avut aceeași probabilitate de a dezvolta demență ca aceia care au consumat puține vitamine sau deloc.

Vitamina E este un exemplu extraordinar al motivului pentru care se întâmplă asta. Vitamina E din suplimentele sintetice este alcătuită doar din una dintre cele opt forme naturale ale sale (alfa-tocoferol), în timp ce mâncarea asigură combinația tuturor formelor. Acest lucru pare să reducă stresul oxidativ și inflamația[17] într-un grad mai mare decât o face alfa-tocoferolul de unul singur. Această descoperire plus faptul că pastilele nu sunt o masă deosebit de delicioasă și îți dai seama că nu are sens decât să îți iei doza de antioxidanți din alimente proaspete, vii, cum ar fi legumele și fructele de calitate înaltă, precum și din nuci și din semințe.

## Minunata lume a flavonoidelor

Așa cum îți amintești din capitolul 1, plantele produc o gamă imensă de componente chimice denumite *fitonutrienți.* Uneori menționate ca „vitamina P", aceste substanțe servesc unui scop foarte specific. Treaba lor este de a lupta cu stresul oxidativ și cu inflamația, crescând astfel însăși durata de viață a plantei. Sunt de obicei produse în combinație cu diferiți antioxidanți și se găsesc cu precădere în fructele plantelor. Așa cum se dovedește, plantele nu sunt singurele care beneficiază de toate aceste componente. Mâncând aceste fructe, și noi ne putem bucura de toate beneficiile obținute de plantă în urma efortului său de „a trăi mult și bine".

Oamenii de știință au identificat și clasificat mai mult de 4 000 de fitonutrienți, cum ar fi flavonoidele și fenolii. Exemple obișnuite sunt *quercetina*, care se găsește în mere, *flavonolii* din boabele de cacao și *resveratrolul*, care îi conferă vinului roșu reputația – fiecare recunoscut pentru proprietățile sale antiîmbătrânire superioare. În timp ce oamenii de știință din trecut au ignorat aceste substanțe, noi studii experimentale sugerează că fitonutrienții joacă un rol mai mare în sănătatea umană decât se credea înainte. În capitolul următor, vom vedea cum sunt parte esențială din acele diete care s-au dovedit că promovează sănătatea și longevitatea în lume. Între timp, să vorbim despre minerale.

## Minerale: cu puțin ajungi departe

Pe lângă vitamine, creierul iubește mineralele – minerale provenite din pământ pe care le absorbim în primul rând din fructe și din legume. Mineralele sunt, de fapt, resturi de țesut vegetal sau animal conținute în sol. „Țărână din țărână" se referă chiar la acest proces. Mineralele conținute de sol sunt absorbite de plante pe măsură ce acestea se dezvoltă, procesul natural al creșterii reciclând elemente minerale care ajung să fie nutrienții din alimente.

Destul de asemănătoare vitaminelor, mineralele sunt esențiale pentru sănătatea noastră fizică și mintală. Ele le conferă structură celulelor noastre, în special celulelor din sânge, nervi și mușchi, precum și celor care formează oasele, dinții și țesuturile moi. Mineralele servesc, de asemenea, multor funcții specifice creierului. Unele funcționează ca electroliți care ajută la reglarea fluidelor din creier și a hidratării. Altele pun în mișcare metabolismul. Altele au sarcina foarte importantă de a regla transmisia fluxurilor nervoase. Magneziul, zincul, cuprul, fierul, iodul, seleniul, manganul și potasiul sunt toate esențiale pentru păstrarea creierului nostru sănătos[18] și activ pe măsură ce înaintăm în vârstă.

Dar nu doar carențele de minerale sunt vătămătoare pentru creier. Un exces de anumite minerale, în special sub forma metalelor, poate fi toxic pentru creier atunci când sunt absorbite în concentrații ridicate. Ne referim în special la plumb, cadmiu și mercur, cunoscute și ca metale grele. Otrăvirea poate apărea ușor drept rezultat la expunerea industrială, la poluarea aerului și și a apei, a mâncărurilor, medicamentelor, containerelor pentru alimente acoperite necorespunzător sau a ingerării vopselurilor pe bază de plumb. Arsenicul, un alt metal toxic, este folosit la fabricarea pesticidelor și dat ca antibiotic animalelor crescute în ferme, cum sunt puii de găină (ceea ce înseamnă, din nefericire, că sfârșim prin a ingera otrava când mâncăm puiul). Nichelul este folosit în fabricarea grăsimilor transsaturate, utilizate pentru a face margarină și creme tartinabile moi. Probabil ai vrea să-ți verifici și pasta de dinți. Există o probabilitate mare să conțină titan. Este un material la fel de dăunător ca aluminiul și care ridică o amenințare serioasă la adresa creierului nostru delicat. Se știe de mult că aluminiul este toxic pentru celulele creierului[19], chiar și în cantități mici. Totuși, suntem cu toții expuși cu ușurință la acest metal prin folosirea recipientelor din aluminiu și a mai multor tipuri de cosmetice și de medicamente și chiar prin consumul de apă purificată.

În timp ce simptomele diferă în funcție de metalul acumulat, otrăvirea cu metale afectează activitatea celulelor la nivelul întregului sistem nervos, în cazuri severe ducând la inflamația creierului (*encefalopatie*), care este adesea ireversibilă. De aceea, intoxicarea cu metale grele este una dintre cele mai mari amenințări la sănătatea creierului în societatea noastră din cauza folosirii nerestricționate a acestor elemente în scopuri industriale, precum și a unei indiferențe generalizate legată de modul în care tratăm planeta. Totuși, alte minerale mai întâlnite și mai puțin primejdioase pot, de asemenea, să deterioreze creierul, dacă sunt ingerate în cantități excesive. Acestea sunt fierul, cuprul și zincul.

În concentrații adecvate, aceste minerale sunt esențiale pentru funcționarea optimă a creierului. Fierul este de o importanță capitală pentru producerea hemoglobinei (acea parte a celulelor sângelui care transportă oxigenul), precum și a unor proteine. Cuprul este cheia pentru funcționarea enzimelor și pentru sănătatea sistemului nostru imunitar, a vaselor de sânge, a nervilor și a oaselor. Zincul este unul dintre cele mai importante metale când vine vorba de susținerea metabolismului creierului. Ne putem imagina cu toții cât de ușor ar afecta un deficit de oricare dintre aceste minerale puterea creierului și ascuțimea mintală.

O afecțiune medicală comună denumită *anemie* este un bun exemplu. Anemia se dezvoltă când sângelui îi lipsesc celule roșii sau hemoglobina. Acest lucru se întâmplă de obicei din cauza carenței de fier. Unele dintre primele simptome ale anemiei sunt oboseala, amețeala, slăbiciunea, pierderea rezistenței și confuzia mintală, ceea ce ar avea un impact evident asupra abilității noastre de a obține rezultate, atât din punct de vedere fizic, cât și intelectual.

Din fericire pentru noi, e nevoie de foarte puțin fier pentru a atinge niveluri adecvate. Pe de altă parte, majoritatea oamenilor greșesc orientându-se în sens opus, ingerând prea mult din acest nutrient, care este toxic consumat în exces. Mențiune: prea puțin fier te va face anemic, dar prea mult îți poate distruge creierul. Acest lucru este valabil și pentru zinc, și pentru cupru.

Unele studii au sugerat că excesul de fier, zinc și cupru ar putea fi răspunzător pentru problemele cognitive[20] la cei în vârstă. Un aport prea mare al acestor minerale favorizează stresul oxidativ, un fel de efect de „ruginire" care face creierul să îmbătrânească mai repede.

Cuprul este cel cu adevărat rău pentru creier. Cercetări noi sugerează că numai cantitatea de cupru pe care o ingerăm prin dieta modernă obișnuită[21] este suficientă pentru a mări probabilitatea de a dezvolta boala Alzheimer. Cuprul pare să reducă abilitatea creierului de a îndepărta proteinele amiloide toxice înainte de formarea plăcilor tipice bolii Alzheimer, totodată favorizând aglutinarea acelor proteine.

Însă asta nu e mare lucru pe lângă cuprul ingerat ca parte a unei diete bogate în grăsimi. Cercetările arată că oamenii ale căror diete sunt bogate în cupru, grăsimi saturate și grăsimi trans prezintă în mod special un ritm accelerat al declinului cognitiv – cam *19 ani suplimentari de îmbătrânire*. În aceste studii, consumul de cupru, asociat în cele din urmă cu declinul cognitiv, s-a dovedit a fi vătămător doar pentru acele persoane ale căror diete erau bogate în grăsimi saturate și în grăsimi trans[22] în același timp. Pentru a înrăutăți lucrurile, e nevoie de foarte puțin cupru pentru ca un creier cu o dietă bogată în grăsimi să scape de sub control – doar 2,7 mg pe zi, echivalentul a numai 85 g de șuncă.

Dar înainte de a da vina pe mâncare în general pentru aceste efecte, ține cont de următorul aspect: mulți dintre noi nu știm, dar cuprul poate intra în corp și prin alte surse – de exemplu, când bem apă furnizată prin țevi de cupru. În plus, mulți oameni absorb o cantitate suplimentară de cupru și fier prin intermediul suplimentelor de vitamine. Multivitaminele obișnuite conțin atât cupru, cât și fier, uneori chiar depășind dozele recomandate. Pe scurt, dacă dieta ta este bogată în grăsimi, trebuie să fii atent și la consumul de minerale, mai ales dacă provine sub forma suplimentelor de multivitamine.

În Statele Unite, nici nu avem nevoie de aceste minerale speciale din suplimente, din moment ce le consumăm mai mult decât suficient din mâncărurile de zi cu zi.

# 8
# Mâncarea este informație

## Genele încarcă pistolul.
## Stilul de viață apasă pe trăgaci.

Capitolele anterioare au scos la iveală cât de mult este afectat creierul nostru de dietă și de alegerile legate de stilul de viață. De la modul în care neuronii noștri comunică unii cu alții până la nașterea și dezvoltarea celulelor creierului, alegerile personale de zi cu zi influențează neîncetat ceea ce se întâmplă în creierul nostru. Acum vom vedea cum aceste efecte sunt controlate nu doar de alegerile noastre în ceea ce privește stilul de viață, ci și de interacțiunea dintre comportamentul nostru *și* predispoziția genetică. Să începem prin a vorbi despre tema delicată și complexă a *individualității genetice*.

Așa cum a firmat dr. James D. Watson în anii '60: „Nu suntem cu toții egali, pur și simplu nu e adevărat, asta nu este știință." Nu este nevoie de nimeni altul decât de cel care a descoperit structura de elice dublă a ADN-ului pentru a confirma cât de complexe, variabile și specifice sunt genele noastre. Această individualitate moștenită apare într-o proporție semnificativă în genomul nostru, dând naștere caracteristicilor distincte, cum ar fi părul și culoarea ochilor. Aceste variații depind de informația genetică subtilă purtată de ADN-ul nostru. Ori de câte ori privești în ochii persoanei iubite, nu vezi altceva decât o demonstrație remarcabilă a particularităților sale genetice în acțiune.

Cum se întâmplă acest lucru este, de fapt, mai puțin evident.

Variația noastră genetică este rezultatul a mii de ani de mutații genetice continue. O mutație este o schimbare permanentă în ADN-ul nostru. De exemplu, la origine, toți oamenii au avut ochii căprui. Dar, cu circa 6-10 000 de ani în urmă, a survenit o mutație genetică[1], care a dus la apariția primilor oameni cu ochi albaștri. Îți poți închipui ce senzație s-a produs când s-a întâmplat acest lucru! De atunci, gena ochilor albaștri s-a răspândit în lume, și astăzi este considerată o trăsătură destul de comună.

Mutațiile genetice au avut loc în cursul evoluției. Unele sunt pozitive, cum ar fi mutațiile care duc în cele din urmă la frumusețea diferitelor culori ale ochilor sau la dimensiunea și la puterea mărită a creierului nostru. Alte mutații sunt dăunătoare și cauzează boli. Totuși, aceste mutații genetice „rele" sunt rare, afectând mai puțin de 1% din populație.[2]

Rezumând, există câteva mutații genetice care ne pot îmbolnăvi și o imensitate de variații genetice care pur și simplu ne fac diferiți.

Acest lucru este cu atât mai adevărat în ceea ce privește creierul nostru. Genomul uman dispune de aproximativ 15 milioane de variații, mare parte dintre acestea fiind implicate în funcționarea creierului.[3] Închipuie-ți că fiecare dintre noi poartă cel puțin câteva permutări dintre toate aceste variații, și astfel termenul „diversitate" capătă un înțeles complet nou.

Creierul nostru deține ceva asemănător unei amprente. În timp ce arhitectura creierului, cu diviziunile sale felurite organizate în arii funcționale și structuri specifice, ar trebui să fie în mare parte la fel pentru toată lumea, există variații ample când vine vorba de mărimea, forma, activitatea și compoziția moleculară a creierului. Asemenea diferențe nu se bazează doar pe structura noastră genetică unică, ci sunt modelate, transformate, influențate de mediile, educația și experiențele noastre. Adaugă la acestea nenumăratele alimente la care am fost expuși, mediile noastre culturale și toate locurile pe care le-am explorat din ziua în care ne-am născut și are sens faptul că oricare doi creieri nu vor fi niciodată la fel.

Această variație extraordinară nu este niciodată mai evidentă decât atunci când vizualizăm scanările creierului. Mă ocup de imagistica creierului de peste 15 ani și am examinat și cuantificat sute, dacă nu mii de scanări. Printre ele sunt creieri de tineri, de bătrâni, de bărbați, de femei, de oameni fericiți, nefericiți, sănătoși și mai puțin sănătoși. În plus, am studiat în mod egal scanări care arată efecte ale bolilor neurologice ca Alzheimer, Parkinson sau accidente vasculare cerebrale. Nu trece nicio zi fără să fiu impresionată de unicitatea pe care o relevă scanarea fiecărui pacient, fiecare diferită și distinctă de următoarea.

În concluzie, structura noastră genetică unică, combinată cu stilul de viață și cu comportamentul sunt cele care determină soarta creierului nostru și, prin urmare, șansele noastre de a îmbătrâni cu demnitate – sau, în schimb, de a uita figuri și nume.

Deși e adevărat că schița creierului depinde în mare de ADN-ul primit de la părinți, descoperiri recente au dus la demontarea vechilor păreri potrivit cărora „ești ADN-ul tău“, în favoarea unui model mult mai dinamic. În acest nou model, genele sunt esențiale în stabilirea unor aspecte ale sănătății creierului, dar alegerile noastre prezente, continue în ceea ce privește propriul stil de viață sunt cele care joacă un rol central în *activarea sau dezactivarea acelor gene*. Oricât de ciudat ar părea, ai, de fapt, puterea de a da glas sau de a reduce la tăcere propriile gene[4], iar această descoperire este denumită *epigenetică*.

Epigenetica presupune că, deși alegerile în privința propriului stil de viață nu îți vor modifica structura ADN-ului, ele au capacitatea de a modifica modul de funcționare al ADN-ului. Unde trăiești, cu cine interacționezi, cum faci exerciții fizice, ce mănânci determină schimbări în interiorul corpului care, la rândul lor, îți activează sau îți dezactivează genele. Acest lucru apare o dată în viață sau poate fi un proces continuu de-a lungul timpului, influențându-ți șansele de a-ți păstra sau nu condiția fizică optimă din punct de vedere cognitiv.

Toate acestea înseamnă că, la urmă urmelor, ADN-ul *nu este* destinul tău. Loteria genetică ar putea stabili cărțile din pachetul tău, însă modul în care îți trăiești viața îți dă, de fapt, mâna pe care s-o joci. Ne întoarcem de unde am pornit: genele încarcă pistolul, dar stilul de viață apasă pe trăgaci.

## Cum întrerupem acțiunea ADN-ului

Dintre toți factorii legați de stilul de viață care sunt recunoscuți ca având un impact asupra acțiunii ADN-ului, mâncarea este cel care joacă rolul principal. Toată lumea face exerciții fizice la un moment dat, ia medicamente din când în când sau este expusă uneori la toxinele din mediu (care au toate impact asupra ADN-ului). Dar, când vine vorba de mâncare, luăm mese zilnic, de mai multe ori pe zi, și facem asta în mod regulat pe tot parcursul vieții. Această expunere continuă la mâncare este cea care face dieta cel mai important factor care ne afectează ADN-ul.

Mai multe studii au arătat că unii nutrienți au capacitatea de a influența[5] și de a regla comportamentul ADN-ului nostru. Se întâmplă să fie aceiași nutrienți de care creierul are nevoie mai mult, cum ar fi Omega 3, colina, mai mulți antioxidanți și vitaminele B. În ultimii zece ani, această înțelegere a determinat o adevărată revoluție în domeniul nutriției. A devenit limpede că efectele nutriției asupra sănătății pot fi apreciate pe deplin numai având o înțelegere mai profundă a modului în care nutrienții acționează la nivel genetic și molecular.

Interacțiunea dintre hrană și gene a devenit punctul de interes al unei noi discipline numite *nutrigenomică*, aceasta urmărind să evidențieze[6] modul în care mâncarea influențează direct activitatea ADN-ului. Această nouă perspectivă a oferit un nou înțeles vechii zicale „suntem ceea ce mâncăm", demonstrând că tot ceea ce mâncăm influențează în mod activ ceea ce urmează să devenim. Totodată, genele noastre influențează la fel de bine reacția noastră la mâncare, făcându-ne receptivi la anumite alimente și intoleranți la altele.

Se dovedește că dieta, departe de a fi doar o sursă de combustibil sau de întreținere, este un fel de „întrerupător genetic". Unele alimente ne influențează direct ADN-ul prin activarea genelor bune care ne fac mai rezistenți la boli, în timp ce altele dezactivează aceleași gene, făcându-ne mai predispuși la îmbolnăvire.

Asta pentru că mâncarea este informație. Nutrienții nu sunt altceva decât semnale biologice care, la intrarea în sistem, sunt „citite" de către celule. Îți vine să crezi sau nu, celulele dispun de detectori[7] care caută de zor nutrienți specifici. Să spunem că ei identifică acizi Omega 3 sănătoși care intră în sânge din masa ta. Odată ce fac asta, anunță ADN-ul că ajutorul este pe drum. Drept rezultat, ADN-ul ia o gură de aer și încetinește producția altor compuși antiinflamatori din corp. Acesta este doar un exemplu al modului în care un ingredient îți poate influența puternic genele. După cum un nutrient este considerat prieten sau dușman, un răspuns genetic corespunzător va fi acordat în consecință.

Indiferent dacă analizăm modul în care mâncarea ne influențează genele sau cel în care genele influențează reacția la mâncare, această știință nouă, în curs de dezvoltare a pus într-o lumină nouă individualitatea noastră genetică, aceasta fiind cheia modului în care să abordăm sănătatea și nutrița. Drept urmare, epoca generalizării a devenit de domeniul trecutului. În schimb, ne aflăm în prima linie a unei abordări noi, personalizate a sănătății și, la rândul ei, a nutriției noastre.

## Bioindividualitate

Aceste descoperiri scot în evidență faptul că nu există o cale perfectă de a mânca, cel puțin nu una care să funcționeze în mod egal pentru toată lumea. Acest concept, denumit și *individualitate biologică*, este o idee care câștigă în prezent un respect și interes fără precedent în domeniul medical.

Bioindividualitatea insistă asupra faptului că fiecare ființă umană deține o biochimie unică[8], care îi influențează comportamentul, sănătatea mintală, producția de hormoni, tendințele alergice, capacitatea imunitară și, bineînțeles, nevoile nutriționale. Din cauza diferențelor genetice în ceea ce privește felul în care corpul fiecăruia procesează mâncarea, unii dintre noi au în mod natural deficiențe ale unor nutrienți, în timp ce alții îi procesează în exces. Se spune că ce e bun pentru unul nu e neapărat bun și pentrul altul. Într-adevăr, s-a descoperit recent că multe gene umane au o sensibilitate accentuată la dietă.[9]

Acest lucru este adevărat atât la nivel individual, cât și la nivel de populație. Intoleranța la lactoză este un exemplu perfect. Multe persoane suferă de intoleranță la lactoză, ceea ce înseamnă că au dificultăți în a digera *lactoza*, un tip de zahăr conținut în lapte. Se întâmplă asta pentru că le lipsește o enzimă denumită *lactază*, responsabilă cu descompunerea lactozei. Pentru că ființele umane digeră laptele mamei cât timp sunt bebeluși, gena care produce lactaza își întrerupe activitatea după înțărcare.

Totuși, odată ce oamenii au început să aibă vite, capacitatea de a digera lapte la maturitate a devenit un avantaj evoluționist. Laptele este o sursă bună de grăsimi și de proteine, precum și de calciu, vitamina D și o serie de vitamine B, inclusiv colina atât de îndrăgită de creier. Unele populații s-au adaptat la asta, păstrând gena lactazei pornită[10], producția de lactoză continuând astfel și pe parcursul vieții de adult. Alte populații care nu erau dependente de vite (cum ar fi anumite părți din China, Thailanda și Africa) nu au dezvoltat această capacitate. În prezent, oamenii care s-au oprit din producerea lactazei după înțărcare sunt adulții cu intoleranță la lactoză.

La nivel individual, găsim diferențe chiar mai mari și mai imprevizibile. Drept rezultat, fiecare este unic din punct de vedere genetic în ceea ce privește modul în care procesează mâncarea. De exemplu, unii oameni sunt în mod natural mai puțin eficienți la asimilarea nutrienților esențiali pentru creier, cum ar fi vitamina E, unele vitamine B sau acizi Omega 3. Alții au dificultăți în a gestiona oligoelementele, adică fierul, cuprul și zincul. În timp ce alții au niveluri insuficiente de acid gastric sau o funcție intestinală diminuată și deci probleme în digerarea alimentelor. Faptul că fiecare dintre noi avem un *microbiom* diferit face lucrurile și mai complexe.

## Fă cunoștință cu puternicul tău microbiom

Termenul „microbiom" se referă la colecția de bacterii, viruși, ciuperci și alți microbi care locuiesc în corpul uman.

La fel cum planeta Pământ are propriul ecosistem plin de animale, plante și de tot felul de organisme, corpul uman găzduiește un ecosistem complex propriu, care este căminul unei diversități de viață fantastice. Din acest ecosistem, doar o parte foarte mică aparține, de fapt, speciei noastre. Pe piele abundă tot felul de microbi, la fel și în gură și în toate celelalte cotloane ale corpului. Cea mai mare prezență o au în sistemul gastrointestinal. Corpul unui adult adăpostește aproape 100 de trilioane de bacterii[11], mai mult de 95% dintre ele fiind localizate în intestinul nostru.

Oamenii de știință au știut de mult că în ființele umane se găsesc bacterii, însă numărul și importanța lor au rămas subapreciate până la descoperirea microbiomului. S-a dovedit că în trupurile noastre celulele bacteriene sunt mai numeroase decât celulele umane[12] într-un raport de circa 10 la 1. Cu alte cuvinte, până la 90% dintre celulele noastre sunt *non-umane*. Chiar dacă celulele bacteriene sunt mult mai mici decât ale noastre, 90% înseamnă o mulțime de celule. Dacă le-ai grupa laolaltă, ar fi de mărimea unei mingi și ar cântări 1,4 kg.

Nu doar că există milioane de bacterii care locuiesc în interiorul nostru, dar aceste bacterii provin din mii de specii diferite, fiecare echipată cu propriul său material genetic. Drept rezultat, suntem de-a dreptul inundați de ADN non-uman. Este foarte surprinzător că genomul uman (zis și ADN-ul nostru) este extrem de mic[13] în comparație cu cel al acestor organisme mult mai simple. ADN-ul cuprinde în jur de 23 000 de gene, în timp ce microbii din trupurile noastre sunt reprezentați de un număr incredibil de 4 milioane de gene distincte proprii.

Acest lucru ridică o întreagă serie interesantă de întrebări existențiale și științifice, printre cele mai importante fiind aceasta: ar trebuie să fim îngrijorați?

Unii microbi, în special virusurile, pot bineînțeles să le dăuneze oamenilor. De exemplu, unele virusuri ne dau pojar sau gripă. Unele bacterii pot fi, de asemenea, periculoase, ca atunci când cauzează infecția amigdalelor sau intoxicația alimentară. Dar, în realitate, mai puțin de 1% dintre bacterii cauzează boli la oameni. Majoritatea nu numai că nu sunt vătămătoare, ci sunt și de ajutor. Așa cum se dovedește, microbii din intestin joacă un rol important pentru sănătatea noastră generală[14], literalmente din cap până-n picioare.

În primul rând, ne ajută să digerăm mâncarea, fiecare având capacitatea de a absorbi diferiți nutrienți într-un grad mai mic sau mai mare și fiecare reacționând diferit la alimentele ingerate. De exemplu, capacitatea noastră de a absorbi vitamine ca B12, dar și alte minerale esențiale pentru un sistem nervos sănătos, este extrem de dependentă de sănătatea și de diversitatea microbiomului din intestinele noastre. Mai mult decât atât, aceste bacterii prietenoase sunt capabile să producă vitamine esențiale, ca folatul, și ajută și la menținerea nivelurilor adecvate de aminoacizi, ca triptofanul, care la rândul său este necesar pentru producerea neurotransmițătorilor, cum ar fi serotonina.

În plus, flora noastră bacteriană produce acizi grași care sunt benefici pentru corp, ca *butiratul*, o excelentă sursă de energie pentru mușchi. Ceea ce este deosebit de surprinzător la acești acizi grași făcuți din bacterii este că pot influența în mod direct funcționarea barierei sânge-creier[15], fortăreața celulară care protejează creierul împotriva infecțiilor și a agenților patogeni nedoriți. Acizii grași produși de microbii din intestin pot să întărească bariera și să o slăbească deopotrivă, reglând în mod eficient trecerea numeroșilor nutrienți și substanțe străine prin sistemul de apărare al creierului.

În ultimul rând, dar la fel de important, flora noastră intestinală acționează ca un luptător puternic pentru sistemul imunitar, apărându-ne împotriva microbilor care cauzează boli. Există un echilibru delicat între puterea intestinului de a evita tipii răi și absorbția și adăpostirea celor buni. În general, căptușeala peretelui intestinal trebuie să fie suficient de permeabilă pentru nutrienți și pentru alte molecule, așa încât ambele să poată intra și ieși din intestin. Totuși, dacă această căptușeală devine prea permeabilă, poate apărea „sindromul de intestin permeabil“[16]. În acest caz, spațiul dintre celule se lărgește prea mult, permițând scurgerea conținutului intestinal, cum ar fi molecule mari de alimente sau bacterii, în sistemul circulator. Când simte pătrunderea acestor invadatori străini în sistemul circulator, corpul tău declanșează un răspuns inflamator cu scopul de a escorta intrușii afară. Pe termen lung, răspunsul inflamator îndreptat spre a ne apăra de tipii răi poate avea un efect nedorit, vătămând celule intestinale și microbiomul și făcând intestinul mai inflamat și mai slăbit. Acest cerc vicios slăbește mai departe capacitatea sistemului de a absorbi corect nutrienții, lăsându-l vulnerabil la sensibilități alimentare sau la alergii. De parcă acest lucru nu ar fi suficient de deranjant, așa cum vom vedea în capitolul următor, creierul este și el în pericol de a fi afectat.

## Infecții și creieri

Studii recente au scos la iveală faptul că schimbările microbilor din intestin pot influența riscul tulburărilor mintale, ca autismul, anxietatea, depresia și chiar demența. Acest lucru a sporit atenția pentru conceptul potrivit căruia un intestin sănătos e esențial pentru sănătatea creierului.

Pot să îți spun doar începutul acestei povești, aceasta fiind abia la început. Deși în ultimii ani s-au făcut o mulțime de cercetări asupra microbiomului în raport cu sănătatea creierului, acest domeniu se află încă în perioada de pruncie. Este de asemenea important de subliniat faptul că majoritatea cercetărilor de până acum cu privire la microbiom (inclusiv la tratamentul antibiotic sau chiar la transplanturile de materii fecale) s-au bazat în mare parte pe experimentele pe rozătoare. Având în vedere diferențele uriașe dintre șoareci și oameni, nu există nicio garanție că aceste descoperiri vor fi valabile și la ființele umane. Acestea fiind spuse, unele studii inițiale făcute pe oameni susțin existența unei relații între lumea microbiomului și sănătatea creierului nostru. Această cercetare inițială a stârnit un interes uriaș[17] atât în rândul profesioniștilor, cât și în mass-media, fără a mai pomeni de agențiile naționale de finanțare, conducând la o schimbare rezonabilă a felului în care privim multe boli cerebrale.

Din punct de vedere istoric, intestinul și colecția sa de microbi au fost ignorate pe scară largă atât de neurologie, cât și de psihiatria occidentală. Până în zilele noastre, studenții au fost învățați cum creierul este izolat din punct de vedere anatomic și bine păzit de bariera sânge–creier, cea care menține la distanță agenții patogeni, inclusiv *bacteriile*. Există unele excepții, ca atunci când astfel de agenți patogeni se întâmplă să treacă de bariera sânge–creier, cauzând boli ca *meningita*. Dar, de zeci de ani, oamenii de știință au considerat microbii fie lucruri destul de inofensive, un fel de autostopiști prin burta noastră (prin urmare, neavând de a face cu ce se întâmplă în creier), fie amenințări directe la starea noastră de bine și de care trebuie să scăpăm.

Această viziune s-a schimbat în mod dramatic, din moment ce o serie de noi studii au arătat că bacteriile intestinale nu influențează doar modul în care mâncăm, ci și modul în care gândim și simțim.

Unele dintre cele mai convingătoare studii în această privință au fost asupra anxietății și a depresiei. De exemplu, animalele concepute din punct de vedere genetic să existe *fără microbiom*[18] (așa-numiții șoareci fără bacterii) au manifestat comportamente asemănătoare cu anxietatea și un răspuns exagerat la stres. De asemenea, s-au comportat bizar, tinzând să fie antisociali, prezentând probleme de memorie și chiar arătând tendințe nechibzuite. Totuși, oamenii de știință au descoperit că ar putea stabiliza comportamentul animalelor, furnizându-le bacterii prietenoase. Acest lucru nu doar că a diminuat nivelurile lor de stres, dar a și crescut în mod direct producția de GABA[19] în creier.

În plus, microbiomul s-a dovedit a fi implicat îndeaproape în dezvoltarea nervoasă. De zeci de ani, medici și părinți deopotrivă au observat că între 40 și 90% dintre copiii cu autism manifestă de asemenea unele afecțiuni gastrointestinale, cum ar fi alergii alimentare și probleme digestive. Studii recente arată că ar putea într-adevăr să existe o legătură, cauzând probleme în microbiomul copiilor.[20] De exemplu, unele dintre simptomele manifestate de șoarecii fără bacterii, cum ar fi interacțiuni sociale limitate, o tendință spre comportament repetitiv și o comunicare redusă cu egalii, sunt asemănătoare cu autismul uman. Tratarea acestor șoareci „autiști" cu *Bacteroides fragilis* (bacterii a căror cantitate este adesea diminuată la copiii cu autism) a îmbunătățit comportamentul animalelor. I-a făcut mai puțin anxioși[21], mai comunicativi cu alți șoareci și mai puțin predispuși să arate tipare repetitive.

Așa cum probabil ai observat, toate cercetările analizate până acum au fost realizate pe animale de laborator. Totuși, există unele dovezi că *probioticele* (microbii vii care locuiesc în intestinul tău și îi aduc foloase gazdei, adică ție) pot influența funcționarea creierului la fel de bine și la oameni.

Unul dintre cele mai bune studii la zi a folosit IRM-ul funcțional pentru a testa dacă ingerarea alimentelor probiotice ca iaurtul ar provoca[22] schimbări în activitatea creierului într-un grup de participanți tineri. IRM-ul funcțional este o tehnică de imagistică a creierului care măsoară schimbări în nivelurile de oxigen din sânge cu rol de agent al activității neuronale. Această metodă ne oferă un instantaneu al acelor regiuni ale creierului care s-au activat (sau nu) ca răspuns la diferite forme de stimulare. În acest studiu, 25 de femei sănătoase au fost împărțite într-un grup care a mâncat o ceașcă de iaurt probiotic de două ori pe zi timp de o lună și un grup de control care nu a mâncat deloc iaurt. Tuturor participantelor le-au fost apoi prezentate imagini tulburătoare cu oameni având expresii faciale de furie, supărare sau frică pentru a măsura răspunsurile lor emoționale în timp ce erau monitorizate. Poate surprinzător, au existat diferențe semnificative între reacțiile celor care au mâncat iaurt și reacțiile celor care nu au mâncat. Primele au arătat un răspuns mai moderat în fața stimulării emoționale negative în comparație cu cele din urmă. Cu alte cuvinte, au fost capabile să rămână calme, spre deosebire de cele care nu beneficiau de supliment probiotic. Nu ar fi minunat dacă doctorii ar prescrie iaurt în loc de Xanax?

Dincolo de rolul microbiomului în influențarea nivelurilor de anxietate și de stres, cercetări noi indică faptul că acesta ar putea fi un factor important[23] în determinarea longevității creierului. Pe parcursul unei vieți, oamenii care au o dietă bogată în fibre și săracă în grăsimi animale (grăsimea animală nu e în acord cu flora noastră intestinală prietenoasă) au microbiomul cel mai sănătos. Pe de altă parte, microbiomul celor ale căror diete sunt sărace în fibre[24], dar bogate în grăsimi animale este foarte fragil și tinde să clacheze. Această descoperire sugerează că reducerea bacteriilor intestinale sănătoase ar putea contribui la declinul cognitiv observat la bătrânețe.

Mulți oameni se întreabă chiar dacă demența însăși ar putea fi determinată de infecții sau de funcționări bacteriene defectuoase. Până în prezent, nu există o dovadă clară că un microbiom nesănătos ar cauza de unul singur demența. Fără doar și poate, multe virusuri și multe bacterii pot afecta profund creierul, generând simptome cum ar fi confuzie, ceață mintală și pierderi de memorie. De exemplu, *virusul imunodeficienței umane* (HIV-1) care cauzează SIDA poate determina și o formă de demență cunoscută ca „demența asociată cu HIV", având simptome care le imită pe cele ale bolii Alzheimer. *Virusul herpes simplex*, care determină inflamații în jurul gurii, poate declanșa inflamația creierului (*encefalită*), provocând astfel tulburări cognitive și de dispoziție. Sifilisul, o boală bacteriană bine-cunoscută, contractată în special prin infectarea în timpul actului sexual, se poate răspândi în creier și poate duce la alterări cognitive severe. Din cauza capacității lor de a afecta sănătatea cognitivă, acești agenți patogeni sunt selectați în mod curent pentru evaluarea demenței.

Când eram la NYU, am avut o experiență interesantă cu o femeie trimisă la noi cu un diagnostic de tulburare cognitivă ușoară, adesea un stadiu preclinic al bolii Alzheimer. Era efectiv îngrozită de gândul că ar putea sfârși dezvoltând demență, din moment ce mama sa murise din cauza acestei afecțiuni cu doar câțiva ani în urmă. După mai multe analize de sânge, directorul nostru medical a identificat ceva neobișnuit: avea o infecție severă a tractului urinar, însă complet asimptomatică. Nu a semnalat nicio durere, nicio iritație sau mâncărime – în ciuda faptului că urina sa era plină de bacterii și de celule sangvine. Inutil să mai spunem, tratamentul antibiotic a fost inițiat imediat. Când pacienta s-a întors să se reexamineze câteva luni mai târziu, a primit un diagnostic de cogniție normală. Îți poți imagina ușurarea resimțită la gândul de a fi din nou ea însăși, fără pericolul dezvoltării bolii Alzheimer.

În final, chiar dacă datele sunt încă limitate, se pare că microbiomul este implicat în mai multe aspecte privind sănătatea creierului și comportamentul. Se speră că optimizarea dietei noastre și a stilului de viață pentru a favoriza sănătatea bacteriilor intestinale ar putea fi, de asemenea, o strategie de a gestiona și chiar de a preveni anxietatea, depresia și autismul, dar și schimbările cognitive ce ar putea surveni odată cu înaintarea în vârstă. Dar cum să facem asta, mai exact?

## Obiceiuri bune: prebiotice, fibre și alimente fermentate

În primul rând, sănătatea intestinului nostru se bazează pe consumul regulat atât de alimente prebiotice, cât și de probiotice.

*Prebioticele* sunt literalmente hrană pentru microbii buni ai corpului. Și asta pentru că respectivele alimente sunt bogate mai ales într-un tip anume de carbohidrați denumit *oligozaharide*, care se întâmplă să fie hrana preferată a florei noastre intestinale. Acești carbohidrați sunt unici pentru că, în timp ce toți ceilalți carbohidrați sunt descompuși în intestinul subțire, oligozaharidele nu pot fi digerate acolo, iar ca atare coboară în intestinul gros aproape neatinse. Aici, ele joacă un rol decisiv: hrănesc bacteriile noastre prietenoase și le mențin sănătoase. Acești carbohidrați care susțin bacteriile provin din alimente care nu sunt neapărat dulci, dar au un gust ușor dulceag, cum ar fi ceapa, sparanghelul, anghinarea și rădăcina de brusture. Prebioticele se găsesc și în usturoi, banane, ovăz și lapte.

Pe lângă că hrănesc bacteriile noastre prietenoase, anumite oligozaharide sunt în centrul atenției datorită efectelor lor de diminuare a colesterolului, de luptă împotriva cancerului și de detoxifiere. Printre acestea se numără *beta-glucanul*, care se găsește în ciuperci (ciupercile reishi și shiitake s-au remarcat în multe studii) și *glucomannanul*, care abundă în sucul de aloe vera. Sunt o mare admiratoare a ambelor, așa că vei auzi mai multe despre ele în capitolele următoare.

În plus, alimentele bogate în fibre sunt esențiale pentru starea de bine a microbiomului nostru și pentru susținerea sănătății și a regularității digestive. O digestie sănătoasă este cheia înlăturării deșeurilor, a toxinelor vătămătoare și a bacteriilor rele – toate putând să dăuneze florei noastre intestinale. Legumele crucifere, ca broccoli, fructele bogate în fibre, cum sunt fructele de pădure și toate tipurile de verdețuri, dar și legumele și cerealele integrale neîndulcite sunt exemple bune de alimente fibroase pe care ar trebui să le consumăm regulat pentru a asigura sănătatea adecvată a intestinului.

În afară de prebiotice și fibre, microbii noștri din intestin râvnesc și după alimente *probiotice*. Acestea conțin bacterii vii (probiotice), care, atunci când ajung în intestin, refac numărul tipilor buni din microbiom. Probioticele sunt oferite în mod natural de alimentele fermentate și de cultură, mai precis laptele fermentat, ca iaurtul și chefirul, dar și legumele murate, ca varza acră. Recomandări mai detaliate vei găsi în capitolul 12.

## Obiceiuri proaste: antibiotice, carne și alimente procesate

Pe lângă cunoașterea alimentelor pe care să le adaugi în dietă și la stilul tău de viață, este la fel de important să știi ce să eviți. Orice alimente sau agenți care perturbează sănătatea intestinului, fie prin creșterea permeabilității sale, fie prin determinarea inflamației, pot, în timp, să distrugă microbiomul.

Antibioticele sunt în capul listei microbiomului cu cei dați în urmărire generală. Microbiomul este afectat în mod negativ de folosirea în exces a antibioticelor, din moment ce ele nu au o acțiune delicată și omoară neintenționat microbii noștri buni împreună cu cei răi. Până înainte de Al Doilea Război Mondial, când afecțiuni medicale ca pneumonia sau infectarea rănilor puteau să se dovedească adesea fatale, antibioticele au avut un succes important. Totuși, ele au ajuns de atunci să fie prescrise în mod excesiv în multe țări, ducând la o pandemie de boli rezistente la antibiotice. În același timp, există complicații suplimentare pe care le provoacă atât în diminuarea stabilității, cât și a diversității microbiomului.

Nu sugerez în niciun caz că ar trebui să eviți să iei antibiotice când ai nevoie de ele. Totuși, mulți americani iau antibiotice ca o soluție rapidă sau chiar „pentru orice eventualitate“. De exemplu, am auzit oameni spunând: „Am gripă, am nevoie de antibiotice.“ Contrar opiniei populare, tratamentul cu antiobiotice nu este neapărat necesar, din moment ce gripa este adesea cauzată de virusuri, nu de bacterii. Discută despre asta cu doctorul tău data viitoare când te vei simți ușor bolnav. Apropo, cei mai mulți medici europeni recomandă să mănânci iaurt (sau să iei un supliment probiotic) înainte de sau cu antibiotice pentru a-ți proteja tractul gastrointestinal și totodată pentru a-ți reface flora bacteriană.

Pe locul doi după medicamente, mâncarea este cel mai important factor care influențează buna funcționare a intestinului. În timp ce antibioticele ar putea intra în trupurile noastre doar din când în când, mâncarea influențează constant starea și sănătatea microbilor din intestinul nostru. Dintre toate alimentele cunoscute ca având un impact negativ asupra microbiomului nostru, cărnurile de la animalele crescute comercial se află în capul listei.

Crezi sau nu, carnea poate fi o sursă importantă de „super-microbi" mortali. Animalele crescute cu furaje și concentrate – care este norma în fermele industriale din timpurile noastre – primesc în mod obișnuit doze mici de antibiotice pentru a preveni bolile cauzate de condițiile neigienice și de aglomerarea în care sunt forțate să trăiască. De fapt, nu mai puțin de 80% dintre toate antibioticele vândute în Statele Unite sunt folosite pentru a trata șeptelul, nu pe oameni! Problema este că atunci când mâncăm carne, ingerăm și antibiotice. Drept rezultat, pentru mulți oameni carnea este sursa primară de supraîncărcare cu antibiotice.

Mai rău, jumătate din carnea vândută în băcăniile americane ascund bacterii rezistente la medicamente care pot cauza afecțiuni severe purtate de alimente. Potrivit unui studiu recent realizat de U.S. Food and Drug Administration[25] (FDA), tulpini de *Salmonella* și *Campylobacteron* rezistente la antibiotice au fost găsite în 81% din carnea tocată de curcan, în 69% din cotletele de porc, în 55% din carnea tocată de vită și în 39% din carnea de pui din toată țara. Și mai tulburător, datele federale estimează că 87% dintre aceste cărnuri au fost testate pozitiv pentru bacteriile *Enterococcus* și *Escherichia coli* (E. coli), ceea ce înseamnă că, la un moment dat, carnea a ajuns în contact cu materiile fecale.

Acesta este unul dintre motivele principale pentru care recomand consumul exclusiv de carne de la animale hrănite cu iarbă, crescute în aer liber sau pe pășuni, și de lactate, ouă și alte produse animale organice, din moment ce standardele organice nu permit folosirea non-medicală a antibioticelor.

Alimentele procesate sunt o altă amenințare majoră pentru intestinul nostru. În afară de faptul că sunt pline de zaharuri nesănătoase, cum ar fi siropul de porumb, care are un conținut ridicat de fructoză și zahărul alb rafinat, alimentele procesate conțin adesea *emulgatori*[26], care sunt în mod special nocivi pentru microbiom. Emulgatorii sunt aditivi alimentari folosiți pentru a îmbunătăți textura, aspectul și durata vieții la raft a multor alimente și se găsesc peste tot, de la înghețată la produse de patiserie, sosuri de salată, înlocuitori de frișcă și lapte natural sau vegetal (da, chiar și laptele tău de migdale „sănătos" îți poate face rău în cazul în care conține emulgatori). Se dovedește că aceste substanțe pot crește permeabilitatea căptușelii intestinului, determinând un aflux de bacterii rele în sânge. Acest lucru poate la rândul lui să cauzeze colite și inflamație intestinală, cum ar fi sindromul colonului iritabil (SCI), precum și disfuncții metabolice care pot duce la obezitate, glicemie mare și rezistență la insulină.

Data viitoare când mergi să faci cumpărături la băcănie, uită-te cu atenție la eticheta cu ingrediente de pe orice ambalaj de alimente și verifică acești aditivi alimentari comuni: lecitină, polisorbați, poligliceroli, carboximetilceluloză, caragenan, gumă Xantan, gumă guar, propilenă, citrat de sodiu și mono- și digliceridele. Toate acestea sunt semnale de alertă care stau în calea condiției noastre cognitive optime.

## Glutenul: chiar este așa rău precum ne temem?

În ultima instanță, dar la fel de important, trebuie să vorbim despre gluten. Glutenul este o proteină conținută de un anume tip de cereale, printre care se numără grâul, secara și orzul, care a apărut de curând pe prima pagină a ziarelor în ceea ce privește posibilele efecte vătămătoare asupra sănătății creierului.

Există multe lucruri pe care încă nu le știm despre consumul de gluten și despre efectele sale asupra sănătății umane. Ceea ce știm este că glutenul poate avea un efect negativ asupra sănătății *intestinului*. Unii oameni au reacții deosebit de puternice la el, în special pacienții cu boala celiacă, care sunt sensibili din punct de vedere genetic la gluten și trebuie să evite alimentele care îl conțin. La acești pacienți, glutenul cauzează permeabilitate intestinală crescută, creând intestinul permeabil descris mai devreme, cu simptome ulterioare ale unui sistem imunitar slăbit și ale inflamației. Reacții asemănătoare sunt uneori observate[27] și la persoanele care nu au boala celiacă, probabil din cauza interacțiunilor negative cu microbiomul lor. În final, modul în care intestinul tău reacționează la gluten depinde de ADN, atât cel uman, cât și cel microbian, așa că trebuie să îți asculți corpul și să răspunzi adecvat.

Este mult mai puțin clar dacă glutenul are vreo legătură cu *sănătatea* creierului. Sunt adesea întrebată dacă glutenul este rău pentru creier și dacă ar trebui evitat. În prezent, nu există dovezi convingătoare ale unei legături între consumul de gluten și declinul cognitiv sau demență. Pentru a verifica tu însuți acest lucru, poți recurge la același instrument pe care îl folosesc oamenii de știință pentru a căuta publicații care fac obiectul unor revizuiri reciproce: PubMed (ncbi.nlm.nih.gov/pubmed). Dacă dai căutare după „gluten și boala Alzheimer sau demență“, vei găsi cele mai noi informații pe acest subiect. Ai grijă să incluzi doar rapoarte cu titluri în engleză, cum ar fi *Journal of Alzheimer's Disease of*

*Neurology*. Până în martie 2017, erau doar vreo zece lucrări care analizau relația dintre gluten și tulburările cognitive, majoritatea cu privire la pacienții cu boala celiacă. Pentru a-ți oferi o imagine de ansamblu a ceea ce oamenii de știință consideră o descoperire mult mai semnificativă, dă în schimb o căutare după „glucoză și boala Alzheimer sau demență". Vei găsi aproape 4000 de lucrări care raportează asocieri semnificative și folositoare. Având în vedere relația dintre intestin și creier, indicii suplimentare ar putea apărea în viitor, de vreme ce din ce în ce mai mulți oameni de știință încep să considere glutenul ca fiind un posibil factor de risc pentru alterarea cognitivă. Pe moment, jurații încă deliberează. Tot ce-ți pot spune este că până acum nu există nicio dovadă că cerealele te vor face să uiți nume sau să-ți pierzi cheile de la casă.

Nu s-a dovedit că glutenul dăunează creierilor noștri, însă absența fibrelor, da. Există o mulțime de dovezi potrivit cărora deficiența de fibre afectează negativ microbiomul și de aceea, într-o anumită măsură, și creierul. Așa cum am discutat înainte, avem nevoie de fibre și pentru stabilizarea nivelurilor de zahăr din sânge, și pentru susținerea unui sistem imunitar sănătos. Din moment ce glutenul se găsește în multe cereale care conțin fibre, eliminarea glutenului din dietă susține compromiterea unui consum de fibre adecvat. Ca atare, recomand precauție înainte de eliminarea cerealelor din dietă. Iată abordarea mea rezonabilă: descoperă ce dă rezultate pentru tine. Dacă te afli printre cei care tolerează glutenul, alimentele cu cereale integrale, non-OMG, organice, alese cu grijă, acestea sunt o completare importantă într-o dietă sănătoasă pentru intestin și, ulterior, pentru creier.

Dar dacă ești îngrijorat, vorbește cu medicul tău despre testarea pentru alergiile sau sensibilitatea la gluten. Dacă se dovedește că ai o reacție negativă la gluten, ține neapărat sub observație consumul acestuia. Este important să ne evaluăm alegerile înțelept.

În acest caz, cerealele fără gluten sunt amarantul, hrișca, meiul, orezul, sorgul, meiul etiopian și quinoa (practic, quinoa este o sământă). Tofu nu conține gluten, dar sosul de soia obișnuit, *da*. Majoritatea oamenilor nu își dau seama că glutenul e prezent în multe alte alimente și produse în afară de cereale. Aruncă o privire pe Tabelul 8 pentru o listă cu multe alimente neașteptate, totuși comune, care conțin gluten.

Întrucât am ajuns la finalul acestui capitol, concluzia este următoarea: dieta fiecărei persoane ar trebui să reflecte unicitatea sa genetică, cu obiectivul de a optimiza sănătatea și de a diminua riscul de îmbolnăvire. Deși acest domeniu este încă în dezvoltare, avem deja instrumentele necesare pentru a evalua efectele diferitor alimente asupra ADN-ului nostru, uman și non-uman, și pentru a ști cum interacțiunile dintre ele ne susțin sau ne afectează creierul. De asemenea, ține minte că doar nutrienții nu ne vor îndeplini obiectivele. Multitudinea neliniștilor noastre se învârt în jurul găsirii nutrientului perfect, a superalimentului desăvârșit ori a pastilei magice care să ne vindece de toate bolile. Tindem să facem o obsesie pentru anumite calități ale diferitor alimente sau suplimente, întorcând pe toate părțile subiecte ca proteine versus carbohidrați versus grăsimi și dezbătând ce supliment cu ulei de pește să luăm. Dar, așa cum am învățat, indiferent ce căutăm, răspunsul constă, în ultimă instanță, în nutrienții care există în versiunile naturale ale alimentelor pe care le mâncăm. Și pot ajunge la noi doar când alegem alimentul și îl mâncăm. Ceea ce contează este cum mâncăm și cum abordăm mâncarea. Pentru a ne schimba dieta, putem începe prin a reînvăța arta de a mânca, o problemă care ține atât de stilul de viață, cât și de nutriție.

Pasul următor este să-i privim mai îndeaproape pe aceia care au stăpânit cu adevărat arta de a mânca corect atât pentru creierul lor, cât și pentru starea de bine generală. Să ne uităm acum la cei care sunt excepția de la regulă: centenarii.

| Aliment | Exemple |
|---|---|
| Cereale | Grâu, secară, orz, ovăz (dacă nu sunt fără gluten) |
| Derivate din grâu | Grâu, grâu dur, griș, făină integrală, alac, graham |
| Malț și derivate din malț | Făină din malț de orz, lapte sau milkshake de malț, extract de malț, sirop de malț, aromă de malț, oțet din malț |
| Paste | Paste din făină de grâu, ravioli, găluște, cușcuș, gnocchi, tăieței (cu excepția tăiețeilor din orez) |
| Produse de panificație | Pâine, produse de patiserie, biscuiți sărați, fursecuri, crutoane, pizza |
| Alimente pentru micul dejun (adesea conțin extracte din malț/aromă de malț) | Cereale pentru micul dejun (inclusiv fulgi de porumb și orez expandat), granola sau batoane de granola făcute cu ovăz obișnuit, clătite americane, vafe, frigănele, clătite franțuzești, biscuiți, batoane de granola |
| Sosuri (adesea conțin făină de grâu pentru a fi îngroșate) | Sos de soia, sos de smântână făcut cu rântaș |
| Cărnuri procesate | „Delicatese" din carne, mezeluri, pastramă, salam, cârnați Bologna |
| Condimente | Sosuri pentru salată, marinade, maioneză, ketchup |
| Alimente prăjite (adesea făcute cu aluat care conține făină de grâu) | Cartofi prăjiți, pui prăjit, bucățele de pui prăjit, produse de fast-food, gogoși, produse de panificație prăjite |
| Bomboane și batoane de ciocolată | |
| Frișcă și înlocuitori de frișcă | |
| Supă, bază pentru supă și ciorbă din comerț | |
| Înlocuitori de carne făcuți cu seitan (gluten din grâu) | Burgeri vegetarieni, cârnați vegetarieni, imitație de șuncă, imitație de fructe de mare |
| Ouă servite la restaurante (ar putea conține aluat pentru clătite) | Omletă, ouă jumări, frittata |

| | |
|---|---|
| Băuturi | Bere, bere englezească, bere de tip lager, băuturi din malț care sunt făcute din cereale care conțin gluten, cocteiluri cu vin, votcă (dacă nu sunt fără gluten) |
| Substanță de umplere pentru medicamente (conține adesea amidon) | Unele medicamente, medicamente fără rețetă și suplimente alimentare |
| Rujuri, luciuri de buze și balsam de buze (conțin adesea amidon) | |
| Orice aliment gătit cu echipamente de preparare la comun (vase pentru paste, toastere, friteuze) | |

**Tabelul 8.** Surse comune care conțin gluten și unde le găsim.

# 9
# Cele mai bune diete din lume pentru creier

## Zonele albastre

Uneori, merită să părăsești laboratorul de cercetare pentru a descoperi cum este în lumea reală. Astfel, cercetătorii au găsit comunități întregi de centenari – persoane de peste 100 de ani și pentru care numărătoarea continuă. Ceea ce este și mai interesant e că și-au păstrat cumva mintea ascuțită.

Până azi, au fost identificate cinci regiuni care dețin cea mai mare densitate de centenari din lume. Ele sunt cunoscute ca „zone albastre“. Primul dintre aceste puncte de atracție ale longevității[1] a fost descoperit în provinciile Nuoro și Ogliastra din Sardinia (Italia), care este locul cu cea mai mare densitate de centenari bărbați din toată lumea. Este oarecum un pedigri. De fapt, femeile trăiesc în mod obișnuit mai mult decât bărbații, iar bărbații centenari sunt îndeosebi rari. Următoarea este insula grecească Ikaria din Marea Egee, poreclită ingenios „Insula unde oamenii uită să moară“. A treia zonă albastră este Okinawa, uneori menționată ca „Hawaii al Japoniei“, căminul celor mai longevive femei și a nu mai puțin de 15% din supercentenarii lumii (110 ani și mai mult). Traversând planeta, găsim Peninsula Nicoya din Costa Rica – căminul a 100 000 de metiși cu un nivel mai mic decât normal al mortalității la vârsta medie. În sfârșit, comunitatea Adventiștilor de Ziua a

Șaptea din Loma Linda, California, se laudă cu o speranță de viață care depășește media americană cu un deceniu.

În toate zonele albastre identificate până acum, oamenii ating vârsta de 100 de ani într-un ritm de zece ori mai mare decât media din SUA. Nu doar că trăiesc mai mult, ci se și bucură de vieți pline, cu o frecvență foarte mică a bolilor de inimă, a obezității, a cancerului și a diabetului – nemaivorbind de demență. Este evident că fac ceva corect.

În ciuda distanței geografice mari care separă aceste regiuni sau a faptului că aceste culturi nu ar putea fi mai diferite una de cealaltă în atât de multe privințe, oamenii care aparțin acestor zone albastre au stiluri de viață surprinzător de asemănătoare.

În primul rând, fac multă mișcare fizică. În ciuda vârstei înaintate, integrează în mod firesc activitatea fizică în viața de zi cu zi, cum ar fi grădinăritul sau plimbările, dar și activități mai solicitante, ca agricultura, culesul manual și chiar păstorirea animalelor. Au niveluri de stres scăzute și mențin un ritm lent al vieții. În ciuda acestui lucru, insistă să-și acorde timp pentru relaxare, de exemplu, trăgând câte un pui de somn cu regularitate. Zonele albastre tind de asemenea să aibă legături familiale și sociale strânse și adesea aparțin comunităților religioase, care le încurajează mai departe aceste comportamente. În plus, sunt orientați spre a avea un scop în viață și spre a aparține unui loc, lucruri care îi mențin activi din punct de vedere social și bine integrați în propriile comunități. Situația lor nu ar putea fi mai diferită de cea din Statele Unite, unde persoanele în vârstă ies la pensie într-un stat diferit față de cel în care au crescut sau în cămine de bătrâni, uneori localizate la distanță de membrii familiei lor. În zonele albastre, bunicii joacă un rol esențial în creșterea, educarea și îngrijirea nepoților și sunt adesea implicați în mod activ în voluntariat civic. De fapt, cuvântul „pensionare“ nu există în dialectul tradițional din Okinawa.

Cât despre ceea ce mănâncă, se dovedește că locuitorii zonelor albastre, indiferent cât de îndepărtate sunt localizările lor, tind să urmeze diete asemănătoare. Deși există diferențe regionale, dietele lor obișnuite se bazează în mare pe surse vegetale și sunt caracterizate de un consum caloric moderat și de porții mici. Idealurile confuciene, precum cel de a mânca doar cât să te simți 80% plin, sunt la ele acasă în aceste comunități. În mod obișnuit, acești centenari își încep ziua cu un mic dejun cuprinzător, urmat de un prânz bun și de o cină mică, adesea luată devreme, pentru a înlesni somnul. Dintr-o perspectivă nutrițională, ei consumă o dietă bogată în carbohidrați cu niveluri moderate spre scăzute de proteine și de grăsimi. Leguminoasele precum fasolea sunt o mâncare de bază. Carnea este consumată rar, în medie de cinci ori pe lună și în porții foarte mici după standardele occidentale. Consumul de alcool este cumpătat, nu mai mult de unu sau două pahare pe zi, cel mai adesea de vin.

Pentru o privire mai în detaliu asupra meselor și asupra rețetelor lor tipice, trebuie să analizăm separat fiecare zonă albastră. În Sardinia și Ikaria, oamenii se bucură de o dietă mediteraneeană bogată în verdețuri sălbatice, amare, ca păpădia și frunzele de viță-de-vie și în leguminoase, ca fasolea garbanzo și cartofii. De asemenea, le place și mănâncă mult pește – făcut simplu la grătar și asezonat cu ierburi ca mărarul, cimbrul, salvia și maghiranul – și ocazional brânză, precum feta și Pecorino. Mult îndrăgitul lor ulei de măsline[2] este extrem de prezent în viața de zi cu zi.

Dieta celor din Okinawa nu ar putea fi mai diferită decât a celor din țările mediteraneene, deși la fel de savuroasă. Câteva alimente de bază clasice[3] includ cartofii dulci purpurii, diferite alge de mare, legume și fructe, cum ar fi castravetele amar – alături de folosirea produselor din soia, ca tofu și natto (soia fermentată). Desigur, peștele proaspăt capturat este și el un fel principal de bază, așa cum sunt orezul brun, ceaiul verde, ciupercile shiitake, ghimbirul și usturoiul. Acești locuitori din Okinawa nu consumă aproape deloc carne, ouă sau produse lactate. În plus, această dietă este în mod special săracă în calorii, chiar și după standardele japoneze. Un centenar obișnuit din Okinawa consumă cu 20% mai puține calorii decât japonezii obișnuiți, punând restricția calorică în postura unui promotor al duratei prelungite de viață.

O listă cu totul diferită de ingrediente preferate avem în Peninsula Nicoya din Costa Rica, unde centenarii se bucură în mod regulat de trei produse principale ale agriculturii mezoamericane: fasolea, porumbul și dovleacul. Tortillas din porumb făcute în casă însoțesc majoritatea meselor. Fasolea neagră, orezul alb, ignamele și ouăle[4] sunt produsele esențiale din dietă pe care cultura le combină cu o varietate de fructe, cum ar fi mango, fructul pasiunii, guava, papaya și fructele palmierului de piersici, bogate în vitaminele A și C. Acești locuitori ai zonei albastre consumă și pește și carne. În sfârșit, Costa Rica este renumită pentru cafeaua ei excelentă și pentru faptul că, împreună cu populația din Nicoya, constituie a treia zonă albastră (alături de Sardinia și Ikaria) în care aceasta este consumată zilnic.

Ultima, dar nu cea din urmă, Loma Linda din California găzduiește o comunitate mare de Adventiști de Ziua a Șaptea, o confesiune creștină protestantă care își încurajează membrii să țină o dietă vegetariană bine echilibrată, cu o varietate de leguminoase, cereale integrale, nuci, fructe și legume. Alimentele lor principale sunt avocado, nucile, fasolea, fulgii de ovăz, pâinea din făină integrală de grâu și laptele de soia. Unii Adventiști de Ziua a Șaptea mănâncă ouă și lactate. Când vine vorba de băuturi, singura pe care o consumă e apa. Cafeaua, ceaiul, băuturile acidulate sau cafeinizate nu sunt permise. Zahărul nu este acceptat decât din surse naturale, ca mierea. Ne surprinde puțin sau deloc[5] că acești locuitori ai zonei albastre, în afară de faptul că trăiesc mult, au cele mai puține cazuri de boli de inimă și diabet din Statele Unite, precum și de obezitate.

## Dieta mediteraneeană

Pentru mulți, când vine vorba de sănătatea creierului, prima dietă care le vine în minte ar putea fi foarte bine cea mediteraneeană. Centenarii din două zone albastre (din cinci câte sunt în total) mănâncă în acest fel. Cercetătorii au lăudat mult timp dieta mediteraneeană pentru cum susține atât sănătatea creierului, cât și pe cea fizică. De fapt, pe cât de celebră este această dietă pentru sănătatea inimii, pe atât de benefică este și pentru creier. O serie de articole din literatura de specialitate, printre care și ale mele, arată că este mai puțin probabil ca oamenii care urmează îndeaproape o dietă mediteraneeană să dezvolte boli ca diabetul, obezitate și boli cardiovasculare, prezentând de asemenea un risc redus de alterare cognitivă și de Alzheimer pe măsură ce îmbătrânesc.

Născută și crescută în Italia, am experimentat direct tot ceea ce înseamnă această dietă. Pentru italieni, nu e nici măcar văzută atât de mult ca o dietă, cât ca un mod de a mânca și de a avea experiențe cu mâncarea. Dacă ai călători din Italia în insulele grecești sau din sud-vestul Franței spre Barcelona, probabil ai observa o variație extraordinară a bucătăriilor – un spectru larg de specialități, diferite ingrediente-cheie, împreună cu toate obiceiurile locale care le însoțesc –, fiecare fiind o sursă de mândrie regională. Totuși, ceea ce au în comun toate aceste țări este un respect sănătos pentru produsele proaspete, locale, care se bucură din plin de soare.

Dacă ar fi să creezi o piramidă a dietei mediteraneene, cum mulți nutriționiști sunt încântați să facă, ai găsi la bază o gamă bogată de legume, fructe, fasole și nuci, din moment ce sunt punctul principal de atracție din farfurie. Cerealele integrale ca grâul, ovăzul, alacul și orzul (consumate în forme procesate doar foarte puțin, pentru a oferi doza maximă de nutrienți), adesea servite alături de pește proaspăt capturat, de la păstrăv la doradă, sunt pe o treaptă mai sus și sunt consumate destul de des. Carnea și lactatele sunt un răsfăț ocazional. Ierburile și condimentele sunt folosite liber pentru a aroma natural mâncarea, reducând în timp folosirea unei cantități suplimentare de grăsimi sau de sare. Dulciurile sunt consumate în cantități mici, adesea ca un răsfăț de duminică sau la petreceri. În plus, ele tind să fie mult mai sănătoase decât deserturile comune cumpărate de la supermarket, din moment ce, de regulă, sunt făcute cu nuci și semințe și îndulcite cu miere, melase și alte zaharuri naturale. În general, dieta mediteraneeană este una foarte proaspătă, foarte savuroasă, hipocalorică și bogată în tot felul de nutrienți esențiali pentru creier.

Uleiul de măsline merită o mențiune specială. În prezent, se crede că un consum regulat de ulei de măsline extravirgin este factorul principal al efectelor pe care dieta mediteraneeană le are asupra sănătății. Uleiul de măsline care este într-adevăr extravirgin are un gust amar distinct, aproape înțepător și are reputația de „cel mai sănătos ulei“ datorită conținutului său puternic antioxidant. De fapt, acest ulei conține grăsimi mononesaturate[6] sănătoase pentru inimă, cu compuși *fenolici* care curăță arterele și cu vitamina E, un alt antioxidant important. Această combinație particulară face practic uleiul de măsline să fie magic, din moment ce polifenolii protejează și păstrează delicata vitamină E. Chiar și studiile clinice arată că, dacă am consuma cu regularitate uleiul de măsline extravirgin[7] (0,9-1 litru pe săptămână), am putea să ne protejăm în mod activ împotriva declinului cognitiv.

Vinul roșu este un alt produs principal[8] al dietei mediteraneene și o sursă excelentă de antioxidanți antiîmbătrânire. Oamenii din preajma Mediteranei au o relație ciudat de relaxată cu vinul.

Vinul le este dat, cu înghițituri mici, chiar și copiilor pentru a-i familiariza cu arta rafinată de a-l bea. Îmi aduc aminte când tata mi-a dat prima înghițitură de vin roșu diluat cu apă pe când aveam doar 6 ani. Înainte de a obiecta, ar trebui să știi că, până în prezent, nu am suferit niciodată de mahmureală. Asta pentru că învățăm doar cum se bea vinul de la o vârstă fragedă, urmând instrucțiuni specifice. Din moment ce femeile absorb alcoolul mai repede decât bărbații, un pahar pe zi dă rezultatul dorit. Este important de remarcat că vinul produce acest beneficiu când e băut ca însoțitor la masă, și nu ca băutură de sine stătătoare. De exemplu, consumul de vin pe stomacul gol e considerat de-a dreptul dăunător.

Un alt element special al dietei mediteraneene este componenta socială. O persoană nu mănâncă (sau nu bea) singură, nici când merge la muncă, nici în mall și cu atât mai puțin când stă în fața unui ecran de computer. Mai degrabă, mesele sunt luate în compania altora și savurate în timpul unei conversații plăcute – care, destul de amuzant, se învârte adesea în jurul mâncării. Bunica mea începea să planifice cina în timp ce luam prânzul, iar prânzul de duminică era adesea discutat la cina de marți. În acest mod, toți erau poftiți să-și spună opinia, sau în italiană, *dire la loro*, în același timp făcându-i mai conștienți de alegerile lor culinare. „Ce ziceți de *pasta al pomodoro*? Stați, am mâncat săptămâna trecută – atunci, ce ziceți de mămăligă?"

În sfârșit, activitatea fizică zilnică este ca o a doua natură pentru culturile mediteraneene. Totuși, asta nu înseamnă exerciții extenuante. Prin tradiție, o persoană obișnuită nu merge la sală ca să facă exerciții fizice. Mai degrabă, activități domoale ca plimbările, menajul, grădinăritul, mersul cu bicicleta sau urcatul scărilor în locul folosirii liftului, activități normale ale rutinei de zi cu zi. Adevărul este că majoritatea clădirilor din aceste țări nici măcar nu au lift.

În general, dieta mediteraneeană nu este atât o dietă, cât un stil de viață. Unul vibrant, proaspăt, în care alimentele adevărate se combină cu exerciții regulate, cu o viață socială bogată și cu o perspectivă pozitivă pentru a contribui la o speranță de viață mai mare pentru locuitorii din preajma Mediteranei.

Ceea ce e cu adevărat captivant este că beneficiile pentru sănătate ale dietei mediteraneene apar pe scanările creierului. Îți amintești scanările IRM din capitolul 1? Acele scanări provin dintr-o serie de studii imagistice ale creierului în care analizăm efectele dietei mediteraneene efectuate pe 50 de participanți cu vârste de la 25 de ani până la peste 70 de ani. Rezultatele au fost surprinzătoare. Indiferent de vârstă, cei care au urmat dieta au avut, de regulă, un creier mai sănătos[9] decât aceia cu o dietă tipic occidentală (sau orice dietă plină de carne roșie și procesată, băuturi cu zahăr și dulciuri și săracă în alimente vegetale și în pește). Creierul persoanelor cu aceste diete mai puțin sănătoase par să îmbătrânească la propriu și să se micșoreze mai rapid. În unele studii, creierii par mai în vârstă cu 5 ani buni.[10]

Nu doar că acești creieri copleșiți se micșorează.[11] Și activitatea lor se restrânge. Mai rău decât atât, chiar dacă niciun participant nu demonstrase încă vreun semn exterior de alterare cognitivă, creierii celor cu dietă occidentală aveau deja mai multe plăci amiloide decât era normal pentru vârsta lor, indicând un risc crescut de dezvoltare a bolii Alzheimer în viitor.

Vestea bună este că în timp ce obții cel mai mare avantaj adoptând din timp o asemenea dietă, cercetările arată că nu este niciodată prea târziu să culegi beneficiile unei schimbări sănătoase ale unei alegeri de viață mai bune. De exemplu, un studiu făcut pe mai bine de 10 000 de femei a arătat că era mult mai probabil ca acelea care au urmat dieta mediteraneeană la vârsta mijlocie[12], chiar dacă nu neapărat și înainte, să treacă de 70 de ani fără boli cronice sau deficiențe mintale, în comparație cu cele care nu mâncaseră la fel de sănătos.

Din fericire, nu trebuie să te muți în aceste țări mediteraneene ca să îți păstrezi mintea ascuțită. O nouă dietă, cunoscută ca dieta MIND[13]*, face ca cea mediteraneeană să fie mai ușor de urmat indiferent de unde locuiești. Principiile sale de bază sunt: trei porții de cereale integrale plus o salată și o legumă în fiecare zi, împreună cu un pahar de vin. Leguminoasele sunt mâncate o dată la două zile, în timp ce carnea de pasăre și fructele sunt incluse de două ori pe săptămână. Peștele este consumat o dată pe săptămână. În plus, pentru a avea un adevărat avantaj împotriva efectelor devastatoare ale bolii Alzheimer, cei care țin dieta sunt încurajați să limiteze alimentele considerate nesănătoase, în special prăjelile și produsele de tip fast-food, dar și lactatele și carnea bogate în grăsimi. Dacă sună prea solicitant, iată o motivație: dieta MIND a scăzut riscul de a face boala Alzheimer cu nu mai puțin de 53% în rândul participanților care au respectat-o riguros. Dar chiar și aceia care au respectat dieta cu moderație au arătat totuși o reducere a riscului cu 35%. În concluzie, dacă nu îți place dieta mediteraneeană, poate preferi mâncarea chinezească în schimb.

## Tăieței longevității

Chiar dacă această următoare regiune nu a primit încă statutul de zonă albastră, Bama Yao, din sudul provinciei Guangxi, cândva una dintre cele mai sărace regiuni ale Chinei, este căminul celebrului Sat al longevității, unde mulți oameni trăiesc până la 100 de ani și mai mult.

---

* Mediterranean-DASH Intervention for Neurodegenerative Delay Diet – Intervenția prin dieta mediteraneeană-DASH pentru întârzierea riscului neurodegenerativ. (*N. trad.*)

Din punct de vedere geografic, Bama este înconjurată de dealuri și de munți pitorești, cu râul Panyang curgând printre ei. Grație aerului său curat, proaspăt, Bama este privită de mulți ca un rezervor natural de oxigen. În acest loc idilic, centenarii regiunii Bama duc un stil de viață demn de orice altă zonă albastră. Ei mănâncă puțin și cumpătat, preferând legume și fructe proaspăt culese în locul celorlalte alimentele. Legumele fac parte din fiecare masă: mic dejun, prânz și cină. Alte alimente de bază sunt orezul și hominy (boabe de porumb), la care se adaugă cartofii dulci, fructele, nucile și semințele. Porumbul dulce, fasolea, mazărea, lintea și peștele proaspăt capturat le completează dieta. Uleiul din semințe de cânepă, un ulei vegetal foarte bogat în PUFA, este un alt aliment esențial. În general, acești centenari urmează o dietă săracă în calorii, săracă în grăsimi, care este în schimb bogată în carbohidrați, vitamine, minerale și fibre.

În plus, sunt în cea mai mare parte fermieri și muncesc indiferent de vârstă. Această zonă îndepărtată nu a avut acces la echipamente mecanice, unelte electrice sau chiar electricitate până de curând, așa că aproape totul a fost făcut în întregime manual. Și nici nu poate fi vorba de orele petrecute la TV sau on-line, pe rețelele de socializare. Această societate înflorește cu ajutorul unei rețele sociale „în timp real", dovedind încă o dată că această stare de bine nemaipomenită se bazează ea însăși pe un spirit comunitar puternic și pe sentimentul de apartenență pe care îl oferă. În plus, vârstnicii sunt priviți cu cel mai profund respect. O dovadă a acestui lucru este că, la fiecare masă, bătrânii sunt serviți cei dintâi. Mai mult, toți se duc la bunicii lor pentru sfaturi înțelepte.

Că tot vorbeam de China, mai multe ierburi tradiționale folosite în medicina chineză merită o atenție specială, din moment ce sunt cele mai faimoase tonice pentru creier din lume. Una dintre cele mai vechi plante de pe planetă, ginkgo biloba, e de mult cunoscută pentru potențialul său de a trata declinul mintal legat de vârstă, astfel că adesea este prescrisă în țări ca Germania și Franța. Se crede că ginkgo funcționează prin subțierea sângelui și astfel îmbunătățește fluxul de oxigen către creier. Deși rezultatele nu sunt unanim recunoscute, unele studii clinice au arătat că administrarea a 240 mg/zi de extract de ginkgo pentru circa șase luni[14] are efecte benefice asupra atenției, memoriei și asupra funcționării cognitive în general.

Ginseng este o altă plantă cu proprietăți antiîmbătrânire renumite într-o asemenea măsură, încât este considerată de chinezi drept Fântâna tinereții. Deși sunt necesare mai multe informații, câteva teste clinice au demonstrat că suplimentarea cu 4,5 g pe zi de Panax ginseng ar putea fi utilă pentru îmbunătățirea[15] funcționării cognitive chiar și la pacienții cu Alzheimer.

## Curry indian

India are o frecvență spectaculos de scăzută[16] a bolii Alzheimer în comparație cu țări mai dezvoltate, chiar și în ciuda speranței de viață mai scăzute. Prin comparație, este de opt ori mai probabil ca americanii să facă boala Alzheimer decât omologii lor din India.

Cercetările indică faptul că dieta are mult de a face cu asta. De fapt, bucătăria indiană este bogată în alimente cunoscute pentru proprietățile lor protectoare pentru creier. Se știe că turmericul, condimentul specific bucătăriei indiene, e un antioxidant puternic și un agent antiinflamator. O pudră de un galben în nuanța muștarului, consumată zilnic de locuitorii Indiei în curry-ul lor, e fost folosită de cel puțin 5 000 de ani în medicina ayurvedică împotriva multor tipuri de durere și de inflamație asociate cu îmbătrânirea. Dovezi recente arată că mirodenia, sau mai precis, ingredientul său activ, *curcuminul*, ajută la protejarea împotriva deteriorării cognitive și a demenței prin menținerea neuronilor sănătoși pe măsură ce înaintăm în vârstă.

De exemplu, în mai multe studii de laborator, șoarecii care au fost hrăniți cu curcumin[17] au dezvoltat mai puține plăci amiloide asociate cu boala Alzheimer decât animalele care nu au fost. Mai mult, animalele mai bătrâne care aveau deja plăci cerebrale au experimentat o reducere semnificativă în ceea ce privește numărul și severitatea acestora. Cu alte cuvinte, curry-ul pare să ajute creierul să rămână curat, fără leziuni provocate de boala Alzheimer.

Până în prezent, au fost realizate doar câteva studii clinice pe suplimentele de curcumin la oameni[18], ducând la rezultate negative sau neconcludente. Totuși, pentru că un număr mare de cercetători cred în potențialul său antiîmbătrânire, există câteva experimente în desfășurare care evaluează eficiența curcuminului împotriva îmbătrânirii și a demenței. Încă o dată, este posibil ca mâncatul mirodeniei propriu-zise să fie mult mai eficient din punct de vedere sinergetic decât consumarea ei ca ingredient izolat.

## Dieta antioxidantă

Așa cum am văzut în capitolele anterioare, pe măsură ce creierul îmbătrânește, el angajează antioxidanți care să lupte cu radicalii liberi vătămători. Dieta antioxidantă[19] urmărește creșterea consumului de alimente și de nutrienți cu potențial antioxidant ridicat, pornind de la următoarea idee: cu cât ai mai mulți antioxidanți la dispoziție care să ajute la suprimarea radicalilor liberi, cu atât mai mic va fi riscul de a suferi de pe urma stresului oxidativ și a bolilor. Această dietă poate fi văzută ca o variație a dietei mediteraneene care pune încă și mai mult accent pe conținutul nutritiv al alimentelor vegetale.

Regatul plantelor este plin de antioxidanți puternici, ca vitaminele C, E și beta-carotenul, seleniul, dar și de alți fitonutrienți, cum ar fi *carotenoizii*, care se găsesc în legumele portocalii (morcovi, cartofi dulci), și *antocianinele*, care dau cireșelor culoarea lor roșie. Fructele de pădure ca murele și afinele, citricele, ca lămâile și portocalele, alături de nucile braziliene, nucile și multe boabe de culoare închisă, cum ar fi boabele crude de cacao, abundă în antioxidanți naturali, care pot ajuta la protejarea creierului împotriva degenerării. Legumele, în special spanacul, ardeii și sparanghelul, sunt de asemenea surse excelente de antioxidanți, la fel cum sunt unele uleiuri, ca uleiul de măsline extravirgin. Acestea nu sunt alimente obișnuite. Sunt superalimente – care ar trebui adăugate zilnic în dietele noastre, indiferent de vârsta pe care o avem.

Și acum, asul din mânecă al nutriționiștilor: *glutationul*. Glutationul este cunoscut ca „antioxidantul suprem". Într-un fel, este supraveghetorul tuturor antioxidanților și, pe deasupra, este responsabil cu detoxifierea corpului și cu sistemul imunitar. Astfel, este antioxidantul de care fiecare are nevoie pentru a rămâne sănătos și pentru a preveni bolile. Totuși, mulți oameni nu au auzit niciodată de el. Glutationul este produs în corp, dar există câteva alimente și suplimente care ajută la stimularea nivelului său. Alimentele bogate în sulf, în special ceapa, usturoiul, sparanghelul, avocado, spanacul și legumele crucifere, ca broccoli, varza și conopida, sunt toate foarte utile în creșterea nivelurilor de glutation.

În plus față de creșterea consumului de antioxidanți din dieta noastră, este important să stăm departe de acele alimente care scad potențialul antioxidant al creierilor noștri. În ultimii 10 ani, oamenii de știință au arătat că anumite alimente conțin cantități mari de produși finali de glicozilare avansată (AGE), compuși vătămători care, întocmai precum radicalii liberi, pot produce inflamație și afectează negativ aproape orice tip de celulă și de moleculă din corp. La rândul său, acest lucru accelerează îmbătrânirea creierului[20], declinul cognitiv și apariția bolilor.

Alimentele de origine animală, bogate în grăsimi[21] și proteine, ca untul, margarina, cârnații, carnea pentru hamburger și cotletele de porc, conțin o mulțime de AGE. În plus, ele au tendința de a „forma" AGE suplimentari în timpul gătitului, în special când este folosită căldura uscată. Exemple bune în acest sens ar fi cârnații de Frankfurt din carne de vită la grătar și bacon prăjit, care sunt purtători de AGE, deci nocivi prin însăși natura lor. Metodele de gătit recomandate pentru a scădea probabilitatea stresului oxidativ sunt: (1) gătirea la aburi, (2) folosind timpi de gătire mai mici și (3) prepararea la temperaturi mai scăzute. Așa că, dacă ai chef de proteine, ouăle poșate și somonul gătit la aburi sunt alegerile nutritive cu AGE puțini. De asemenea, gătitul cu ingrediente acide, cum ar fi sucul de lămâie sau oțetul, reușește să reducă nivelurile AGE în cazul alimentelor de origine animală. Ai încercat să frigi puiul în oțet balsamic? Este de-a dreptul savuros!

Spre deosebire de alimentele de origine animală, cele bogate în carbohidrați conțin puțini AGE[22], chiar și după preparare. Legumele, ca morcovii și roșiile, fructele, ca merele și bananele, și cerealele integrale, ca ovăzul și orezul, sunt în fruntea listei fără AGE. Cu un aport sănătos de alimente care neutralizează radicalii liberi din dieta ta, creierul tău va fi înarmat atât cu capacitatea de a rezista, cât și de a se îndepărta de efectele de „ruginire" ale oxidării asociate vârstei precum și de a lupta cu bolile.

## Restricția calorică și dieta keto

Deși nu atât de larg mediatizată ca dieta mediteraneeană și cu siguranță nu atât de îmbietoare, restricția calorică sau reducerea în mod dramatic a caloriilor[23] a fost asociată cu o longevitate crescută și cu îmbunătățirea funcționării cognitive.

Strategia din spatele acestei diete are la bază aproape un secol de date științifice, care arată că suprasolicitarea organismului prin intermediul restricției calorice forțează celulele să devină mai puternice și mai rezistente la stres. „Ceea ce nu ne ucide ne face mai puternici“, după cum a spus, destul de elegant, Nietzsche în eseurile sale filozofice. Așa cum mușchii devin mai puternici cu cât îi soliciți mai mult, la fel și celulele creierului se fortifică ele însele atunci când sunt flămânde.

Deși încă în curs de cercetare, s-a demonstrat că restricția calorică susține sistemul de apărare antioxidant al creierului la animalele de laborator. În plus, crește activitatea mitocondriilor (fabricile de energie ale celulei), producând mai multă energie. De asemenea, reduce inflamația[24], previne depunerea de plăci specifice bolii Alzheimer și pare că susține *neurogeneza* – formarea unor noi neuroni legați de memorie. Niște recomandări destul de impresionante.

În general, aceste efecte sunt observate la animalele a căror dietă a fost limitată la 30-40% din consumul caloric obișnuit. Pentru comparație, atunci când urmezi o dietă cu restricție de calorii, în locul consumului unei medii de 2 000 de calorii pe zi, cifra ar scădea la 1 200-1 400 de calorii. În timp ce în cazul oamenilor sunt disponibile date limitate, un studiu clinic recent a arătat că o restricție calorică asemănătoare diminuează într-adevăr riscul pierderii memoriei.[25] Acest studiu a analizat 50 de subiecți vârstnici, de la normali la supraponderali, dintre care o treime a fost pusă la o dietă cu restricție de calorii. După trei luni, performanța lor legată de memorie s-a îmbunătățit cu 20%. Cei care au urmat dieta mai îndeaproape au arătat și niveluri de insulină semnificativ mai bune și o prezență scăzută a inflamației.

Totuși, se dovedește că deși reducerea per total a cantității de calorii este fără îndoială de ajutor, *postul* ar putea funcționa chiar mai bine. Dacă tocmai ți-ai zis că nu-i de tine, imaginându-ți un guru cocoțat pe un pat de cuie, nu te îngrijora – nu vorbim de postul prelungit, ci de postul *intermitent*. Postul intermitent este un tip de post limitat, pe o perioadă mai scurtă, care implică intervale mici de restricții în dietă, intercalate cu perioade mai lungi de mâncat obișnuit. Acesta pare să ofere avantajele cele mai sănătoase. De exemplu, postul intermitent poate crește speranța de viață la animalele de laborator cu până la 30%.[26] Acest lucru are sens dacă ai în vedere că majoritatea animalelor, inclusiv oamenii, au evoluat trecând prin perioade scurte de restricție calorică, de exemplu, pe timpul iernii. Drept rezultat, metabolismul nostru operează mai eficient când e eliberat de povara digestiei și a asimilării nutriționale 24/7.

Deși sunt necesare mai multe studii pentru a dovedi efectele potențial benefice asupra sănătății cognitive datorate postului, există dovezi că o formă de post intermitent, cunoscută ca „dieta 5:2", are efecte pozitive asupra funcționării cardiovasculare, și de aceea ar putea ajuta la încetinirea declinului cognitiv care apare odată cu înaintarea în vârstă. Această dietă presupune să mănânci normal cinci zile pe săptămână și apoi să ai un aport de aproximativ 600 de calorii pe zi, cel mult, pentru următoarele două zile. Într-un studiu recent[27], 107 de femei supraponderale sau obeze au fost împărțite aleatoriu în două grupuri de intervenție. Un grup a primit o dietă cu restricție de calorii (1 500 kcal/zi timp de șapte zile) și celălalt grup, dieta 5:2. După șase luni de dietă, ambele grupuri au pierdut în greutate și au prezentat niveluri reduse de inflamație, de rezistență la insulină, de colesterol, de trigliceride și de tensiune arterială. Totuși, aceste îmbunătățiri au fost mai pronunțate în grupul cu dieta 5:2 decât în cel cu versiunea mai severă de șapte zile, indicând faptul că o dietă cu restricție de calorii de doar două zile pe săptămână ar putea fi la fel de bună sau chiar mai bună decât una cu restricții 24/7.

Un alt bonus al restricției calorice este că postul crește producția de corpi cetonici. Așa cum am precizat mai devreme, cetonele sunt singura sursă alternativă de energie a creierului atunci când rezervele noastre de glucoză sunt în cantități prea mici. Din moment ce mulți oameni ar putea găsi postul dificil de urmat, suplimentarea corpilor cetonici printr-o dietă săracă în calorii a fost propusă ca o alternativă viabilă pentru a susține sănătatea creierului.

„Dieta ketogenică", bogată în grăsimi, săracă în carbohidrați, a fost concepută în anii 1920 și se bazează pe principiul că restricționarea drastică a consumului de carbohidrați forțează corpul să intre într-o stare de *cetoză*, silindu-l astfel să ardă grăsimi, ceea ce în schimb produce cetone. Pe lângă că este utilă pentru pierderea în greutate, această dietă este cunoscută pentru proprietățile sale anticonvulsive și este folosită pe scară largă în tratarea crizelor epileptice, demonstrând că are un efect protector pentru creier.

Date recente sugerează că dieta keto[28] ar putea să ajute și în cazul bolilor Alzheimer și Parkinson. Deși s-au efectuat puține teste clinice[29], studiile preliminare au arătat că suplimentele de trigliceride cu lanț mediu (MCT), un tip de grăsime care se află printre cele mai bune surse de cetone, îmbunătățesc simptomele de Parkinson cu 43% după doar o lună de tratament. În mod asemănător, pacienții cu Alzheimer[30] sau care suferă de o ușoară tulburare cognitivă au prezentat o performanță cognitivă îmbunătățită după câteva luni de suplimente de caprylidene (Axona), un aliment prescris medical, pe care corpul îl metabolizează în corpi cetonici. Totuși aceste studii sunt limitate de un eșantion redus și așteaptă să fie reluate. De asemenea, încă nu se știe dacă un consum de alimente bogate în MCT, cum ar fi uleiul de cocos, ar putea fi la fel de eficient.

Dacă dieta keto te atrage, este important să ții minte două lucruri. În primul rând, corpii cetonici *nu* sunt sursa preferată de energie a creierului. Așa cum am discutat, creierul are întotdeauna nevoie de minimum 30% de calorii provenite din glucoză pentru a funcționa eficient. În al doilea rând, această dietă este practic opusul dietei mediteraneene, a cărei eficiență este dovedită științific. În al treilea rând, consumul crescut de grăsimi poate modifica metabolismul corpului. În ultimul rând, chiar dacă corpul tău va arde în cele din urmă grăsimea saturată ingerată ca parte a acestei diete, nivelul de colesterol ar putea crește în timp. În plus, alimentele bogate în grăsimi sunt de obicei sărace în fibre – ceea ce este o problemă pentru sistemul digestiv, și bogate în proteine – ceea ce ar putea constitui o problemă pentru rinichi. Drept rezultat, efectele adverse – flatulență, constipație, *dispepsie* (tulburare a procesului de digestie) și „respirația keto“ (respirație urât mirositoare) – pot fi destul de des întâlnite.

## Lecții învățate de la cele mai sănătoase diete din lume

Ce lecții putem învăța de la cele mai sănătoase diete din lume? Cum putem încorpora principiile lor în viața noastră de zi cu zi, când suntem tentați încontinuu de alimente procesate și de dulciuri în exces în timpul orelor lungi, petrecute deseori la birou, stresați și poftind la ceva mai mult?

În timp ce, la prima vedere, toate aceste diete ar putea avea foarte puține în comun (alge în Okinawa, măsline în Sardinia, curry în India), ele se bucură, de fapt, de un ingredient-cheie comun. Cu excepția dietei keto, fiecare dintre ele oferă un exemplu excelent al unei diete complete, densă din punct de vedere nutritiv, cunoscută ca aducând foloase creierului, precum și întregului corp.

În fiecare dintre aceste diete, consumul regulat de verdețuri sălbatice, proaspete este esențial. Aceste verdețuri sunt înarmate cu un arsenal[31] de vitamine, minerale și antioxidanți de care celulele creierului au nevoie pentru a rămâne sănătoase și receptive. Fructele proaspete, culese coapte din pomi, reprezintă o altă sursă excelentă de vitamine și au acel gust dulce natural care în același timp limitează poftele pentru zaharuri rafinate. Dintre toate fructele, cele de pădure par să susțină cel mai bine creierul. Multe studii de cercetare au arătat[32] că extractele de fructe de pădure, cum ar fi afinele, merișoarele, murele, cireșele, căpșunele și strugurii din soiul Concord îmbunătățesc sau chiar previn declinul cognitiv la animalele de laborator.

Deși mulți dintre noi iubim ciocolata, puțini ne dăm seama că, de fapt, cacaua crudă provine din fructe. Cacaua este plină de antioxidanți, ca *teobromina*, o rudă apropiată a cafeinei, și cu multe flavonoide puternice. Un studiu clinic recent a arătat că băuturile pe bază de cacao, cu un conținut ridicat de flavonoide[33] de la 500 până la 1 000 de mg, au îmbunătățit atenția și memoria în rândul vârstnicilor, reducând totodată inflamația și nivelurile de insulină în doar opt săptămâni.

Ce zici de cafea? Cafeaua provine din boabele de cafea prăjite, care, încă o dată, sunt fructele *arborelui de cafea*. Așa cum probabil se știe, boabele de cafea conțin cafeină, o substanță care te ține treaz noaptea, dar în același timp conține antioxidanți puternici, cum este *acidul clorogenic*. Iată un lucru căruia ar trebui să-i acordăm atenție: chiar dacă băuturile cu cafea și cacao nu sunt consumate în toate comunitățile din zonele albastre, cei care le consumă regulat prezintă riscuri mai mici de diabet și de boli de inimă. Deși rezultatele nu sunt întotdeauna concludente, unele studii de cercetare au arătat că e mai puțin probabil ca persoanele de vârstă mijlocie care consumă zilnic cafea[34] să dezvolte demență când îmbătrânesc. Dar cu moderație. Prea multă cafea îți afectează ritmul cardiac, dar și calitatea somnului.

Iubitorii de vin iubesc și strugurii, care sunt, de asemenea, fructe. Vinul roșu este o sursă excelentă de *resveratrol*[35], un compus aromatic ce se găsește în coaja strugurilor (dar și în zmeură și în dude), faimos pentru proprietățile sale antioxidante și care protejează neuronii. Vinul conține și flavonoide care protejează vasele de sânge și sănătatea inimii. Deși aproape toată lumea este de acord că 1 până la 2 pahare de vin roșu pe zi sunt secretul îmbătrânirii demne, testele clinice au eșuat să demonstreze[36] efectele benefice ale resveratrolului asupra cogniției. Încă o dată, asta ne face să ne întrebăm dacă obținerea acestor avantaje din mâncarea noastră (sau, mai bine zis, din vinul nostru) nu este cumva mai eficientă decât încercarea de a culege aceleași rezultate cu ajutorul suplimentelor.

Cu toate că nu toate comunitățile de centenari beau ceai, există unele dovezi potrivit cărora această băutură populară ar putea, de asemenea, să ajute la protejarea celulelor creierului și împotriva demenței pe măsură ce îmbătrânim. Majoritatea celor care beau ceai în mod regulat îl aleg pe cel negru. Totuși, creierul preferă ceaiul verde. Ceaiul verde conține o cantitate de două ori mai mare de antioxidanți[37] decât ceaiul negru și de aceea este un puternic aliat antiîmbătrânire. Ceaiul verde este destul de bogat în flavonoide speciale[38], denumite EGCG (*epigallocatechin-3-gallat*), care pare că protejează creierul de acumularea plăcilor specifice bolii Alzheimer.

Nucile și semințele sunt alte alimente esențiale pentru mulți centenari. Aceste micuțe dinamuri nutriționale sunt încărcate cu grăsimi nesaturate sănătoase, proteine, fibre și o diversitate de antioxidanți. Nucile sunt cunoscute mai ales pentru nivelul lor ridicat de PUFA și de antioxidanți, ca vitamina E, melatonină și acid elagic. Acești nutrienți acționează sinergic pentru a amplifica efectele acizilor PUFA, în același timp crescând absorbția propriilor compuși protectori. Rezultatul este o mai bună funcționare cognitivă[39], cel puțin în urma testelor pe animale bătrâne.

Cerealele integrale, fasolea și legumele cu amidon locale sunt, de asemenea, produse esențiale din dieta celor mai longevive persoane. Aceste alimente oferă o eliberare treptată a energiei provenite din carbohidrați și din fibre care susține creierul, în timp ce reduce încărcătura glicemică a mesei, împiedicând nivelul de zahăr să crească brusc, apoi să scadă la fel de brusc. Cartofii dulci fac și ei parte din dieta celor longevivi. Nu sunt doar plini de nutrienți care cresc dopamina, dar conțin și o cantitate ridicată dintr-un antioxidant preferat de creier, beta-carotenul, pe care îl transformăm în vitamina A. Un singur cartof dulce oferă 368% din doza recomandată de vitamina A, aport pe care corpul îl poate depozita pentru necesități ulterioare.

Uleiul vegetal neprocesat, de înaltă calitate și peștele bogat în grăsimi nesaturare sunt și ele elemente comune în comunitățile cele mai longevive. Nutrienții conținuți în aceste alimente ajută la susținerea transportului colesterolului, ceea ce protejează inima, totodată asigurându-i creierului o aprovizionare sănătoasă cu oxigen și cu nutrienți. În plus, peștele gras, cum e somonul, se află printre cele mai bune surse naturale de DHA esențial pentru creier. Majoritatea studiilor au raportat că oamenii cu vârstă medie și cei cu vârstă mai înaintată care au consumat pește în mod regulat[40] au reușit să întârzie declinul cognitiv și au redus riscul de a face boala Alzheimer cu până la 70% în comparație cu aceia care mănâncă puțin pește sau deloc. Și-au acordat această poliță de asigurare lor înșiși mâncând pește gras de foarte bună calitate nu mai mult de o dată sau de două ori pe săptămână.

O altă lecție importantă este că nu contează doar *ce* mănânci, ci și *ce nu* mănânci. Cu excepția dietei keto, toate dietele longevității sunt caracterizate de consumul ocazional al cărnii roșii și al lactatelor, astfel diminuând consumul de grăsimi saturate și de colesterol. Trucul ar putea contribui la scăderea riscului bolii de inimă în rândul centenarilor. Aceștia consumă produse lactate și carne care provin de la animale crescute pe pășuni (deseori capre și oi), a căror carne este mai slabă și mai bogată în PUFA decât aceea a animalelor domestice și al căror lapte conține cantități mai ridicate de nutrienți esențiali pentru creier, ca vitaminele B și triptofanul, care mărește serotonina.

Am văzut de asemenea că desertul este considerat un răsfăț ocazional și niciodată regula. În plus, folosirea îndulcitorilor naturali, ca mierea crudă produsă local, melasa și fructele uscate fac produsele cu zahăr rafinat complet inutile pentru aceste populații. Majoritatea centenarilor, precum și familiile lor mai tinere, nu beau și nici măcar nu le plac băuturile acidulate, una dintre sursele cele mai ascunse ale societății moderne de zahăr adăugat, și încă în cantități excesive. Nici până în ziua de azi, eu nu am văzut o *nonna* (bunică) din Italia bând Coca-Cola – afară de cazul când e pusă pe pozne!

Per total, tradiția și știința sunt de acord că există principii de dietă comune care susțin longevitatea, care își au originile în alegerile pe care le facem, precum și în obiceiurile care ne definesc stilul de viață ca întreg.

# 10
# Nu totul e despre mâncare

## În formă, activ și sănătos

A păstra creierul stimulat, fie fizic, fie mintal, este un proces care se întinde de-a lungul întregii vieți și care îi poate crește continuu rezervele cognitive, permițându-i o flexibilitate mai mare pentru a tolera schimbările legate de vârstă fără a duce la pierderi ale memoriei sau la alte dificultăți cognitive. Participarea la sporturi și la activități de agrement, învățământul superior, schimbul intelectual, complexitatea muncii, socializarea cu prietenii și cu familia și chiar și somnul, toate contribuie la dezvoltarea abilității noastră de a susține o bună funcționare cognitivă la bătrânețe, oferindu-ne amintiri vii și reducând riscul de a face Alzheimer.

Cu un minimum de dezavantaje și cu o mulțime de beneficii, un stil de viață cuprinzător, sănătos ne poate îmbunătăți sănătatea generală, protejând și susținându-ne creierii pe tot parcursul vieții. În acest capitol, vom vedea care exerciții fizice, activități intelectuale și sociale, și chiar și ce obiceiuri legate de somn sunt necesare pentru a păstra funcționarea creierului la un nivel de performanță de vârf.

## Fii înțelept: pune-ți inima în mișcare

Rumba și cha-cha-cha… călărie și snorkeling. Deși poate că nu acestea îți vin prima oară în minte când te gândești la cum să-ți menții creierul în cea mai bună formă, ar putea fi la fel de bine rețeta ideală.

Exercițiul fizic a fost promovat agresiv ca leac pentru aproape orice, de la crampe menstruale și osteoporoză la obezitate, diabet de tip 2, boli de inimă și depresie. Este de asemenea ultima adăugire pe lista în creștere a factorilor legați de stilul de viață care ajută la protejarea creierului împotriva bolilor.

Totuși, dovada că exercițiile fizice oferă beneficii substanțiale pentru creier nu a fost încă acceptată pe deplin de comunitatea medicală tradițională. De exemplu, dacă ar fi să consulți un neurolog, căci te îngrijorează pierderea memoriei, este puțin probabil că ai pleca de la el cu o rețetă de terapie sau de exerciții fizice. Chiar și cei mai informați dintre medici ar fi în dificultate să îți recomande un regim personalizat de fitness ca răspuns la rugămințile tale. Ar trebui să alerg în fiecare zi? Să ridic greutăți? Să fac cursuri de Pilates? Adevărul este că încă nu există recomandări medicale general valabile pentru „condiția fizică a creierului".

Dar ajungem și acolo. Un număr în creștere al articolelor de literatură științifică adună dovezi legate de influența benefică a activității fizice asupra creierului, precum și asupra corpului. Vârstnicii cu o condiție fizică bună de obicei îndeplinesc mai cu succes[1] sarcini de gândire și de memorare, iar timpul lor de reacție este și el mai mic decât la bătrânii sedentari.

Existe multe motive pentru care creierul tău se bucură de exercițiile fizice. În primul rând, exercițiile susțin sănătatea inimii[2] – și, așa cum am discutat înainte, ce e bun pentru inimă e bun și pentru creier. Activitatea fizică, în special *gimnastica aerobică* (tipul de exerciții care face inima să bată mai rapid), intensifică fluxul de sânge și circulația și îmbunătățește furnizarea de oxigen și nutrienți pentru creier. Acest lucru este util mai ales pe măsură ce înaintăm în vârstă, când fluxul nostru de sânge către creier încetinește.

Exercițiul fizic este și un antidepresiv natural. Nu te simți mai relaxat și într-o stare mult mai bună după antrenament? Și creierul tău la fel. Asta, pentru că exercițiile fizice măresc cantitatea de *endorfine*, calmantul natural al corpului nostru, în timp ce cresc producția de serotonină, făcându-te să te simți mai fericit. Faimoasa „stare de euforie a alergătorilor“ nu e nimic altceva decât influența exercițiului asupra sistemului *opioid* al creierului – același sistem care este activat de droguri ca opiumul, un relaxant muscular. Exercițiul fizic ne permite o stare naturală de euforie din moment ce duce la ameliorarea durerii, la relaxare și chiar la exaltare, producând o stare de bine generală.

Și beneficiile nu se opresc aici. Una dintre caracteristicile proeminente, dar încă subapreciate, ale exercițiului fizic este o îmbunătățire a performanței memoriei. Studiile au arătat că activitatea fizică stimulează formarea amintirilor, crește capacitatea neuronilor noștri de a se recupera după leziuni și este extraordinar de benefică pentru formarea noilor celule ale creierului. Cu cât te antrenezi mai mult[3], cu atât mai mare va fi cantitatea de proteină numită *factorul neutrofic derivat din creier* (BDNF) pe care acesta o va produce, proteină care joacă un rol-cheie în dezvoltarea neuronilor implicați în formarea amintirilor.

În plus, exercițiile fizice amplifică activitatea sistemului imunitar, întărindu-ne apărarea împotriva bolii și chiar sporind activitatea enzimatică, eficientă mai ales în dizolvarea plăcilor creierului apărute în boala Alzheimer[4], reducând mai departe riscul pierderii memoriei și al demenței.

Pentru a rezuma, antrenamentul corpului face foarte mult bine, și nu în ultimul rând creierului.

Înainte să trecem la acțiune, să luăm în considerare viziunea științifică a ceea ce constituie exercițiile fizice care susțin activitatea creierului. În general, există un consens potrivit căruia este mult mai probabil ca persoanele implicate în activități fizice regulate să își mențină acuitatea mintală în comparație cu cele sedentare. De exemplu, un studiu pe aproape 2000 de participanți vârstnici a arătat că aceia care au fost implicați în activități fizice cum ar fi plimbările[5], joggingul sau mersul pe bicicletă au prezentat un risc mai mic cu 43% de a-și pierde capacitățile mintale pe măsură ce au înaintat în vârstă.

Totuși, studii suplimentare au arătat că atât timp cât rămâi activ, ai putea să nu ai deloc nevoie de „exerciții fizice". Mai multe studii au demonstrat că implicarea regulată în activități de agrement la vârsta de mijloc poate reduce riscul de declin cognitiv de mai târziu. Deși în mod obișnuit nu considerăm aceste activități ca fiind „exerciții fizice", ori de câte ori ești implicat în activități care te solicită într-o oarecare măsură din punct de vedere fizic (cum ar fi să urci scările în loc să iei liftul, să mergi la plimbare în parc, să faci curățenie în casă sau chiar să ai grijă de copii), îți antrenezi atât corpul, cât și creierul. De fapt, studiul de mai sus a arătat că și aceia care s-au implicat în activități fizice *ușoare*[6] cum ar fi plimbările sau grădinăritul au avut un risc de demență redus cu 35% față de cei care au dus vieți mai sedentare, rezultat ce nu este prea îndepărtat de cel de 43% obținut prin practicarea joggingului.

În timp ce o activitate mai intensă ar putea duce la beneficii mai mari, mulți oameni, în special vârstnicii sau cei cu leziuni, pur și simplu nu pot suporta exercițiile fizice, cum ar fi antrenamentul de intensitate ridicată, joggingul sau spinningul. Vestea bună este că trebuie să-ți antrenezi corpul *atât cât poți*, dar să rămâi activ în mod consecvent pe parcursul zilei, o strategie excelentă pentru a-ți intensifica memoria și a-ți păstra mintea neafectată de înaintarea în vârstă. Scopul este să te ții în mișcare.

Acest lucru este de o importanță capitală, din moment ce studiu după studiu arată că o viață sedentară îți face pur și simplu creierul să îmbătrânească mai repede. Se știe că mai ales centrii memoriei din creier încep a se micșora de la o vârstă adultă târzie, ducând la pierderi de memorie și la scăderea agerimii minții. Folosind tehnici de imagistică cerebrală, mai multe echipe au raportat că această micșorare este mult mai pronunțată la vârstnicii sedentari[7] decât la aceia care rămân activi. Când am analizat acest lucru, eu și colegii mei am descoperit rezultate asemănătoare și la persoane de 30-40 de ani, ceea ce indica faptul că o viață sedentară este vătămătoare pentru creier[8] indiferent de vârstă.

În general, termenul „sedentar" se referă la oamenii care participă la sporturi sau la activități de agrement mai puțin de o dată pe săptămână sau deloc. Dacă cel mai mult mergi de la canapea până la mașină sau dacă petreci mai mult timp în poziție orizontală (sau așezat) decât la verticală, este momentul să te ridici.

Anticipez niște „dar"-uri. Dar dacă nu am făcut antrenamente niciodată în viața mea? Dar dacă nu sunt *cu adevărat* în formă? Dar mă dor genunchii, mă doare spatele, mă doare inima! Cum schimb toate astea?

Este adevărat ce se spune: în realitate, nu e niciodată prea târziu să faci o schimbare. Studii clinice arată că simplul act de a te plimba poate încetini micșorarea creierului în doar un an. Asta e valabil indiferent dacă participanții sunt obișnuiți să se plimbe sau nu. De exemplu, un studiu pe 120 de adulți sedentari[9] a stabilit pentru jumătate dintre ei un program de plimbare cu scopul de a îmbunătăți forma fizică aerobică. Cealaltă jumătate a primit un program de tonifiere, care a inclus exerciții ca yoga sau întinderi, dar nu activitate aerobică. În programul de plimbare, participanților le-a fost stabilit plimbatul ca exercițiu unic. Li s-a cerut să înceapă să se plimbe zece minute pe zi și să facă asta cu o viteză un pic mai mare decât ritmul de mers obișnuit. Încet-încet, toți au fost capabili să-și mărească viteza și durata activității până când au atins obiectivul prestabilit de 40 de minute de plimbare sprintenă fără întrerupere, de trei ori pe săptămână. Nu gâfâia nimeni. Ritmul de mers era ca atunci când ești grăbit sau când întârzii la o programare la medic.

Scanările IRM au demonstrat că acest regim simplu de exercițiu fizic a avut efecte incredibile asupra creierului. La adulții mai bătrâni, hipotalamusul se micșorează în mod obișnuit cu 1-2% pe an, ceea ce a continuat să se întâmple în grupul care făcea tonifiere în loc să se plimbe. Dar în rândul celor care s-au plimbat în ritm alert, hipotalamusul *s-a mărit* cu 2%, producând o creștere a performanței memoriei. Așadar, cei care nu au făcut nimic mai mult decât să se plimbe într-un ritm relativ rapid au dat efectiv înapoi ceasul creierilor lor cu aproape 2 ani.

## De la inimă la creier

Până acum am văzut că, indiferent dacă ne referim la dietă sau la exerciții fizice, ce e bun pentru inimă e bun pentru creier. În comunitatea medicilor cardiologi există o vorbă potrivit căreia ești atât de bătrân pe cât de bătrâne sunt arterele tale. Dacă arterele tale îmbătrânesc, acestea uzează inima, care, la rândul ei, uzează creierul. Și totuși, inima nu doar pompează oxigen și nutrienți la creier, ci se dovedește că are un impact mult mai mare asupra îmbătrânirii decât s-a crezut vreodată. De fapt, inima te ajută în secret să rămâi tânăr atât din punct de vedere mintal, cât și fizic, în ciuda scurgerii timpului.

Secretul constă în proprietățile de întinerire ale sângelui nostru.

Indiferent cât de șocant ar putea suna, proprietățile de întinerire ale sângelui nostru sunt de mult timp recunoscute, într-o asemenea măsură, încât oamenii au încercat sute de ani să-l bea drept un tratament antiîmbătrânire. Ideea de reîmprospătare a sângelui vechi cu unul nou ne duce cu gândul la secolul al XV-lea, când se spune că papa Inocențiu al VIII-lea ar fi primit pe patul de moarte o transfuzie de sânge de la trei băieți tineri. Potrivit unei legende, contesa Elisabeta Báthory, probabil cea mai prolifică ucigașă în serie din istorie, a omorât sute de tinere servitoare ca să poată să facă baie în sângele lor și să-și păstreze astfel înfățișarea tinerească. Poveștile cu vampiri care rămân de-a pururi tineri, ospătându-se cu sânge proaspăt au făcut parte din cultura populară mai ales începând cu secolul al XVIII-lea.

A fost doar o chestiune de timp înainte ca subiectul să ajungă să fie cercetat atent de știință. În secolul al XIX-lea, oamenii de știință au început să facă experimente folosind o procedură denumită *parabioză* – alăturarea a două animale diferite, obținută prin sutura pieilor respective. Biologia a făcut restul. Procesele naturale de vindecare a rănilor au dus la dezvoltarea unor noi vase de sânge, sigilând laolaltă sistemele circulatorii ale animalelor și permițând sângelui să curgă de la unul la altul.

În anii '50, un grup de oameni de știință din New York a folosit această metodă pentru a alătura sistemele circulatorii a doi șoareci, unul bătrân și unul tânăr, care au sfârșit prin a-și partaja rezerva de sânge. Acest lucru a produs câteva rezultate remarcabile.[10] Sângele șoarecelui tânăr a adus o nouă viață organelor îmbătrânite ale șoarecelui vârstnic, care au devenit mai puternice și mai sănătoase. Inima și plămânii săi au început să funcționeze mai bine. Chiar și blana i-a crescut mai strălucitoare. S-au întâmplat și lucruri mai puțin avantajoase, din moment ce a primit sângele animalului mai bătrân, șoarecele tânăr a îmbătrânit prematur. În final, șoarecele cel bătrân a ajuns să trăiască mai multe luni decât media – o perioadă semnificativă pentru un șoarece. Acest lucru sugerează faptul că sângele șoarecelui mai tânăr ar fi putut foarte bine să fie responsabil pentru creșterea longevității sale.

Doar de curând această metodă a fost folosită pentru a arăta că expunerea la sânge tânăr poate într-adevăr să revigoreze *creierii* animalelor mai în vârstă. O serie de studii au arătat că atunci când șoarecilor mai bătrâni li s-a dat sânge de la omologii lor mai tineri[11] a avut loc o nouă și impresionantă dezvoltare neuronală în centrii memoriei din creier. Acest lucru a îmbunătățit procesul de învățare, cel de memorare și rezistența la animalele mai vârstnice. Au fost obținute rezultate asemănătoare prin injectarea de sânge de la oameni tineri la animale bătrâne, sugerând că o doză de sânge ar putea fi elixirul tinereții, metodă care va avea în viitor un succes din ce în ce mai mare.

Aceste descoperiri au stimulat noi încercări de a obține o mai bună înțelegere cu privire la recent descoperita „reîntinerire a creierului". În timp ce nu știm încă sigur cum și de ce apar aceste transformări, studiile inițiale indică faptul că ar putea fi implicate *celulele stem*.

Celulele stem sunt „celule mamă". Ele sunt unice prin faptul că sunt capabile să se dezvolte în orice tip de celule din corp. Dată fiind această capacitate, ele sunt esențiale pentru repararea tuturor tipurilor de țesuturi – inclusiv țesutul creierului.

Aceste celule stem plutesc încontinuu în sistemul nostru circulator. Cercetătorii au descoperit că, pe măsură ce oamenii îmbătrânesc, celulele lor stem[12] sunt încă prezente în sânge, doar că încep să-și piardă din puteri. Acest lucru se întâmplă pentru că sângele nostru, pe lângă că deține celule stem prețioase, conține și proteine care sunt responsabile cu activarea lor. Aceste proteine din sânge[13] – una în special denumită *factor diferențiator de creștere 11* (GDF11) – devin mai puțin eficiente pe măsură ce înaintăm în vârstă, încetinind regenerarea celulelor și contribuind probabil la declinul memoriei și la deteriorarea neurologică.

Aceste descoperiri oferă o potențială strategie de întinerire. Este posibil ca reaprovizionarea acestor proteine cu sânge tânăr să acționeze ca un stimulent pentru sănătate, îmbunătățind în consecință șansa de apariție a noilor celule din creier. Studii clinice sunt în curs de desfășurare pentru a testa dacă sângele de la donatori tineri poate într-adevăr să dea înapoi ceasul oamenilor mai bătrâni. Între timp, există totuși unele întrebări presante care însoțesc aceste experimente. Chiar este necesar să facem efortul de a avea o transfuzie de sânge pentru a ne păstra amintirile? Nu ar fi cel mai bine, în primul rând, să ne oprim sângele de la a îmbătrâni?

În timp ce sunt necesare mai multe cercetări pentru a explora pe deplin mecanismele din spatele reîntineririi creierului, un lucru este clar. Proteinele care abundă în sângele tânăr, esențiale pentru a restabili vigoarea unui creier îmbătrânit, sunt influențate de mai mulți factori, printre care se numără, desigur, dieta noastră. Se consideră că mai mulți nutrienți măresc[14] puterea acestor proteine revitalizante. Printre aceștia se numără flavonoidele din fructe și din legume; antioxidanții ca vitaminele C și E, care se găsesc și în fructe, în legume și în semințe; un număr de alte vitamine, în special vitamina D, care se găsește în peștele gras, în ouă și în lapte; și vitamina K, care se găsește din abundență în organe, în alimentele din soia fermentate, ca miso și natto, și în verdețuri, ca frunzele de păpădie. Atenție: vom auzi mai multe despre frunzele de păpădie în paginile următoare.

Acestea fiind spuse, ține minte că sângele sănătos are nevoie de o inimă sănătoasă.

Creierul este atât de intim dependent de sângele din corp pentru hrănire și pentru întreținere, încât este irigat de circa 160 000 de kilometri de vase de sânge. Este echivalentul a șase călătorii dus-întors între New York și Tokyo. Chiar dacă nu putem simți, în fiecare minut, inima pompează aproape 1 litru de sânge către creier, aceasta fiind singura modalitate pentru celulele creierului de a prelua toți nutrienții și oxigenul de care au nevoie. Astfel, ne întoarcem de unde am plecat. Suntem pe atât de bătrâni pe cât sunt arterele noastre – și pe cât sunt de bătrâne arterele *creierului* nostru, în mod special.

Nu pot accentua suficient importanța de a-ți păstra vasele de sânge cât se poate de curate și de libere, ca o măsură eficientă de prevenire a îmbătrânirii creierului și a bolilor. Boala cardiovasculară este un factor de risc major[15] pentru demență, și mulți oameni nu își dau seama că în mare parte nu poate fi doar influențată, ci și prevenită. Există multe căi de a ne îngriji inimile și multe au de a face cu un stil de viață sănătos.

Rețeta este simplă.[16] (1) Implică-te în activități fizice regulate și îți vei ajuta inima să rămână puternică. (2) Urmează o dietă bogată în legume, fructe, leguminoase și semințe integrale dense în nutrienți. (3) Limitează consumul de produse animale și zahăr adăugat, cunoscute pentru afectarea metabolismului, pentru mărirea colesterolului și pentru obstrucționarea arterelor. (4) Bea multă apă. (5) Lasă-te de fumat și evită pe cât posibil fumatul pasiv. (6) Dacă ai nevoie să pierzi în greutate, slăbește conform indicațiilor doctorului tău.

Pe cât de logic ar putea suna, boala de inimă încă este ucigașul numărul unu al bărbaților și al femeilor din Statele Unite, alături de multe alte țări. O parte a problemei își are rădăcinile în însăși cultura culinară. De exemplu, mulți americani au crescut cu dieta „carne și cartofi", una care a încurajat, de asemenea, numeroase pahare de lapte și clătite americane ca parte a unui mic dejun „sănătos". Chiar mai numeroase decât clătitele, bolurile cu cereale îndulcite, procesate, nesănătoase rămân încă soluția rapidă, de zi cu zi pentru micul dejun și sunt date chiar și copiilor ca gustare. Din moment ce asta a fost considerată imaginea unei diete sănătoase la un moment dat, este greu pentru mulți să creadă că aceste alimente ar putea fi nesănătoase.

Cu un an în urmă, soțul meu a fost în Los Angeles și mi-a trimis niște poze de la Heart Atack Grill. Acesta este numele unui restaurant american cu hamburgeri, unde cei care iau masa îmbracă halate de spital înainte de a-și face pofta cu „un produs care induce infarctul", cum ar fi un Bypass Burger. De parcă nu ar fi suficient, înainte de a intra în restaurant, există cântare pe care clienții care vin se pot cântări. Un indicator cu un neon care emite lumină intermitent anunță: „Peste 159 de kg – mănânci gratis". Iar unii dintre acei oameni care mai aveau puțin și dădeau colțul erau dezamăgiți că au ratat oferta!

Dacă amenințarea cu un infarct nu este suficientă pentru a te constrânge să dai cheeseburgerii și șezlongurile pe alegeri culinare mai sănătoase și pe o plimbare vioaie, poate o înrăutățire a sănătății inimii, care, la rândul ei, va duce la o înrăutățire a sănătății creierului te va face să te răzgândești. Pentru a ne menține creierii plini de viață și longevivi trebuie să avem grijă să menținem fluxul sângelui nerestricționat.

## Creierul este ca o albină lucrătoare

Pe lângă a mânca sănătos și a ne menține activi din punct de vedere fizic, există un consens general printre oamenii de știință potrivit căruia exersarea creierului din punct de vedere intelectual încetinește îmbătrânirea și reduce riscul deteriorării cognitive de mai târziu.

Când ne referim la puterea creierului și la dorința de a rămâne ager la nivel mintal, noi cercetări întăresc validitatea teoriei conform căreia „daca nu-l folosești, îl pierzi", arătând că oamenii care se pensionează devreme prezintă un risc crescut de dezvoltare a demenței.[17] Bineînțeles că există povești și bune, și rele despre pensionare. Unii oameni petrec un timp minunat după pensionare. Alții par să regreseze fizic sau mintal la scurt timp după ultima lor zi de muncă. Cercetările arată că, în medie, munca pare să mențină oamenii activi, conectați din punct de vedere social și stimulați mintal într-o asemenea măsură, încât printre aproape jumătate de milion de oameni, cei care au întârziat pensionarea cu doar câțiva ani au arătat un risc mai mic de dezvoltare a demenței în anii următori. Pentru fiecare an suplimentar de muncă, riscul de demență a scăzut cu 3%.

Asta nu înseamnă că ar trebui să muncești toată viața. Mai degrabă, cheia este să te menții ocupat din punct de vedere intelectual pe parcursul întregii vieți. De exemplu, un studiu făcut pe mai mult de 400 de vârstnici din diverse comunități, dintre care majoritatea pensionari, a arătat că aceia care s-au implicat cu regularitate în activități intelectuale[18] au prezentat un risc de declin cognitiv mai redus cu 54% în comparație cu cei care nu s-au implicat.

Așadar, ce se califică drept „activitate intelectuală"? Aceste activități pot varia de la a rezolva cuvinte încrucișate și enigme la a citi cărți și ziare. Alte opțiuni ar fi: a scrie, a cânta, a deveni membrul unui club de carte, a merge la un spectacol care îți place. De fapt, studiile de imagistică a creierului arată că participarea pe termen lung la astfel de activități[19] încetinește, și probabil chiar previne, orice acumulare de plăci specifice bolii Alzheimer, protejând astfel creierul împotriva îmbătrânirii și a demenței.

Acest lucru ne aduce la un subiect fierbinte din domeniul antiîmbătrânirii. În ultimii ani, au crescut masiv cererile pentru software computerizate pentru antrenamentul cognitiv, numit popular „jocuri inteligente". Aceste programe on-line pretind să te facă mai inteligent și să îți îmbunătățească memoria, crescându-ți IQ-ul cu câteva puncte. Afirmații ca acestea pot, în schimb, să înfurie destul de mulți oameni de știință.

În 2014, Stanford Center on Longevity și Max-Planck-Institut für Bildungsforschung (Institutul pentru Dezvoltare Umană „Max Plank") din Berlin au lansat un apel împotriva industriei jocurilor inteligente[20], semnat de cei mai cunoscuți 75 de oamenii de știință din domeniu. În această declarație de consens, autorii critică companiile pentru pretențiile lor exagerate și pentru că profită de pe urma anxietăților clienților vârstnici care încearcă să prevină declinul memoriei. Probabil ca răspuns la astfel de îngrijorări din ce în ce mai mari, Federal Trade Commission (FTC) a început să acorde o atenție mai mare companiilor producătoare de jocuri on-line inteligente. Cu doar câțiva ani mai târziu, în 2016, FTC a luat măsuri exemplare împotriva companiei din spatele Lumosity, un program bine-cunoscut de antrenament al creierului. Compania a sfârșit prin a plăti o penalizare de 2 milioane de dolari pentru „acțiuni frauduloase", deci publicitate falsă, după ce a pretins că jocurile lor on-line ar putea să întârzie deteriorarea cognitivă, pierderea memoriei și boala Alzheimer.

Am fost adesea întrebată ce cred despre aceste jocuri. Ca să fiu sinceră, am sentimente contradictorii. Pe de o parte, unele teste clinice arată că antrenamentul cognitiv poate îmbunătăți performanța la vârstnici. De exemplu, un studiu făcut pe aproape 3000 de bătrâni a arătat că participarea la un program de antrenament al creierului[21] a dus la îmbunătățirea memoriei, a gândirii și a vitezei de procesare după doar câteva săptămâni. Aceiași participanți au continuat să arate performanțe cognitive peste medie chiar și la cinci ani după intervenție. Acesta este un exemplu al tipului de studii de care auzim adesea la știri.

Pe de altă parte, există mai multe teste cu rezultate negative sau care raportează îmbunătățiri minime – și acestea sunt studiile care nu apar la știri. Când analizăm toate datele ca întreg, se dovedește că acest fel de antrenament cognitiv are o eficiență moderată[22] când vine vorba de îmbunătățirea performanței cognitive la cei mai în vârstă. În concluzie, la fel ca în cazul oricărui medicament sau tratament cu pretenții terapeutice, aceste produse necesită testare riguroasă prin experimente clinice și aprobarea ulterioară de la Food and Drug Administration înainte ca orice concluzii cu privire la eficiența lor să fie clare.

Între timp, iată sfatul meu. Dacă ora pe care ți-o petreci jucând jocuri inteligente sau stând singur în fața computerului sau a tabletei este o oră petrecută *în locul* plimbărilor, al citirii unei cărți sau al mersului la un spectacol împreună cu prietenii, atunci probabil nu merită. Dacă, totuși, alegi să joci aceste jocuri pentru creier în loc să stai în pat sau pe canapea privind cu ochii în gol la TV, atunci foarte bine, joacă jocuri pentru creier.

În acest caz, ai putea fi surprins să afli că, dintre toate activitățile intelectuale pe care le avem la dispoziție, creierul uman pare să aibă una preferată: adoră jocurile de societate.

Mai multe studii au clasificat jocurile de societate drept activitatea intelectuală[23] cea mai des asociată unui risc redus de demență. De exemplu, un studiu de doi ani, realizat pe 4000 de oameni, a demonstrat că aceia care au jucat cu regularitate jocuri de societate au avut un risc cu 15% mai mic de a suferi mai târziu de demență în comparație cu cei care nu jucau.

Acest lucru are sens, din moment ce jocurile de societate reprezintă o activitate foarte stimulantă. Departe de a fi doar o sursă de distracție, aceste jocuri stimulează gândirea complexă, planificarea și atenția, precum și abilitățile de memorare. În plus, interacționezi cu alți oameni *și* ești motivați să-i învingi. Unele jocuri de societate pot fi de-a dreptul provocatoare, cum ar fi șahul sau damele. Jocurile de cărți sunt incluse în această categorie, dovedindu-se a fi la fel de eficiente precum jocurile de societate când vine vorba de beneficiile pentru creier. Așa cum știe oricine care a încercat vreodată să joace bridge, unele jocuri de cărți pot da adevărate bătăi de cap.

Așa cum poți observa, toate aceste jocuri susțin interacțiunile sociale și adesea consolidează relațiile între mai multe generații. Pentru multe familii, a juca Scrabble într-o zi ploioasă este o amintire specială. În Italia, este destul de obișnuit să găsești grupuri întregi de pensionari jucând Briscola (un joc de cărți mediteraneean cu capcane), în timp ce își sorb *espresso*-ul, cu nepoții pe genunchi.

La urma urmelor, suntem animale sociale. O porțiune destul de mare din creierul nostru – sistemul limbic – se ocupă cu iubirea și conectarea, dar și cu jocul. Sentimentul de a fi parte dintr-un grup a fost întotdeauna o nevoie primară pentru specia noastră. Cercetările arată că această nevoie este în parte motivată de faptul că oamenii cu un sistem puternic de susținere par să trăiască mai bine și mai mult decât alții. Așa cum am văzut în capitolul 9, a avea țeluri și relații sociale poate crește semnificativ speranța de viață în rândul vârstnicilor, fiind o componentă esențială a multor culturi care prezintă un nivel scăzut al cazurilor de demență. Un studiu făcut pe mai bine de 300 000 de participanți demonstrează că bătrânii cu relații sociale solide[24] au 50% mai multe șanse de a trăi mai mult decât aceia cu legături sociale mai puține sau cu relații mai puțin satisfăcătoare.

Sunt introvertiții osândiți? Deloc. Așa cum este cazul multor lucruri din viață, mai degrabă calitatea decât cantitatea relațiilor este cea care contează cu adevărat. Un studiu realizat la nivelul comunității pe mai mult de 1 000 de vârstnici a demonstrat că a avea o familie pe care o iubești este suficient[25] pentru a preveni demența, asta dacă relația cu membrii ei este una fericită și dacă stau împreună cât mai des posibil. Persoanele căsătorite, cei care aveau un partener sau copii au prezentat un risc cu aproape 60% mai mic de demență în comparație cu persoanele singure sau fără legături sociale apropiate. Părinții care sunt în contact cu copiii lor de la zilnic până la săptămânal au prezentat cel mai mic risc dintre toți, în timp ce aceia care aveau rude și prieteni, dar nu îi vizitaseră de mult sau nu simțiseră acele relații drept satisfăcătoare au avut cele mai mari niveluri ale declinului cognitiv.

Evident, un creier iubitor trăiește o viață mai fericită și mai lungă.

## Somnul de frumusețe al creierului

Somnul, sau lipsa lui, este ultimul element de pe lista lungă – și încă în creștere – a factorilor care influențează stilul de viață și care pot afecta sănătatea creierului. În timp ce somnul profund de peste noapte este de multă vreme recomandat pentru menținerea unui trup sănătos, se dovedește că și creierul are nevoie de somnul său.

Experții sunt de acord că somnul este de o importanță crucială pentru consolidarea memoriei[26] și pentru învățare, și că somnul de proastă calitate afectează negativ aceste abilități atât de necesare. Fără un somn adecvat, gândirea devine încețoșată, atenția se diminuează, iar memoria stagnează. O veste nu prea bună pentru cine a stat toată noaptea treaz ca să învețe pentru vreun examen, doar ca să descopere a doua zi că nu a reușit să-și amintească mare parte din informație. Oricine care a trăit o deprivare cronică de somn este foarte conștient de efectele sale. Ca proaspătă mămică, trăiesc nemijlocit o experiență legată de cât de grav este impactul pe care îl poate avea deprivarea de somn asupra funcționării creierului.

Din nefericire, suntem condiționați să ne gândim la somn ca la un privilegiu, unul pe care trebuie adesea să-l abandonăm pentru alte nevoi mai presante, cum ar fi termenul-limită al unei lucrări. Mai ales în Statele Unite, nevoia de somn, dormitul mult sau până târziu sunt, fiecare, asociate cu o lipsă a productivității, în timp ce persoanele care sunt constant pe fugă sunt aplaudate.

Ceea ce nu ne dăm seama este că lipsa somnului reprezintă o amenințare serioasă pentru sănătatea creierului nostru și ar putea chiar să deterioreze funcționarea cognitivă, precum și să crească riscul de a face boala Alzheimer. De fapt, o caracteristică a somnului pe care cea mai mare parte a oamenilor nu o recunosc este abilitatea sa de a *curăța* creierul de toxine vătămătoare, de deșeuri și de radicalii liberi distrugători.

Doar în ultimii ani, oamenii de știință și-au dat seama cum funcționează, de fapt, tehnica unică a creierului de îndepărtare a deșeurilor.[27] Aceste studii au relevat faptul că ori de câte ori are nevoie să se curețe pe sine însuși, creierul folosește *sistemul glimfatic*. Cu o serie de pulsații, acest sistem spală efectiv țesuturile creierului cu fluid cefalorahidian. Fluidul, la rândul său, năvălește și călătorește prin creier și, acționând la fel ca jeturile mașinii de spălat vase, alungă afară toxinele și deșeurile acumulate.

În timp ce dușul este primul lucru pe care îl facem dimineața majoritatea dintre noi, creierii noștri absolut unici preferă să facă asta noaptea. Sistemul glimfatic este programat să se învioreze și să-și lanseze activitatea chiar când suntem pe cale să adormim profund. Cercetările au descoperit că, la animalele de laborator, curățarea creierului devine de zece ori mai activă în timpul somnului[28] decât în stare de veghe. În această perioadă, toxinele vătămătoare precum proteinele amiolide, asociate cu boala Alzheimer, sunt alungate afară din creier. Când animalele nu au dormit suficient, aceleași toxine s-au dezvoltat noapte după noapte, deteriorând creierul.

Studiile de imagistică cerebrală indică faptul că același lucru se întâmplă și la oameni, și la animale. În unele studii, adulți mai în vârstă care au dormit mai puțin de cinci ore pe noapte[29], sau mai mult, dar întrerupt, au prezentat niveluri mai ridicate de plăci specifice bolii Alzheimer în creierul lor decât cei care au dormit profund mai mult de șapte ore. Sunt necesare eforturi suplimentare pentru a clarifica dacă somnul de proastă calitate accelerează acumularea de plăci, împiedicând îndepărtarea lor sau dacă acumularea de plăci este cauza somnului prost – sau ambele. Oricum, prea puțin somn sau un somn prost este în corelație cu un risc crescut de deteriorare mintală.

Așadar, cât timp ar trebui să dormim?

Nu există un număr magic de ore potrivit pentru fiecare. Totuși, dacă ne luăm după cercetări, trebuie să-i oferim creierului timpul necesar curățării. Iată șiretlicul. Activitatea de curățare a creierului are loc în timpul unei etape foarte specifice de somn, denumită „somn adânc".

Probabil ai observat că somnul tău nu este uniform pe tot parcursul nopții. Fiecare dintre noi trece prin cicluri de somn care durează de la 90 până la 110 minute și cuprind cinci faze separate de somn. Prima fază este chiar adormitul. A doua fază este cunoscută ca „somnul ușor" și este calea creierului de a se pregăti pentru deconectare. În timpul fazelor trei și patru, creierul tău se află într-un somn profund, cu unde lente. În timpul acestei faze, totul pare să se oprească complet. Mușchii tăi se relaxează până în punctul în care devin inerți. Nu există mișcări ale ochilor. Ești, în esență, „rupt de lume". În acest moment, dormi un somn profund, fără vise. Aceasta este șansa perfectă pentru creierul tău de a se bucura de mult doritul timp pentru sine.

Din moment ce în această stare corpul tău ajunge la un calm profund, neavând nevoie de aproape nicio supraveghere, creierul se grăbește să aibă grijă de sine însuși, eliminând toxinele și scăpând de tot felul de deșeuri. După un timp, este întrerupt de mișcarea rapidă a ochilor (REM*) a celei de-a cincea etape, cea în care visăm. Dar când somnul REM se termină, acest ciclu cu cinci etape începe din nou și, cât de curând, creierul va începe să se pregătească pentru încă o curățare.

---

* În engleză, *rapid eye movement*. (*N. trad.*)

Dacă dormi 7-8 ore pe noapte, creierul va trece prin mai multe astfel de cicluri. Primul din aceste cicluri va avea cea mai lungă perioadă de somn profund și cea mai scurtă de somn REM. Pe parcursul nopții, perioadele REM se vor prelungi, iar fazele de somn profund se vor micșora. Dacă vrei să te asiguri că creierul tău are suficiente oportunități de a se curăța, protejează-ți somnul, în special în prima parte a nopții.

## Fă mișcare, iubește, râzi, simte-te bine

Chiar dacă dieta este o unealtă preventivă puternică împotriva îmbolnăvirii creierului și a deteriorării cognitive, nu este suficientă de una singură. De fapt, niciun lucru singur nu este suficient. Așa cum am menționat mai devreme, sinergia și perspectiva holistică sunt importante pentru a continua să fim sănătoși. A venit timpul să învățăm să ne gândim la trupurile noastre ca la un întreg și la viețile noastre ca la o combinație de diferite surse de hrănire, unde hrănirea include, dar nu se limitează la alimentele pe care le consumăm.

În afară de a mânca bine, printre alte forme de hrănire se numără cât de des ne mișcăm corpurile sau cât de des facem exerciții fizice, cât de legați ne simțim de prietenii și de familia noastră, cât de des ne provocăm intelectual pe noi înșine, cât de încântați suntem de carierele noastre și chiar cât de profund dormim. Fiecare dintre aceste elemente susține sănătatea creierului, dar atunci când ne ducem traiul unii împreună cu alții, ele devin mai importante decât suma părților lor. Măsura în care suntem capabili să încorporăm toate aceste obiceiuri sănătoase în viețile noastre de zi cu zi stabilește tocmai cât de sănătoase și trainice devin trupurile noastre.

Multora le este încă greu să creadă că a duce un stil de viață sănătos poate spori puterea creierului nostru pe parcursul vieții și chiar ne poate feri de boli ca Alzheimer. S-a dovedit că un asemenea stil de viață scade într-adevăr riscul de a face boala Alzheimer? Unde sunt studiile clinice care demonstrează această relație cauzală?

În cele din urmă, iată-le.

Un studiu clinic inovator, publicat în 2015, a demonstrat că strategii relativ ușor de încorporat în stilul de viață pentru a lupta împotriva demenței[30], cum ar fi dieta, exercițiile fizice, stimularea intelectuală și managementul riscului vascular, aveau într-adevăr succes la îmbunătățirea performanței cognitive la adulții mai în vârstă. Pe parcursul a nu mai mult de doi ani, participanții au prezentat o îmbunătățire cu 25% a performanței cognitive. Programul s-a dovedit eficient mai ales în ceea ce privește dezvoltarea abilității de a duce la îndeplinire sarcini complexe, precum amintirea numerelor de telefon și efectuarea eficientă a mai multor sarcini concomitent, abilități care s-a îmbunătățit cu 83%. Mai mult de atât, viteza cu care au fost capabili să realizeze aceste sarcini diferite s-a îmbunătățit cu nu mai puțin de 150%.

Cu excepția somnului, acest studiu a reușit să încorporeze toate ingredientele cunoscute unui stil de viață benefic pentru creier, oferind o dovadă importantă a unei relații *cauzale* între stilul de viață și o bună condiție cognitivă. Cercetările au început, în sfârșit, să arate că oamenii care duc o viață plină, sănătoasă, acordând atenție acestor elemente interactive, de o importanță crucială, își îmbunătățesc considerabil sănătatea creierului și își diminuează riscul de a suferi de demență. Cu atât de multe studii cu rezultate negative privind folosirea medicamentelor împotriva bolii Alzheimer, aceste descoperiri ne oferă alternativa mult dorită pe care o căutam. Nemaifiind inaccesibile, chiar și cei mai sceptici dintre noi își recapătă speranța, precum și motivația de a face ceea ce este necesar pentru a ne proteja pe noi înșine și pentru a prospera.

Îți vine să dansezi acum?

# PASUL 2
## Puterea cognitivă prin nutriție

# 11
# Sănătatea creierului din punct de vedere holistic

## Meniul preferat al creierului tău

Urmează acum să punem în practică ce am învățat și să explorăm recomandările *de bază* pentru o nutriție optimă a creierului. Acest capitol oferă recomandări de dietă și de stil de viață pentru oricine dorește să-și sporească puterea creierului, să-și îmbunătățească memoria și să-și protejeze abilitățile cognitive. În plus, îi ajută în special pe cei interesați de valorificarea dietei lor pentru a-și optimiza sănătatea creierului, pentru a-i încetini îmbătrânirea și pentru a minimiza riscul apariției bolii Alzheimer. Aceste recomandări se bazează pe dovezi solide, științifice cu privire la combinațiile de nutrienți considerate a fi esențiale și necesare pentru menținerea performanțelor de vârf ale creierului, așa cum am discutat în capitolele anterioare. În plus, ele integrează cele mai noi concepte-cheie din cercetările făcute în domenii ca medicina nutrițională, microbiomul și nutrigenomica.

În primul rând, trebuie găsite căi de a crește consumul de nutrienți esențiali pentru creier, din moment ce sunt deosebit de importanți pentru funcționarea sa adecvată. Vei găsi un sumar al „superalimentelor“ care oferă acești nutrienți esențiali pentru creier, alături de și mai multe sfaturi practice despre cum să le combini cel mai eficient pentru a obține o sănătate continuă a creierului. Pe măsură ce vei începe să mănânci mai sănătos pentru a-ți prelungi viața și pentru a intensifica starea de bine a creierului, amintește-ți să te concentrezi pe cele mai importante alimente și să le adaugi la mesele zilnice ori de câte ori este posibil.

Ține minte că nu este vorba doar despre creșterea consumului de superalimente sănătoase pentru creier, ci și despre a face acest lucru *reducând* totodată consumul de mâncăruri care contribuie la deteriorarea creierului. Acordă o atenție specială acelora care afectează sănătatea inimii, cum ar fi alimentele procesate, prăjite și grase. Ai grijă să nu consumi în exces carne roșie și lactate. Dacă asta sună intimidant, nu te speria. Sunt aici ca să mă asigur că vei mânca ce trebuie pentru creierul tău, dar că nu vei duce lipsă de lucruri importante. Dețin experiența necesară pentru a ști să înlocuiesc alimente vătămătoare pentru creier cu unele mai sănătoase și chiar mai satisfăcătoare.

Mai mult decât atât, planul nu înseamnă atât schimbarea dietei, cât schimbarea stilului tău de viață, așa încât majoritatea alegerilor pe care le faci să susțină sănătatea creierului tău. Așa cum am vorbit în capitolele anterioare, cele mai bune studii până în prezent demonstrează că sănătatea cognitivă la bătrânețe reflectă efectele pe termen lung ale unui stil de viață sănătos și dinamic. Activitatea fizică, stimularea intelectuală, interacțiunile sociale și somnul bun fac toate parte din acest ansamblu, funcționând împreună pentru a ne menține creierul activ, energic și alert de-a lungul vieții. În acest scop, am inclus recomandări care abordează nu doar dieta și nutriția, ci și alte aspecte ale vieții despre care se știe că ar contribui direct la sănătatea și la starea de bine a creierului nostru.

## Felul principal: mâncăruri din plante

Așa cum am văzut în capitolul 2, evoluția creierului a durat destul de mult, milioane de ani, timp în care strămoșii noștri au ieșit din pădure și au conceput gradual strategii din ce în ce mai bune pentru a se hrăni. Ceea ce a început cu pumnale și cu arcuri a evoluat până la urmă în creșterea animalelor și în agricultură. Drept rezultat, la început, și pentru cea mai lungă perioadă de când a apărut specia noastră, creierul nostru în dezvoltare și-a obținut hrana dintr-o dietă foarte specifică și nepretențioasă. Dacă ar fi să descriem preferințele lor culinare, am putea spune că strămoșii noștri primitivi erau raw vegani. Alimentele vegetale sunt cele cu care creierul nostru s-a hrănit mai întâi de toate și de care are încă nevoie ca fundament pentru sănătatea sa optimă.

Dacă îți amintești dieta specifică centenarilor, acele persoane care stăpânesc secretele unei vieți lungi[1], sănătoase, fără demență sunt, de fapt, vegetarieni în proporție de 98%. În general, dietele lor se bazează foarte mult pe legume, fructe, cereale și leguminoase proaspete, consumate zilnic. În plus, acestea sunt alimentele cu un conținut redus de calorii, dar sunt bogate în nutrienți numai buni pentru creier. Din atât de multe perspective, natura lor o oglindește pe cea a creierului uman și o face astfel încât nu poate fi egalată de niciun alt grup de alimente. Vitamine, minerale, carbohidrați buni, grăsimi bune, proteine slabe esențiale pentru creier – alimentele din plante le au pe toate. Aceste alimente sunt, de asemenea, cele mai bune surse de antioxidanți, ca vitaminele C și E, beta-carotenul și seleniul.

Verdețurile, ca spanacul și mangoldul, precum și legumele fibroase, ca broccoli, sparanghelul și varza sunt surse excelente de nutrienți esențiali pentru creier. Citricele, fructele de pădure și cartofii dulci sunt de asemenea pline de bunătăți. Îți plac fructele de avocado? Ele sunt o necesitate pentru creier. Dar ce zici de nuci și de semințe? Migdalele și nucile de Brazilia, inul și chia sunt numai bune. Ca să îți faci o părere despre puterea lor, doar o mână de nuci de Brazilia conține 800% din doza zilnică recomandată de seleniu, un mineral important antiîmbătrânire, care altfel este foarte dificil de obținut.

În plus, sunt o mulțime de fitonutrienți pe care să-i luăm în considerare. Așa cum sugerează însuși termenul, nu există grup de alimente care să ofere fitonutrienți în cantități atât de mari precum cele oferite de plante. Mulți dintre acești compuși sunt deja antioxidanți puternici, dar, în combinație cu vitaminele și mineralele menționate la pagina anterioară, ei acționează ca o poțiune ideală care protejează creierul.

Beneficiile digestive provenite din conținutul bogat de fibre al alimentelor vegetale sunt un alt avantaj important. Fibrele sunt esențiale pentru sănătatea intestinelor și a creierului nostru și trebuie consumate nu doar zilnic, ci chiar la fiecare masă. Legumele sunt printre cele mai bogate surse de fibre care există, cerealele, leguminoasele și fructele de pădure ocupând locul al doilea. Nu în ultimul rând, alimentele vegetale sunt bogate în glucoză naturală „fără zahăr adăugat“, de aceea pot satisface pofta de dulce a creierului fără să dăuneze în același timp nivelurilor de insulină.

Deși oamenii din toate categoriile sociale au nevoi diferite în ceea ce privește sănătate și nutriția, nu avem cum să dăm greș dacă punem alimentele vegetale în prim-plan. Crezi că-ți cer să devii vegetarian? Nu, dar orice încercare de a introduce mai multe alimente pe bază de plante la fiecare masă este un vot pentru sănătatea ta de mâine. Obiectivul este să mănânci legume la prânz *și* la cină, un fruct întreg cel puțin o dată pe zi și cereale integrale și leguminoase de cel puțin patru ori pe săptămână. Ca regulă generală, alimentele pe bază de plante ar trebui să ocupe cea mai mare parte a farfuriei.

Natura oferă opțiuni nelimitate pentru a ne îndeplini acest obiectiv. Legumele și fructele, leguminoasele, cerealele integrale, vegetalele cu amidon, nemaivorbind de nuci și de semințe sunt doar câteva dintre opțiunile disponibile. Iar fiecare dintre aceste opțiuni reprezintă mult mai multe decât pare la prima vedere. Numai legumele sunt disponibile într-o varietate extrem de numeroasă. Știai că există mai mult de 150 de tipuri de varză? Și sute de tipuri de dovleac?

Dieta tipic americană rămâne încă destul de limitată când vine vorba de consumul zilnic de legume. Conform U.S. Department of Agriculture (USDA), de departe cea mai populară legumă din America[2] este cartoful alb, urmat de roșie. Acest lucru nu ar fi atât de rău dacă aceste legume, altminteri sănătoase, nu ar fi de obicei consumate sub forma cartofilor prăjiți și a pizzei. Și, ca să punem capac, am ales verdeața cea mai goală de nutrienți, anosta salată de iceberg, pentru a ne încununa hamburgerii.

Din nefericire, aceste alimente nu îți vor ajuta deloc creierul.

În paginile următoare, vom discuta cum e cel mai bine să creștem consumul de alimente pe bază de plante pentru a susține sănătatea și a ajunge la o condiție cognitivă optimă. În plus, îți voi împărtăși câteva dintre secretele mele cu privire la sănătatea cognitivă, ca să mănânci ce e corect pentru creierul tău.

Iată-l pe primul: frunzele de păpădie. Am promis că îți voi spune mai multe despre aceste verdețuri, nu-i așa? Am ajuns să iubesc frunzele de păpădie de mic copil. *Nonna* mea le servea adesea la prânzul de duminică. Îmi amintesc și azi cât de ușoară și cu capul limpede mă simțeam până după-amiaza. *Nonna* folosea frunzele de păpădie în câteva rețete, dar cel mai des în mâncarea de primăvară. Opărea verdețurile în apă clocotită, uneori cu tot cu flori, și apoi le servea cu suc de lămâie proaspăt stors și cu uleiul nostru de măsline extravirgin preferat, cumpărat direct de la un fermier vecin, originar din Toscana. Conștientizarea faptului că acest fel de mâncare era plin de nutrienți esențiali pentru creier m-a impulsionat să-mi iau angajamentul pe viață față de neuronutriție (și m-a făcut să-mi reînnoiesc respectul față de modesta păpădie).

Dacă nu ești familiarizat cu frunzele de păpădie, ar trebui să devii. Aceste frunze sunt un ingredient esențial și de nelipsit din bucătăria mediteraneeană și, pe lângă că sunt o mâncare delicioasă și că au proprietăți medicinale, ele pot fi chiar crescute și folosite acasă. Crezi sau nu, ele conțin aproape fiecare nutrient la care râvnește creierul tău. Deși nu au culoarea portocalie specifică, aceste verdețuri sunt o sursă foarte bogată în vitamina C și beta-caroten. Abundă de asemenea în vitaminele E, K, clorină, folat și B6, având un conținut bogat de minerale și de fibre. Ceea ce îi surprinde pe mulți este că au destul de multe proteine pentru o plantă. O ceașcă cu frunze tocate se laudă cu 1,5 g de proteine slabe, care conțin toți aminoacizii esențiali. De parcă nu erau suficient, aroma lor distinctă, ușor amăruie este un semn al capacității acestei plante de a hrăni bacteriile prietenoase din intestin. Și așa cum îți vei aminti din capitolul anterior, frunzele de păpădie conțin molecule care stimulează proprietățile de reîntinerire ale sistemului cardiovascular. Unde poți găsi aceste verdețuri excepționale? Pe FreshDirect sau AmazonFresh, pentru început. Dar probabil și în grădina ta.

Iată încă un secret care vine în ajutorul sănătății creierului, facilitând consumul de vegetale, cereale și leguminoase sănătoase: Buddha bowls (bolurile lui Buddha). Nu există o cale mai bună de a mânca frunze de păpădie, sau, de altfel, orice legumă decât ca parte a unui Buddha bowl. Uneori supranumite boluri glorioase sau hippie, Buddha bowls sunt feluri consistente, sățioase, făcute din legume crude sau coapte, din leguminoase, ca fasole și linte și din cereale integrale, ca grâul spelta și orezul brun. Un Buddha bowl este atât de plin de lucrurile bune, încât, atunci când e servit, are înfățișarea unei burtici rotunde (cum este burta unui Buddha). În funcție de rețeta pe care alegi să o urmezi, bolul poate conține un curcubeu de ingrediente. Poate include și toppinguri, ca nuci și semințe, și vine cu sosuri incredibil de aromate, cum ar fi sosul de tahini cu gust de arțar (vezi capitolul 16). Partea cea mai bună este că Buddha bowls sunt ușor de făcut și ultra pline de nutrienți consistenți și vitamine care te hrănesc și îți protejează creierul. Din moment ce durează puțin până pregătești toate ingredientele, eu am obiceiul de a face o cantitate mai mare din tot (orez, grâu spelta, hrișcă, frunze de păpădie gătite la aburi, legume coapte – chiar și din sosuri), pe care le păstrez la frigider în recipiente de sticlă închise ermetic. Unele dintre rețetele mele preferate sunt cuprinse în capitolul 16. Mai multe rețete găsești pe brainfood-blog.tumblr.com.

## Grăsimile bune în cantitățile corecte

Crește-ți consumul de grăsimi sănătoase pentru creier, limitând totodată ingerarea celor care obstrucționează arterele și vei fi pe drumul cel bun. Toate grăsimile, indiferent dacă sunt sănătoase sau nu, sunt complexe și ar trebui consumate cu moderație. O strategie-cheie este de a limita consumul total de grăsimi la acelea care sunt într-adevăr benefice pentru creier și de a le abandona pe acelea care nu sunt. Fă acest lucru și, în timp, îți vei ajuta întregul corp.

Printre aceste grăsimi sănătoase se numără acizii PUFA Omega 3 și mai ales DHA – grăsimea rară care abundă în uleiurile marine și cele de pește. Așa cum îți vei aminti, există un consens potrivit căruia consumul de pește și de fructe de mare de foarte bună calitate este benefic pentru creier și reduce și riscul pierderilor de memorie și de apariție a demenței. În afară de faptul că este încărcat cu Omega 3, peștele este o sursă excelentă de proteine complete și de vitamina B12, decisive în ceea ce privește sănătatea generală a sistemului nervos. Peștele sălbatic este cea mai bună sursă de DHA. Printre peștii preferați de mine sunt: somonul de Alaska, macroul, peștele albastru, sardinele și anșoa.

Majoritatea dietelor longevității recomandă consumul de pește cel puțin o dată pe săptămână. Vom urma exemplul și vom ridica ștacheta la două-trei ori pe săptămână.* Aici, trucul este să ne concentrăm atenția pe peștele de foarte bună calitate, precum și pe asocierea lui cu acele alimente care îi intensifică proprietățile, cum sunt anumite ierburi, și, să nu uităm, chiar și cu un pahar cu vin. Un exemplu ar putea fi peștele ales de tine, copt cu lămâie, ierburi și sare de mare sau acoperit în fistic zdrobit, ca tratație specială. Și, apoi, arma mea secretă – caviarul.

Considerat de mulți ca fiind un aliment de lux de foarte bună calitate, caviarul constă în icre de sturion sărate. Este nevoie de nu mai mult de 2-3 lingurițe de caviar pentru a atinge doza zilnică de DHA *și* de colină sănătoase pentru creierul vostru. Desigur, dezavantajul este că poate fi destul de scump. Alternativa mea preferată sunt icrele de somon, care conțin aproape aceeași cantitate de DHA, dar la o treime din prețul caviarului. În afară de faptul că sunt incredibil de bogate în grăsimi sănătoase pentru creier, icrele de somon conțin niveluri ridicate de antioxidanți, precum vitaminele C, E și seleniul, combinate cu o doză frumoasă din complexul de vitamine B. Sunt de asemenea bogate în proteine. Doar 28 g de icre de somon conțin 6 g de proteine, pline cu aminoacizi esențiali. Icrele de somon sunt foarte versatile și pot fi adaptate în funcție de ocazie. Adaugă câteva lingurițe la rulourile tale de sushi preferate sau întinde puțin pe o felie de pâine de secară pentru a pregăti o gustare sau peste o felie de pâine cu cereale integrale prăjită, acoperită cu iaurt grecesc pentru un aperitiv sofisticat.

---

* Să nu mănânci în exces carne de pești mari, precum tonul și rechinul, care tinde să conțină o cantitate mare de mercur. Femeile însărcinate ar trebui să evite peștele cu niveluri ridicate de mercur. (*N. a.*)

Dacă nu mănânci pește, trebuie să te asiguri că atingi în continuare doza de Omega 3. Pot fi de ajutor mai multe nuci și semințe. Preferatele mele sunt migdalele, nucile, semințele de in, de chia și de cânepă, pe care le adaug în mod obișnuit în smoothie-uri, în supe și în salate.

Este de asemenea util să înlocuiești uleiurile bogate în Omega 6 cu cele care conțin în schimb Omega 3. Uleiul din semințe de in se află în fruntea listei uleiurilor bogate în Omega 3, cu peste 7 g de Omega 3 per lingură. Uleiurile și produsele care sunt bogate în Omega 6 trebuie să fie consumate doar cu moderație, și acestea sunt uleiurile din sâmburi de struguri, de floarea-soarelui, de porumb, din soia și de arahide.

În plus, grăsimile mononesaturate sănătoase pentru inimă, cum sunt acelea care se găsesc în nucile de macadamia și în fructele bogate în grăsimi, ca măslinele și avocado, ar trebui de asemenea să înlocuiască grăsimile mai puțin sănătoase. Uleiul de măsline este probabil sursa cea mai promovată și folosită pe scară largă dintre aceste grăsimi bune, în special sortimentul extravirgin, presat la rece, provenit din prima presă a măslinelor. Se crede în prezent că un consum regulat de ulei de măsline extravirgin este prima cauză a aspectelor pozitive ale dietei mediteraneene, grație amestecului său unic de antioxidanți puternici.

Există un tip de grăsime care e fără echivoc nociv și care trebuie numaidecât eliminat din dieta ta. Vorbesc despre grăsimile trans. Îți amintești cum aceste grăsimi cresc nivelurile de colesterol, producând inflamație dureroasă în întreg corpul? Mai mult, alimentele cu grăsimi trans conțin de obicei și metale otrăvitoare, emulgatori, îndulcitori chimici și coloranți artificiali, toți lucrând să desființeze creierul, inima și microbiomul tău.

Grăsimile trans se ascund, de obicei, în alimentele procesate. Gogoșile făcute în comerț, biscuiții, brioșele, plăcintele, checurile, cremele gen Cool Whip, brânzeturile procesate și dulciurile – acestea sunt doar câteva dintre alimentele care conțin grăsimi trans. Dar cărnurile procesate, cum ar fi cârnații de Bologna, salamul, carnea de vită de la conservă și pastrama sunt și ele vinovate. Mozzarella ambalată la vid? Brânza la conservă? *Arrivederci!* Acestea sunt, de asemenea, distruse cu grăsimi trans. Este de o importanță crucială să limitezi frecvența cu care consumi aceste alimente până când le elimini complet. Alege în schimb surse organice. Acestea nu sunt cu mult mai scumpe și oferă bonusul de a conține grăsimi mai sănătoase și, pe lângă asta, mult mai puțin zahăr. O plăcintă cu mere proaspătă, făcută în casă este evident mult mai delicioasă decât una făcută industrial, conservată, care poate ține la nesfârșit pe un raft de supermarket. Nu faci prăjituri? Găsește pe cineva care face. Meriți osteneala, la fel și sănătatea ta și a familiei tale.

La fel de important este să limitezi alimentele prăjite și produsele de patiserie făcute cu grăsime sau cu uleiuri vegetale parțial hidrogenate – care sunt regulă absolută în fiecare lanț de fast-food, în ciuda faptului că pot fi vândute sub denumiri ca „produse naturale“ sau ca „alegeri sănătoase“. Aici intră de la cartofi prăjiți la pui prăjit, dar și produse ca mozzarella prăjită și batoane de legume, orice produs făcut pane și aproape toate dulciurile și fursecurile. Îți plac chipsurile? Fă-ți-le singur. Cartofii dulci copți în ulei de cocos până devin crocanți sunt un adevărat răsfăț și mult mai nutritivi decât orice cartofi înșelători, decolorați, prăjiți în ulei, pe care îi găsești la restaurantul local de tip fast-food sau la orice magazin de cartier.

Pe măsură ce reduci consumul de alimente procesate, vei reduce în timp și grăsimile saturate din dieta ta. Grăsimile saturate, în special cele din surse naturale, nu trebuie să fie complet eliminate, dar ar trebui considerabil reduse. Din moment ce corpul arde grăsimi saturate pentru energie, doar o cantitate suficientă din aceste grăsimi trebuie să fie asigurată pentru ca toate funcțiile corporale să aibă loc fără probleme. Totodată, trebuie să oprim supraconsumul acestor grăsimi din trei motive bine întemeiate: pentru a ne proteja creierul împotriva îmbătrânirii, pentru a evita îngrășarea și pentru a reduce riscul bolilor de inimă. Adevărul este că, în timp ce publicul larg e nehotărât cu privire la care grăsime este bună sau rea, oamenii de știință fac efortul de a ajunge la o concluzie. Pe termen lung, grăsimile saturate în exces sunt rele.

Cum am menționat deja, există diferite tipuri de grăsimi saturate, și unele sunt mai bune decât altele. De exemplu, unele uleiuri vegetale, precum uleiul de cocos, sunt surse excelente ale unui anume tip de grăsimi saturate: trigliceride cu lanț mediu. Există din ce în ce mai multe dovezi că aceste uleiuri nu au un efect negativ asupra colesterolului și că pot, de fapt, să scadă riscul de ateroscleroză și de boli de inimă, reducând astfel și riscul demenței. De asemenea, nu conțin colesterol în mod natural, ceea ce este un avantaj dacă pentru tine colesterolul este o problemă. În plus, trigliceridele cu lanț mediu sunt o sursă bună de corpi cetonici, sursa de energie suplimentară a creierului în perioade de lipsuri și de post. Totuși, dacă vom asigura din belșug glucoză sănătoasă creierului nostru înfometat, aceste alimente bogate în grăsimi nu sunt cu adevărat necesare pentru consumul energetic. Pe deasupra, ele nu ar trebui consumate în locul uleiurilor bogate în Omega 3, care sunt de o importanță capitală pentru un creier sănătos. Așadar, folosește-le corect, vei afla cum s-o faci în următorul capitol.

Grăsimile saturate din produsele de origine animală sunt o poveste diferită. Îți amintești cum centenarii din toată lumea tind să consume mai puține lactate și carne – și, de cele mai multe ori, doar cu ocazia vreunei sărbători a comunității? Când sunt mâncate în exces, aceste alimente pot fi periculoase, din moment ce sunt bogate în trigliceride și în colesterol, precum și în Omega 6, care de fapt concurează cu Omega 3 pentru a ajunge la creier. Drept rezultat, pot stimula inflamația și pot ridica nivelurile de colesterol, crescând astfel riscul de deteriorare vasculară.

Nu sugerez să renunți *complet* la carne și la brânzeturi. Eu mă refer strict la mărimea porției. Multe persoane mănâncă porții duble sau chiar triple de friptură și de burgeri – adesea cu brânzeturi procesate pe deasupra. Dacă ai nevoie să mănânci o jumătate de kilogram de carne pentru a te simți satisfăcut, acest lucru intră în categoria răsfăț și este o problemă. Folosește-ți mâinile pentru a te ghida: o porție de carne de orice fel ar trebui să nu fie mai mare decât palma sau decât un pachet de cărți, cântărind aproximativ 57-85 g. O porție de brânză să fie aproximativ cât lungimea degetului arătător (lățime și adâncime), cântărind aproximativ 28 g.

Frecvența este și ea importantă. Carnea roșie și cea de porc ar trebui să fie consumate doar o dată pe săptămână. Îndreaptă-ți mai degrabă atenția de la bucățile grase la cele slabe, iar dacă mănânci carne de pui, dă jos pielea. Brânza ar trebui să fie restricționată la doar o dată, cel mult de două ori pe săptămână. Laptele, pe de altă parte, poate fi o sursă bună de mulți nutrienți esențiali. Când bei lapte sau când îl folosești la gătit, îndreaptă-ți atenția către cel organic, de la animale crescute cu iarbă. De asemenea, nu trebuie să bei un litru de lapte. Gândește-te la lapte ca la un aliment lichid. O ceașcă mică este destul, mai ales dacă este combinat cu alte alimente.

Iaurtul este excepția de la regulile de precauție față de produsele lactate. Iaurtul este o sursă excelentă de nutrienți esențiali pentru creier și de probiotice; în consecință, poți consuma zilnic o ceașcă. A mânca iaurt cu regularitate este de o importanță crucială pentru menținerea unei bune funcționări a sistemului gastrointestinal, ceea ce, la rândul ei, susține sănătatea creierului.

În concluzie, câteva vorbe despre ouă. În America, ouăle sunt alegerea preferată la micul dejun și multe persoane le mănâncă zilnic. Cercetările au arătat că deși ouăle nu sunt așa de rele cum se credea până acum, nu ar trebui să exagerăm cu ele. Eu recomand consumul de două până la trei ouă pe săptămână, fie făcute jumări, fie ouă poșate sau omletă ori în produse de patiserie făcute în casă, cum ar fi brioșele cu banane și afine și clătitele americane cu migdale și banane (brainfood-blog.tumblr.com).

Mai ai răbdare până la capitolul 12, unde vom discuta despre diferite tipuri de produse din ouă, carne și lapte.

## La desert, gândește-te la glucoză

Trebuie să creștem consumul de „carbohidrați buni", în timp ce îi diminuăm pe cei răi. Când examinăm dieta occidentală tipică, în afară de consumul consistent de carne de proastă calitate, un lucru la fel de evident este consumul nestăpânit de zahăr alb rafinat via mâncăruri de tip fast-food, produse procesate care ajung pe mesele noastre și gustări nesănătoase disponibile la orice colț de stradă. Asta ca să nu mai pomenesc de rândurile de alimente artificiale care trec drept cereale pentru micul dejun de pe culoarele magazinelor alimentare, alături de produse de patiserie ieftine, fursecuri și batoane energizante – toate pline de zahăr și chimicale. Nici măcar veganii nu sunt în siguranță. Deși „alimentele vegane" ar trebui să fie întruchiparea sănătății, cel mai adesea sunt înțesate cu o cantitate nemăsurată de zahăr ascuns, punând consumatorii într-o situație deloc mai bună decât omologii lor carnivori.

În zilele noastre, din ce în ce mai mulți medici sunt la fel de preocupați de consumul de zahăr pe cât sunt și de grăsimile nesănătoase, în special în ceea ce privește bolile de inimă. Totuși, aceste alimente dulci vor face mai mult rău decât bine și creierului tău. Aceștia sunt „carbohidrații răi".

Din moment ce publicul devine din ce în ce mai conștient de cât de rău este zahărul rafinat pentru corp, tendința este de a înlocui zahărul alb cu îndulcitori artificiali, cum ar fi aspartamul

(NutraSweet, Equal), sucraloza (Splenda), acesulfamul de potasiu sau Ace K (Sunett și Sweet One) și zaharina (Sweet'N Low). Acești îndulcitori au ajuns să fie examinați cu atenție[3] din cauza efectelor secundare nocive care variază de la dureri de cap și migrene până la o funcționare defectuoasă a ficatului și a rinichilor, nemaivorbind despre tulburările de stare afectivă.

Din fericire, nu trebuie să ingerăm toxine precum zahărul rafinat, siropul de porumb bogat în fructoză și îndulcitorii artificiali. Există o mulțime de îndulcitori mai sănătoși și naturali la dispoziția noastră.

Amintește-ți, creierul funcționează cu glucoză. De aceea, în ceea ce-l privește, „carbohidrații buni" echivalează cu *alimentele bogate în glucoză* descrise în capitolul 6. Printre acestea se numără nu doar mierea crudă și siropul de arțar, ci și zahărul de cocos, siropul din orez brun, siropul de yacón, melasa neagră, stevia, piureurile de fructe (alias unt de fructe) și chiar fructele, ca strugurii, și legumele, ca sfecla. Ai putea fi surprins să descoperi că acești îndulcitori naturali vin cu un bonus[4]: cresc aportul de antioxidanți antiîmbătrânire în cantități similare cu cele ale consumului de fructe și de nuci. Încearcă să descoperi ce îndulcitor natural ți se potrivește cel mai bine. Recomandări mai specifice, adaptate dietei tale particulare, sunt incluse în capitolele următoare.

Unii carbohidrați complecși, în special grâul integral, pastele din făină de sorg, orezul sălbatic și cartofii dulci, sunt, de asemenea, bogați în glucoză, dar și în fibre, vitamine și minerale. Această combinație particulară de nutrienți îi oferă creierului o energie susținută pe lungi perioade de timp, făcând din aceste alimente opțiunile ideale pentru masa de prânz. Mulți le preferă pentru micul dejun. Dacă același lucru e valabil și pentru tine, îți recomand cerealele sănătoase, neîndulcite, procesate minimal, 100% integrale, fără coloranți artificiali și fără vitamine și minerale sintetice. Aceste cereale nu vor veni în cutii colorate strălucitor, cu nume de mărci atrăgătoare. Mai degrabă, le vei găsi în pungi transparente oarecare, cu cel mult o mică etichetă. Exemple excelente sunt ovăzul granulat, orezul brun expandat și terciul de hrișcă. Îndulcește-le tu însuți, adăugând un pic de miere ori de sirop de arțar sau pune deasupra fructe proaspete.

Acestea fiind spuse, mărturisesc că, atunci când mi-e poftă de dulce, îmi este foarte greu să stau departe de deserturi. Pentru mine, nu a fost o problemă prea mare când am trăit în Italia, dar, după ce m-am mutat în New York, am început să râvnesc la dulce. Imediat după ce terminam prânzul, mă trezeam că mă întind după vreun fursec sau după vreo bucată de ciocolată, în general ca răspuns la o scădere bruscă de energie. În acele zile rare când nu puteam pune mâna pe ele, mă trezeam în cea mai rea dispoziție imaginabilă – și performanțele mele sufereau și ele. Știu că nu sunt singura și că mulți se pot pune în situația de a pofti ceva dulce după o masă. Dar, ca să înrăutățim și mai mult lucrurile, după ce ne facem pofta ne învinovățim.

Adevărul este că poftele de dulce sunt adesea rezultatul unei diete proaste. Din nefericire, cea mai mare parte a meselor americanilor sunt pline de zahăr rafinat, care dă peste cap nivelurile de zahăr din sânge, făcându-i doar să-și dorească mai mult. La o examinare atentă, dulciurile pe care le aveam în Italia erau cel mai adesea făcute în casă, cu ingrediente proaspete, organice *și* sărace în zahăr rafinat. Ele aveau asupra corpului meu un efect diferit de cel al biscuiților cu fulgi de ciocolată de la supermarket, cu care m-am obișnuit în noua mea casă americană. A fost un proces destul de dificil să mă opun obiceiului. A trebuit să învăț să citesc etichete, să înțeleg ingrediente și să-mi concentrez atenția mai degrabă pe surse naturale de zahăr decât pe unele comerciale. Dar *a dat* roade. Pe măsură ce am devenit mai înțeleaptă cu privire la dieta mea, am încetat să mai am pofte de zahăr (sau stări de deprimare din cauza zahărului) și am pierdut kilogramele acumulate, fără prea mare efort. Dacă și tu ai nevoie să mai tai din zahăr, planul de dietă de la „Pasul 2: Puterea cognitivă prin nutriție" te va ajuta să atingi acest obiectiv, totodată hrănindu-ți și creierul.

Asigură-te că farfuria ta este plină cu alimente sănătoase și satisfăcătoare, lucru care îți va reduce pofta de deserturi, de băuturi carbogazoase și de mai multă cafea. Iar când ai nevoie de un stimulent sau ți se face chef de un desert, nu e nevoie să te lipsești de el. Doar rămâi conștient de ce consumi și de cât de des. Multe dintre rețetele pentru deserturile, gustările și răsfățurile ocazionale sănătoase pentru creier, precum gustările energizante cu migdale și ciocolată, înghețata cu afine și ciocolată și bomboanele Raffaello cu unt de cocos, pentru a menționa doar câteva, sunt disponibile pe blogul meu (brainfood-blog.tumblr.com). Toate aceste rețete abundă în glucoză, dar sunt sărace în calorii și în ceea ce privește aportul glicemic. Sper că îți vor plăcea la fel de mult cum îmi plac mie!

În concluzie, când ai îndoieli, mănâncă ciocolată!

## Pa, pa, Hershey's!

Dintre toate deserturile disponibile umanității, ciocolata este unul dintre cele mai râvnite alimente din lume încă din vremuri străvechi. Aztecii și mayașii considerau ciocolata ca fiind „hrana zeilor", consumând-o cu venerație. Pe atunci, „ciocolata" consta într-o băutură amăruie, exotică, din boabe de cacao coapte, fermentate, care erau măcinate până deveneau o pastă, apoi amestecate cu apă și mirodenii exotice și îndulcite cu miere. Când e consumată în forma sa pură, ciocolata rămâne un superaliment puternic, cu beneficii impresionante pentru sănătate. Ca lucrurile să rămână așa, trebuie să fii dispus să renunți la laptele și la zahărul conținute de majoritatea ciocolatelor din comerț. Cacaua adevărată este amăruie, grație acțiunii a sute de polifenoli, furnizând în mod activ beneficii pentru sănătate. Din nefericire, cele mai multe ciocolate pe care le-au mâncat majoritatea dintre noi de-a lungul vieții au fost sub forma ciocolatei cu lapte, a ciocolatei albe, a dulciurilor sau a bomboanelor cu ciocolată, toate conținând doar urme din cacaua sănătoasă. Ceea ce conțin ele sunt cantități uriașe de zahăr, de grăsimi și de aditivi. De exemplu, batonul Hershey's obișnuit (ciocolată cu lapte) conține nu mai puțin de 16 g de zahăr per 28 g de ciocolată.

Ciocolata neagră, pe de altă parte, are o cantitate scăzută de zahăr și este bogată în flavonoide antioxidante și în minerale, ca magneziul și potasiul. Este de asemenea plină cu teobromină, cu efecte pozitive asupra circulației sângelui și posibil asupra colesterolului LDL („colesterolul rău"). Cheia este să ne îndreptăm atenția asupra ciocolatei negre de foarte bună calitate, cu cel puțin 65% de cacao și puțin zahăr adăugat sau deloc. Ține minte că diferite mărci folosesc diferite proporții de cacao, de zahăr și de unt de cacao, așa că nu toate sunt egale în ceea ce privește cantitatea folosită de zahăr. De exemplu, 28 g de ciocolată Lindt Excellence cu 70% cacao conține aproape 10 g de zahăr, în timp ce 28 de g de ciocolată Dagoba Organic de 74% conține doar 7,5 g. Preferatele mele dintotdeauna, trufele de ciocolată neagră Lindt Lindor înseamnă 14 g de deliciu care-ți lasă gura apă și doar 5 g de zahăr per porție. În acele zile când chiar vreau să mă răsfăț, aleg trufele Lindt. Vezi cât de multe opțiuni există?

## Ți-e sete?

Bea apă. Aceasta este mantra mea personală pentru sănătatea creierului.

A bea apă *curată* este esențial pentru susținerea hidratării, pentru restabilirea echilibrului și pentru a porni tot felul de activități celulare din întregul corp. Și din nou, majoritatea oamenilor nu beau nici pe departe suficientă apă. Un motiv des întâlnit este că foarte mulți americani reclamă că nu le place gustul apei sau probabil pentru că abia dacă are vreun gust. Când am auzit prima dată acest lucru, am avut probleme în a înțelege ce vor să spună. Din moment ce apa nu are o aromă anume, cum te poate supăra? În cele din urmă, am ajuns să înțeleg că pentru oamenii care au crescut consumând băuturi carbogazoase, lapte și suc de fructe ca surse primare de fluide, a bea apă plată nu prea este o încântare.

Desigur, există alternative. Ceaiul de plante este un început minunat. A bea ceai de plante este o cale bună de a te menține hidratat și este o minunată sursă suplimentară de vitamine și de minerale. În plus, mai este și aspectul social de a bea un ceai cu prietenii, care poate face acest moment să fie o activitate plăcută, îndrăgită de creier. Există un număr nelimitat de plante și de amestecuri din care să alegem. Câteva dintre preferatele mele sunt: menta care te liniștește, trandafirul și mușețelul care te calmează, măceșul care te purifică și, bineînțeles, ginsengul, ghimbirul și lemongrass-ul, care sunt antiîmbătrânire. Vara, aceleași ceaiuri fierbinți sunt la fel de delicioase servite cu gheață.

Apa infuzată cu fructe este o altă cale inteligentă de a adăuga aromă și nutrienți atunci când te hidratezi (totodată ajutându-te să scapi de porția de băuturi carbogazoase). Cunoscută de asemenea ca apă detox sau spa, această băutură poate fi orice combinație de fructe, legume, plante și condimente cufundate în apă pentru a-i da aromă. Apa infuzată este delicioasă fără zahăr adăugat, nu are calorii și e extraordinară în eforturile de a obține o sănătate mai bună. Găsești și alte opțiuni pe brainfood-blog.tumblr.com.

Pentru a-ți oferi o imagine de ansamblu cu privire la ce înseamnă aceste tipuri de apă, dă-mi voie să-ți spun cum prepar apa mea cu portocale și zmeură. Ai nevoie de o ceașcă de zmeură și o portocală feliată subțire, doi castraveți (și ei feliați subțire, nedescojiți), o mână de frunze de mentă proaspete și două batoane de scorțișoară. Tot ceea ce trebuie să faci este să amesteci ingredientele într-o carafă mare, să adaugi 4 litri de apă de izvor și să le lași la infuzat în frigider peste noapte. Poți adăuga fructe și plante suplimentare, dacă preferi un gust mai puternic. Când ești gata pentru băutura ta, răstoarnă în carafă o ceașcă de gheață (eu torn și jumătate de pahar cu suc de aloe) și servesc imediat.

Sucurile verzi și smoothie-urile sunt o altă strategie excelentă pentru a crește aportul de fluide de-a lungul zilei. Mulți oameni au încredere deplină în sucul verde presat la rece și băut dimineața pe stomacul gol, în timp ce alții privesc cu suspiciune nuanța sa verde deschis. Personal, am învățat să apreciez proprietățile terapeutice ale acestor băuturi, în special ale unora dintre smoothie-uri. Prin smoothie nu mă refer la băuturile asemănătoare milkshake-urilor, încărcate cu suc de fructe îndulcit, zahăr, lapte procesat și chiar și frișcă. Vorbesc despre smoothie-uri neprocesate, care sunt făcute din fructe proaspete organice, legume, nuci și semințe și multă apă. În timp ce aceste băuturi nu pot repara singure o dietă proastă și nu sunt menite să înlocuiască apa, sunt o cale ușoară, rapidă de a încorpora mai multe fructe și legume, precum și mai mulți nutrienți esențiali pentru creier în rutina zilnică. În capitolele următoare sunt incluse câteva rețete.

Un alt truc pentru a te menține hidratat este de a reduce cantitatea de cafea pe care o bei. Ai fost vreodată însetat după ce ai băut cafea? Bei mai multe cești pe zi? A bea prea multă cafea ar putea duce la efecte secundare nedorite: deshidratare, palpitații și tulburări de somn. Totuși, consumul moderat de cafea în jurul vârstei de 50 de ani ar putea preveni demența de mai târziu. Ce este de făcut? Una dintre soluții pentru consumul înțelept de cafea este *cum* o prepari. De exemplu, un *espresso* are de obicei o cantitate de cinci ori mai mare de antioxidanți, dar și mai multă cafeină decât cafeaua fiartă sau făcută la filtru.[5] În plus, diferite tipuri de boabe de cafea, prin procesarea lor, produc conținuturi diferite de cafeină. Așa că, în funcție de metoda de preparare și de cafeaua folosită, rămâi fie la o ceșcuță de espresso pe zi, fie la două cești de americano organică, proaspăt preparată (cafeaua americană clasică, mai lungă).

Deși cel mai mult îmi place espresso-ul meu, este minunat să am opțiuni. Ceaiul de cacao este de departe substitutul meu preferat pentru cafea. Cacaua este un eficient potențiator al bunei dispoziții, o sursă excelentă de antioxidanți, un stimulent pentru energie și un aliment reconfortant – toate ambalate într-un singur produs. Ceaiul de cacao îți va oferi o doză plăcută de energie, fără agitația și moleșeala de după care îi afectează uneori pe iubitorii de cafea – plus că are și un gust delicios. Eu îmi beau ceaiul de cacao negru și neîndulcit, dar poți adăuga un pic de stevia sau de miere crudă dacă dorești. Poți să-l faci și cremos, înlocuind apa cu lapte de migdale sau de alune.

Ceaiul yerba maté, ceaiul verde gunpowder și ceaiul matcha sunt trei înlocuitoare ale cafelei care sunt bogate în antioxidanți. Matcha este o pudră de ceai verde măcinat fin din care se face un minunat ceai cu gheață. Dar, dacă râvnești mai degrabă la gustul de cafea decât la energie, încearcă ceaiul de păpădie. Crezi sau nu, iubitele mele frunze de păpădie sunt uscate și coapte de secole pentru a face ceai peste tot în Europa și în Asia. Este ușor: lasă frunzele uscate la infuzat zece minute în apă clocotită, apoi adaugă lapte și miere după gust.

## Un pahar de vin roșu, te rog

Este destul de simplu: dacă bei alcool, bea-l cu moderație, întotdeauna pe stomacul plin și alege, pe cât posibil, vinul roșu în locul altor varietăți. Se știe de multă vreme că vinul roșu ne protejează creierul împotriva deteriorării, totodată stimulând inima. Așa cum îndrăgitul italian Galileo Galilei a spus cândva: „Vinul este lumina soarelui, raze ținute laolaltă de apă." În timp ce atât vinul alb, cât și cel roșu conțin resveratrol, componenta antioxidantă care îi conferă vinului faima sa, acesta este într-o cantitate mult mai mare în strugurii roșii.[6]

Alcoolul este o opțiune personală. Dacă ești bărbat, încearcă să nu depășești 2 pahare de circa 150 de ml pe zi. Dacă ești femeie, este suficient 1 pahar de 150 de ml zilnic. Și aici, alege calitatea în detrimentul cantității (vinurile organice sunt cele mai bune) și descoperă ce ți se potrivește cel mai bine.

Dacă nu îți place vinul, există și alte opțiuni. De exemplu, sucul organic de rodie este aproape la fel de bogat[7] în antioxidanți precum vinul roșu obișnuit. Sucul de struguri și cel de prune sunt, de asemenea, variante bune.

## 1 + 1 = 3

O problemă majoră în ceea ce privește studiile din domeniul nutriției este că, de obicei, se studiază câte *un* nutrient pe rând. Desigur, este metoda cea mai ușor de gestionat în mediul de cercetare, din moment ce reduce numărul de variabile care trebuie luate în considerare. Totuși, există riscul de a cădea în capcana supersimplificării acestor nutrienți, reducându-i la una din două categorii: buni sau răi.

La început, principiul „o dietă pentru toți" a părut că funcționează atunci când obiectivul a fost remedierea unei carențe de vreo vitamină anume. Totuși, acest lucru doar i-a încurajat pe oamenii de știință să se mulțumească cu ideea că un singur nutrient pe rând (mai degrabă decât suma lor care să lucreze în tandem) ne afectează sănătatea. Această atitudine oarecum învechită încă influențează atât practica medicală, cât și pe cea nutrițională, făcându-i pe mulți specialiști în sănătate să pornească în adevărate vânători de vrăjitoare împotriva celui mai recent nutrient identificat drept „tipul rău", care, odată demascat, trebuie să fie complet eliminat din dietele noastre. După cum ne-a învățat toată confuzia în privința colesterolului, această practică e un fel de învârtit în jurul cozii.

Pe deasupra, această tendință desconsideră complet faptul că nutrienții lucrează împreună, nu izolați, și că echipa lor este cea care asigură sănătatea optimă. De exemplu, să analizăm lămâile. Închipuie-ți că muști dintr-o lămâie cu al ei gust acru, înțepător. Îți lasă gura apă, mintal, dar și fizic? Doar *gândul* că muști dintr-o lămâie îți va oferi simțurilor o experiență intensă.

Acum închipuie-ți că spargi în gură o capsulă de vitamina C. Cel mai probabil, nu vei simți nimic. Am extras vitaminele din lămâi, dar lămâia are mai multe. Acidul citric, mineralele, precum fierul și potasiul, complexul de vitamine B și o gamă de fitonutrienți, ca *hesperedina*, *naringina* și *naringenina*, toate interacționează una cu cealaltă pentru a se asigura că fiecare lămâie este cât se poate de eficientă din punct de vedere nutrițional. O pastilă poate oferi la fel de multă vitamina C ca o lămâie, dar este incapabilă să ofere întreaga experiență care să-ți activeze mintea și trupul: în cazul ei, 1+1 egal literalmente 3 – un concept de cele mai multe ori ignorat de medicina occidentală.

Pornind de la această conștientizare, un val de studii noi au început să studieze cu un mai mare simț de răspundere ceea ce numim *sinergia nutrienților*. Și munca mea arată că această combinație a mai multor nutrienți[8], cum ar fi acizii PUFA Omega 3, vitaminele B și antioxidanții ca vitamina C și E, este eficientă în special pentru protejarea memoriei[9] și pentru ascuțimea minții. Studiile au arătat, de asemenea, că la fel cum anumite combinații de alimente și nutrienții lor ne susțin sănătatea, alte combinații fac opusul. Acest lucru este valabil în cazul alianței nesănătoase dintre grăsimile trans, grăsimile saturate, colesterol, zahăr alb rafinat și sodiu. Această combinație este o veste proastă în special pentru creierul tău. Cercetările arată că oamenii care consumă în mod obișnuit acești nutrienți împreună[10], având destul de regulat o dietă cu dulciuri, alimente prăjite, alimente procesate și cărnuri bogate în grăsimi și lactate, prezintă o micșorare mai pronunțată a creierului[11], o performanță cognitivă slabă și un risc crescut de a face boala Alzheimer în comparație cu ceilalți. Rezultate asemănătoare s-au obținut deja la participanți de numai 25 de ani, arătând că aceste alimente au efecte periculoase asupra capacității creierului de a-și face treaba, indiferent de vârstă.

În cele din urmă, nu există niciun aliment care poate oferi de unul singur toți nutrienții necesari pentru a susține în totalitate creierul. O varietate de alimente este mult mai potrivită pentru a-ți asigura toate ingredientele necesare de care creierul tău are nevoie zi de zi. Este atât de simplu!

Sunt multe exemple despre cum rezultatele cercetărilor asupra sinergiei nutrienților au propus mâncăruri delicioase și pline de aromă, în același timp crescând aportul nutrițional al meselor tale. Pentru începători, rețeta mea de somon la grătar marinat cu usturoi și ghimbir (capitolul 16) este o sursă excelentă de nutrienți esențiali pentru creier, despre care se știe că reduc micșorarea creierului și că îmbunătățesc activitatea metabolică, indiferent de vârstă. În plus, se dovedește că absorbția vitaminelor antioxidante este accentuată de produsele vegetale bogate în grăsimi, precum uleiul de măsline extravirgin, făcând din rețeta *nonnei* mele – frunze de păpădie cu suc de lămâie și ulei de măsline extravirgin – garnitura ideală pentru somon (tot în capitolul 16). Vitamina C accentuează absorbția de fier când aceste alimente sunt mâncate în același timp, motiv pentru care e important să stropești verdețurile cu suc de lămâie proaspăt stors.

Toate rețetele și planurile de masă incluse în această carte se bazează pe maximizarea sinergiei nutrienților, în timp ce îți asigură toți nutrienții necesari de care ai nevoie zilnic pentru sănătatea creierului. În plus, au un gust minunat!

# 12
# Ține cont de calitate în detrimentul cantității

## Meriți ce e mai bun

Pentru sănătatea creierului nostru ar trebui să ne concentrăm pe alimentele integrale, veritabile. Într-o lume ideală, am cumpăra zilnic produse proaspete, de la fermieri locali și am pregăti toate mesele de la zero. În realitate, trăim adesea departe de sursele de mâncare, trebuie să cumpărăm alimente pe care le depozităm pe etajere și avem foarte puțin timp să luăm cina, cu atât mai puțin să o preparăm. Pe deasupra, dacă nu găsim anumite soluții, mâncatul sănătos poate fi costisitor.

Dacă te preocupă costul ridicat al consumului de alimente organice, nu ești singurul. Din fericire, poți face mai multe lucruri pentru a-ți crește aportul de alimente hrănitoare, de foarte bună calitate, fără să-ți golești contul. Multe informații sunt disponibile on-line, dar iată aici câteva trucuri pe care le folosesc constant de ani buni și care m-au făcut să economisesc o groază de bani.

În primul rând, magazinele on-line cu vânzare de produse organice *en detail* sunt de foarte mare ajutor. Există mai multe website-uri, ca Thrive Market, Vitacost și chiar Amazon, care oferă produse de calitatea celor de la Whole Foods la prețuri de Costco. Atât timp cât cumperi produse neperisabile, poți găsi câte puțin din fiecare, de la năut conservat la orez sălbatic, fulgi de ovăz fără gluten și făinuri, uleiuri pentru gătit sănătoase și tot felul de nuci și semințe care nu sunt OMG. Este o cale minunată de a face rost de ton, anșoa și sardine și chiar de mâncare pentru bebeluși. În plus, verifică website-urile companiilor tale preferate pentru cupoane și promoții speciale. Fiecare dintre aceste magazine on-line oferă adesea reduceri pentru a face oferta și mai atrăgătoare. Raioanele cu alimente din lanțurile de magazine precum Marshalls, Home Goods și T.J. Maxx sunt și ele surse excelente de produse organice de calitate ridicată la prețuri reduse. Aprovizionează-te cu aceste noi produse de bază, înlocuindu-le pe cele vechi de calitate slabă din cămara ta cu tot felul de bunătăți durabile, dar sigure, totodată economisind bani. Înconjurându-te de aceste opțiuni, nu te vei mai întoarce la vechile obiceiuri alimentare.

În ceea ce privește produsele proaspete, recomandarea mea numărul unu pentru calitate este să stai departe de produsele crescute convențional, modificate genetic (OMG sau EG). Cum distingi un fruct OMG dat cu ceară de cel real? O cale simplă de a face asta este de a verifica eticheta lipită pe multe fructe și legume. Citind codul de pe etichetă, îți vei da seama căreia dintre aceste trei categorii îi aparține fructul: OMG; produs convențional cu fertilizatori chimici, fungicide sau ierbicide; sau crescut organic. Iată elementele de bază la care ar trebui să te uiți. Dacă există doar patru numere pe mărul tău (ex.: 4131), asta înseamnă că produsul a fost crescut folosindu-se chimicalele menționate mai sus. Dacă există cinci numere și primul este 8, acesta este codul pentru produsele OMG (ex.: 84131). Dacă există cinci numere și primul este 9 (ex.: 94131), produsul este organic și poate fi mâncat în siguranță. Apropo, fructele organice nu arată întotdeauna ca scoase din revistă, dar vor fi pline de aromă și îți vor asigura valoare nutritivă.

### *Duzina nesănătoasă și cele 15 alimente curate*

Din nefericire, în funcție de locul de unde provin, produsele organice proaspete pot fi costisitoare. O strategie bună pentru economisirea banilor este de a arunca o privire pe listele Duzina nesănătoasă și Cele 15 alimente curate (Caseta 1) de mai jos. Duzina nesănătoasă reprezintă cele mai contaminate și pline de pesticide fructe și legume de pe piață. Este important să investești în versiunile organice ale acestor alimente, pentru a evita să ingerezi o masă toxică de chimicale la fiecare masă. Pe de altă parte, lista Celor 15 alimente curate cuprinde cele mai sigure produse pe care le poți consuma în formele lor non-organice, din moment ce nu sunt stropite excesiv cu pesticide. Unele alimente se plasează între cele două categorii, așa că alege-le pe cele organice ori de câte ori e posibil.

| **Duzina nesănătoasă** | **Cele 15 alimente curate** |
|---|---|
| Mere, țelină apio, roșii, castraveți, struguri, nectarine, piersici, cartofi, spanac, căpșune, afine, ardei grași | Ceapă, avocado, porumb dulce, ananas, mango, mazăre dulce, vinete, conopidă, sparanghel, kiwi, varză, pepene roșu, grepfrut, cartofi dulci, pepene galben |

**Caseta 1**. Duzina nesănătoasă vs alimente curate

Ce spui de și mai multe trucuri? Încearcă să nu cumperi fructe și legume prespălate sau gata de mâncat, pentru că te vor costa de două ori mai mult. Cumpără produse locale de sezon și congelează-le ca să te poți bucura de ele și când nu sunt în sezon. Încearcă să găsești o piață a fermierilor de pe lângă tine prin LocalHarvest.org sau prin USDA. Fă cunoștință cu fermierii locali, stabilește relații personale cu ei și nu fi timid să negociezi prețurile. Este posibil ca fermierii să-și reducă prețurile la sfârșitul zilei, astfel încât să nu fie nevoiți să se întoarcă la fermă cu produsele rămase. Poți să cumperi și titluri de participare într-un program de agricultură pentru susținerea comunității (CSA). În schimbul contribuției la cheltuielile de operare a unei ferme locale, vei primi săptămânal o cutie cu fructe și legume proaspete.

### *Adevărul despre soia*

Soia este un aliment vegetal care merită o mențiune specială pentru că a devenit una dintre cele mai controversate mâncăruri de pe planetă. Acum o vezi promovată ca un superaliment dens în proteine, și în clipa următoare ajunge pe lista neagră ca o otravă de pe urma căreia faci cancer. Pe măsură ce ne străduim să diminuăm excesul de consum de produse animale, a ști dacă să mâncăm sau nu soia devine cu atât mai relevant, dat fiindcă reprezintă o potențială sursă alternativă la proteinele slabe. De zeci de ani, soia a fost folosită ca un înlocuitor al cărnii. De fapt, soia a devenit populară pentru prima dată datorită centenarilor din Okinawa, cei mai mulți dintre ei preferând-o în detrimentul cărnii. Din moment ce locuitorii din Okinawa sunt unul dintre cele mai bune exemple de centenari sănătoși, trebuie să aruncăm o privire mai în detaliu.

Sunt produsele din soia, precum tofu, tempeh și laptele de soia acceptabile… sau nu?

Ca în cazul multor alte alimente, verdictul față de soia depinde de *tipul* de soia pe care îl mănânci și de cantitate. Există în principiu două feluri de soia: felul consumat în Japonia și felul consumat peste tot în lumea occidentală. În Statele Unite ale Americii, produsele din soia[1] sunt făcute din soia modificată genetic în proporție de până la 90% și sunt pline de pesticide și de conservanți. Prin urmare, ele pot produce alergii, intoleranțe și chiar inflamații sistemice. De asemenea, soia conține niște molecule denumite *izoflavone*, despre care se știe că ne influențează nivelul de estrogen. Prea multă soia poate influența nivelurile de estrogen, cel mai probabil cauzând un dezechilibru hormonal. Unii oameni au o sensibilitate aparte la asta și trebuie să evite complet produsele din soia.

Drept rezultat, în timp ce industria prelucrării de soia te face să crezi că a mânca produse din soia este o mișcare înțeleaptă, acea soia foarte procesată, plină de OMG, cum e tofu, produsele din lapte de soia și tempeh-ul din comerț sunt departe de a fi alimente sănătoase și reprezintă mai degrabă un risc pentru sănătate. Totuși, nu o supă miso ocazională este cea care îți face rău, cât soia adăugată pe care o consumi fără să știi dintr-o multitudine de surse neașteptate. Soia este adăugată la nu mai puțin de 12 000 de produse alimentare[2] din Statele Unite, de la cereale obișnuite pentru micul dejun și batoane energizante până la gustări și creme tartinabile. Dacă ești atent la etichete, ai putea fi surprins să descoperi că soia se găsește în *majoritatea* produselor de pe rafturile supermarketului tău preferat, în principal sub forma uleiului de soia. În plus, proteinele izolate de soia sunt folosite pe scară largă drept emulgatori pentru a conferi umiditate texturii unui produs, fiind adăugate și în băuturi, precum late-urile și frappé-urile pentru a imita consistența cremoasă.

Așadar, care tip de soia este bun pentru tine? Soia folosită în Japonia, care este aproape întotdeauna consumată în forma sa organică. În plus, soia din Japonia este adesea *fermentată*, ca în cazul preparatelor miso (supa miso), tempeh și natto (un aliment japonez tradițional făcut din soia fermentată). Aceasta este soia căreia i se cuvine respect, fiind un aliment sănătos și *singura* care merită, de fapt, să fie consumată. Soia boabe și edamamele conțin toți aminoacizii esențiali împreună cu cantități sănătoase de PUFA atât de îndrăgite de creierul tău. Ele mai conțin fier, fibre și minerale, ca magneziul, potasiul, cuprul și manganul. Tofu făcut proaspăt este și o sursă excelentă de nutrienți esențiali pentru creier. În timpul unei vizite într-un restaurant tradițional din Kyoto, am fost suficient de norocoasă să-mi fie servită o cremă mătăsoasă, cu o aromă subtilă de pământ, preparată în totalitate din tofu autentic făcut din soia tradițională. Laptele este și el la fel de sănătos și delicios. Deși destul de costisitoare, le poți găsi pe amândouă în magazinele cu alimente sănătoase, ca Whole Foods. Ține minte că japonezii nu mănâncă tofu în exces. O porție obișnuită de tofu este de mărimea unei mingi de golf. Din nefericire, în Statele Unite, majoritatea produselor din soia, precum tempeh conțin soia contrafăcută și prea procesată, deci ar trebui evitate.

### *Peștele, carnea, ouăle și lactatele*

Produsele de origine animală ridică și ele probleme, atât în privința calității, cât și a preparării. Mai ales peștele, obligatoriu pentru creier, poate fi înșelător, pentru că ai vrea să mănânci un pește *bun* fără să te împrumuți ca să ți-l permiți. În ceea ce privește calitatea, sugestia mea este să alegi pește sălbatic în locul celui crescut la fermă ori de câte ori poți. Vrei ca peștele să fie sălbatic sau proaspăt prins pentru a evita poluanții, pesticidele și antibioticele pe care ai putea astfel să le ingerezi la cină. Mulți, când aud asta, scutură din cap și își spun: „Nu-mi permit așa ceva."

M-am confruntat cu aceeași dificultate când m-am mutat în New York pe un salariu insuficient, de student, și nu am putut găsi o bucată decentă de pește în supermarketurile locale. Acest lucru m-a făcut în cele din urmă să născocesc câteva strategii eficiente. În primul rând, deși este adevărat că somonul de foarte bună calitate este mai costisitor decât cel nesănătos, crescut convențional, e nevoie de numai 57-85 g pentru a acoperi necesarul zilnic al creierului tău. Asta înseamnă mărimea a două bucăți de sashimi. Dacă simți că ai nevoie de o porție mai mare, macroul, codul și halibutul proaspăt sunt alegeri necostisitoare care se află în fruntea listei peștelui bogat în DHA, esențial pentru creier. Achiziționarea de pește congelat este o altă opțiune. Peștele sălbatic congelat tot este mai bun decât peștele proaspăt, dar crescut la fermă, atât în ceea ce privește calitatea nutrițională, cât și siguranța. Îți vine să crezi sau nu, poți cumpăra on-line 450 g de somon sălbatic de Alaska cu nu mai mult de 12 dolari (curățat și tăiat), pe care să-l dezgheți apoi când ai nevoie. Anșoa și sardinele sălbatice pot fi cumpărate on-line ușor la mai puțin de 2 dolari conserva. Icrele de somon, pe care eu, personal, le ador nu sunt deloc ieftine, dar le poți cumpăra în cantități mici și cu mai puțini bani on-line sau din orice magazin rusesc de delicatese. Ca să fie clar, circa 110 g îți vor ajunge o săptămână sau mai mult. Amintește-ți că, în ceea ce privește creierul, 2 linguri de icre de somon sunt mai prețioase decât 30 de bucăți de pui!

Acum să abordăm problema cărnii. Orice ai face, nu te zgârci! Unii consumatori știu să se uite după anumite specificații când vine vorba de cumpărat carne: organică, de la animale crescute în aer liber, hrănite cu iarbă pe pășuni, neinjectate cu hormoni, neînchise în cuști. În timp ce ai putea crede că aceste etichete sunt interschimbabile sau neimportante, de fapt nu este așa. De exemplu, știai că puii crescuți în aer liber nu au neapărat acces la iarbă? Este important de observat că centrelor de creștere a găinilor le este permis să-și eticheteze produsele ca provenind de la găini „crescute în aer liber" indiferent de timpul pe care găinile îl petrec efectiv afară sau de perimetrul spațiului în care cresc, spațiu verificat și reglementat într-un fel sau altul. Nici eticheta nu garantează că acele găini au acces la o dietă cu nutreț natural. Găinile crescute în aer liber și vacile hrănite cu iarbă autentică sunt animale care rumegă libere afară, pe o pășune sănătoasă, unde pot căuta hrană pentru dieta lor naturală: semințe, plante sălbatice, iarbă, ierburi și insecte. La acestea se face acum referire din ce în ce mai mult ca la animale „crescute pe pășune", pentru a se evita confuziile de dinainte.

În plus, este important să cumperi aceste cărnuri în forma lor organică din cauza riscurilor de pesticide, antibiotice, hrană OMG și expunere la hormoni de creștere. Nu vrei ca puiul tău crescut pe pășune să fi mâncat hrană procesată!

Când cauți ce e mai bun, vrei să cumperi vită crescută pe pășune, hrănită cu iarbă și pui crescut în aer liber hrănit cu o dietă organică. Fiindcă aceste animale au libertate de mișcare, carnea lor are în mod natural o cantitate redusă de grăsimi saturate și este mai bogată în Omega 3, în comparație cu cea a omologilor lor plini cu hormoni și adesea bolnăvicioși, crescuți convențional. Evident, ouăle și laptele de la aceste animale crescute pe pășune sunt mai sigure. Probabil ai văzut sau ai mâncat un ou proaspăt de fermă, de un portocaliu intens, luminos, și te-ai întrebat de ce arată atât de diferit de oul obișnuit de la supermarket. Asta, pentru că găina care a făcut oul este *sănătoasă*! Același lucru este valabil și în cazul laptelui.

Și așa ajungem la brânză. Când vine vorba de brânză, verifică întotdeauna eticheta. Brânzeturile procesate nu sunt bune. Dacă ai nevoie de un motiv întemeiat pentru a nu mai mânca vreodată brânză feliată, gândește-te că multe dintre aceste „brânzeturi" nu sunt nici măcar făcute din brânză. Aruncă o privire pe etichetă și vei descoperi că sunt, de fapt, „*alimente din brânză* procesate". Traducerea? Jumătate din ceea ce mănânci nu este brânză, nici măcar un aliment în sine, ci o amestecătură de chimicale nocive. În afară de faptul că sunt făcute din lapte contaminat, de slabă calitate, aceste produse lactate sunt pline de emulgatori, de uleiuri vegetale rafinate, de grăsimi trans și de tot felul de aditivi, precum amidon și gume care alcătuiesc cealaltă jumătate a „brânzei" pe care o cumperi. Mai rău, când pe etichetă apare scris „*produse* din brânză procesată", înseamnă că acelea conțin și mai puțină brânză, folosindu-se în loc diverse pudre industriale și componente solide.

Am încercat brânza procesată când m-am mutat pentru prima dată la New York. Ca italiancă, am fost surprinsă să o găsesc, nici mai mult nici mai puțin, pe pizza mea! Prietenii m-au dus într-o pizzeria locală, unde au comandat o pizza mare cu brânză. Când a sosit, era acoperită cu o substanță albă, calcaroasă, despre care mi s-a spus că era „mozzarella". Cum eu știam prea bine cum trebuie să arate mozzarella, am fost năucită de această impostoare de pe celălalt mal al Atlanticului. Deși nu toate pizzeriile servesc brânză procesată, aceasta a fost prima mea experiență de acest gen, ceea ce m-a dus la o revelație: aș mânca mai degrabă brânză organică din lapte integral decât orice altă opțiune disponibilă – inclusiv pe cea cu un conținut scăzut de grăsime. Ești surprins?

Încă o dată, în cartea mea calitatea primează în detrimentul cantității. Există brânzeturi care au în mod natural un conținut scăzut de grăsime și există brânzeturi grase care sunt private industrial de o bună parte a conținutului lor de grăsime. Aceste brânzeturi cu conținut mic sau redus de grăsime au de obicei aceleași probleme ca brânzeturile procesate. Din moment ce laptele cu conținut redus de grăsime are foarte puțină aromă sau nutrienți, producătorii adaugă zaharuri, amidon și aditivi în încercarea de a recupera textura și aroma pierdute ale brânzei, astfel încât să aibă un gust similar cu cel al versiunii naturale făcute din lapte integral. Este valabil și pentru iaurt. Cele mai multe iaurturi din comerț sunt pline ochi de coloranți artificiali, arome, aditivi și sirop de porumb cu conținut ridicat de fructoză, care, în loc să ofere orice beneficiu pentru sănătate, de fapt hrănește bacterii, fermenți și ciuperci, provocând boli la nivelul intestinului. Din moment ce intestinul tău poate găzdui un număr limitat de bacterii, consumul acestor alimente îi dă afară pe tipii buni, primindu-i în schimb înăuntru pe tipii răi. Rezultatul inevitabil: te îmbolnăvești fie imediat, fie în timp.

Tocmai ți-am sugerat să mănânci brânză și iaurt din lapte integral? Cu siguranță! Poți savura o ceașcă de iaurt organic, simplu, gras în fiecare zi, dacă îți place. Cel mai bine ar fi să îți faci propriul iaurt sau cel puțin să-l cumperi proaspăt direct de la fermă. Ca alternativă, unele dintre mărcile mele comerciale preferate sunt Maple Hill Creamery (100% din lapte provenit de la animale crescute cu iarbă), Stronyfield, Ronnybrook, Liberté și Redwood Hill Farm. Le poți găsi în multe supermarketuri și la fel de ușor on-line.

O alternativă mult mai bună atât la lactatele grase, cât și la cele din comerț cu un conținut redus de grăsime este să ne concentrăm atenția pe acele tipuri de lapte și de brânză care sunt slabe în mod natural. De exemplu, laptele de capră și cel de oaie conțin mai puțină grăsime decât laptele de vacă, totodată având mai multe proteine și nutrienți, ceea ce te va face să te simți sătul mai mult timp. Brânzeturile uscate, precum Pecorino sau Feta sunt exemple bune. Data viitoare când ești pe cale să mănânci o bucată de mozzarella procesată, cauciucată, încearcă în loc o bucățică de brânză de capră, proaspătă, cremoasă sau una Romano. Acestea sunt doar câteva dintre opțiunile infinit mai bune.

## Restabilește echilibrul dintre produsele pro și antiinflamatorii

Pe lângă creșterea consumului de alimente cu proprietăți antiinflamatorii, trebuie mai întâi de toate să acordăm atenție celor care produc inflamație. Dieta occidentală obișnuită abundă în alimente proinflamatorii, care accelerează, de fapt, îmbătrânirea creierului. Alimentele care produc cea mai rapidă accelerare a îmbătrânirii cerebrale tind să fie cele foarte acide – dar probabil nu așa cum îți imaginezi. În realitate, sunt acele mâncăruri pline de zaharuri rafinate, cereale rafinate, produse foarte procesate, precum margarina și cremele tartinabile, chiar și unele tipuri de alcool cu o aciditate crescută.

Deși alimentele procesate sunt mai la îndemână, cel mai adesea asta ascunde cantități mari de grăsimi trans, de sodiu și de zaharuri goale din punct de vedere nutrițional, care sunt printre cele mai periculoase ingrediente pe care le poți ingera. Chiar și alimentele care par inofensive, precum cerealele „fortificate" și pâinea, ascund, de fapt, produse supraprocesate și comercializate în masă. Deși este adevărat că anumite alimente conțin unele vitamine și minerale adăugate, ele sunt prezente doar în formele lor cele mai sintetice, ceea ce înseamnă că nutrienții lor sunt destinați să fie prost absorbiți sau chiar deloc. Mai mult, aceste produse găzduiesc substanțe de umplere chimice în exces ascunse printre celelalte ingrediente – incluzând acei conservanți și emulgatori – despre care s-a demonstrat că deteriorează sănătatea inimii, a creierului și a intestinului, deopotrivă.

Produsele de origine animală, precum carnea și lactatele foarte grase sunt și ele proinflamatorii, mai ales când sunt prăjite în uleiuri nesănătoase. Cu toate acestea, dacă îți limitezi consumul la porțiile potrivite și le mănânci cu moderație și din surse sigure, aceste alimente sunt mai bune decât ar putea fi vreodată oricare alt produs procesat.

## Ajută-ți ADN-ul să te ajute

Mulți nutrienți au un efect puternic asupra genelor noastre. În timp ce unii ne fac mai puternici, alții, în schimb, ne slăbesc. Produsele proaspete, organice, cerealele integrale, peștele sălbatic și cantitățile mici de carne și de ouă de la animale crescute pe pășuni, alături de îndulcitorii naturali, precum fructele, mierea și siropul de arțar, sunt toate ingrediente la care ADN-ul nostru străvechi răspunde pozitiv în mod natural. Alte alimente, în special cele pe bază de plante, au fost asociate cu reîntinerirea creierului, pe lângă inflamația redusă, echilibrul metabolic îmbunătățit, îmbunătățirea sensibilității la insulină și un sistem imunitar mai bun. Pe de altă parte, alimentele proinflamatorii, procesate și rafinate fac exact pe dos, provocându-ne nenumărate efecte secundare chiar și la nivelul ADN-ului.

Aceleași alimente ne influențează și microbiomul. O dietă care include în mod regulat alimente prebiotice și probiotice îți va transforma microbiomul într-unul învingător, în timp ce una plină cu alimente procesate și carne grasă va avea efectul opus. Majoritatea oamenilor nu mănâncă nici pe departe suficiente fibre, nici nu se gândesc să consume pre- și probiotice în mâncărurile lor. A venit timpul să cunoști toate opțiunile disponibile. Data viitoare când mergi la cumpărături, și mai ales dacă suferi de probleme digestive, precum crampe, balonare, constipație sau diaree, ia cu tine lista din Caseta 2 pentru câteva alegeri sănătoase. Ceapa, sparanghelul, anghinarele și usturoiul sunt esențiale pentru a asigura corpului doza de prebiotice. În plus, ai grijă să te aprovizionezi cu carbohidrați bogați în fibre, precum tărâțe, ovăz, legume crucifere (ca broccoli și conopida), fructe de pădure și tot felul de verdețuri.

Alimentele probiotice sunt mai rar întâlnite decât cele prebiotice, dar există mai multe opțiuni disponibile care se întâmplă să fie și necostisitoare. Aceste alimente conțin „bacterii vii“, sau probiotice, care odată ajunse în intestin vor repopula microbiomul și vor reface sănătatea intestinală. Ca regulă, când vine vorba de hrănirea intestinului cu „tipii buni“, caută alimente amare și acre.

| ALIMENTE PREBIOTICE ȘI CU FIBRE | OPȚIUNI SAU INGREDIENTE |
|---|---|
| Legume | Broccoli, conopidă, varză, rădăcinoase, anghinare, andive, usturoi, ceapă, praz, sparanghel, sfeclă, bulb de fenicul, fasole verde, mazăre |
| Leguminoase | Năut, linte, fasole roșie, fasole neagră, soia |
| Fructe | Banane, fructe de pădure, mere, nectarine, piersici albe, kaki, grepfrut, rodie, fructe deshidratate (ex.: curmale, smochine) |
| Pâine/cereale/gustări | Orz, secară, grâu integral, cușcuș, tărâțe de grâu, ovăz |
| Nuci și semințe | Caju, migdale, fistic, semințe de chia, semințe de in, tărâțe de psyllium |

| ALIMENTE PROBIOTICE | OPȚIUNI SAU INGREDIENTE |
|---|---|
| Lapte organic fermentat | Iaurt, kefir și lapte bătut |
| Legume murate | Există multe opțiuni, printre care se numără varză acră, varză proaspătă, napi, vinete, castraveți, sfeclă, ceapă și morcovi. Amintește-ți că beneficiile probiotice sunt prezente doar în alimentele nepasteurizate, murate în saramură, nu în oțet |
| Kimchi | Un fel tradițional coreean, făcut din varză fermentată, ceapă verde, castraveți, ridichi și mai multe condimente |
| Natto | Un fel tradițional japonez făcut din soia fermentată |
| Kombucha | O băutură fermentată făcută din ceai verde sau negru îndulcit, împreună cu bacterii prietenoase și cu drojdie |

**Caseta 2.** Alimente prebiotice și probiotice

Dacă niciunul dintre aceste alimente nu te atrage sau dacă le consumi doar rareori, trebuie să iei un supliment probiotic. Suplimentele vin în capsule și în formule lichide și sunt de asemenea disponibile și versiuni vegane. Mulți vânzători *en detail* te-ar face să crezi că meritul probioticelor se bazează doar pe miliardele de bacterii prezente, dar, în realitate, nu atât cantitatea, cât *diversitatea* bacteriilor este cea cu adevărat importantă. Deoarece diverse tulpini bacteriene au roluri ușor diferite și tind să colonizeze părți variate ale sistemului gastrointestinal, probioticele care conțin mai multe feluri de tulpini sunt, de obicei, mai eficiente. Verifică eticheta și asigură-te că suplimentul pe care îl cumperi conține cel puțin trei dintre aceste tipuri de bacterii importante: *Lactobacillum acidophilus*, *Lactobacillum helveticus*, *Lactobacillum rhamnosus*, *Bifidobacterium longum*, *Bifidobacterium bifidum* și *Streptococcus thermophilus*.

Din fericire, odată ce îți vei schimba dieta[3], e nevoie doar de puțin timp pentru ca microbiomul să se schimbe și el. Totuși, aceste schimbări pozitive pot dispărea la fel de repede, dacă o dietă bună este abandonată pentru una proastă, așa că ai grijă ca aceste alimente și suplimente să nu lipsească din dieta ta.

## Fă din alimente motoare nutriționale

O dietă care să conțină alimente integrale sau procesate minimal este esențială, dacă vrei să poți accesa conținutul lor nutrițional. Este simplu. Așa cum poate că îți amintești, centenarii de peste tot nu mănâncă *niciodată* alimente procesate sau ambalate. Toată mâncarea lor este proaspătă, o afirmație doar pe jumătate adevărată, din moment ce proaspăt înseamnă, de cele mai multe ori, cules direct din grădină sau de pe câmp. Acest nivel de prospețime asigură densitatea nutrițională maximă a mâncării lor.

Mâncarea procesată, pe de altă parte, este problema majoră[4] a societății noastre. Măcinarea grâului, polizarea boabelor de orez, cernerea făinii de porumb și rafinarea zahărului din trestie-de-zahăr sunt toate exemple ale metodelor care privează mâncarea noastră de majoritatea vitaminelor, mineralelor și fibrelor, din moment ce ele sunt conținute în straturile exterioare și în cojile care sunt îndepărtate. În special vitaminele B sunt afectate de acest proces, cu pierderi de până la 50%. Congelarea și conservarea sunt alte metode de procesare care au drept rezultat pierderea nutrienților.

Agricultura modernă este o altă mare problemă când vine vorba de autenticitatea alimentelor noastre. Conținutul nutrițional al solului unde sunt crescute legumele și fructele determină conținutul nutrițional al produselor finale. Noi tipuri de culturi au fost dezvoltate științific pentru a ține pasul cu cererea din ce în ce mai mare, precum și pentru a crește rezistența la paraziți și la schimbarea climei. În timp ce aceste soiuri au produs plante mai mari, care cresc mai repede, abilitatea lor de a prelua o cantitate comparabilă de nutrienți s-a pierdut în timp.

Un studiu de referință pe acest subiect a analizat datele nutriționale de la USDA pentru mai mult de 40 de legume și de fructe diferite, din 1950 până în 1999, și a descoperit un declin semnificativ al cantității de vitamine[5] (în special de B-uri și de C) și de minerale, cum ar fi fierul. Aceste descoperiri au declanșat o dezbatere semnificativă, care a dus la rapoarte ulterioare contrastante. În timp ce unele studii au arătat că morcovul modern nu conține nici jumătate din nutrienții care ar fi fost prezenți în morcovii consumați de bunicii noștri, altele indică faptul că aportul de vitamine al acestor legume a rămas, în parte, neschimbat. Așadar, care este adevărul? În opinia mea, chiar dacă studiile recente au identificat niveluri ale vitaminelor asemănătoare, au neglijat să menționeze că trebuie examinată și *calitatea* conținutului de vitamine raportat. Un nivel asemănător de vitamine nu înseamnă că vitamina are aceeași calitatea – și nici nu este sigur dacă arsenalul de fitonutrienți care însoțesc alimentele rămâne intact și la fel de prețios. Adaugă la asta utilizarea nerestricționată de pesticide și de fertilizatori asupra acestor recolte și rezultă ultima generație de pseudoproduse rezistente la dăunători, care cresc furios și iute. Pline de conservanți și perfecte în ceea ce privește aspectul, aceste produse ar putea să ne farmece, dar, din nefericire, nu au nimic de oferit.

În ceea ce privește controversele, prea mulți americani au carențe nutriționale în urma analizelor de sânge. După ce am studiat mai multe dintre aceste analize, mi-am dat seama că asta dovedește totul. Nu există îndoială. Aceia dintre noi care avem grijă de propria persoană și de familia noastră și vrem să punem pe masă cele mai nutritive produse posibile am face bine să cumpărăm cu regularitate de la fermieri locali care oferă produse organice sau de la magazinele cu mâncare sănătoasă.

*Modul* în care mănânci este de asemenea important. În esență, legumele, fructele, nucile și semințele au cel mai mare aport când sunt consumate crude. În general, în această stare enzimele, vitaminele, mineralele și fitochimicalele lor sunt încă intacte, făcându-ți produsele cât mai potente posibil. Cumpără cele mai proaspete produse pe care le poți găsi – dacă sunt locale și de sezon, cu atât mai bine – și consumă-le imediat! Oamenii sunt preocupați de pierderea nutrienților prin procesul de gătire, dar o legumă poate la fel de bine pierde nutrienți și când stă mult timp în frigider sau pe plită.

Acestea fiind spuse, există legume care, de fapt, *preferă* plita. Uneori, gătitul crește conținutul nutrițional al unui aliment (în special al unor legume), descompunând pereții celulelor plantei și eliberând nutrienții, care altfel ar rămâne blocați în interior. Beta-carotenul (antioxidantul responsabil pentru culoarea portocalie aprinsă a morcovului) și licopenul (responsabil pentru nuanța rubinie a roșiei) se află printre acești prizonieri. Prepararea la aburi, folosind o cantitate minimă de apă sau coacerea ușoară a morcovilor și a roșiilor le va crește nivelul de antioxidanți, asigurând astfel neuronilor tăi flămânzi o protecție suplimentară împotriva îmbătrânirii. Doar asigură-te că nu gătești legumele în exces, până când se înmoaie. Nutriția optimă se face *al dente.*

Din moment ce ar fi imposibil să mâncăm cerealele integrale și leguminoasele fără să le gătim, iată un truc minunat care transformă aceste alimente în motoare nutriționale: lasă-le să *germineze.* Simplul proces de germinare eliberează o tonă de enzime sănătoase în cazul semințelor, al leguminoaselor și al cerealelor. Acest lucru le face mai ușor de digerat, permițându-ne să le absorbim mai eficient proteinele, vitaminele și mineralele, în același timp reducându-le drastic timpul de gătire. Este o situație din care toată lumea are de câștigat.

Dacă germinatul este ceva nou pentru tine, iată cum se face. Să începem cu cerealele. Ele trebuie să fie întregi, cu tot cu coajă. Boabele de grâu, amarantul, orzul, hrișca, grâul kamut, meiul, orezul, boabele de secară, sorgul și alacul, toate germinează frumos. Boabele grâului alac sunt preferatele gospodăriei noastre. Aceste cereale conțin tărâțele, germenul și endospermul bobului de alac, ceea ce se traduce într-o încărcătură nutrițională maximă. Pentru a le lăsa să germineze, primul pas este să le lași la înmuiat în apă, mărindu-le astfel conținutul de umiditate, totodată neutralizându-le *acidul fitic* – o substanță care poate cauza balonarea. Apoi, scurge boabele și păstrează-le umezite într-un borcan cu capac pe o perioadă de 1-5 zile. Acoperă borcanul cu o bucată de plasă sau de tifon, astfel încât să le poți scurge ușor, permițând circulația aerului pentru a preveni mucegăirea. Cât de curând, le vei vedea germinând chiar sub ochii tăi. Cerealele germinate pot fi mâncate crude sau ușor gătite și se găsesc chiar și în anumite pâini sănătoase. Același proces poate fi folosit pentru a germina leguminoase, precum lintea și fasolea mung, și toate felurile de semințe, de la floarea-soarelui la quinoa.

Să trecem la produsele de origine animală. Cu excepția produselor de foarte bună calitate, cum este sushi, produsele animale trebuie gătite pentru a omorî bacteriile și alți agenți patogeni. Pentru a scoate la iveală potențialul lor nutritiv complet, peștele și ouăle sunt consumate cel mai bine pregătite la aburi sau poșate, cu un pic de condimente și de ierburi proaspete. Carnea este un alt aliment pe care procesul de gătire îl face mai ușor de digerat și căruia îi crește biodisponibilitatea. Pentru carne sunt ideale coacerea, prepararea pe grătar sau sotarea în wok, în timp ce rumenirea și prăjirea vor crește în schimb efectele inflamatorii care determină ÎMBĂTRÂNIREA.

Indiferent ce metodă de preparare alegi, ai grijă să selectezi numai uleiuri sănătoase pe care să le folosești în regimul de zi cu zi. Majoritatea uleiurilor vegetale sunt disponibile atât în sortimentele rafinate, cât și nerafinate (ex.: extravirgine). Precum cerealele și zahărul, uleiurile rafinate sunt produse prin procese mecanice și chimice intensive pentru a extrage uleiul din semințe și din nuci. Acest proces înlătură nutrienții, în special mineralele, și creează un produs final care este predispus la oxidare. Oxidarea crește probabilitatea ca uleiurile rafinate să producă radicali liberi, care, la rândul lor, te îmbătrânesc. De parcă nu ar fi fost suficient de rău, multe uleiuri vegetale rafinate sunt și hidrogenate. Așa cum am discutat deja, procesul de hidrogenare transformă aceste uleiuri în grăsimi trans, făcându-le mai dense la temperatura camerei, așa că pot fi vândute ca margarine sau ca grăsime. Aceste uleiuri ar putea fi într-adevăr mai ieftine, dar vor avea un impact negativ asupra sănătății tale.

Pe de altă parte, uleiurile nerafinate își mențin aceleași calități pe care le aveau când încă erau în plantă. Au o aromă naturală, bogată, și mulți nutrienți. De exemplu, uleiul de măsline extravirgin conține polifenoli antioxidanți împreună cu grăsimi sănătoase, care altfel ar fi fost înlăturate prin procesul de rafinare. Fie că preferi uleiul de măsline, fie pe cel de cocos, alege întotdeauna versiunile nerafinate. De asemenea, ține minte că uleiurile bogate în prețioasele grăsimi nesaturate, cum ar fi uleiul de măsline și din semințele de in, sunt cel mai bine consumate *a crudo* (crude, neîncălzite), reținând astfel conținutul maxim de nutrienți. Totuși, dacă folosești aceste uleiuri pentru gătit, asigură-te că nu le încingi prea tare sau nu le arzi (nu vrei ca uleiul să sfârâie și să devină maro). De exemplu, uleiul de măsline arde la 200°C.

Pentru gătit, alege uleiuri și grăsimi cu un punct de ardere ridicat. Punctul de ardere indică limita de temperatură până la care poate fi folosit uleiul de gătit, deci cu cât e mai mare, cu atât mai bine. Cel mai bun ulei nerafinat pentru gătit este cel de avocado, care are cel mai înalt punct de ardere dintre toate (270°C). Uleiul de canola (sau de rapiță) și uleiul de cocos sunt următoarele. Dacă preferi grăsimea animală pentru gătit, ghee (untul indian clarifiat) este cea mai bună alegere (251°C).

## Consumă alimente, nu nutrienți

Cercetările recente, inclusiv ale mele, susțin că suplimentarea nutrițională *nu* este echivalentă cu a aduna nutrienții puțin câte puțin din alimentele integrale pe care le mâncăm. Cu alte cuvinte, suplimentele ar trebui folosite pentru „a suplimenta“. Acest lucru ne aduce înapoi la subiectul delicat al nutrienților atât de prețioși pentru creier obținuți din alimente, nu din suplimente. Prea mulți oameni nu obțin suficiente vitamine și minerale doar din mâncare. Totuși, decât să-și îmbunătățească dietele pentru a-și acoperi complet necesitățile nutriționale, preferă să recurgă la suplimente ca la o scurtătură.

Așa cum am văzut în capitolele anterioare, există din ce în ce mai multe dovezi științifice că suplimentele nu vor funcționa de unele singure. Modul în care corpul nostru răspunde la o dietă este un sistem complex și extrem de coordonat și, din câte se pare, ceea ce extrage dintr-o pastilă nu echivalează cu beneficiile derivate din mâncarea reală. Gândește-te la nutrienți ca la o echipă. Abilitatea unui singur jucător, indiferent de experiența sa, nu înseamnă nimic dacă nu se pricepe și la comunicare și nu se coordonează cu ceilalți colegi de echipă. Același principiu se aplică și hranei. Nutrienții din mâncare sunt superiori suplimentelor pentru că acționează în sinergie unii cu ceilalți într-un mod în care suplimentele par să nu o poată face. Acest dezavantaj pune suplimentele pe locul doi când vine vorba de atingerea obiectivelor nutriționale.

Nu sunt adepta luării de suplimente, din moment ce cred că majoritatea nutrienților noștri pot și ar trebui să provină din alimentele naturale pe care le consumăm. Totuși, dacă nu mănânci suficiente alimente dense în nutrienți, suplimentele pot ajuta la corectarea și la evitarea posibilelor carențe. Este important să discuți cu medicul tău dacă trebuie să iei suplimente. Următoarele suplimente pot fi utile dacă dieta ta este săracă într-unul dintre (sau în toți) nutrienții esențiali despre care am discutat pe parcursul cărții:

- DHA Omega 3: Suplimentarea cu 300-500 mg/zi de DHA Omega 3 este o idee bună, în special pentru oamenii de 60 de ani și mai mult. Dacă nu mănânci pește, este de o importanță crucială să îți suplimentezi dieta cu cel puțin 500-1 000 de mg de DHA pe zi.*
- Colina: Majoritatea oamenilor din Statele Unite nu consumă suficiente alimente bogate în colină, în special

* Atenție: Acizii Omega 3 pot avea un efect de subțiere a sângelui și ar putea crește acțiunea medicamentelor care subțiază sângele, precum warfarina și aspirina. Prea mult Omega 3 poate duce și la sângerare și la echimoze. Consultă întotdeauna un cadru medical înainte să incluzi suplimente cu Omega 3 în dieta ta. (*N. a.*)

pește. În acele zile în care nu mănânci pește, ouă sau alte surse naturale de colină, ia în considerare suplimentarea cu 300-600 mg/zi de alfa-GPC (forma de colină cu cea mai mare biodisponibilitate) sau 420 mg/zi de *fosfatidilcolină* (o sursă bună atât de colină, cât și de acizi Omega 3) ca stimulent al memoriei.

- Vitaminele B: Este important să îți suplimentezi dieta cu un complex B, care conține un spectru complet de vitamine B. Vitaminele B sunt cunoscute ca tonice nervoase care ajută la reducerea stresului și a oboselii și care joacă un rol de o importanță capitală în producerea neurotransmițătorilor. În plus, dacă ai 50 de ani sau mai mult și/sau suferi de gastrite, reducerea acidului stomacal, boala Crohn, boala celiacă sau iei medicamente precum metformin (pentru diabet) sau inhibitori ai secreției gastrice acide, consultă-te cu doctorul ca să verifici starea vitaminei B. Mai ales când îmbătrânim, metabolismul nostru încetinește în mod natural și, drept rezultat, absorbția unor vitamine ca B12 ar putea să scadă. Asigură-te că incluzi cel puțin 50 de mcg de vitamina B12 (cobalamina sau metilcobalamina, conform prescripției medicului tău).
- Minerale: Toată lumea trebuie să acorde atenție mineralelor, în special cuprului, fierului și zincului. O cantitatea prea mică încetinește creierul. O cantitate prea mare ar putea să deterioreze celulele creierului. Majoritatea americanilor consumă aceste minerale în cantități suficiente din alimentele de zi cu zi, dar și din alte surse. Dacă iei multivitamine, verifică eticheta pentru conținutul de cupru, fier și zinc. Dacă e posibil, alege multivitamine fără aceste minerale. Altfel, verifică eticheta și asigură-te că suplimentele conțin nu mai mult de 50% din doza zilnică recomandată (%DZR) a acestor nutrienți. Din moment ce dozajele depind de vârstă și de sex,

consultă valorile specifice din ghidurile actuale ale Institute of Medicine (nationalacademies.org/hmd/Activities/Nutrition/SummaryDRIs/DRI-Tables.aspx) și discută acest lucru cu doctorul tău.

- Probiotice: Asigură-te că mănânci zilnic alimente probiotice (ex.: iaurt, lapte acru). Dacă preferi să iei suplimente sau ai zile în care nu ai acces la aceste alimente, amintește-ți să alegi un supliment probiotic de foarte bună calitate, care include un minimum de trei tipuri de bacterii, cum am descris mai devreme. Personal, când nu am acces la alimente probiotice, îmi iau suplimentele cu probiotice în forma unui lichid refrigerat, pentru că aceste produse sunt mai blânde cu tractul gastrointestinal.
- Antioxidanți: Dacă dieta ta obișnuită nu conține multe legume proaspete, fructe, nuci și semințe, creierul tău ar putea duce lipsă de antioxidanți. Pentru a-ți reface rezerva de antioxidanți, ia în considerare suplimentarea cu 100-200 mg/zi de coenzima Q10 (CoQ10 sau ubichinona).* Acest aspect este important mai ales dacă ai 60 de ani sau mai mult. CoQ10 este un antioxidant puternic, implicat în reacțiile metabolice-cheie și în producerea de energie la nivelul celulelor din creier.
- Ierburi: Dacă ai un stil de viață destul de sedentar, ginkgo biloba, unul dintre cele mai cunoscute tonice cerebrale, ar putea ajuta la creșterea calității și a ascuțimii mintale prin îmbunătățirea furnizării de oxigen creierului. Doza recomandată este de 240 mg/zi de extract ginkgo.[6] Panax ginseng ar putea fi de asemenea util pentru susținerea memoriei, în special dacă tinzi să ai niveluri ridicate de zahăr în sânge și/sau colesterol mare. Această plantă a demonstrat

---

* Atenție: CoQ10 ar putea interfera cu medicațiile care subțiază sângele, precum warfarina și aspirina. Vorbește cu medicul tău. (*N. a.*)

că are proprietăți antiîmbătrânire și că scade atât nivelurile de zahăr, cât și cele ale colesterolului. Doza recomandată este de 4 g/zi de pudră roșie de Panax ginseng.[7] O poți găsi și în formă lichidă, amestecată cu miere și cu lăptișor de matcă.

## Ia aminte la vasele de gătit

Așa cum am discutat mai devreme, unele minerale, precum cuprul și aluminiul, pot intra în corp din surse neașteptate, de exemplu, din conductele de apă, dar și de la cratițe și tigăi. Personal, nu folosesc deloc vase din aluminiu. De asemenea, nu recomand folosirea oricăror plastice pentru gătit (de exemplu, recipientele de plastic care pot fi utilizate în cuptorul cu microunde) sau suprafețe neaderente sintetice precum teflonul, care conțin PTFE (*politetrafloretilenă*), un compus toxic. În schimb, bucătăria mea este bine echipată cu inox, sticlă, fontă și ceramică tradițională. Bineînțeles, farfuriile de unică folosință și paharele din hârtie ar trebui eliminate în întregime sau folosite doar dacă nu ai încotro.

# 13

# O săptămână obișnuită pentru un creier sănătos

## Orientări dietetice pentru o condiție cognitivă optimă

Ești gata să pui toate aceste informații în practică?

Să aruncăm o privire asupra Piramidei dietei pentru creier din Figura 2, de pe pagina următoare. Acest grafic oferă o imagine sintetizată a tipurilor și porțiilor de alimente pe care ar trebui să le mâncăm cu regularitate pentru o sănătate optimă a creierului. Pe lângă grupele de alimente esențiale pentru creier, acesta conține și băuturi sănătoase, grăsimi și îndulcitori naturali, aranjați în funcție de cât de mult contribuie la o dietă neuronutrițională echilibrată.

Asigură-te că mănânci săptămânal suficient din alimentele aflate la baza piramidei. Numerele înscrise de-a lungul marginilor îți vor aminti de câte ori pe săptămână te poți bucura de aceste alimente. Pentru început, bea zilnic cel puțin 8 pahare de circa 230 de ml de apă filtrată sau de izvor și/sau de ceai din plante. În același timp, asigură-te că mănânci frunze și legume crucifere în fiecare zi. Când vine vorba de astfel de legume, cu cât mai multe, cu atât mai bine, dar cu siguranță nu mai puțin de 1 ceașcă pe zi. Suplimentează-ți dieta zilnică cu o porție de legume, precum morcovi sau ceapă și amintește-ți să incluzi fructe bogate în grăsimi, ca avocado și măsline, în mod regulat. O porție înseamnă un sfert de avocado și 4-5 măsline.

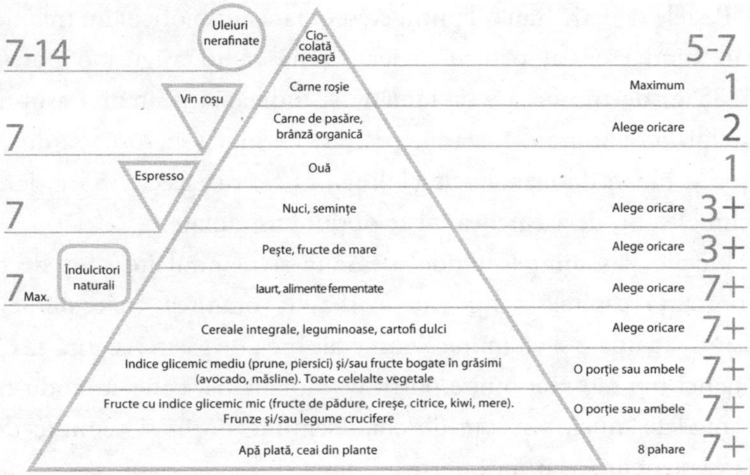


**Figura 2.** Piramida alimentelor pentru creier: alimente recomandate și numărul de porții per săptămână

Savurează zilnic câte o porție de fructe cu indice glicemic mic, precum fructe de pădure, cireșe, portocale, grepfrut și pere. Dacă preferi fructele cu indice glicemic mediu, ca prunele și piersicile, este în regulă, dar ai grijă la mărimea porției: 1 ceașcă de fructe cu indice glicemic mic versus ½ ceașcă de fructe cu indice glicemic mediu. (Vezi capitolul 6 pentru o listă completă.)

Propune-ți să mănânci până la două porții de cereale integrale și de leguminoase cel puțin o dată pe zi. Și nu uita de cartofii dulci. Pentru a avea o imagine a mărimii porției, asta înseamnă 1 ceașcă de cereale sau de leguminoase gătite, sau 1 felie de pâine cu făină din cereale integrale sau jumătate dintr-un cartof dulce mic (de mărimea pumnului tău). Vezi cât de simplu este să mănânci două porții din fiecare?

Iaurtul simplu organic și legumele fermentate, ca varza acră sau murăturile, ar trebui consumate zilnic, în jur de ½ ceașcă dintr-una sau din cealaltă (sau mai mult).

Peștele sălbatic (sau cel puțin crescut fără antibiotice) nu trebuie ratat, fiind esențial pentru creier. Caută să îți asiguri o porție (57-85 g) de trei ori pe săptămână și îndreaptă-ți atenția asupra peștelui gras: somon, macrou, păstrăv, hering, ton roșu, sardine, anșoa și biban dungat. Icrele (1 lingură) și crustaceele (85 g, fără cochilie) sunt, de asemenea, niște opțiuni minunate.

Nucile și semințele crude, nesărate și neîndulcite sunt de o importanță capitală când vine vorba de hrănirea creierului cu grăsimi sănătoase și vitamine și minerale greu de găsit. Asigură-te că mănânci trei sau mai multe porții pe săptămână, concentrându-te pe migdale, nuci, semințe de chia, semințe de in și semințe de floarea-soarelui. Mărimea porției: 2 linguri.

Acum, produsele de origine animală. Ouăle sunt minunate consumate cu moderație (1-2 ouă pe săptămână), urmate de pui crescut pe pășune (85 g pe săptămână) și de brânză organică – de preferat brânză uscată precum Pecorino sau brânză proaspătă de capră, ca Feta (28-57 g pe săptămână). Carnea roșie (vită, porc) nu se află în meniul nostru și ar trebui să fie consumate nu mai mult de o dată pe lună sau cu ocazia evenimentelor speciale.

Ierburile și condimentele ar trebui să fie folosite în locul sării și în combinație cu uleiuri sănătoase, organice, nerafinate. Uleiul de măsline extravirgin este obligatoriu. Uleiurile de in, cânepă, avocado și cocos sunt de asemenea alegeri minunate. Doza recomandată este de 1 lingură de două ori pe zi. Ia-ți libertatea de a le folosi împreună cu ingrediente sănătoase, precum oțetul din cidru de mere, din orez sau balsamic; tamari (o versiune naturală fără gluten a sosului de soia); sos Amino de cocos; drojdie de bere sau nutrițională; și pastă miso, pentru a intensifica aroma alimentelor. Fii generos cu aceste ingrediente, sunt bune.

Dacă vrei să consumi o băutură alcoolică, atenția ar trebui să se concentreze în jurul vinului roșu, de preferat organic. Dacă ești femeie, 1 pahar de circa 150 de ml cu vin roșu este perfect. Dacă ești bărbat, poți bea până la 2 pahare pe zi.

În cazul unora, cafeaua poate fi de ajutor pentru sănătatea creierului. Eu beau 1 ceașcă de espresso pe zi pentru a asigura creierului echilibrul optim dintre cafeină și antioxidanți, dar cafeaua organică obișnuită funcționează la fel de bine. Dacă îți bei cafeaua neagră sau cu un pic de lapte (organic) este excelent. Dacă ai nevoie de puțin zahăr, îți recomand nu mai mult de 1 linguriță de zahăr de cocos sau alt îndulcitor organic, ca stevia, per ceașcă de cafea. Deși nu există o asociere clară dintre consumul de ceai și reducerea riscului de demență, ceaiul verde are aproape la fel de mulți antioxidanți precum cafeaua, fără să îți dea acea stare de nervozitate – așa că poți consuma până la 2 cești pe zi.

În final, recomand cu tărie o bucățică de ciocolată neagră aproape în fiecare zi (aproximativ 28 g). Ciocolata neagră este bogată în flavonoide antioxidante, magneziu, potasiu și teobromină, substanță care susține circulația sângelui și ne face fericiți. Nu uita să alegi ciocolata neagră de foarte bună calitate, cu cel puțin 65% cacao și zahăr puțin sau deloc.

Odată cu creșterea consumului de alimente sănătoase pentru creier, fă un efort să limitezi sau, mai bine, să elimini complet din dietă mâncărurile care nu sunt atât de sănătoase ori chiar complet vătămătoare pentru corpul și pentru creierul tău. Printre acestea se numără:

- Toate produsele de tip fast-food;
- Zahăr alb, îndulcitori artificiali și sare de masă;
- Cărnuri: carne roșie (vită, porc), bacon, delicatese din carne, mezeluri, carne afumată, cârnați Bologna, salam, pastramă și orice altă carne procesată;
- Brânză procesată/lactate, ca brânză la conservă, brânza americană, brânza cu mucegai albastru (doar dacă nu este

organică), iaurt îndulcit, îngheţate şi creme din comerţ, brânză topită, creme tartinabile, margarină, băuturi cu lapte îndulcite sau cu arome şi orice alte brânzeturi/lactate procesate;

- Cereale rafinate, ca orez alb, pâine albă, pâine din făină de porumb, fulgi de porumb, cereale pentru micul dejun, gogoşi din comerţ, fursecuri, biscuiţi săraţi, brioşe, plăcinte, checuri şi orice alte produse din cereale procesate;
- Nuci procesate, inclusiv sărate, coapte cu miere sau îndulcite;
- Ingrediente precum ketchup, maioneză, sos Worcestershire, sos barbecue, sosuri pentru salată, paste tartinabile din comerţ, sos de soia şi uleiuri rafinate (în special, ulei de şofran, ulei de susan şi ulei de floarea-soarelui);
- Băuturi carbogazoase, băuturi energizante, suc de fructe (doar dacă nu e proaspăt făcut prin stoarcere, caz în care te limitezi la 1 pahar pe zi);
- Băuturi alcoolice, ca berea şi lichiorul distilat. Limitează consumul la 1 doză de bere (355 de ml) sau 1 deget de lichior (ţine-ţi degetul lângă pahar şi toarnă cât lăţimea sa), nu mai mult de 1-2 ori pe lună.

Dacă pare mai uşor de spus decât de făcut, vezi Tabelul 9, care ilustrează cum ar trebui să arate un meniu săptămânal obişnuit.

De exemplu, micul dejun de luni ar putea fi un castron consistent cu fulgi de ovăz, acoperiţi cu o mână de nuci tocate, afine proaspete şi sirop de arţar. La prânz, fă cunoştinţă cu supa mea preferata mea: supa de fasole mung ayurvedică. O ceaşcă de iaurt şi o mână de migdale sunt o excelentă gustare pentru după-amiază. Pentru ca totul să fie perfect, la final o bucată frumoasă de somon de Alaska preparat la aburi, servit cu piure de broccoli făcut în casă, un mod excelent de a încheia prima ta zi de dietă sănătoasă pentru creier. În ziua a doua, vei începe cu un iaurt organic din lapte de capră acoperit cu mure proaspete (şi un pic de miere, dacă îţi place) şi apoi vei trece la un delicios risotto cu orez brun şi ciuperci, care combină aroma distinctă de ciuperci sălbatice cu aceea a drojdiei pline de nutrienți pentru și mai multe vitamine. Un pic de icre de somon pe biscuiți sărați din orez, și vei avea o gustare delicioasă, plină cu Omega 3, în timp ce cartofii dulci făcuți pe grătar, cu o salată proaspătă de spanac, îți va satisface orice pofte de zahăr și te va menține sătul toată noaptea. Și așa mai departe. Îți sună ca o dietă? Mie nu mi se pare.

Acestea fiind spuse, poți face ce combinații dorești. Înlocuiește unele dintre mesele sugerate cu oricare dintre cele incluse în capitolul 16 sau cu cele de pe blogul meu (brainfood-blog.tumblr.com), dacă îți par mai apetisante sau mai interesante. Doar asigură-te că schimbi un fel de mâncare cu un altul de același fel, de exemplu pește cu pește sau ouă cu ouă, astfel încât să păstrezi echilibrul nutrițional pe tot parcursul săptămânii – deși poți și ești încurajat să înlocuiești carnea și puiul cu pește ori de câte ori dorești. Pentru mai multe recomandări specifice, vezi „Pasul 3: Dieta optimă pentru creier".

| | **Mic dejun** | **Prânz** | **Gustare** | **Cină** |
|---|---|---|---|---|
| Luni | O ceașcă de cafea sau de ceai din plante<br><br>Cereale și fructe<br><br>(*Fulgi de ovăz cu sirop de arțar, nuci și afine*) | Leguminoase și legume<br><br>(*Supă de fasole mung ayurvedică*) | Iaurt și/sau nuci<br><br>(*Migdale coapte cu tamari*) | Pește și legume<br><br>(*Somon de Alaska făcut la aburi cu piure de broccoli*) |
| Marți | O ceașcă de cafea sau de ceai din plante<br><br>Iaurt și fructe proaspete<br><br>(*Iaurt din lapte de capră cu mure*) | Cereale și legume<br><br>(*Risotto cu orez brun și ciuperci*) | Icre de somon pe biscuiți sărați din orez | Cartofi dulci și legume<br><br>(*Cartofi dulci la grătar cu salată proaspătă de spanac*) |

| | | | | |
|---|---|---|---|---|
| Miercuri | O ceaşcă de cafea sau de ceai din plante<br><br>Cereale şi fructe<br><br>(*Terci de ovăz cu fructe deshidratate şi lapte de migdale*) | Leguminoase şi legume<br><br>(*Tikka masala cu năut şi orez basmati brun*) | Iaurt şi fructe proaspete<br><br>(*Prune italiene*) | Peşte şi legume<br><br>(*File de biban de mare cu miso şi frunze de păpădie*) |
| Joi | O ceaşcă de cafea sau de ceai din plante<br><br>Iaurt şi fructe proaspete<br><br>(*Iaurt din lapte de capră cu zmeură*) | Cereale şi legume<br><br>(*Farro cu pesto şi zucchini*) | Pâine crocantă din făină de alac cu avocado | Pui şi legume<br><br>(*Pui copt cu lămâie şi varză de Bruxelles la cuptor*) |
| Vineri | O ceaşcă de cafea sau de ceai din plante<br><br>Cereale şi fructe<br><br>(*Ovăz cu stafide, seminţe de in şi miere, lăsate peste noapte*) | Leguminoase şi legume<br><br>(*Burger din linte şi salată verde*) | Iaurt şi/sau nuci<br><br>(*nuci de Brazilia*) | Brânză şi legume<br><br>(*Salată mediteraneeană cu feta*) |
| Sâmbătă | O ceaşcă de cafea sau de ceai din plante<br><br>Ouă<br><br>(*Ouă jumări siciliene*) | Cereale şi legume<br><br>(*Buddha bowl în culorile curcubeului cu sos de tahini şi sirop de arţar*) | Mere şi unt de nuci<br><br>(*Unt de migdale organic*) | Peşte şi legume<br><br>(*Salată cu ton proaspăt*) |
| Duminică | O ceaşcă de cafea sau de ceai din plante<br><br>Cereale şi fructe<br><br>(*Pâine prăjită cu avocado*) | Cereale şi legume<br><br>(*Minestrone cu paste din făină de grâu integral*) | Trataţia de duminică<br><br>(*Budincă de chia cu mango*) | Ouă şi legume<br><br>(*Omletă cu legume şi salată de năsturel*) |

**Tabelul 9**. Mostră de planificare săptămânală a meniului. Toate reţetele pot fi găsite în capitolul 16 şi pe blogul meu, brainfood-blog.tumblr.com.

## Nu sări peste micul dejun! Nu sări peste mese! Sari, în schimb, peste gustări.

Acum, câteva lucruri pe care să le iei în considerare când îți planifici meniul săptămânal. Să începem cu micul dejun.

Pentru centenari, acesta este de la sine înțeles. Micul dejun este cea mai importantă masă a zilei. În schimb, în societatea noastră, există o oarecare confuzie dacă micul dejun este o masă importantă sau nu. Departe de a ne bucura de bogăția pe care centenarii o savurează la micul dejun, majoritatea dintre noi văd pregătirea din fiecare dimineață ca pe un act de alimentare cu cafeină cu ochii încă încețoșați. În plus, mulți se grăbesc să iasă pe ușă înainte de a se ocupa întâi de toate de stomacul lor.

În Statele Unite, am văzut câteva tendințe interesante la micul dejun. Destul de mulți oameni sar cu totul peste micul dejun în favoarea unei cești de cafea. Cel mai adesea, „cafeaua“ vine la pachet cu o cantitate abundentă de îndulcitori adăugați, arome artificiale și înlocuitori de frișcă. Pe de altă parte, la fel de mulți preferă să înfulece porții mari de pâine albă rafinată, cereale sau produse de patiserie, împreună cu suc de portocale din comerț, ceea ce este ca și cum ar bea zahăr lichid. E de la sine înțeles că nu recomand niciuna dintre variante.

Un mic dejun bun este tocmai ce are nevoie creierul după o noapte lungă fără mâncare. Printr-un „mic dejun bun“ nu mă refer la o masă uriașă, grea. Primul lucru de care are nevoie creierul nostru dimineața este o doză de energie ușoară, susținută. Acest lucru poate fi realizat cu ajutorul alimentelor bogate în glucoză, care includ un bun echilibru de fibre, vitamine și minerale, împreună cu proteine și grăsimi adecvate și, bineînțeles, apă filtrată sau ceai pentru rehidratare.

Dacă micul tău dejun preferat înseamnă cereale și suc de portocale este în regulă. În Statele Unite, aceste alimente la micul dejun sunt nelipsite de generații, așa că este pur și simplu firesc să îți dorești să le savurezi de dimineață. Totuși, asigură-te că te concentrezi pe calitate. Sucul este mai bun făcut din 1-2 portocale proaspăt stoarse, ceea ce nu consumă prea mult timp odată ce capeți îndemânare. Cerealele ar trebui să fie făcute din grâne integrale, *fără* zahăr adăugat. Citește etichetele. Dacă o porție de cereale conține mai mult de 5 g de zahăr, asta nu e bine. Optează, în schimb, pentru cereale neîndulcite și adăugă tu miere, sirop de arțar sau zahăr de cocos, la nevoie.

Unii oameni preferă ceva dulce ca să înceapă ziua, în timp ce alții preferă alimente savuroase. În capitolul următor, vei găsi mai multe opțiuni pentru sănătatea creierului. Alege ce funcționează mai bine pentru tine, dar totodată încearcă și lucruri noi. Nu știi niciodată, ai putea descoperi că unele alternative neașteptate te fac mai ager și cu o putere de concentrare mai mare în comparație cu deprinderile vechi.

Se dovedește că mulți oameni sar și alte mese pe lângă micul dejun, în special prânzul, ceea ce ne face să ne întrebăm cum reușesc totuși să funcționeze. Parte a problemei ar putea fi faptul că mesele lor nu sunt atât de apetisante și de energizante cum ar putea să fie. Conform unor sondaje recente, în timpul zilelor de lucru, americanii mănâncă de obicei un sandvici cu un număr de umpluturi între două felii de pâine. Pâinea este, de cele mai multe ori albă, iar majoritatea umpluturilor sunt mezeluri, precum șuncă și carne de vită la cuptor, brânză, salată cu ton stropită cu maioneză din comerț sau clasicul unt de arahide și dulceață. Chipsurile de cartofi și băuturile carbogazoase se găsesc și ele de regulă în pachetele de prânz. Printre alte opțiuni comune se numără mâncărurile de cantină sau de fast-food. În afară de felia singuratică de roșie îndoită în sandvici, vezi acolo vreun aliment pentru creier? Dacă într-adevăr îți plac sandviciurile, ține minte că există o diferență mare între șunca procesată, brânza elvețiană și maioneza pe pâine albă și vinetele la grătar cu spanac și humus pe pâine integrală. Așa cum ai ghicit, le recomand pe cele din urmă.

Cinele americanilor sunt, în general, mai nutritive, deși cel mai des conțin carne ca fel principal, cu garnituri mici de orez, cartofi sau paste și poate o legumă sau o salată. Mâncarea chinezească la pachet, pizza și felurile principale congelate care se fac la cuptorul cu microunde se dovedesc a fi alegeri foarte populare. Mulți aleg să bea suc, băuturi carbogazoase, bere și uneori vin la cină, deși vinul este încă mult mai puțin consumat în State decât în țările mediteraneene.

Calitatea nutrițională scăzută a acestor mese ar putea foarte bine să fie cea care îi face pe americani să ia gustări pe parcursul zilei. În general, gustările constă în produse procesate, cum ar fi bomboane, biscuiți, ciocolată, biscuiți sărați, chipsuri de cartofi și covrigei. Și să nu uităm de cocteilurile dulci servite la „happy hour".

În general, dieta tipică occidentală este opusul uneia pentru „sănătatea creierului". E timpul să ne suflecăm mânecile și să rezolvăm această problemă o dată pentru totdeauna.

## La pachet? Spune nu!

America devine rapid o națiune a livrărilor. Lista lungă a companiilor-gigant care oferă servicii rapide de livrare, precum Starbucks, Dunkin' Donuts, nemaivorbind de lista în creștere a restaurantelor doar cu livrare, evidențiază un adevăr din ce în ce mai vizibil despre ceea ce caută americanii în alimentația lor: comoditate. Familiile muncesc mai mult ca niciodată, ceea ce lasă foarte puțin timp de petrecut în bucătărie. Dacă acesta e și cazul tău, ai grijă. Pe cât de rapidă și de ușoară pare soluția mâncării comandate, dacă îți vei face din ea o obișnuință, vei acumula kilograme și îi vei face rău și creierului. În mare, mâncarea la pachet este o veste rea pentru creierul tău (și pentru corp, dacă e să fim sinceri). Cu excepția acelor restaurante care se mândresc că folosesc doar ingrediente organice de foarte bună calitate, majoritatea opțiunilor de mâncare la pachet includ produse aflate la nivelul limitei inferioare în ceea ce privește calitatea, precum și carne de la animale și pește crescute industrial și alimentate cu hrană din comerț. Toate acestea adaugă mai de grabă hormoni, antibiotice și pesticide la hrana ingerată de tine, și nu un aport autentic de nutrienți. De parcă asta nu ar fi suficient de rău, aceste mâncăruri sunt gătite de obicei cu uleiuri rafinate și zaharuri, grăsimi trans și o cantitate mai mare de sare și de sodiu decât îți poți imagina. Chiar și bufetele de salate pot fi pline de calorii goale, sosuri artificiale și produse vechi, pline de conservanți. La acestea se adaugă băuturile cu zahăr adăugat, pâinea procesată, cartofii prăjiți, sosurile, prăjiturelele norocoase cu răvaș și sosul de soia cu OMG care se dau gratuit.

Este de o importanță crucială pentru sănătatea creierului tău să nu faci din mâncarea la pachet un obicei de zi cu zi.

Cred că se înțelege că fac comandă de mâncare doar foarte rar. Iar când o fac, aleg restaurante sănătoase, care servesc mâncare de foarte bună calitate și sunt dispusă să plătesc suplimentar pentru acest ospăț rarisim. Până în ziua de azi, eu și familia mea am comandat mâncare la pachet doar rareori, în special sushi de la un restaurant de cinci stele din apropiere recomandat pe Yelp.

Acestea fiind spuse, mulți oameni nu au acces la variante de mâncare preparată sănătoasă. Am trăit această mâhnire când m-am mutat din Manhattan în Brooklyn. Noul meu cartier se afla la doar câteva stații de metrou de oraș și deși părea asemănător în multe feluri, opțiunea de a da buzna într-un supermarket cu o selecție de alimente gata preparate și sănătoase în drum spre casă a dispărut. Fără supermarketuri de calitate mai bună, am încercat nenumărate servicii on-line cu mâncare preparată, dar nu am putut găsi unul care să merite banii. Dacă este greu pentru mine să găsesc opțiuni bune aici, în zona New Yorkului, nici nu pot să-mi imaginez cât de dificil trebuie să fie în alte părți ale țării.

În final, a ne prepara singuri mesele este cea mai bună cale (dacă nu singura) de urmat. Gătind acasă, te poți asigura că tu și familia ta aveți parte de mese proaspete, sigure și sănătoase. Vei arăta și te vei simți mai sănătos, vei avea mai multă energie, creierul tău va fi mai puternic și vei trăi mai mult. Contrar a ceea ce se crede în mod obișnuit, a crea mese sănătoase nu trebuie să implice o investiție uriașă de timp și de efort. Iată aici câteva sfaturi practice:

1. Planifică mesele. Strânge rețete și fă o listă cu toate ingredientele de care ai nevoie *pentru săptămâna respectivă.*
2. Vara, acordă prioritate salatelor și altor alimente crude, care necesită preparare minimă. Pâine prăjită cu avocado, humus cu crudități, o salată de roșii cu busuioc proaspăt, o supă rece de sfeclă roșie sau tartine cu somon afumat (și caviar) sunt toate alegeri minunate. Să vezi ce ușor e să arunci câteva legume proaspete și niște pește pe grătar merge odată ce ai căpătat deprinderea. Știai că fructele de vară se pot face și ele pe grătar și se caramelizează frumos? Piersicile, ananasul, prunele, chiar și pepenele roșu – toate știu cum să preia căldura.
3. Când gătești, pregătește mâncăruri într-o cantitate mai mare și congelează ce îți rămâne în porții individuale pentru a le decongela și încălzi în acele zile în care nu ai timpul și energia de a găti.
4. Umple dimineața un *slow cooker* cu legume, cereale, leguminoase, pește sau pui, iar seara, când ajungi acasă vei fi întâmpinat de o masă fierbinte – cu un minim efort de preparare și de curățare.
5. Gătește o dată, mănâncă o săptămână! Gătind suficiente legume, cereale și proteine o dată pe săptămână, te poți folosi

de aceste alimente pentru a crea mese rapide și ușoare de-a lungul săptămânii.

Personal, consider că dimineața de duminică este momentul ideal pentru „refugiul meu în bucătărie". Mi-am perfecționat tehnica până în punctul în care, în câteva ore, reușesc să fac un vas cu orez brun, să prepar la aburi o bucată mare de pește, să coc câteva sute de grame de legume și să fac *și* o supă. Cum? Așa: înmoi orezul (sau orice alte cereale) cu o seară înainte, ceea ce nu doar că potențează rolul nutrienților, ci și înmoaie boabele, scurtând timpul de gătire la jumătate. În timp ce fierbe orezul, pornesc cuptorul și încep să tai legumele. Varza de Bruxelles este printre alimentele preferate ale familiei mele. Tot ce trebuie să fac este să o spăl și să o tai, să o amestec cu ulei de avocado și să o coc în cuptor 20 de minute la 180°C. Uneori, adaug cartofi dulci la amestec, folosind ulei de cocos pentru a le intensifica aromele. În timp ce orezul fierbe și legumele se coc, fac supa. Cel mai probabil, voi face o supă din rădăcinoase, cu morcovi, păstârnac, nap și dovleac plăcintar. Totul în doar cinci pași rapizi: (1) spăl, curăț și tai legumele (sau le cumpăr deja tăiate, ceea ce în acest caz ar putea să merite, din moment ce economisesc timp), împreună cu o ceapă și 2-3 căței de usturoi, (2) le sotez în 2 linguri de ulei de cocos, (3) le acopăr cu supă-bază de legume, (4) le fierb la foc moderat în jur de 20 minute și (5) le fac piure cu un blender de mână. Nu durează mult să prepar această supă delicioasă, pe care o servesc cu un pic de ulei de avocado și cu semințe de dovleac coapte sau cu o grămăjoară de smântână din lapte de cocos, la care adaug coriandru (vezi blogul meu pentru rețeta completă). Până atunci, orezul este gata, legumele sunt coapte și supa fierbe înăbușit în vasul său. Prepararea la aburi a câtorva fileuri de somon nu ia mai mult de 5-10 minute. Pregătirea unui sos delicios pentru pește, combinând ceapă verde cu tamari ia doar un minut în plus și suntem gata de masă.

Până când soțul și fiica mea de 2 ani se întorc de la plimbarea lor de dimineață, am suficientă mâncare pentru cinci mese. Și nu doar orice mâncare, ci alimente de foarte bună calitate, proaspete, apetisante, bogate în nutrienți, lipsite complet de aditivi, îndulcitori artificiali, grăsimi nesănătoase și sodiu.

În următoarele capitole vei găsi mult mai multe exemple de cum ar putea – și ar trebui – să arate o săptămână obișnuită care să susțină sănătatea creierului dintr-o perspectivă nutrițională. Vestea bună este că toate rețetele oferite în această carte sunt super rapide și ușor de urmat. De fapt, unul dintre secretele mâncatului corect pentru creier este de a te asigura că alimentele sunt păstrate pe cât posibil cât mai aproape de starea lor naturală, ceea ce duce la un timp mai mic de preparare, la calitate nutrițională optimizată și la mai multă savoare.

## Acordă-i o pauză burticii tale

Noi cercetări indică faptul că reducerea generală a conținutului caloric crește capacitatea cognitivă, reduce îmbătrânirea celulară și susține longevitatea. În plus, pentru că, în primul rând, americanii tind să mănânce prea mult, a acorda mai multă atenție mărimii porțiilor și ciugulitului inconștient între mese poate fi doar de ajutor. Una dintre cele mai bune căi de a mânca mai puțin și de a menține calitatea nutrițională este bineînțeles creșterea consumului de fructe cu indice glicemic mic, de legume bogate în vitamine, de proteine slabe, totodată reducând din consumul de produse dulci și al celor care îngrașă.

Așa cum am discutat în capitolul 9, postul intermitent poate oferi multe beneficii importante pentru sănătate, de la „repornirea“ metabolismului la susținerea corpului de a arde grăsimile mai eficient. Nu lăsa cuvântul „post“ să te intimideze – este mult mai simplu decât pare. Dintre multe scheme disponibile de post intermitent, a ține post peste noapte este preferata mea. Pur și simplu îți acorzi o pauză de 10-12 ore între cină și micul dejun, în care nu mănânci sau nu iei gustări. În mod normal, ar trebui să dormi sau cel puțin să te odihnești. S-a arătat că această practică simplă reduce stratul adipos[1] al corpului, îmbunătățește sensibilitatea la insulină și protejează împotriva obezității și a diabetului, despre care se știe că sunt factori de risc care duc la îmbătrânirea cognitivă și la demență.

Dar această practică ar putea să nu funcționeze pentru toată lumea. Fă testul din capitolul 14 pentru a afla dacă ești gata sau nu pentru acest antrenament. În general, le recomand forme specifice de post intermitent acelora care se încadrează la nivelurile Intermediar sau Avansat, dar nu neapărat la nivelul de Începător (totuși sunt încurajați să încerce). În orice caz, asigură-te că discuți cu doctorul tău despre asta.

## Și când ai terminat de mâncat...

### *Ridică-te de pe canapeaua aia!*

Activitatea fizică regulată este esențială pentru păstrarea sănătății creierului. În plus, unele studii au arătat că oamenii care se implică în activități fizice regulate au un microbiom mai sănătos[2], inflamație redusă și niveluri mai ridicate de hormoni care să protejeze creierul decât cei sedentari.

Cercetări la zi arată că avem două opțiuni majore când vine vorba de stimularea efectelor neuroprotective ale exercițiilor. Prima activitate este de a ne implica în activități energice pentru cel puțin o oră pe săptămână. Exercițiul este considerat energic atunci când inima bate suficient de repede încât să-ți fie greu să vorbești. Dacă ți s-ar cere să cânți în același timp, probabil ai strica audiția. Printre aceste activități se numără: joggingul, tenisul, handbalul, înotul, drumețiile, dansul aerobic și chiar ridicatul de greutăți, atât timp cât este combinat cu și mai multă mișcare. Merge orice te face să transpiri și îți dă impresia că ți se taie răsuflarea.

Nu ți se potrivește? Nicio problemă. Activitățile de intensitate moderată dau rezultate și ele – atât timp cât faci exerciții fizice un pic mai mult și mai des. Intensitate moderată înseamnă că inima ta va bate mai repede decât normal. La acest ritm crescut, poți purta o conversație (deși sună un pic șoptit), dar probabil nu poți fredona o melodie. Printre aceste opțiuni minunate se numără: mersul sportiv, mersul cu bicicleta, înot ușor sau chiar treburi casnice ori grădinărit, atât timp cât îți fac inima să bată mai repede. Caută să ajungi la 30-45 de minute de cinci ori pe săptămână sau la un total de 2-3 ore pe săptămână.

Alege varianta care funcționează pentru tine și fă-o parte integrantă a stilului tău de viață. Recomandări mai specifice te așteaptă în capitolele următoare.

### *Ține-ți creierul ocupat*

Este, de asemenea, util să îți exersezi creierul în moduri simple care întăresc conexiunea dintre celulele cerebrale și care contracarează micșorarea creierului, ceea ce altfel ar interveni în mod natural pe măsură ce înaintăm în vârstă. Există o mulțime de opțiuni, de la lecturarea acestei cărți la mersul la teatru.

Sugestia mea este să încerci jocurile de societate. Așa cum am discutat în capitolul 10, a juca jocuri de societate este o cale excelentă de a petrece timp cu familia și cu prietenii, totodată stimulându-te intelectual. În Italia, am crescut jucând Tombola (sau, așa cum probabil îl numești tu, Bingo), cu bunicii și cu prietenii mei, în vreo după-amiază de duminică distractivă, plăcută sau la vreun Ajun al Crăciunului de neuitat. Acum, când sunt mai în vârstă, joc Tombola cu nepoatele și cu bunicii *lor* și abia aștept ca fiica mea să fie suficient de mare ca să ni se alăture. Orice formă de amuzament ai alege, joacă-te fără limite!

Este important să-ți faci timp să te vezi și cu prietenii și cu familia. Cauți inspirație? Mergi la un film sau la o piesă de teatru. Mergi la plimbare, dacă vremea e frumoasă. Încearcă un nou restaurant vegetarian. Stai relaxat pe canapea și uită-te cu atenție la fotografii vechi de familie sau pur și simplu vorbește despre ziua pe care ai petrecut-o. Sună-ți familia și prietenii, dacă nu puteți fi împreună. O persoană cu care nu te-ai văzut de mult? E un moment minunat să o contactezi și să recuperați timpul pierdut. Să ai constant oameni în jurul tău care să te susțină este esențial pentru a construi amintiri care să dureze toată viața și pentru a te face să simți (tu și creierul tău) că totul este în regulă.

### *Somn ușor (nu te teme să tragi un pui de somn)*

Asigură-te că dormi bine, mai ales în prima parte a nopții (în funcție de cât de mult poți dormi), atunci când apare stadiul somnului profund. Acest lucru este esențial pentru ca creierul să se curețe de toxine vătămătoare, inclusiv de acele plăci amiloide caracteristice bolii Alzheimer.

Dacă nu dormi suficient, încearcă să tragi câte un pui de somn pe timpul zilei pentru a te odihni puțin. De ani buni, moțăitul a fost văzut ca un semn de lenevire. În America, oamenii sunt „prinși“ moțăind sau sunt găsiți „dormind la datorie“. În multe culturi, în special acelea din regiunile mediteraneene sau tropicale, a trage un pui de somn după-amiaza este ceva normal, ba chiar parte din rutina zilnică. Când eram mică, *nonno* (bunicul) obișnuia întotdeauna să ațipească imediat după prânz. Siesta este foarte importantă în multe alte țări din întreaga lume. Deși timpul pentru un pui de somn nu este programat oficial în aceste țări, nu este neobișnuit pentru magazine și pentru birourile guvernamentale să se închidă o oră sau două în fiecare după-amiază, astfel încât oamenii să ia o pauză și să se relaxeze (mai ales în lunile fierbinți de vară). În timp ce acest lucru ar putea sau nu să influențeze negativ productivitatea, puiul de somn a căpătat recent un nou sens în Statele Unite grație dovezilor științifice potrivit cărora de moțăit beneficiază atât acuitatea mintală, cât și sănătatea în general. Acordă-i o șansă și vezi dacă îți face bine.

### *Oprește-te și miroase trandafirii*

În concluzie, dacă nu ești fericit sau mulțumit cu modul în care decurge viața ta, poți mânca tot broccoliul din lume, sănătatea ta va avea de suferit oricum. Este important să urmezi orice pași necesari pentru a reduce stresul și pentru a te bucura de călătoria pe această planetă cât mai mult posibil.

Inspiră adânc, bucură-te de timpul petrecut cu familia și cu cei iubiți și stabilește-ți ca obiectiv să fii sociabil în modurile cele mai potrivite pentru tine. Caută acele comunități care te fac să te simți dorit, apreciat și productiv. Este neapărat necesar să îți găsești locul care te face fericit pentru o bună sănătate trupească *și* o stare de bine a creierului.

# PASUL 3
## Dieta optimă pentru creier

# 14
# Cât de nutritivă este, de fapt, dieta ta pentru creier?

## Cele trei niveluri ale îngrijirii neuronutriționale

Fiecare creier este unic și necesită diferite grade de îngrijire. Cea mai bună cale de a identifica ce are nevoie creierul tău pentru o nutriție optimă și pentru sănătate ar fi efectuarea mai multor examinări medicale, nu în ultimul rând o scanare a creierului. Totuși, nu mulți au acces la o scanare a creierului pentru a vedea ce se întâmplă, de fapt, în interiorul capului lor. Acest lucru m-a făcut să dezvolt o formă de testare care să ajute la prezicerea felului în care ar putea arăta creierul tău, dacă ai avea în față acea scanare personalizată.

Testul se bazează pe experiența pe care am căpătat-o în urma analizării a sute de scanări cerebrale de-a lungul multor ani de cercetare. Această cunoaștere mi-a permis să observ anumite corelații între ce apare pe scanare și diversitatea de repere clinice și de stiluri de viață, în special asociate unei diete și calității ei nutriționale.

Deși nu va ilustra cum arată, de fapt, creierul tău, testul va ajuta la identificarea modului în care se simte acest organ prețios *pe interior*. De exemplu, unii creieri au fost hrăniți cu alimente pro-inflamatorii atât de mult timp, încât acum au o nevoie cumplită de a atenua acea inflamație. Alți creieri primesc atât de puțină

Omega 3, încât neuronii lor nu mai pot funcționa corespunzător. Alții sunt disperați după oxigen, din cauza stilului sedentar de viață care i-a privat prea mult timp de ceea ce au nevoie pentru a supraviețui confortabil.

Amintește-ți din capitolul 1 diferența dintre tomografia creierului unei persoane care a urmat o dietă sănătoasă pentru creier și tomografia uneia care nu a mâncat bine deloc. Probabil îți aduci aminte cum creierul celei dintâi arăta minunat, în timp ce creierul celeilalte prezenta semne de îmbătrânire și deteriorare. Simplul adevăr este că dacă te hrănești cu nutrienți de foarte bună calitate, creierul tău, la rândul lui, va fi făcut dintr-un țesut de foarte bună calitate. Asta este ceea ce te ajută să rămâi în formă din punct de vedere cognitiv și îți asigură rezistență împotriva îmbătrânirii și a bolii.

Testul te îndeamnă să arunci o privire atentă asupra diferitelor alegeri pe care le faci zi de zi pentru a obține o imagine clară a modurilor în care îți susții sănătatea creierului, dar și a felurilor în care ai putea, în schimb, să-l sabotezi. Așa cum am precizat pe parcursul cărții, e dificil să mănânci ce e bun pentru creier, și asta deoarece indiciile nu apar sub forma blugilor care ți se potrivesc sau a unor mușchii abdominali mai fermi. Așadar, testul este o cale comodă de a învăța cât de aproape sau cât de departe este dieta ta zilnică de una optimă pentru o buna condiție cognitivă pe termen lung.

În ceea ce privește rezultatele, testul te va clasifica într-unul dintre cele trei niveluri principale: Începător, Intermediar sau Avansat.

Nivelul tău curent reflectă toate alegerile pe care le-ai făcut și pe care continui să le faci zilnic în ce privește dieta, nutriția și sănătatea în general. Aceste informații te vor ajuta să afli ce aspecte legate de îngrijirea sănătății creierului necesită îmbunătățiri și care sunt acelea deja orientate în direcția corectă – oferindu-ți un plan de sănătate care să fie precis și potrivit nevoilor tale individuale.

Când vine vorba de sănătate, nu există o soluție unică valabilă pentru toți. Cât mai multe informații despre sănătatea creierului îți pot fi extrem de utile, căci ele îți vor călăuzi pașii înspre recâștigarea echilibrului și atingerea scopurilor tale.

Să ne luăm la revedere de la recomandările generale descrise la „Pasul 2: Puterea cognitivă prin nutriție". Odată ce descoperi la ce nivel te încadrezi, capitolul următor îți va oferi recomandări punctuale, specifice nivelului tău. Scopul acestor recomandări este să te îndrume pentru a adopta un stil de viață sănătos, care să poată fi urmat acasă în fiecare zi. În plus, rețetele pentru o bună sănătate a creierului și exemplele de planificări ale meniului oferite te vor ajuta să preiei controlul asupra propriei sănătăți individualizate a creierului. Acest pas final de descoperire și de adoptare a unui stil de viață personal îți va furniza toate informațiile necesare pentru a dobândi și a menține puterea optimă a creierului.

## Instrucțiuni pentru test

Testul se axează pe dieta actuală pe care o urmezi, chiar dacă strânge și unele informații despre comportamentul tău, începând cu obiceiurile pe care le-ai avut pe când erai copil și continuând cu tiparele de bază pe care le-ai stabilit de atunci. Răspunde mai degrabă în funcție de ceea ce ai observat că ar fi cei mai consecvenți indicatori ai comportamentului tău pe o perioadă lungă de timp decât în funcție de factorii mai noi care contribuie la starea ta prezentă. Dacă în copilărie sau ca adult ai suferit vreo afecțiune, gândește-te la cum erau lucrurile înainte sau după boală, concentrându-te pe ceea ce reflectă mai bine obiceiurile tale în general. În ceea ce privește trăsăturile fizice obiective, nu este o problemă dacă nu vei răspunde cu precizie. Din moment ce comportamentele tind să fie mai subiective, răspunde în concordanță cu modul în care ai acționat în cea mai mare parte a vieții sau cu precădere de-a lungul ultimilor ani.

Pentru fiecare întrebare, încercuiește răspunsul (A, B, C sau D) care ți se potrivește cel mai bine.

În unele cazuri, ai putea considera că niciunul dintre răspunsurile oferite nu te descriu cu exactitate. Dacă așa va fi cazul, nu te îngrijora. Doar alege răspunsul care se apropie cel mai mult de descrierea tendințelor tale generale. Amintește-ți, căutăm tipare și obiceiuri frecvente, așa că nu e necesar să ne agățăm de detalii sau de formulări exacte pentru fiecare întrebare sau fiecare răspuns.

Dacă, în cazul unei întrebări, simți că ți s-ar potrivi mai mult de un singur răspuns, încercuiește-l pe acela care se potrivește cel mai bine. Nu trebuie ca toate cuvintele din acea coloană să fie valabile ca să faci alegerea. De exemplu, la întrebarea: „Ce mănânci de obicei la micul dejun, dacă nu ești presat de timp?“ unul dintre răspunsuri este: „Ceva de genul: ouă, bacon sau cârnați, clătite americane, pâine prăjită cu unt, crochete din cartofi.“ Atât timp cât ți se potrivește una sau mai multe dintre mâncărurile enumerate, alege acel răspuns.

Posibil ca la unele întrebări să-ți fie dificil să răspunzi. De exemplu, dacă ai alergie la arahide, nu vei putea alege tipul tău preferat de unt de arahide. În acest caz, încearcă numai să-ți imaginezi *ce ar fi fost probabil să alegi*, dacă nu ai fi fost alergic. Ai cumpăra una dintre mărcile comerciale de top sau o marcă organică certificată? Ai mânca o lingură pe post de gustare rapidă sau ai înfuleca întregul borcan?

În același fel, veganii/vegetarienii posibil să întâmpine dificultăți în a răspunde la întrebările despre consumul de carne. În acest caz, pur și simplu încearcă să-ți imaginezi ce *ai face* dacă *ai consuma* carne. De exemplu, dacă ai fi fost consumator de carne și ai fi fost genul care să mănânce produse organice cu regularitate, s-ar fi putut, la fel de bine, să fii genul care să aleagă carnea de vită provenită de la animale hrănite cu iarbă organică.

De asemenea, asigură-te că răspunzi la toate întrebările în funcție de ce ai face *în realitate*, nu la modul *ideal* sau în funcție de care crezi că ar fi răspunsul *corect*. Încearcă pe cât posibil să fii atent și ține minte că nu există răspunsuri corecte sau greșite, bune sau rele. Acestea sunt răspunsurile tale personale, așa că singurul mod „corect" de a răspunde la aceste întrebări este cu onestitate. Nu vei primi nici notă, nici predici. Suntem aici ca să definim tiparele stilului tău de viață și ale alegerilor pe care le faci în mod regulat pentru a îmbunătăți orice poate fi îmbunătățit, ținând cont de cum stau lucrurile acum, așa încât să te bucuri de o sănătate bună pe viitor.

Ai putea fi surprins să descoperi că nu poți răspunde la toate întrebările. De exemplu, ai putea să nu știi *pe loc* cum ai reacționa la un anume tip de alimente sau la o combinație de alimente. În acest caz, lasă testul deoparte pentru când vei putea să-ți evaluezi reacția la alimentul respectiv. Deși nu vreau să te chinui prea mult nici cu întrebările, nici cu testul în sine, precizia este importantă, așa că dă-ți timp și nu te grăbi.

Reține că poți reface testul oricând. De fapt, chiar vei vrea să faci asta din când în când, pentru a vedea dacă obiceiurile tale s-au schimbat, lucru care este posibil și se va și întâmpla pe măsură ce îți vei îmbunătăți alegerile pentru a se potrivi din ce în ce mai bine nevoilor creierului tău.

## FĂ TESTUL

| | | A | B | C | D |
|---|---|---|---|---|---|
| 1 | **Cât de des mănânci pește?** | Rar sau deloc. Nu îmi place peștele. | De câteva ori pe lună. | Cel puțin o dată pe săptămână. | Ador peștele! Îl consum de două sau chiar de mai multe ori pe săptămână. |
| | | A= | B= | C= | D= |

| | | A | B | C | D |
|---|---|---|---|---|---|
| 2 | **Cât de des mănânci somon, sardine, macrou sau ton proaspăt?** | Aproape deloc sau niciodată. | Mănânc somon de câteva ori pe lună. | O dată sau de două ori pe săptămână. | De mai mult de două ori pe săptămână. |
| 3 | **Când mănânci pește, cum este, de obicei, preparat?** | Ton la conservă sau un sandvici cu salată de ton. | Pește cu un tip de sos, cum ar fi teriyaki sau ceva dulce-acrișor. | Îl consum adesea ca sushi sau ceva asemănător. | La cuptor, preparat la aburi, carpaccio, în orice fel! |
| 4 | **Cât de des mănânci caviar sau icre?** | Câh. | Foarte rar. | De câteva ori pe lună. | În jur de o dată pe săptămână sau cât de des pot. |
| 5 | **Iei suplimente cu ulei de pește sau cu Omega 3?** | Nu, nu iau. | Uneori (sau prescrise de doctorul meu). | Frecvent, cum ar fi de două sau de trei ori pe săptămână (sau le iau când nu mănânc pește). | Da, în fiecare zi (sau le iau când nu mănânc pește). |
| 6 | **Care sunt legumele tale preferate?** | Cartofii! Roșiile sunt și ele în regulă, mai ales în sosul pentru pizza sau pentru paste. | Merge orice, atât timp cât există un sos suficient de savuros cu care să fie amestecate sau acoperite. | Broccoli, fasole verde și/sau varză de Bruxelles. | Salate de vară proaspete, variate, cu tot felul de legume aruncate în ele. |
| 7 | **Cât de des mănânci legume portocalii, precum morcovii și cartofii dulci?** | Rar. Uneori, comand cartofi dulci prăjiți în locul celor obișnuiți. | Câteodată, mai ales în supe. | În jur de o dată pe săptămână, în salate sau ca garnitură. | De mai multe ori pe săptămână. La cuptor, piure sau preparați la abur, sunt o garnitură minunată! |
| | | A= | B= | C= | D= |

| | | A | B | C | D |
|---|---|---|---|---|---|
| 8 | **Cât de des mănânci legume verzi (broccoli, kale, spanac etc.) și/sau legume crucifere (broccoli, conopidă sau varză)?** | Rar. Nu mănânc multe verdețuri, doar salata iceberg clasică uneori. | Le savurez din când în când, dar îmi plac mai mult alte legume. | Frecvent, adică de două sau de trei ori pe săptămână. | În fiecare zi sau aproape în fiecare zi. |
| 9 | **Cât de des mănânci fructe cu indice glicemic mic, precum fructele de pădure (afine, zmeură) și/sau citrice (portocale, grepfrut)?** | Rar sau niciodată. | Din când în când – nu cu regularitate. | O dată sau de două ori pe săptămână. | De două ori pe săptămână sau mai mult. |
| 10 | **Ce fel de fructe preferi?** | Banane, smochine, struguri și/sau merișoare uscate. | Fructe tropicale precum mango și ananas. | Mere, pere, nectarine, pepene galben și/sau pepene roșu. | Fructe de pădure și/sau fructe ca portocalele. |
| 11 | **Când mergi la cumpărături de produse vegetale, ce este cel mai probabil să achiziționezi?** | Obișnuiesc să cumpăr fructe și legume congelate. | Cumpăr de obicei salată verde și roșii sau alte ingrediente de salată. | Legume verzi precum kale și/sau legume crucifere ca broccoli. | Tot felul de diferite tipuri de legume colorate – un curcubeu în farfurie! |
| 12 | **Cât de des mănânci fructe sau legume congelate?** | Adesea, adică de trei sau patru ori pe săptămână sau mai mult. | Frecvent, cum ar fi o dată pe săptămână. | O dată sau de două ori pe lună. | Rar sau deloc. |
| | | A= | B= | C= | D= |

| | | A | B | C | D |
|---|---|---|---|---|---|
| 13 | **Faci un efort să mănânci produse vegetale proaspete, organice, în fiecare zi?** | Nu neapărat. | Nu sunt prea preocupat de alimentele organice, dar le consum când sunt disponibile. | Da, în măsura în care îmi permit. | Cu siguranță! |
| 14 | **Cât de des mănânci fructe grase, ca avocado și/sau măsline?** | Rar sau niciodată. | Uneori, adică de câteva ori pe lună. | Frecvent, precum o dată pe săptămână sau cam așa ceva. | O dată pe săptămână sau mai mult. |
| 15 | **Cât de des mănânci cereale integrale (ex.: orez brun, quinoa, tărâțe, grâu)?** | Rar, prefer alimentele din făină albă obișnuită. | Uneori. | Adesea, adică de trei sau patru ori pe săptămână. | Aproape în fiecare zi. |
| 16 | **Cât de des mănânci pâine, paste sau pizza din făină albă?** | În fiecare zi sau aproape. | În jur de trei sau patru ori pe săptămână. | Îmi plac pastele, dar totul cu moderație. | Rar sau deloc. |
| 17 | **Cât de des mănânci leguminoase, ca linte, fasole sau năut?** | Rar sau deloc. | De câteva ori pe lună. | În jur de o dată pe săptămână. | De două ori pe săptămână sau mai mult. |
| 18 | **Incluzi regulat nucile, în special migdalele și miezul de nucă, în dieta ta?** | Nu neapărat – decât dacă punem la socoteală arahidele. (În acest caz, da!) | Într-un fel. | Le pun adesea în *shake*-uri. | Le mănânc tot timpul, când iau o gustare, dar și în supe și în salate. |
| | | A= | B= | C= | D= |

| | | A | B | C | D |
|---|---|---|---|---|---|
| 19 | **Incluzi regulat semințele, în special cele de in, de chia, de susan sau de cânepă, în dieta ta?** | Abia am auzit de unele dintre ele. | Le mănânc din când în când. | Le pun adesea în *shake*-uri și/sau în salate. | Da, îmi place să le includ în mâncărurile mele. |
| 20 | **Cât de des mănânci iaurt simplu, neîndulcit?** | Vai de mine! Ptiu! | Nu îmi place iaurtul simplu, dar îl mănânc cu fructe proaspete sau cu alte toppinguri. | De multe ori, este bun. | De mai multe ori pe săptămână. |
| 21 | **Cât de des mănânci alimente fermentate (ex.: iaurt, varză murată, kimchi)?** | Rar – cu excepția verzei murate dintr-un hotdog. | Din când în când – nu cu regularitate. | De câteva ori pe săptămână. | Cu regularitate. Știu că mă ajută la digestie. |
| 22 | **Acorzi atenție cantității de fibre din dieta ta?** | Nu, nu atât de mult. | Mănânc legume, deși nu cu regularitate. | Da, mănânc suficiente legume și cereale. | Da, mănânc o mulțime de legume verzi, cereale integrale și/sau leguminoase. |
| 23 | **Cât de des mănânci proteine slabe (ex.: pește, pui, vită, ouă sau produse din soia, ca tofu)?** | Mănânc carne/pui în fiecare zi și câteva ouă. | Nu mănânc prea mult pește/tofu, ci mult pui, vită și ouă. | În cea mai mare parte a timpului. | Nu mănânc prea mult pui sau vită, ci mult pește/tofu. |
| | | A= | B= | C= | D= |

| | | A | B | C | D |
|---|---|---|---|---|---|
| 24 | **Ai tendința de a prefera pește și pui în loc de carne roșie și porc?** | Nu, sincer să fiu, îmi place mai degrabă vita sau porcul (bacon, coaste, „delicatese" din carne) decât puiul sau peștele. | Mănânc cel mai mult carne de pui; carne roșie sau porc doar din când în când. | Mănânc carne roșie și/sau porc mai rar decât pește și pui. | Prefer să mănânc pește sau pui în loc de carne roșie și porc. |
| 25 | **Cât de des mănânci carne roșie, porc sau lactate grase?** | Mănânc zilnic unul sau mai multe dintre aceste alimente. | De mai multe ori pe săptămână. | De mai multe ori pe lună. | Mai puțin de o dată pe săptămână. |
| 26 | **Cât de des mănânci pui, vită și/sau porc crescute în scopuri comerciale? (Dacă ești vegan/ vegetarian: „Dacă aș mânca carne, aș alege...")** | Tot timpul. Carnea organică este prea scumpă, nu sunt sigur că este într-adevăr diferită. | Destul de des. Nu fac mofturi legat de asta. | Uneori, dacă nu am acces la carnea organică. | Rar sau deloc. Prefer carnea de la animale crescute pe pășune. |
| 27 | **Câte ouă mănânci într-o săptămână obișnuită? Ține cont și de ouăle conținute în produsele coapte, creme, quiche-uri etc. (Dacă ești vegan/ vegetarian: „Dacă aș mânca ouă, aș alege...")** | Mănânc două sau mai multe ouă pe zi. | Mănânc câteva ouă de trei sau patru ori pe săptămână (în jur de 6-8 ouă pe săptămână). | Mănânc câteva ouă o dată sau de două ori pe săptămână (în jur de 2-4 ouă pe săptămână). | Consum de obicei 1-2 ouă pe săptămână, de preferat de la găini crescute în libertate. |
| | | A= | B= | C= | D= |

| | | A | B | C | D |
|---|---|---|---|---|---|
| 28 | **Ce tip de brânză mănânci cel mai des?** | La conservă sau feliată şi/sau bucăţi de brânzeturi considerate delicatese. | Brânză ambalată, în special Cheddar sau americană. | Brânză proaspătă, cremoasă, ca Brie sau Camembert. | Brânză uscată, maturată, precum parmezan sau brânză de capră, cum e feta. |
| 29 | **Incluzi în dieta ta uleiuri vegetale extravirgine, nerafinate, ca acela de măsline, de in, de cocos?** | Rar. Prefer untul sau margarina. | Cu siguranţă, uleiul de măsline! Celelalte uleiuri, nu aşa de mult. | Le folosesc destul de des. | Folosesc uleiuri nerafinate tot timpul. |
| 30 | **Eşti îngrijorat cu privire la grăsimile trans (verifici etichetele ca să eviți să le cumperi)?** | Nu chiar. | Nu sunt prea îngrijorat, dar stau cu ochii pe etichete. | Le evit cât pot de mult. | Nu mănânc alimente care conţin grăsimi trans, mă limitez la cele din surse organice. |
| 31 | **Găteşti cu plante aromatice (ex.: rozmarin, salvie, usturoi) în loc de sare?** | Nu, folosesc sare când gătesc/coc. | Depinde de reţetă; de obicei le folosesc pe amândouă. | Folosesc des plante aromatice în loc de sare. | Da, întotdeauna gătesc cu plante aromatice în loc de sare. |
| 32 | **Cât de des mănânci usturoi şi ceapă, fie crude, fie gătite?** | Rar sau deloc. | Uneori, adică de câteva ori pe lună. | Des, adică o dată pe săptămână sau cam aşa ceva. | O dată pe săptămână sau mai mult. |
| 33 | **Foloseşti vreodată condimente precum curcuma sau curry la gătit?** | Ce e asta? | Uneori. Pot să le folosesc sau nu. | Îmi place curry! Mănânc o formă de curry din două în două săptămâni sau cam aşa ceva. | Iubesc curcuma şi o includ în multe supe, tocăniţe şi curry-uri. |
| | | A= | B= | C= | D= |

| | | A | B | C | D |
|---|---|---|---|---|---|
| 34 | **Adăugi de obicei sare în mâncarea ta?** | Adaug sare la aproape orice; mâncarea este fadă fără ea. | Un pic la o masă în fiecare zi. | De obicei nu adaug sare după gătit. | Folosesc foarte puțină sare, aproape deloc, și cel mai des când gătesc. |
| 35 | **Cât de des bei 8 sau mai multe pahare de apă plată pe zi?** | Nu îmi place apa prea mult. Mai degrabă beau suc, băuturi carbogazoase sau ceva mai aromat. | Uneori. Ştiu că ar trebui să beau mai multă apă. | În cea mai mare parte a timpului. | Tot timpul. |
| 36 | **Ce este cel mai probabil să faci când ești însetat?** | Beau cu înghițituri mari băuturi carbogazoase reci ca gheața sau băuturi din comerţ. | Un ceai sau un suc rece. | Beau apă rece sau alte băuturi. | Mă bazez pe apă (de preferat la temperatura camerei)! |
| 37 | **Câte de des bei suc/și băuturi carboga-zoase?** | În fiecare zi. S-ar putea să beau suc de portocale dimineața și băuturi carbogazoase ocazional pe parcursul zilei. | Adesea. Nu îmi place apa prea mult. | Uneori, de preferat Diet Coke. | Rar sau deloc. |
| 38 | **Cât de probabil este să îți începi ziua cu o ceașcă de ceai din plante?** | Foarte puțin probabil. | Nu e preferatul meu, dar e în regulă din când în când. | Beau ceai destul de des. | Foarte probabil. |
| 39 | **Cât de des bei vin roșu?** | Foarte rar. Prefer berea. | Uneori, la restaurant. | De câteva ori pe săptămână. | Beau de obicei unul sau două pahare de vin roșu pe zi. |
| | | A= | B= | C= | D= |

| | | A | B | C | D |
|---|---|---|---|---|---|
| 40 | **Cât de des îți place să bei un cocteil sau un pahar cu lichior tare?** | Abia aștept oferta specială de vineri! | În majoritatea serilor. | Din când în când, mai ales în împrejurări sociale. | Doar la evenimente speciale. |
| 41 | **Cât de des alegi laptele ca băutură?** | Aproape în fiecare zi. | Des, adică de două sau de trei ori pe săptămână. | Uneori, ca pe o recompensă specială. | Rar sau deloc. |
| 42 | **Câte cești de cafea sau de băuturi cafeinizate bei zilnic?** | Mai multe. | Două sau trei. | Îmi încep ziua cu o ceașcă mare de cafea sau de altă băutură cafeinizată și s-ar putea să beau altă ceașcă mai târziu. | Beau maximum o ceașcă de cafea sau de altă băutură cafeinizată. |
| 43 | **Cum îți bei cafeaua?** | Cu vanilie, caramel, macchiato, frappé din comerț (ex.: frappucino) – merge oricare. | Cu frișcă și zahăr sau cu îndulcitori ca Splenda sau Sweet'N Low. | Cu zahăr sau cu îndulcitori ca Splenda sau Sweet'N Low. | Neagră. S-ar putea să adaug un pic de lapte sau un înlocuitor. |
| 44 | **Folosești miere, sirop de arțar sau stevia în loc de zahăr/alți îndulcitori?** | Nu, prefer zahărul alb. | Folosesc îndulcitori ca Splenda sau Sweet'N Low de cele mai multe ori. | Da, cât de mult este posibil. | Da, tot timpul. |
| 45 | **Care sunt deserturile tale preferate?** | Deserturile bogate, ca cheesecake sau o negresă cu ciocolată. | Tort sau înghețată, depinde de zi. | Îmi place diversitatea – dar totul cu moderație! | Mici și intense, cum ar fi o bucată de ciocolată neagră. |
| | | A= | B= | C= | D= |

| | | A | B | C | D |
|---|---|---|---|---|---|
| 46 | **Cât de des savurezi deserturi ca plăcintă, fursecuri sau înghețată?** | Aproape zilnic. Mi-e poftă de dulce! | Des, adică de trei sau patru ori pe săptămână. | Cam o dată pe săptămână. | Uneori – totul cu moderație. |
| 47 | **Cât de des mănânci plăcinte, gogoși, clătite, produse de patiserie și/sau brioșe din comerț?** | Aproape zilnic. | Des, adică de două sau de trei ori pe săptămână. | Rar, adică o dată sau de două ori pe lună. | Rar sau deloc. Când mănânc deserturi, sunt alimente proaspete, foarte puțin procesate, cu ingrediente organice. |
| 48 | **Ai crescut mâncând ciocolată, produse de patiserie și dulciuri ambalate (ex.: Hershey's, Kisses, Twizzlers, Pop-Tarts)?** | Bineînțeles – și încă le mănânc! | Da. Încă s-ar putea să mănânc din când în când. | S-ar putea să le fi mâncat, dar nu mi-au plăcut niciodată. | Nu am crescut mâncând dulciuri. |
| 49 | **Legume și fructe proaspete, nuci, leguminoase și cereale integrale, cu cantități mai mici de pește și de ouă. Seamănă cu dieta ta de zi cu zi?** | Deloc. | Mănânc așa din când în când, dar nu e dieta mea de zi cu zi. | Nu e tiparul meu obișnuit de dietă, dar mănânc adesea în acest fel. | Da, acesta este tiparul meu obișnuit de dietă. |
| | | A= | B= | C= | D= |

| | | A | B | C | D |
|---|---|---|---|---|---|
| 50 | **Dieta ta include mai ales carne, pâine albă sau paste, cartofi, brânză și/sau alimente prăjite?** | Se întâmplă să fie preferatele mele. | Des. Sunt tipul de persoană care preferă carne și cartofi. | Nu consum prea multă pâine sau paste, dar îmi place carnea și mănânc ocazional cartofi prăjiți. | Aceste mâncăruri nu sunt o parte principală a dietei mele. |
| 51 | **Ce este cel mai probabil să mănânci la micul dejun, dacă nu ești presat de timp?** | Ceva de genul: ouă, bacon sau cârnați, clătite americane, pâine prăjită cu unt, crochete din cartofi. | Brioșe proaspăt făcute, fursecuri, ouă. | Sunt flexibil – ouăle jumări sunt bune, dar și fulgii de ovăz și fructele. | Ceva ușor, ca fulgii de ovăz sau pâinea cu cereale integrale (dacă nu beau un smoothie cu fructe și legume). |
| 52 | **Prânzul tău obișnuit constă într-un sandvici cu „delicatese" (ex.: tipul de sandvici cu șuncă ambalată, brânză elvețiană și maioneză) și cel mai probabil cu cartofi prăjiți alături?** | Da, eu sunt acela. | Des, poate de două sau trei ori pe săptămână. | Uneori, dacă nu am acces la alte alimente. | Rar sau niciodată. Sunt mai de grabă dintre cei care mănâncă supe și salate. |
| 53 | **La un grătar, ce e cel mai probabil să pregătești?** | Burgeri, coaste, hotdogi, cheeseburgeri. | În cea mai mare parte carne, dar și niște porumb mi-ar plăcea. | O bucată frumoasă de pui. | Legume ca zucchini, vinete, roșii. Dar și creveți și pește. |
| | | A= | B= | C= | D= |

| | | A | B | C | D |
|---|---|---|---|---|---|
| 54 | **Cât de des mănânci în fiecare zi?** | Trei sau mai multe mese pe zi și între două și cinci gustări. | Trei mese pe zi și două gustări substanțiale. | Trei mese pe zi și gustări ușoare. | Trei mese pe zi și o gustare ușoară din când în când. |
| 55 | **De obicei consumi porții mici de mâncare (ex.: carne sau pește de mărimea palmei tale; brânză cât lungimea degetului mic; fruct de mărimea unui măr mic)?** | În general, mănânc porții mai mari. | Uneori, când nu mi-e foame. | Des – deși pot mânca porții mai mari de anumite alimente. | În cea mai mare parte a timpului, dacă nu întotdeauna. |
| 56 | **Cât de des consumi porții mai mari de mâncăruri cu carne (ex.: mai mult de 85 g de carne/pui, mai mult de 57 g de lactate și/sau mai mult de 2 ouă)?** | Zilnic sau aproape zilnic. Prefer porții mai mari. | Destul de des. | Uneori. În cea mai mare parte carne de pui și ouă. | Rar sau deloc. |
| 57 | **Cât de des îți dai seama că ai mâncat prea mult?** | Destul de des! Uneori trebuie să iau medicamente antiacide. | Deseori în weekend și cu siguranță de sărbători. | E posibil să mănânc prea mult în timpul sărbătorilor, dar în general pot să mă abțin. | Rar sau deloc. |
| | | A= | B= | C= | D= |

| | | A | B | C | D |
|---|---|---|---|---|---|
| 58 | **Dacă doctorul ți-ar spune să te oprești din mâncat când ești 50% plin, ai putea face asta?** | Cum aș ști când sunt 50% plin? | Ar fi dificil, dar aș încerca. | Da, dar probabil nu la fiecare masă. | Nicio problemă. Niciodată nu mă îndop. |
| 59 | **Trec cel puțin 12 ore fără mâncare între momentul terminării cinei și cel al începerii micului dejun (ex.: cina e la 8 seara, micul dejun la 8 dimineața, fără gustări între ele)?** | Rar. Mănânc de obicei desert sau o gustare târziu în noapte sau înainte de culcare. | Uneori. Dar mai de grabă între 6 și 8 ore în loc de 12. | În cea mai mare parte a timpului, dar nu sunt riguros cu privire la asta. | Da, absolut! Iau de obicei cina devreme și mă abțin de la mâncat până dimineață. |
| 60 | **Sari vreodată peste mese?** | Uneori nu mănânc de la micul dejun până la băutura de seară. | Sar deseori peste micul dejun. | Uneori, dacă sunt pe fugă sau prea ocupat ca să mănânc. | Rar sau niciodată. |
| 61 | **Cât de des simți că ai nevoie de un energizant după o masă (cel mai probabil cu zahăr sau o ceașcă de cafea)?** | Întotdeauna beau o ceașcă de cafea sau mănânc ceva dulce după prânz. | Glicemia mea scade adesea după-amiaza devreme și am nevoie de puțin energizant. | Uneori beau o ceașcă de cafea sau mănânc ceva dulce. | Rar sau deloc. De obicei, mă simt energizat după masă. |
| | | A= | B= | C= | D= |

| | | A | B | C | D |
|---|---|---|---|---|---|
| 62 | **Îți pregătești propriile mese sau consumi mâncăruri făcute de la zero de altcineva?** | Gătesc rar. Sau s-ar putea să pregătesc cina, dacă am timp. | Uneori. Sunt fericit cu mâncăruri la pachet și/sau preparate. | Gătesc des. Dar îmi place și să mănânc în oraș. | Pregătesc sau consum mâncăruri făcute de la zero în mare parte a timpului. |
| 63 | **Cât de des mănânci alimente procesate, la conservă, congelate sau preparate, produse de patiserie/ prăjituri din comerț, biscuiți sărați?** | Des, adică de trei sau patru ori pe săptămână sau mai mult. | Des, adică o dată pe săptămână. | Uneori, adică o dată sau de două ori pe lună. | Rar sau deloc. |
| 64 | **Când ești obosit și vii acasă târziu de la muncă, cât de probabil e să servești cina cu mâncare semi-preparată încălzită la microunde (sau să orice alte alimente preparate sau ambalate)?** | Foarte probabil. | S-ar putea întâmpla, dar nu tot timpul. | Destul de improbabil, doar dacă nu am altceva în casă. | Foarte improbabil. |
| | | A= | B= | C= | D= |

| | | A | B | C | D |
|---|---|---|---|---|---|
| 65 | **Cât de des consumi mâncare de tip fast-food sau prăjită?** | Îmi plac cartofii prăjiți și mâncarea de la fast-food. Le consum de mai mult de trei ori pe săptămână. | Foarte des – poate de trei ori pe săptămână. | Din când în când, cum ar fi o dată pe săptămână. | Niciodată sau foarte rar. |
| 66 | **Cât de des mănânci alimente cu conținut scăzut de grăsimi sau degresate?** | Aproape în fiecare zi. | Des, adică de două sau trei ori pe săptămână. | Din când în când, dacă nu am acces la alte alimente. | Rar sau deloc. |
| 67 | **Cât de des consumi cereale din comerț pentru micul dejun (ex.: Special K, Rice Krispies, Corn Pops, Cocoa Puffs, Raisin Bran)?** | Acesta este un mic dejun zilnic pentru mine. | Des, adică de două sau trei ori pe săptămână. | Din când în când, adică o dată sau de două ori pe lună. | Rar sau deloc. |
| 68 | **Cât de des te trezești că te întinzi după o gustare în timp ce lucrezi sau întreprinzi alte activități, cum ar fi să conduci, să citești, să faci drumuri scurte pentru a rezolva diverse lucruri?** | Tot timpul. | Destul de des. Sunt o persoană care ciugulește. | Din când în când, mai ales când fac ceva plictisitor. | Rar sau deloc. |
| | | A= | B= | C= | D= |

| | | A | B | C | D |
|---|---|---|---|---|---|
| 69 | **Care este gustarea pe care o preferi?** | Chipsuri, covrigei, bomboane sau brânză. | Bomboane sau ceva dulce. | Nuci sau unt de nuci. | O bucată de fruct, câteva migdale și/ sau iaurt. |
| 70 | **Iei o gustare după cină sau în timpul orelor de seară/noapte?** | Da, îmi place să mănânc floricele de porumb sau chipsuri în timp ce mă uit la TV. | Deseori îmi place un mic desert după mese, mai ales după cină. | Din când în când. Pot să o accept sau să o refuz. | Rar sau deloc. |
| 71 | **Când mergi la film, cât de probabil este să cumperi băuturi carbogazoase sau floricele de porumb?** | Despre asta e vorba când mergi la film. | Floricele de porumb, destul de probabil. | Floricele de porumb, din când în când. | Nu sunt genul meu. |
| 72 | **Ce tip de unt de arahide (sau alt unt de nuci) îți place cel mai mult?** | Unul dintre cele ale mărcilor comerciale de top (Skippy, Jif, Peter Pan etc.). | Cumpăr de obicei unt de arahide aromat (ex.: cu sare, miere, ciocolată). | Cumpăr unt de arahide organic cât de des pot. | Organic și nesărat. Uneori, îl fac chiar eu. |
| 73 | **Cum ți-ai descrie digestia? Cât de des ești constipat sau ai diaree?** | Digestia mea nu e extraordinară. Sunt adesea constipat sau am diaree. | Sunt constipat sau am diaree cu o oarecare frecvență. | Am de obicei o digestie regulată, deși din când în când am câte o zi dificilă. | Digestia mea e foarte regulată, Foarte rar sunt constipat sau am diaree. |
| 74 | **După masă, cât de des te simți umflat, balonat sau inconfortabil?** | Am toate aceste tipuri de probleme digestive tot timpul. | În mod frecvent. Am un stomac sensibil și uneori apare senzația de balonare. | Din când în când, mai ales ca o reacție la anumite alimente. | Rar sau deloc. |
| | | A= | B= | C= | D= |

| | | A | B | C | D |
|---|---|---|---|---|---|
| 75 | **Ai nevoie să slăbești în jurul taliei sau al șoldurilor?** | Vai, am… | Da, puțin. Am tendința să mă îngraș în jurul taliei și al șoldurilor. | Poate un pic. | Nu neapărat. Sunt destul de în formă. |
| 76 | **Iei sau pierzi ușor în greutate?** | Dintotdeauna am încercat să slăbesc. | Pot câștiga câteva kilograme ușor și îmi e greu să scap de ele. | Am urmat câteva diete cu efect yo-yo, dar altfel greutatea mea e destul de stabilă. | Am avut greutatea mea actuală în cea mai mare parte a vieții mele, cu o fluctuație de doar câteva kilograme. |
| 77 | **Dacă ai o durere în gât sau simți că ai frisoane sau febră, cât de probabil este să bei multă apă și să te odihnești, în loc să iei antibiotice?** | Mai degrabă iau un antibiotic de la medicul meu și scap de asta. | Destul de probabil, depinde de cât de rău mă simt. | Aș putea lua o rețetă oricum, în caz că se înrăutățește. | Pot să vindec multe lucruri, dacă mă îngrijesc bine. Iau antibiotice în ultimă instanță. |
| 78 | **Cât de des ai luat antibiotice de când erai copil?** | Mai mult de o dată pe an. | În jur de o dată pe an. | Mai puțin de o dată pe an. | Rar sau niciodată. |
| 79 | **Ai tensiune arterială mare? (Dacă ești sub tratament, iei medicamente pentru reducerea tensiunii arteriale?)** | Da, am tensiune arterială mare și/sau iau medicamente pentru reducerea ei. | Tensiunea mea arterială este la limita superioară și/sau mă gândesc să iau medicamente pentru reducerea ei. | Ar putea fi, dacă nu fac exerciții fizice și nu mănânc corect. | Tensiunea mea arterială este normală și nu iau medicamente pentru reducerea ei. |
| | | A= | B= | C= | D= |

| | | A | B | C | D |
|---|---|---|---|---|---|
| 80 | **Ai colesterol mare? (Dacă ești sub tratament, iei medicamente pentru reducerea colesterolului?)** | Da, am colesterol mare și/sau iau medicamente pentru reducerea colesterolului. | Colesterolul meu este la limita superioară și/sau mă gândesc să iau medicamente pentru reducerea colesterolului. | Trebuie să-mi verific colesterolul, dar în general este în limite normale. | Colesterolul meu este normal și nu iau medicamente pentru reducerea colesterolului. |
| | | A= | B= | C= | D= |

## Calculează-ți punctajul

Felicitări pentru finalizarea testului!

Tot ce trebuie să faci acum este să îți calculezi rezultatele. Este foarte ușor. Doar urmează cei patru pași simpli de mai jos.

1. Pe fiecare pagină a testului, adună de câte ori ai încercuit A, B, C și D și scrie fiecare subtotal în partea de jos, în caseta cu punctaje de la finalul fiecărei pagini.
2. Adună subtotalurile de pe fiecare pagină și scrie totalul pentru fiecare coloană (A, B, C și D) în tabelul cu totaluri de mai jos, la „Număr de răspunsuri".

| **Partea I – Dietă** | **Total răspunsuri A** | **Total răspunsuri B** | **Total răspunsuri C** | **Total răspunsuri D** | **TOTAL** |
|---|---|---|---|---|---|
| Număr de răspunsuri | | | | | |
| Puncte per răspuns | 0 | 1 | 2 | 3 | |
| Total | + | + | + | = | |

3. Punctează răspunsurile folosind acest sistem de evaluare:

- 0 puncte pentru fiecare răspuns A (astfel încât totalul pentru toate răspunsurile din coloana A va fi întotdeauna zero).
- 1 punct pentru fiecare răspuns B (dacă ai ales B de zece ori, totalul este 10 × 1 = 10).
- 2 puncte pentru fiecare răspuns C (dacă ai ales C de zece ori, totalul este 10 × 2 = 20).
- 3 puncte pentru fiecare răspuns D (dacă ai ales D de zece ori, totalul este 10 × 3 = 30).

Adună totalul de pe fiecare coloană. Vei obține un punctaj total.

De exemplu, prietena mea Lauren a dat testul și iată rezultatele ei. A avut 5 răspunsuri A (0 puncte), 10 răspunsuri B (10 × 1 = 10 puncte), 25 de răspunsuri C (25 × 2 = 50 de puncte) și 40 de răspunsuri D (40 × 3 = 120 de puncte). Așa cum poți vedea în tabelul de pe pagina următoare, punctajul ei total este 180.

| **Partea I – Dietă** | **Total răspunsuri A** | | **Total răspunsuri B** | | **Total răspunsuri C** | | **Total răspunsuri D** | | **TOTAL** |
|---|---|---|---|---|---|---|---|---|---|
| Număr de răspunsuri | 5 | | 10 | | 25 | | 40 | | 80 |
| Puncte per răspuns | 0 | | 1 | | 2 | | 3 | | |
| Total | 0 | + | 10 | + | 50 | + | 120 | = | 180 |

4. Apoi, în funcție de punctajul tău total, vezi unde te încadrezi potrivit următoarelor criterii:

- Dacă punctajul total este mai mic de 80, ești la nivel de Începător.
- Dacă punctajul total este între 80 și 160, ești la nivel Intermediar.
- Dacă punctajul total este mai mare de 180, ești la nivel Avansat.

Acesta este tiparul primar al constituției tale unice, care reflectă caracteristica dominantă a alcătuirii generale a creierului tău. De exemplu, s-a dovedit că Lauren e la nivel Avansat.

Totuși, în funcție de cât de aproape de limite obții rezultatul (punctaje în jur de 80 sau 160), profilul tău ar putea să se situeze undeva între cele două niveluri. De exemplu, Lauren a obținut 180 de puncte, ceea ce o aduce aproape de nivelul anterior, de Intermediar. Prin urmare, Lauren se află la nivel Avansat, cu câteva trăsături ale nivelului Intermediar. Alții ar putea să se plaseze undeva între nivelurile Intermediar și Începător. Dacă e și cazul tău, asigură-te că citești recomandările pentru ambele niveluri.

## Pașii următori

Odată ce ai identificat la ce nivel te afli – Începător, Intermediar sau Avansat –, mergi la capitolul următor pentru a afla semnificația acestor niveluri, împreună cu recomandări personalizate care au un înțeles specific în funcție de nivelul la care te găsești. Acest lucru îți va oferi o bază pentru folosirea corectă a informațiilor din această carte. Poți începe folosind capitolul următor pentru câteva sfaturi legate de schimbarea sau de perfecționarea dietei tale, pe care le poți pune în practică imediat.

Încearcă să urmezi planul cel puțin trei sau patru săptămâni și vezi cum te simți. Pe măsură ce respecți recomandările, vei putea să filtrezi mai bine îndrumările mai cuprinzătoare de la „Pasul 2: Puterea cognitivă prin nutriție“, pentru a te bucura de beneficii maxime în funcție de nevoile tale individuale. De fapt, cu acest pas de descoperire și de adoptare a propriei îngrijiri personalizate, vei fi integrat toate informațiile necesare ca să creezi un plan optim pentru condiția fizică a creierului tău, care să fie cel mai bun pentru *tine*.

La început, s-ar putea să fie dificil să mănânci, să bei și să fii activ așa cum recomandă planul. Primele două săptămâni sunt, de obicei, cele mai dificile așa că dacă poți trece de ele, felicitări! Dacă nu, nu te neliniști. Vechile obiceiuri dispar foarte greu și fiecare are scăpări din când în când. Important este să te întorci la plan și să continui. Încet-încet, vei putea gestiona în totalitate propriul plan.

Odată ce simți că urmarea planului devine lină, încearcă să refaci testul. Cel mai probabil vei descoperi că obiceiurile tale s-au îmbunătățit, și nivelul tău s-a modificat. Dacă se întâmplă asta, este timpul să încerci planul pentru *noul* tău nivel. Fiecare nivel reprezintă un pas spre dieta optimă a creierului. Vom folosi acest sistem în etape pentru a ne asigura că, în timp, a mânca bine pentru creier devine o parte integrantă a stilului tău de viață, în timp ce tranziția este făcută pe cât de ușor posibil.

Nu uita că această abordare nu oferă „pastila magică“ sau o soluție rapidă (și la fel de repede ratată). Cunoașterea pe care o dobândești practicând neuronutriția este începutul unei călătorii pe viață. Scopul cărții de față este de a te ajuta să dezvolți cel mai sănătos creier pe care îl poți avea și de a-ți oferi o hartă cu ajutorul căreia să îi păstrezi sănătatea și în anii ce vor urma. Acest țel este unul mult mai ambițios decât acela de a renunța la câteva kilograme în plus și gata. Așa că, din punctul tău de vedere, trebuie să fii dispus să te schimbi, să vezi dincolo de rutina zilnică și să rămâi fidel propriei căi unice înspre sănătate. Obiectivul final este de a trece de la orice alt nivel la Avansat și apoi de a obține un rezultat cât mai mare la test, așa încât în cele din urmă să ajungi și tu un centenar desăvârșit. La fel ca în cazul centenarilor care trăiesc printre noi, misiunea ta este de a-ți îmbunătăți stilul de viață pentru a profita la maximum de o viață îndelungă, plină de amintiri și cât se poate de sănătoasă.

Așadar... la ce nivel te afli?

# 15
# Cele trei niveluri ale neuronutriției

## Nivelul Începător

În general, o dietă sănătoasă pentru creier nu este ușor de implementat pentru un începător.

Dintre toate nivelurile despre care vom vorbi, începătorii sunt cei care consumă, de obicei, cea mai mare cantitate de alimente nesănătoase, amestecate cu surse ascunse de nutrienți proinflamatori, grăsimi trans, zaharuri rafinate și substanțe chimice nocive. Totodată, mănâncă rar alimente esențiale pentru creier, dense din punct de vedere nutrițional, precum legume proaspete, fructe, leguminoase și/sau cereale integrale – nici nu iau în considerare peștele sau fructele de mare.

Recomandările pentru nivelul tău sunt menite să te provoace să părăsești zona de confort și să îți schimbi obiceiurile alimentare ca să îți tratezi mai bine creierul. Planul conturat în acest capitol se adresează preocupărilor de mai sus și oferă câteva soluții practice ca să îți atingi obiectivele pentru o viață lungă și sănătoasă. Deși nimeni nu devine expert în nutriție și nici nu capătă o condiție fizică mai bună peste noapte, poți să-ți însușești cât mai multe recomandări posibil, pe care să le implementezi, puțin câte puțin, în rutina ta de zi cu zi. De exemplu, a mânca puține legume este mai bine decât a nu mânca legume deloc. A bea apă plată este mai bine decât a bea o sticlă cu apă carbogazoasă. A mânca o ceașcă cu fructe de pădure este mai bine decât a mânca o banană, dar, dacă ți-e poftă de o banană, tot e mai bună decât o gogoașă.

Primul nostru obiectiv este să inversăm orice reducere de vitamine, minerale și fibre prin creșterea atât a aportului cât și a diversității de legume proaspete, fructe, leguminoase și cereale integrale. În plus față de îndrumările generale schițate la „Pasul 2: Puterea cognitivă prin nutriție", planul tău include recomandări specifice cu privire la alimentele pe care ar trebui să le preferi alegerilor zilnice.

### ***Fructe, legume, nuci și semințe***

În primul rând, fă un efort de a mânca legume și fructe *în fiecare* zi. Nu uita că unul dintre factorii principali din dieta centenarilor, care are o contribuție semnificativă la sănătatea acestora este consumul de alimente neprocesate în detrimentul celor procesate. Cum centenarii din insule mănâncă legume din grădinile lor, consumă mai puține pesticide și mai mulți nutrienți, în special antioxidanți naturali. În concordanță cu acest principiu, fă un efort de a înlocui salata iceberg, fadă și goală din punct de vedere nutrițional, cu un amestec de verdețuri proaspete de țară și cu broccoli sau conopidă organică, crocantă. Știai că există mai mult de 3 000 de soiuri tradiționale de tomate cultivate în lume? Data viitoare când ești pe cale să cumperi obișnuitele roșii inimă de bou lipsite de culoare, încearcă, în schimb, alt soi: roșii, galbene, verzi, chiar și mov. Cu cât e mai deschisă la culoare, cu atât e mai bună.

Începând cu acest nivel, îți vei concentra atenția asupra consumului zilnic a cel puțin unei porții de frunze verzi (verdețuri din specia *Brassica oleracea*, mangold, kale sau spanac) și/sau legume crucifere (broccoli, conopidă, varză de Bruxelles sau varză). Aceasta este cheia, așadar consider-o importantă. Alte legume care merită atenția ta sunt mazărea dulce (bogată în Omega 3) și cele de culoare portocalie, ca morcovii, varietăți de dovleac de iarnă și dovleac plăcintar, care sunt bogate în antioxidanți și în zaharuri naturale. În final, este important să incluzi ceapă, usturoi și ierburi aromatice proaspete, precum salvie și rozmarin ca adăugiri zilnice la orice mănânci.

Amintește-ți că produsele congelate, la conservă sau procesate prin orice alte mijloace nu conțin aceleași cantități de nutrienți esențiali pentru creier ca legumele proaspete, organice. Dacă nu ai acces la produse proaspete, opțiunile organice congelate sunt în continuare mai bune decât soiurile OMG crescute în scopuri comerciale de pe majoritatea rafturilor de la supermarket. Misiunea ta este de a te asigura că mănânci cel puțin o ceașcă de legume atât la prânz, cât *și* la cină.

Acum să vorbim despre fructe. Fructele de pădure proaspete, ca afinele, zmeura, murele și căpșunele, precum și citricele ca portocalele, lămâile și grepfrutul sunt fructe fortifiante pe care vrei să le mănânci de-a lungul săptămânii. Aceste fructe au un indice glicemic mic și o cantitate bună de fibre, în afară de faptul că sunt pline de vitamine și de antioxidanți. O porție pe zi este un început grozav. Așa cum vei observa, bananele nu se află pe lista noastră, dar, dacă ți-e poftă de una, poți face o excepție o dată pe săptămână, deoarece conține glucoză sănătoasă pentru creier. Dacă ești un fan al bananelor, încearcă să le înlocuiești în timp cu fructe de pădure și cu citrice. Merele sunt altă alegere bună, având un indice glicemic mic – știi ce spune proverbul. În timp ce toate merele sunt destul de bogate în vitamine, în antioxidanți și în fibre, merele Red Delicious și Gala au cel mai ridicat conținut de antioxidanți[1] dintre toate și de aceea sunt cele mai bune pentru creierul tău.

Nucile și semințele trebuie și ele incluse în dieta ta. Cheia este de a te concentra pe nuci și semințe *crude* și de a sta la distanță de cele sărate, coapte, condimentate, coapte cu miere sau de alte varietăți acoperite cu zahăr și procesate. Începe prin a face din migdale și din miezul de nucă (cu coajă, dacă se poate) o parte regulată a gustărilor tale. Cât privește semințele, încearcă să împrăștii o linguriță de semințe de in sau un pic de semințe de floarea-soarelui peste supele și salatele tale ori peste iaurturi și cereale. Semințele de in sunt o sursă excelentă de Omega 3, în timp ce semințele de floarea-soarelui sunt cele mai bogate surse naturale de zinc, care susține imunitatea.

Dacă ești dependent de untul de arahide, este în regulă, dar e momentul să te abții de la sortimentele comerciale ca Skippy sau Jif în favoarea untului de arahide organic. Nu este mult mai costisitor și este mult mai bun pentru tine. Următorul pas este de a schimba untul de arahide cu acela de migdale – o lume complet nouă de arome.

### *Cereale și leguminoase*

Când vine vorba de carbohidrați complecși, cartofii dulci se află în capul listei. Acești cartofi sunt arhiplini cu beta-carotenul antioxidant și cu vitamina C și sunt o sursă minunată de vitamina B6, de minerale și de fibre. Te vor umple de lucruri bune în timp ce îți vor tăia pofta de dulce. Asigură-te că mănânci o porție de cartofi dulci de două sau de trei ori pe săptămână și ca înlocuitori pentru cei obișnuiți, galbeni sau albi.

Cerealele integrale sunt o altă sursă esențială de energie eliberată în timp. Asigură-te că mănânci o porție de cereale integrale, precum ovăz, grâu integral și orez brun, de două ori pe zi. De exemplu, asta ar putea însemna o felie de pâine cu multicereale sau un bol reconfortant de ovăz la micul dejun și o ceașcă de orez brun la prânz. În plus, încearcă să integrezi zilnic două sau mai multe porții de leguminoase, ca năut sau linte. Și nu uita să încerci îndrăgitele mele rețete de Buddha bowl! Am inclus în exemplul de planificare a meniului de la sfârșitul acestui capitol niște recomandări care să te ajute să pornești la drum.

### *Pește*

Chiar dacă nu te dai în vânt după pește, într-un fel sau altul trebuie să îi asiguri creierului suficienți acizi Omega 3 pentru a-și îmbunătăți starea cognitivă și pentru a se apăra de boli precum Alzheimer. Ai putea adăuga niște somon afumat peste o chiflă din făină integrală de grâu? Și ce ai zice de niște pește și cartofi prăjiți ca la englezi?

Peștele și cartofii prăjiți sunt un exemplu minunat de cum să transformăm o masă destul de nesănătoasă într-una delicioasă, dar bogată din punct de vedere nutrițional. Versiunea mea folosește covrigei crocanți (organici, din cereale integrale) în loc de pesmet procesat și include un file cărnos de tilapia în locul unui obișnuit pește fad cu carne albă. Mai mult, uleiul aromat de cocos este folosit ca înlocuitor perfect al uleiurilor parțial hidrogenate care induc infarctul, folosite în restaurantele fast-food. Rezultatul este extraordinarul file de tilapia cu crustă de covrigei, care va bucura întreaga familie. Rețeta se găsește la capitolul 16 și pe blogul meu (brainfood-blog.tumblr.com).

Dacă tonul la conservă este principala ta sursă de pește, este în regulă pentru început. Dar când vine vorba de ton, ține minte să-l alegi pe cel sălbatic. Apoi, asigură-te că e în într-un recipient de apă când îl cumperi (poți să-i adaugi un pic de ulei de măsline chiar tu). Știi că și somonul vine în conserve? Somonul sălbatic de Alaska la conservă este destul de ușor de găsit în orice supermarket. O conservă mare de 425 g de Bumble Bee Wild Somon costă nu mai mult de 2,75 de dolari. Și știi ce? Anșoa și sardinele sunt peste tot, nemaivorbind de macrou. Din start, același supermarket îți oferă cinci opțiuni simple de pește în loc de una. Misiunea ta, pe care ar trebui să o accepți, este să începi cu două porții de pește pe săptămână și să încerci să ajungi la trei.

### *Carne, dulciuri și alimente procesate*

Pe măsură ce consumul tău de cereale integrale, de leguminoase și de pește crește, cel de alimente procesate și prăjite, precum și de dulciuri, carne și lactate va coborî inevitabil. Ai grijă mai ales la gogoși, fursecuri, biscuiți sărați, brioșe, plăcinte, checuri, creme precum Cool Whip, creme tartinabile, brânzeturi procesate și bomboane din comerț încărcate cu grăsimi trans. Inutil să spun, aceste alimente *nu* sunt sănătoase și vor face ravagii în sistemul tău. Mâncarea preambalată, precum aperitivele congelate sau pentru cuptorul cu microunde, feluri gata preparate și pizza congelată se află și ele pe lista neagră. Este de o importanță crucială să limitezi frecvența cu care mănânci aceste alimente până când ajungi, ei bine, să nu le mai mănânci niciodată. Doar nu ai crezut că Ethan Hunt a sărit de pe acoperișurile clădirilor după ce s-a hrănit cu cartofi prăjiți și brioșe, așa-i?

Este de asemenea important să urmărești calitatea cărnii prin scăderea consumului de cărnuri procesate și de la animale crescute în scopuri comerciale în timp ce crești aportul de carne de la animale hrănite în aer liber și, desigur, de pește sălbatic. Acest lucru va reduce mai departe cantitatea de grăsimi trans, grăsimi saturate și colesterol din dieta ta, totodată protejându-ți stomacul de pesticide, de poluanți și de alte toxine nocive care adesea vin la pachet cu carnea pe care o consumi. Reține că acele cărnuri sunt un focar al bacteriilor rezistente la antibiotice amestecate cu tot felul de chimicale care nu au ce căuta într-un corp sănătos. În timp, cresc inflamația și stresul oxidativ de la nivelul fiecărui organ, inclusiv în creier, ba chiar ajung să îți distrugă și microbiomul și sănătatea intestinală. Dacă într-adevăr îți place baconul, concentrează-ți atenția pe carnea pe porc organică, fără antibiotice. Este foarte dificil să găsești versiuni curate, sigure, de carne de porc, care trebuie selectate cu grijă.

Dacă ești consumator de carne și/sau iubitor de lactate, trebuie să ții cont de niște trucuri și sfaturi pentru a savura aceste alimente. Sfatul numărul unu este să limitezi frecvența și mărimea porției. La nivelul de Începător, vei înlocui treptat orice preferințe vechi cu alegeri mai sănătoase, mai bogate din punct de vedere nutrițional, menite să îmbunătățească și să susțină sănătatea creierului tău. Concentrează-te pe reducerea drastică a consumului de carne roșie (vită și porc) și sporește-l pe cel de rață, pui de găină și curcan crescuți în aer liber – *și* al ouălor lor. Ca regulă de aur, mănâncă 85 g de carne gătită de două ori pe săptămână și două ouă o dată pe săptămână. Dacă simți nevoia de mai mult, limitează-te la 113 g de carne de pui și la trei ouă pe săptămână – în timp ce faci un efort conștient de a reduce în timp consumul.

Cu alte cuvinte, o săptămână obișnuită ar trebui să includă trei zile întregi fără carne și fără ouă.

Dacă ți-e poftă de o friptură sau ai lipsă de fier, carnea de vită de la animale hrănite cu iarbă este calea de urmat – dar nu mai mult de o dată pe săptămână. Asigură-te că respecți aceste reguli simple: (1) Limitează-te la porțiile recomandate (85 g mâncare gătită), (2) alege o bucată de carne slabă de vită și (3) prepar-o pe grătar! Nu prăjită sau friptă. Pentru prepararea la grătar în casă, am o tavă pentru plită cu o suprafață cu șanțuri adânci unde se strânge grăsimea. Dacă tot ai ajuns aici, aruncă și niște legume pe grătar. Zuchhini, vinete, ciuperci portobello și ardei verzi, galbeni și roșii, chiar și cartofi dulci opăriți – se vor prepara pe grătar fără efort atât în aer liber, cât și în casă. De asemenea, dacă ești obișnuit să condimentezi carnea, poți pune deasupra o mică grămăjoară de unt (organic, nedegresat) și/sau puțină lămâie, dar evită toate celelalte sosuri.

Să vorbim acum despre brânză. Pecorino, parmezan, Cheddar maturat, brânzică de casă, Feta și brânză de capră sunt toate alegeri bune, dar gândește-te la ele mai degrabă ca la un moment de desfătare decât ca la o gustare regulată. Prefă-te că ești în avion și sosește tava cu prânzul. Îți amintești bucățelele de brânză pe care le găsești de obicei lângă ceașca de cafea împreună cu biscuiți sărați? Aceasta este porția perfectă, 28-57 g cam o dată pe săptămână. Dacă brânza este slăbiciunea ta, începe cu două porții.

Singurele produse lactate pe care ar trebui să le consumăm regulat sunt iaurtul și kefirul, deși doar când sunt simple și neîndulcite. Din moment ce sunt o sursă excelentă de nutrienți esențiali pentru creier și de probiotice, poți consuma câte 1 ceașcă zilnic. A mânca iaurt regulat este de importanță crucială pentru menținerea funcționării optime a tractului gastrointestinal, care, la rândul lui, susține sănătatea creierului. Scopul tău este acela de a evita sortimentele îndulcite și aromate artificial. Concentrează-te pe iaurt simplu, nedegresat și întotdeauna organic.

În final, asigură-te că reduci consumul de alimente proinflamatorii bogate în Omega 6. O cale ușoară de a face asta este prin reducerea consumului de uleiuri vegetale, precum cel de porumb, de soia, de șofran și de floarea-soarelui. Aceste uleiuri sunt folosite deseori în preparate din comerț, cum ar fi felurile gata preparate sau cele congelate, așa că citește etichetele. Printre alternativele mai sănătoase se numără uleiurile nerafinate presate la rece (extravirgine sau cel puțin virgine), din măsline, din semințe de in, de cocos și de avocado. Mai ales pentru Începători, este de o importanță crucială să stea departe de uleiurile rafinate. Ține minte că uleiurile extravirgine (ex.: obținute prin presare la rece) sunt mult mai bogate în antioxidanți decât uleiurile rafinate (obținute prin extracție cu solvent), care sunt aproape lipsite de acești compuși prețioși antiîmbătrânire.

În același timp, fă un efort pentru a înlocui alimentele suprasaturate de zahăr și/sau sare cu opțiuni mai ușoare, mai sănătoase. O chiflă proaspăt coaptă ca o desfătare de duminică este complet în regulă, așa cum este o ciocolată neagră de foarte bună calitate. Dacă nu ești familiarizat cu ciocolata neagră, ci consumi, în schimb, ciocolată dulce, albă sau cu lapte, cea neagră va fi o adevărată tranziție pentru papilele tale gustative. Dar o tabletă de ciocolată dulce-amăruie cu 65% cacao te va duce în direcția cea bună.

Data viitoare când ești pe cale să pui mâna pe o gogoașă, un biscuit sau un baton de ciocolată, fă în schimb asta: mănâncă o bucățică de ciocolată neagră *și* un pumn de migdale. Apoi, dacă tot vei mai avea chef de dulce, aruncă o privire la capitolul 16 sau pe blogul meu (brainfood-blog.tumblr.com) pentru mai multe rețete de deserturi sănătoase, care te vor ajuta să faci mai ușor trecerea: clătitele mele cu migdale și banane, bomboanele Raffaello cu unt de cocos sau cu înghețata de afine și ciocolată. Nu ia mai mult de zece minute să prepari oricare dintre aceste rețete.

### *Apă și alte băuturi*

În timp ce îți îmbunătățești alegerile culinare, asigură-te că te menții bine hidratat. *Trebuie* să bei apă. Apă plată, mai exact. Amintește-ți că, bând 8 pahare de apă pe zi, îți poți crește concentrarea și timpul de reacție cu 30%. Cu cât bei mai multă apă, cu atât mai mult vei ajunge să îți dai seama de efectele sale pentru sănătate și cu atât mai bine te vei simți, atât mintal, cât și fizic.

Daca apa plată are un gust puțin… ei bine, plat, încearcă în schimb apa infuzată cu fructe. Apa cu lămâie este un început minunat. Tot ce trebuie să faci este să amesteci un pahar mare cu apă cu sucul de la jumătate de lămâie. O poți îndulci cu miere sau cu sirop de arțar, dacă asta o face mai plăcută la gust. Cel mai bun moment pentru a bea această băutură este de îndată ce te trezești de dimineață. Va pune în funcțiune metabolismul și va stimula digestia, în timp ce îți va asigura o cantitate considerabilă de vitamina C, făcându-te să te simți energizat și „mai ușor" încă de la începutul zilei. Mai găsești rețete de ape infuzate cu fructe și pe blogul meu (brainfood-blog.tumblr.com).

În plus, am creat o rețetă de smoothie anume pentru tine: smoothie cu cacao liniștitor. Cremos și cu gust puternic de ciocolată, acest smoothie este dovada vie a puterii antioxidanților din cacaua crudă, semințele de chia și din fructele de goji, toate combinate cu ginsengul care stimulează memoria și cu apa de cocos răcoritoare. De fapt, e un milkshake care se întâmplă să fie chiar bun pentru tine. Ingredientele sale sunt de asemenea alese ca să anuleze pofta de zahăr, ceea ce te va ajuta să stai departe de shake-urile în stil fast-food și să te descotorosești treptat de doza de băuturi carbogazoase. Mulți începători se bucură de acest smoothie cu regularitate, fiind înlocuitorul perfect pentru băuturile cu lapte, pentru frappé-uri și pentru înghețate. După doar câteva săptămâni de consum regulat (în timp ce urmezi planul sinergic conform recomandărilor), vei observa o îmbunătățire spectaculoasă atât a nivelului de energie, cât și a clarității în gândire.

Aportul de sare este, de asemenea important de ținut sub observație, din moment ce prea mult sodiu nu doar că susține deshidratarea, dar poate să crească și tensiunea arterială, un factor de risc cunoscut pentru boala de inimă. Asigură-te că mâncărurile tale sunt aromate natural cu ierburi, condimente și uleiuri sănătoase. Drept rezultat, nu vor cere în plus sare de masă. Dacă nu poți să te abții, limitează-ți sarea adăugată la nu mai mult de 1-2 vârfuri de linguriță pe zi.

Ai grijă la stimulenți precum cafeina, alcoolul și zahărul, care, de asemenea, pot deshidrata și slăbi corpul și creierul. Așa cum este descris în capitolul 11, există mai multe opțiuni de înlocuire a cafelei, de la ceaiul de cacao la ceaiul yerba maté. Distrează-te experimentând aceste noi alternative, în timp ce limitezi cafeaua la numărul recomandat de cești pe zi: 1 ceașcă de espresso sau 2 cești de americano. Apropo, cel mai bine este să bei cafeaua neagră și proaspăt fiartă. Dacă de obicei îți îndulcești cafeaua, în regulă, dar e timpul să-ți iei adio de la zahărul alb.

Pentru Începători în special, recomand miere crudă din moment ce obiectivul principal este de a te dezvăța de zahărul alb. Mierea crudă este un adevărat superaliment și unul dintre îndulcitorii naturali preferați de mine. Este plină de enzime, antioxidanți și vitamina B6 esențială pentru creier, nemaivorbind de câteva minerale importante. Împreună, acești nutrienți ajută la neutralizarea radicalilor liberi care îmbătrânesc în timp ce susțin dezvoltarea bacteriilor sănătoase din intestin. Majoritatea tipurilor de miere care se găsesc în supermarketurile obișnuite sunt pasteurizate, ceea ce înseamnă că nu sunt crude. Procesul de pasteurizare privează mierea de majoritatea nutrienților săi, reducând-o la ceva care este rău pentru tine, întocmai ca zahărul alb rafinat! Caută mierea locală, crudă la piețele de fermieri sau direct de la apicultorii locali. Cu cât mierea e mai închisă la culoare, cu atât este mai bogată aroma și cu atât mai importante beneficiile ei pentru sănătate. O lingură de miere crudă are doar 60 de calorii, dintre care majoritatea sunt derivate din glucoza care susține creierul. În plus, mierea crudă are un impact mai mic asupra nivelurilor de zahăr din sânge decât o banană.

Dacă ești obișnuit cu îndulcitorii naturali precum Splenda sau Sweet'N Low, încearcă să folosești stevia în loc. Stevia este o plantă originară din America de Sud, care a fost îndelung folosită în medicina tradițională pentru a susține un nivel sănătos de glucoză din sânge și pentru a ajuta la scăderea în greutate. Astăzi, este disponibilă în drajeuri cu conținut lichid, în pachete, în tablete dizolvabile și în amestecuri pentru copt. Verifică eticheta ca să nu fie însoțită de ingrediente suplimentare procesate, nedorite, sau de zahăr adăugat. Stevia în sine are zero calorii și niciun efect secundar. Doar ține minte că este de două ori mai dulce decât zahărul, așa că poți pune mai puțin.

### *Exerciții și activitate fizică*

Alături de îmbunătățirea alegerilor tale alimentare, este esențial să îți schimbi rutina pentru a include chiar și numai câteva activități fizice în fiecare săptămână – sau, chiar mai bine, în fiecare zi. Dacă nu ești familiarizat cu exercițiile, ți-aș recomanda regimul de mers sportiv, descris în capitolul 10. Începe prin a merge zece minute pe zi. Fă asta la o viteză un pic mai mare decât ritmul tău obișnuit, ca și cum te-ai grăbi. Puțin câte puțin, crește viteza de mers și durata. Odată ce mersul sportiv ajunge să îți fie comod pentru 20 de minute, urcă la 25. Fă astfel până ce ajungi la 40 de minute de mers vioi fără întrerupere, de trei ori pe săptămână. Studiile clinice au arătat că această simplă rutină este o strategie eficientă împotriva îmbătrânirii, contracarând micșorarea creierului și făcând ca efectele acesteia să fie reversibile.

### *Exemplu de meniu*

Toate rețetele sunt incluse în capitolul 16. Pentru mai multe rețete sănătoase pentru creier și pentru a afla mai multe despre valoarea nutrițională a acestor rețete, te invit să vizitezi blogul meu (brainfood-blog.tumblr.com).

**DUPĂ MERS**

Un pahar cu apă și suc de lămâie

**MICUL DEJUN**

1 ceașcă de ceai verde cu miere crudă
1 prună uscată organică
Parfé de iaurt grecesc cu migdale, semințe de rodie și miere crudă
*sau*
Ouă jumări siciliene

**GUSTAREA DE DIMINEAȚĂ**

Smoothie cu cacao liniștitor (jumătate)
Supliment probiotic

**PRÂNZ**

Supă de linte cu spanac
Jumătate de cartof dulce copt cu o linguriță de ulei de cocos nerafinat
*sau*
1 Buddha bowl cu năut și cartof dulce
1 ceașcă de cafea, ceai de cacao sau ceai de păpădie

**„CEAIUL DE LA ORA 5“**

Smoothie cu cacao liniștitor (cealaltă jumătate)
Amestec de fructe deshidratate și alune pentru sănătatea creierului

**CINĂ**

Supă de legume
Pui copt cu lămâie ca la tata acasă
*sau*
File de tilapia cu crustă de covrigei
Salată verde cu vinegretă
1 pahar cu vin roșu

**ÎNAINTE DE CULCARE**

Ceai din plante sau apă infuzată cu plante

## Nivelul Intermediar

La nivelul Intermediar, dieta ta nu este neapărat nesănătoasă, dar nu este optimizată pentru sănătatea creierului. În general, dieta ta se caracterizează printr-un consum moderat de fructe, de legume și de cereale și prin cantități însemnate de proteine și de grăsimi. Uneori, chiar faci un efort pentru a alege variante organice, cum ar fi pește sălbatic, găini crescute în libertate și carne de vită de la animale hrănite cu iarbă în locul cărnii de la animalele crescute convențional, dar și ouă și lactate de la astfel de găini și animale. Totuși, aceste alimente nu sunt consumate cu regularitate sau suficient de des. În plus, alimentele procesate, prăjite sau de tip fast-food, precum carnea roșie și lactatele de la animale crescute în scopuri comerciale se regăsesc și ele în meniul tău, deși nu constant.

Acest capitol include mai multe sfaturi despre cum să îți corectezi dieta într-una care pune accent pe nutriția creierului tău pe termen lung.

Chiar dacă nu o să îți fie tocmai ușor să adopți noile obiceiuri pentru o mai bună sănătate a creierului, dacă vei avea răbdare în fiecare zi pentru a-ți însuși aceste comportamente bine justificare, vei găsi soluția personală pentru a deveni complet echipat atât în ceea ce privește cunoașterea, cât *și* abilitățile necesare menite să te protejeze și să-ți susțină sănătatea creierului.

În timp ce unele recomandări ar putea părea simple, altele probabil că nu sunt. În primul rând, alege calitatea în locul cantității. De exemplu, a mânca legume este mai bine decât a nu mânca legume – dar a mânca legume *organice* este mai bine decât a mânca pur și simplu orice fel de legume. La fel, proteinele sunt importante pentru mai multe funcții ale creierului, dar unele surse de proteine sunt mai bune pentru tine decât altele. În această privință, planul tău se concentrează pe înlocuirea cărnii roșii și a lactatelor cu mai multe surse de legume pline de proteine, cum ar fi quinoa sau fasolea, dar și surse tradiționale, ca peștele și puiul. Deși ai putea fi obișnuit cu aceste opțiuni, te voi ruga să îți tratezi creierul un pic mai bine când vine vorba de selecția lor, promițându-ți că vei cumpăra pe cât mai mult posibil carne de pui și ouă de la animale crescute cu iarbă și pește sălbatic, și nu din crescătorie.

În al doilea rând, te rog să ieși oarecum din zona de confort și să te aventurezi puțin mai departe. Planificarea dietei tale se concentrează pe consumul de alimente cu efect antiîmbătrânire care ar putea să nu se regăsească în meniul tău actual. Printre acestea se numără peștele, precum somonul, sardinele și macroul sălbatic, dar și alimentul meu preferat pentru creier – caviarul. În plus, nucile de Brazilia, cele mai bogate surse naturale de seleniu cunoscute omului, se găsesc printre aceste superalimente. Adevăratele generatoare de vitamina C, precum fructele de goji și sursele minunate de Omega 3, cum ar fi semințele de chia și de in, ar trebui să fie și ele în fruntea alegerilor tale.

În plus față de orientările generale conturate la „Pasul 2: Puterea cognitivă prin nutriție", planul tău include recomandări specifice privind alimentele pe care ar trebui să le preferi ca alegeri frecvente ale vieții de zi cu zi. Scopul tău este de a reface testul peste câteva săptămâni sau luni și de a descoperi că numărul obiceiurile bune s-a mărit, de la „Des" sau „Destul de des" la „Tot timpul" sau „În cea mai mare parte a timpului".

În final, te încurajez să practici postul peste noapte de câteva ori pe săptămână (ex.: abținându-te de la mâncare 10-12 ore consecutiv între cină și micul dejun din ziua următoare). Potrivit cercetărilor actuale, această practică simplă le va garanta putere și rezistență atât creierului, cât și corpului tău.

Să ne uităm la aceste recomandări mai în detaliu.

### *Fructe, legume, nuci și semințe*

Să mănânci legume proaspete este de o importanță crucială la toate nivelurile, dar în special la nivelul intermediar, unde intră în joc produsele *organice*.

Primul tău scop este de a introduce în dietă mai multe verdețuri organice, precum frunzele de păpădie ale *nonnei* mele. Aceste verdețuri vin cu un arsenal de vitamine și minerale de care celulele creierului au nevoie pentru a-și face treaba și pentru a o face bine. În plus, în unele studii, s-a descoperit că verdețurile sălbatice au de zece ori mai mulți antioxidanți decât vinul roșu.[2] Amintește-ți: oamenii care mănâncă 1-2 porții de verdețuri[3] pe zi au abilități cognitive comparabile cu cele ale persoanelor mai tinere decât ele cu 11 ani.

Cel de-al doilea scop al tău este de a mânca legume proaspete, cu culori aprinse, *în fiecare zi*, la prânz și la cină. Din moment ce ești deja la nivelul Intermediar, înseamnă că ai acoperit deja elementele de bază. Așa că, pe lângă spanac, kale și broccoli, iată câteva opțiuni noi care să te inspire: morcovi, varză de Bruxelles, baby kale, baby spanac, varză, conopidă, ceapă, sfeclă roșie, rădăcina de sfeclă, fenicul, andivă, zucchini, vânătă, roșii, avocado, măsline, usturoi, ghimbir și cartofi dulci.

Cel mai probabil, ești obișnuit și să consumi alimente cu indice glicemic mic, precum fructe de pădure, citrice și mere. În plus față de acestea, printre opțiunile recomandate în cazul fructelor se numără fructe de pădure mai puțin cunoscute, cum ar fi mure Boysen, agrișe și goji, care vin cu o supraabundență de antioxidanți și de fibre. O porție pe zi este o regulă de aur. Fructele de pădure pot fi consumate în schimb de două ori pe zi, din moment ce sunt arhipline cu fibre și nutrienți esențiali pentru creier, fără să adauge în timp prea mult zahăr. Fructele dulci cu un indice glicemic intermediar, ca piersicile și nectarinele, sunt, de asemenea, alegeri bune, la fel și smochinele bogate în glucoză, din când în când.

Cel mai probabil mănânci, din când în când, între mese nuci și semințe. Scopul tău este de a le consuma constant pe parcursul săptămânii, concentrându-te pe nuci crude și evitând sortimentele aromate. Migdalele, nucile negre, nucile englezești, nucile de Brazilia și fisticul, precum și semințele de dovleac, de susan, de floarea-soarelui, de chia și de in sunt toate bune pentru creier. Dacă îți plac nucile coapte sau prăjite, pregătește-le chiar tu. Cumpărate coapte conțin tot felul de uleiuri și de condimente nesănătoase, folosite de fabricanții comerciali. E nevoie doar de o tigaie și de câteva minute pentru a evita acest lucru și totodată pentru a-ți parfuma bucătăria. Nucile și semințele sunt și ele o cale minunată de a suplimenta fulgii de ovăz de la micul dejun cu un pic de energie și de a da supelor și salatelor o notă crocantă în loc să folosești crutoane din comerț.

Dacă untul de arahide este slăbiciunea ta, nu uita să alegi o marcă organică, fără sare sau zahăr adăugate (poți presăra oricând un pic de sare de mare, iar arahidele sunt dulci în mod natural). Un alt truc sănătos este să înlocuiești untul de arahide cu unt de migdale de la un sandvici la altul. Untul de semințe de floarea-soarelui și cel de fistic sunt alte variante excelente, delicioase, pline de nutrienți esențiali pentru creier. Doar să ții minte: nu mai mult de 1 lingură per porție. Pe cât de mici sunt aceste alimente, pe atât au o putere nutrițională mare, dar și o mulțime de calorii, mai ales când sunt concentrate sub formă de unt.

### *Cereale și leguminoase*

Este important să limităm consumul de cereale rafinate folosite adesea în paste și să le înlocuim gradual cu opțiuni mai sănătoase, mai dense din punct de vedere nutrițional, care îți vor îmbunătăți și susține sănătatea creierului.

Când vine vorba despre carbohidrați complecși, grânele străvechi sunt cele care se vor afla în capul noii tale liste de cumpărături. Încearcă amarant, hrișcă, mei, grâu spelta, grâu Kamut, quinoa, dar și produse precum făină, pâine și paste făcute cu aceste cereale. Asta nu înseamnă că nu ar trebui să mănânci ovăz, orez brun sau grâu integral. Ne concentrăm atenția pe aceste opțiuni mai puțin cunoscute pentru a aduce diversitate și aromă la masa ta. Când sunt servite împreună cu fasole, năut și linte, aceste alimente sunt o sursă excelentă de proteine complete, care sunt comparabile chiar și cu cele mai bune bucăți de carne. Un pic mai mult de 1 ceașcă de linte echivalează cu 85 g de carne de pui, de exemplu. În plus, aceste alimente vegetale sunt pline de carbohidrați sănătoși, fibre, vitamine și minerale care îți vor alimenta creierul în timp ce îți lasă neatinse nivelurile glicemice. Dacă te îngrijorează glutenul, câteva grâne străvechi, ca amarantul, hrișca și meiul nu conțin gluten. Și nici orezul sălbatic.

Asigură-te că mănânci o porție de cereale de două ori pe zi și două sau mai multe porții de leguminoase pe săptămână. Ca să te apuci de planul tău, încearcă rețetele precum supă cu grâne străvechi și fasole cannellini sau, preferata mea de mult timp, tikka masala cu năut. Încălzite de ierburi și condimente liniștitoare, aceste rețete sunt renumite pentru proprietățile lor hrănitoare și antiinflamatorii. Sper că le vei îndrăgi la fel de mult ca mine! Pentru mai multă inspirație, poți căuta rețetele postate pe blogul meu (brainfood-blog.tumblr.com).

### *Pește, carne și lactate*

Din moment ce dieta ta include cantități moderate de produse animale, este important să ne concentrăm din nou atenția pe tipul propriu-zis și pe calitatea acestor produse. Ține minte că peștele de crescătorie și cărnurile din comerț, inclusiv diferite tranșe de carne de la măcelărie, mezeluri feliate și orice fel de produse din carne ambalate sunt toate terenuri fertile pentru bacterii periculoase rezistente la antibiotice, nemaivorbind de pesticide, poluanți și alte toxine nocive.

Fie că peștele este alimentul tău preferat, fie că nu, este foarte important să mănânci câte o porție nu mai puțin de trei ori pe săptămână. Acest lucru îi garantează creierului tău suficient Omega 3 pentru a-și menține condiția cognitivă optimă și pentru a se apăra de boli precum Alzheimer. Acestea fiind spuse, nu mă refer la salata de ton sau la cocteilul de creveți ocazionale. Trebuie să te asiguri că mănânci suficient pește proaspăt, ca somon și tonul cu coadă galbenă, dar și delicioasele *ikura* (icre de somon). Mai multe opțiuni sunt cuprinse în capitolul 16.

Alte surse bune de proteine slabe sunt cărnurile organice, de la animale hrănite cu iarbă; puii de găină, rațele și curcanii crescuți în aer liber, găinile de Cornwall; fazanii; prepelițele și ouăle lor. Laptele și produsele lactate făcute din lapte de la vacile hrănite cu iarbă sunt și ele sigure. Important este să limitezi consumul acestor produse la doar câteva ori pe săptămână, în timp ce ești atent la mărimea porțiilor. Consultă capitolul 13 pentru a înțelege cât de mult și cât de des să mănânci aceste alimente.

Dacă îți e cu adevărat poftă de o friptură sau simți o oarecare carență de fier, carnea de rață este o opțiune mult mai interesantă. Soțul meu a descoperit de curând bacon de rață la o piață locală a fermierilor. Baconul afumat de rață, nesărat conține jumătate din cantitatea de grăsimi a baconului de porc, dar cu mult mai multă aromă, mai multe proteine slabe și o textură mai cărnoasă decât alternativele de bacon, cum ar fi cele de curcan sau din ciuperci. Preparându-l până devine perfect crocant pe un grătar din fontă, a devenit repede principalul nostru fel de carne roșie (pe care nu îl consumăm mai mult de o dată sau de două ori pe lună, ca să ai o idee de cât de mult și cât de des). Cărnurile sărate, mezelurile, șunca și baconul nu sunt incluse deloc în planul tău. Aceste produse de origine animală sunt deseori pline de chimicale, toxine și bacterii și ar trebui să fie eliminate în totalitate.

În ceea ce privește brânza, îți recomand să îți concentrezi atenția asupra brânzeturilor din lapte de oaie și de capră, pentru că sunt mai bogate în PUFA și în calciu decât brânza făcută din lapte de vacă. Printre acestea se numără toate brânzeturile de capră, Pecorino și Feta, precum și ricotta și multe brânzeturi proaspete de fermă. Din nou, totul cu moderație: 28-57 g de brânză pe săptămână este suficient. La drept vorbind, după adolescență, oamenii nu mai au nevoie să mănânce lactate sau lapte. Totuși, dacă ești obișnuit cu un pahar cu lapte din când în când, încearcă-l pe cel de capră. Laptele de capră este singurul tip de lapte pe care îl beau. Torn un pic în ceașca mea cu ceai rooibos și trandafiri, dar este la fel de grozav cu cafea sau cu ceai negru.

Acestea fiind spuse, iaurtul simplu și neîndulcit este excepția de la regulile noastre zilnice. Având în vedere că e o sursă excelentă de nutrienți esențiali pentru creier și de probiotice, poți mânca până la 1 ceașcă zilnic. A mânca iaurt regulat este de o importanță crucială pentru menținerea funcționării optime a tractului gastrointestinal, care, la rândul lui, susține sănătatea creierului. S-ar putea să nu fie o surpriză că recomand iaurtul din lapte de capră. Acest iaurt este mai ușor de digerat decât cel de vacă, conține mai puțini alergeni și cauzează mai puține inflamații. Dintr-o perspectivă nutrițională, este mai bogat în calciu și în acizi grași, făcându-l o alegere ideală pentru întărirea oaselor, pentru reducerea inflamației și pentru îmbunătățirea absorbției altor nutrienți. Laptele și iaurtul de capră sunt mai dulcege când sunt proaspete. La puțin timp după aceea, încep să aibă un gust mai puternic sau prea „de capră", în funcție de cum sunt manipulate. Eu îmi cumpăr produsele din lapte de capră de la o piață locală a fermierilor și sunt dulcege și delicioase.

Dacă ai o problemă cu calciul, vorbește cu medicul tău despre cum e cel mai bine să abordezi acest aspect, dar ține minte că multe alimente care nu sunt lactate sunt surse excelente de calciu. De exemplu, 1 ceașcă de frunze de kale gătite conține aproape la fel de mult calciu precum 1 pahar cu lapte sau 85 g de sardine.

### *Zahăr, sare și alimente procesate*

Deși cei cu profil Intermediar nu mănâncă, de obicei, multe alimente procesate, este important să ajungi să le elimini complet din dieta ta. În timp ce, foarte probabil, nu ai recurge la o cină congelată decât dacă este absolut imposibil de evitat, alte alimente pot reprezenta o amenințare la fel de mare, chiar dacă nu e la fel de evident cât sunt de nesănătoase. Ai grijă la bomboane, biscuiți, gogoși, brioșe sau plăcinte din comerț – chiar și la biscuiții sărați. În afară de situația în care sunt organice și proaspăt coapte, aceste alimente pur și simplu nu merită mâncate. Alte alimente despre care nu credem neapărat că sunt „procesate“ sunt fulgii de ovăz instant, sucurile de fructe (*toate* sucurile de fructe care nu sunt proaspăt preparate sunt procesate) și toate lactatele cu un conținut redus de grăsime, inclusiv iaurtul, crema de brânză și pastele tartinabile.

De asemenea, trebuie să te asiguri că reduci și consumul altor alimente proinflamatorii, în special uleiurile bogate în Omega 6. Printre ele se numără uleiurile vegetale precum acelea de porumb, de soia, de șofran și de floarea-soarelui. Aceste uleiuri sunt adesea folosite în preparate comerciale ca mese semipreparate, mâncare la comandă și cine congelate – un alt motiv bun de a reduce consumul de alimente gata preparate. Ingredientele cele mai bune sunt uleiul de măsline extravirgin nerafinat și uleiurile nerafinate de cocos, de avocado și de in. În schimb, poți folosi oricât oțet din cidru de mere sau balsamic, tamari, drojdie de bere sau pastă miso. Acestea din urmă ar trebui să te facă să reduci și consumul de sare. Prea multă sare poate crește riscul de tensiune arterială ridicată, mărind astfel riscul bolilor de inimă. Toate rețetele incluse în planul tău și în capitolul 16 sunt asezonate cu ierburi, condimente și uleiuri aromatice naturale. Drept rezultat, ele nu cer sare de masă în plus. Dacă ai nevoie de o cantitate suplimentară, limitează sarea adăugată la nu mai mult de 1 vârf de linguriță pe zi.

Vom lucra și la cum să înlocuim alimentele cu zahăr adăugat cu opțiuni mai ușoare, mai sănătoase. De fapt, indiferent la ce nivel te afli, acesta este un moment numai bun de a-ți lua adio de la zahărul alb o dată pentru totdeauna. Printre alternativele mai sănătoase se numără mierea, siropul de arțar (cu cât e mai închis la culoare, cu atât mai bine) și stevia. Personal, recomand zahărul de cocos. Majoritatea oamenilor a auzit de beneficiile apei de cocos și ale laptelui de cocos, dar zahărul de cocos merită un loc special în lumina reflectoarelor, grație încărcăturii glicemice mici și profilului nutrițional bogat. Nu doar că este plin de polifenoli antioxidanți, dar posedă și o cantitate bună de fier, zinc, calciu și potasiu. Asigură-te că devine opțiunea principală de îndulcitor natural.

Dacă ți-e un pic poftă de dulce, vizitează blogul meu (brainfood-blog.tumblr.com) pentru mai multe rețete de dulciuri și deserturi sănătoase care să te ajute să faci tranziția mai ușor. De exemplu, clătitele americane cu migdale și banane proaspăt preparate, bomboanele Raffaello cu unt de cocos și o decadentă budincă de ciocolată cremoasă sunt un răsfăț simpatic de weekend. Ești, de asemenea, invitat să înlocuiești aceste rețete cu o farfurie de fructe proaspete sau cu o bucată de ciocolată neagră organică oricând ai chef.

Când îți alegi ciocolata, ține cont de conținutul de cacao. Cei care au trecut la ciocolata neagră știu că o tabletă cu 75% de cacao este mai sănătoasă decât una cu 65%. Ei au trecut peste aroma amăruie ca să descopere că le place, de fapt, gustul de cacao, și nu cel de zahăr. În afara faptului că îi conferă ciocolatei aroma sa bogată, pudra de cacao are multe beneficii pentru sănătate datorită flavonolului. Așadar, cu cât are o concentrație mai mare, cu atât mai bine. Dacă te descurci cu o aromă mai intensă și mai pătrunzătoare, alege o ciocolată care se mândrește cu cel puțin 75% de cacao, cu un conținut moderat spre mic de unt de cacao și de zahăr. Dacă e un pic prea amară, caută una cu un pic mai mult unt și zahăr, dar cu același procent de cacao. O bucățică de 28 g de ciocolată cu 75% concentrație este recomandarea zilnică pentru refacerea rezervei de antioxidanți și pentru a-ți însenina un pic ziua.

### *Apă și alte băuturi*

Amintește-ți să bei zilnic cel puțin 8 pahare mari de fluide, cum ar fi apă plată, apă infuzată cu fructe și ceai din plante. Cercetările arată că apa plată are efecte benefice pe care băuturile carbogazoase nu le vor avea niciodată. De exemplu, consumul de apă înaintea unui test crește timpii de reacție[4], făcându-te să gândești mai rapid și să îl duci la îndeplinire mai bine.

Mulți de la nivelul Intermediar mărturisesc că aleg o băutură energizantă sau carbogazoasă pentru a se reîncărca. Dacă acesta este și cazul tău, data viitoare încearcă în schimb acest truc sănătos: oțetul din cidru de mere. Este simplu: amestecă o lingură de oțet din cidru de mere și un pic de suc de lămâie într-un pahar cu apă. Poți să-l îndulcești cu un pic de sirop de arțar, dacă este prea acru pentru gustul tău. Beneficiile extinse ale oțetului din cidru de mere au o acoperire largă, de la tratarea sughițului la atenuarea simptomelor răcelii și la susținerea scăderii în greutate. Totuși, în ceea ce ne privește, această băutură stimulează nivelurile de energie și este antidot împotriva oboselii. Data viitoare când te simți prea obosit ca să-ți faci genuflexiunile, ia o doză din această băutură din cidru de mere pentru a te redresa. Cu cât folosești mai puține băuturi pentru sportivi, cu atât mai bine pentru tine și pentru creierul tău!

În plus, îți recomand smoothie-ul cu fructe de pădure condimentat. Acest smoothie delicios oferă o mulțime de vitamina C de la merele dulci și de la sucul de lămâie, combinate cu puterea antioxidanților din açaí, goji și afine. Te va face să uiți de dulciuri într-o clipită. O aromă ușoară și neașteptată de piper cayenne, ghimbir și curcuma îți va stimula metabolismul, garantându-ți că vei trece la acțiune. Oferindu-i creierului tău înfometat o bogăție de nutrienți esențiali și de zaharuri naturale, acest smoothie este însoțitorul perfect în călătoria ta către o putere cognitivă sporită.

De asemenea, amintește-ți să limitezi cafeaua la numărul zilnic de cești recomandate: 1 ceașcă de espresso sau 2 cești de americano. Ține-te departe de orice adaosuri, ca aromele și toppinguri pentru băuturile fierbinți, inclusiv frișcă, siropurile de orice fel, fulgi de ciocolată, caramel sau altele asemenea. Alege în schimb puțin lapte sau, mai bine, lapte de migdale. Dacă îți place aroma reconfortantă a cafelei, dar vrei să o reduci, alternativele la cafea precum ceaiul de cacao și ceaiul de păpădie sunt alegeri excelente.

În ultima instanță, dar nu lipsit de importanță, nu uita de paharul mic de vin roșu!

### *Mărimea porțiilor și postul intermitent*

Acum că am discutat despre dieta ta generală, am o armă secretă pentru tine. Când ești gata, aș vrea să încerci să-ți însușești câteva dintre lecțiile pe care le-am învățat de la centenari, concentrându-ți atenția asupra mărimii porțiilor, variind dimensiunea meselor (prânzuri mai mari, cine mai mici) și încercând *postul intermitent.*

Mai întâi, încearcă să micșorezi mesele pe măsură ce înaintezi în zi. Începe-ți ziua cu un mic dejun consistent urmat de un prânz mare și încheie ziua luând, la cină, cea mai mică masă. Un mic dejun consistent îți va stimula metabolismul, punându-l în mișcare, și vei avea un control mai bun asupra poftelor pe parcursul zilei. În acest fel, nu ți se va mai face foame pe la jumătatea dimineții și este mai puțin probabil să simți nevoia de gustări sau de ciugulit fără rost.

Odată ce stăpânești acest proces, încearcă să practici postul intermitent de câteva ori pe săptămână. Iată un plan de pornire rapidă pentru a testa apele. Ia cina devreme, în jur de ora 18 și abține-te să mănânci ceva până la 7-8 în dimineața următoare. Aceasta este o cale simplă de a obține 12 ore de post fără prea mare dificultate. Deși nu mănânci, poți bea cât de multă apă sau ceai din plante dorești. Dacă e mai ușor, poți începe cu 10 ore fără mâncare și încearcă să crești până la 12. Odată ce te-ai obișnuit să iei cina devreme, postul peste noapte este un obicei ușor de adoptat. Am început să practic postul peste noapte cu mai mulți ani în urmă, și în acest moment pot sta 14 ore fără să mănânc, cu condiția să mănânc un mic dejun consistent după aceea. Am descoperit că sunt mai atentă și am mintea mai limpede când mă trezesc dimineața. Totuși reacția fiecăruia la post este diferită, așa că discută despre asta cu medicul tău, fii înțelept și nu te grăbi!

### *Exercițiu și activitate fizică*

În timp ce încercăm să ne optimizăm dieta, hai să aruncăm o privire și asupra nivelului tău de activitate fizică. Ideea esențială este că numai o abordare combinată, adică atât dieta, cât *și* exercițiile fizice, îți va permite să menții și să atingi o sănătate optimă a creierului, dar și o condiție cognitivă optimă.

Obiectivul tău este să te implici cu regularitate în exerciții fizice de intensitate moderată. Așa cum am menționat în capitolul 13, intensitate moderată înseamnă că inima ta bate mai repede decât normal. La acest ritm accelerat, poți purta o conversație, dar probabil nu vei putea cânta.

Două dintre cele mai studiate forme de exerciții pentru sănătatea creierului sunt mersul și ciclismul. Înotul este la fel de eficient[5], dar mult mai blând cu articulațiile, iar eu îl recomand adesea. Înotul este un exercițiu ușor de care te poți apuca la orice vârstă. Este bun în special pentru cineva care are leziuni sau orice altă afecțiune care îl împiedică să depună efort care forțează încheieturile, ca la jogging, de exemplu. Acest exercițiu în apă este eficient pentru creșterea masei musculare și a flexibilității, în timp ce îmbunătățește funcționarea pulmonară, reducând tensiunea arterială ridicată și îndepărtând durerile cauzate de artrită.

Am fost martoră la aceste efecte benefice în cazul tatălui meu, care suferea de tensiune arterială mare și de artrită. Cu ani în urmă, tatăl meu a început să înoate. La 75 de ani, înoată în medie 20 de bazine în doar 35 de minute – de trei ori pe săptămână! Și mai bine este că tensiunea lui arterială a revenit la normal, iar el a evitat cu succes o intervenție chirurgicală la nivelul șoldului mai mulți ani la rând.

Fie că vrei să mergi la sala de gimnastică, fie la înot ori la dans, găsește rutina care funcționează cel mai bine pentru tine și asigură-te că devine parte integrantă a vieții tale. Încearcă să faci trei antrenamente pe săptămână[6], cu o durată de 45 de minute fiecare. Cercetările arată că această rutină este eficientă la îmbunătățirea fitnessului cognitiv, precum și la întărirea cardiovasculară, ca urmare încetinind procesul de îmbătrânire.

În concluzie, ține minte că nu este vorba doar despre dietă și exerciții fizice. Stimularea creierului, atât din punct de vedere intelectual, cât și social, este de o importanță crucială pentru un stil de viață echilibrat, ceea ce îi asigură și sănătate optimă și performanță cognitivă.

### *Exemplu de meniu*

Toate rețetele sunt incluse în capitolul 16. Pentru mai multe rețete sănătoase pentru creier și pentru a afla mai mult despre valoarea nutrițională a acestora, vizitează blogul meu (brainfood-blog.tumblr.com).

**DUPĂ MERS**

1 pahar cu apă cu suc de lămâie și oțet din cidru de mere

**MICUL DEJUN**

1 ceașcă de ceai de ghimbir cu zahăr din cocos (dacă simți că e necesar)

Brioșe cu banane și mure

*sau*

Muesli Bircher în stil scandinav

**GUSTAREA DE DIMINEAȚĂ**

Smoothie cu fructe de pădure condimentat (jumătate)

Supliment probiotic

**PRÂNZ**

Salată verde pentru vitalitate

Supă cu fasole cannellini și grâne străvechi

*sau*

1 Buddha bowl în culorile curcubeului cu sos de tahini și sirop de arțar

1 ceașcă de cafea, ceai de cacao sau ceai de păpădie

**„CEAIUL DE LA ORA 5“**

Smoothie cu fructe de pădure condimentat (cealaltă jumătate)

Gustări energizante cu unt de arahide

**CINĂ**

Somon sălbatic de Alaska simplu
*sau*
Tikka masala cu năut
Fasole verde preparată la aburi
Piure de cartofi dulci
1 pahar cu vin roșu

**ÎNAINTE DE CULCARE**

Ceai din plante sau apă infuzată cu plante

## Nivelul Avansat

Felicitări! Ești unul dintre puținii oameni a căror dietă este deja „nutritivă pentru creier". Grație dietei tale, ești mult mai avansat în ceea ce privește menținerea și maximizarea condiției cognitive optime. Gata pentru mai multe căi de a obține un câștig suplimentar? Recomandările incluse în planul tău sunt dintre cele mai solicitante pe care le pot oferi.

Secretul pentru nivelul tău este de a-ți optimiza stilul de viață pentru o putere cognitivă maximă. Având în vedere deprinderile tale, vei acorda și mai mare atenție detaliilor învățate din lumea centenarilor, din moment ce deja le urmezi sfaturile cu seriozitate. Dacă te gândești la capitolul 9, îți vei aminti cum comunitățile de centenari au de obicei acces la aer și la apă extrem de curate și că meniurile lor conțin în mod considerabil mai puține grăsimi, proteine de origine animală, sare și zahăr decât dieta americană standard. Potrivit unor experți, unul dintre motivele pentru care trăiesc așa de mult este consumul regulat de alimente bogate în acizi esențiali Omega 3 și în vitamine antioxidante.

Așa cum am învățat, unele alimente sunt pur și simplu mai importante pentru creier decât altele. Scopul tău este de a crește consumul acelor alimente care oferă sursele nutritive cele mai bogate creierului tău înfometat și viguros. O altă prioritate este aceea de a încerca unele tehnici legate de post. Cu hotărâre, curiozitatea și cu nou dobândita experiență în neuronutriție, o optimizare desăvârșită a sănătății creierului este chiar la îndemâna ta!

În plus față de orientările generale schițate la „Pasul 2: Puterea cognitivă prin nutriție", planul tău include recomandări specifice acestei călătorii, care sugerează alimente pe care ar trebui să le încorporezi zilnic, dacă nu faci asta deja. Chiar dacă ai obținut un punctaj ridicat la testul de la capitolul 14, scopul tău este de a-l reface odată la câteva săptămâni pentru a verifica modul în care ai evoluat și dacă ai reușit să-ți depășești punctajele.

Mulți care se încadrează la acest nivel ezită să ia suplimente. În principiu, atât timp cât îți hrănești corpul și creierul cu alimentele și cu nutrienții corecți, nu ar trebui să ai vreun motiv de a lua suplimente. Deși acest lucru ar putea fi adevărat în majoritatea cazurilor, uneori este important să iei în considerare nevoia periodică de suplimentare, mai ales pe măsură ce înaintezi în vârstă sau când traversezi perioade de stres mai mare. Consultă capitolul 12 pentru lista completă. Este important să discuți acest aspect direct cu medicul tău.

### *Fructe, legume, nuci și semințe*

De acum înainte, mantra ta pentru sănătatea creierului va fi *organic, proaspăt, divers.*

Chiar dacă mănânci alimente proaspete, legumele organice sunt de o importanță crucială pentru toate nivelurile, iar tu ești deja de acord cu asta. Știind că legumele congelate, conservate și procesate în alte moduri nu conțin aceleași cantități de nutrienți esențiali pentru creier precum cele proaspete, organice, probabil ai făcut deja efortul să le eviți. Mai ales pentru nivelul tău, îți recomand să faci un efort și mai mare, introducând mai multe verdețuri sălbatice organice, cum ar fi frunzele de păpădie, favoritele *nonnei* mele, dar și sfeclă elvețiană și năsturel pentru început. După ce ai reușit acest lucru, încearcă frunzele de muștar, mangoldul roșu și verde, baby kale, mizuna, aragula, salata frisée, radicchio și orice salată, de la cea romană roșie la salata tip frunze de stejar și de la Lollo Rosa la Tango. Pentru tine, cu cât sunt mai sălbatice, cu atât mai bine. Aceste verdețuri vin cu acea cantitate însemnată de vitamine și de minerale pentru care trăiesc celulele creierului nostru. În unele studii s-a descoperit că verdețurile sălbatice proaspăt culese au de *zece ori* mai mulți antioxidanți[7] decât vinul roșu și ceaiul verde puse laolaltă.

În plus, spanacul are o capacitate antioxidantă foarte ridicată[8], urmat de ardei și de sparanghel, varza sălbatică, mangold curcubeu, sfeclă, fenicul, ridichi, andive – acestea sunt doar câteva opțiuni cu care să începi. Misiunea ta este să continui să mănânci zilnic, cu grijă, legumele alese, atât la prânz, cât și la cină.

Probabil ai deja o strânsă legătură cu fructele cu indice glicemic mic, precum fructele de pădure, așa că ești gata să încerci mai mult decât obișnuitele afine. Murele, coacăzele roșii, zmeura, murele Boysen, agrișele, fructele de goji, dudele și amla (agrișe indiene), precum și vișinele și cireșele negre oferă intensitate și aromă alimentelor căutate de tine. Aceste fructe nu doar că sunt pline de fibre, dar sunt de neegalat în ceea ce privește conținutul lor de vitamine antioxidante și de flavonol, fără zahăr adăugat. În special ție îți recomand murele organice și, mai bine, pe cele sălbatice. Le poți găsi la piața locală a fermierilor spre sfârșitul verii, precum și în multe magazine cu produse alimentare sănătoase. Contrar părerii generale, murele conțin chiar mai mulți antioxidanți[9] decât afinele, ceea ce face ca aceste fructe să fie o parte esențială a planului tău de dietă antiîmbătrânire.

Citricele, precum portocalele, lămâile și grepfrutul, sunt alte opțiuni minunate. Te încurajez să le consumi pe tot parcursul anului, în special pe timpul iernii, când fructele de pădure proaspete sunt rare. Pentru ceva mai dulce, prunele bogate în glucoză sunt de asemenea o alegere bună. Desigur, îți recomand în special prunele italiene. Uneori numite prunele împărătesei, aceste fructe micuțe, cărnoase, de forma unui ou, cu coajă albastră sau violet și pulpă gălbuie sunt bogate în antioxidanți și incredibil de sățioase. Acestea sunt chiar fructele din care se fac prunele deshidratate. Fie că sunt proaspete, la grătar sau făcute piure, asigură-te că mănânci prunele în sezon, spre sfârșitul verii.

În ceea ce privește porțiile de fructe, o dată pe zi este regula de aur (cu excepția fructelor de pădure, care pot fi consumate de două ori pe zi).

În plus, amintește-ți să crești consumul alimentelor cu efect antiîmbătrânire pe bază de plante. Nucile de Brazilia, cea mai bogată sursă naturală de seleniu de pe planetă, sunt un bun început. Cacaua crudă bogată în antioxidanți este, de asemenea, prezentă în mod proeminent. Mesquite, un îndulcitor natural în mare parte necunoscut, posedă o aromă blândă de caramel și este bun la reglarea tensiunii arteriale. Ar putea fi noul tău aliment preferat. Fructele „ninja" goji, pline cu vitamina C și eroii care abundă în Omega 3, precum migdalele, chia și semințele de in, ar trebui să continue să îți împodobească farfuria.

Cel mai probabil, nucile și semințele crude se numără deja printre gustările tale favorite. Ce zici de unturile din nuci proaspăt măcinate? Tot ce trebuie este un blender de mare viteză și poți face propria marcă, care să îți poarte semnătura. Personal, am o obsesie pentru untul de alune coapte cu ciocolată. În afara faptului că sunt savuroase, alunele sunt superalimente de mărimea unei bile, pline cu un amestec nutrițional puternic. Pentru a face untul, trucul este să înlături coaja – ceea ce se poate face ușor, legând nucile coapte într-un prosop și mutându-le repede dintr-o parte în alta astfel încât să se bată unele de altele. Odată ce ai terminat, urmează partea cea mai grea. Transferă nucile în robotul tău de bucătărie sau în blender și procesează-le până când devin o cremă catifelată, în aproximativ 4-5 minute. Apoi, eu adaug fulgi de ciocolată (65% de cacao sau mai mult) și le mai toc câteva secunde. Poți pune și un pic de sare pentru a accentua dulceața naturală a acestui unt.

Atât timp cât nu exagerezi cu mărimea porțiilor, alunele oferă proteine consistente, fibre, grăsimi nesaturate și multe vitamine și minerale esențiale, precum magneziu, vitamine B și vitamina E antioxidantă. Consumă cam 2 linguri de unt sau 1 pumn de nuci de circa trei ori pe săptămână.

### *Cereale, leguminoase și cartofi dulci*

Am făcut din cartofii dulci din Okinawa un fel de bază al meniului tău. Aceste generatoare de energie în nuanțe deschise de purpuriu joacă un rol-cheie în viețile mai lungi și mai sănătoase ale centenarilor japonezi. Cunoscuți și ca *beni imo*, cartofii dulci din Okinawa sunt chiar mai dulci decât verii lor occidentali, grație conținutului mai ridicat de glucoză. Mai mult decât atât, un cartof de mărime medie conține singur un incredibil 500% din doza recomandată de vitamina A, furnizând un amestec forte de vitamina C, mangan și fibre alături de ea.

Cerealele integrale și leguminoasele sunt alți carbohidrați complecși esențiali care să fie consumați zilnic. Întotdeauna concentrează-te pe organic, neprocesat și nerafinat. În starea lor crudă, aceste alimente de origine vegetală sunt pline de glucoză și de fibre și sunt surse minunate de vitamine și de minerale. Îți vor alimenta creierul fără să declanșeze în timp căderi neplăcute de glicemie.

Asigură-te că mănânci cel puțin o porție de cereale integrale nu o dată, ci de două ori pe zi și două sau mai multe porții de leguminoase pe săptămână. Posibil ca pentru tine acest lucru să fie ceva nou. Pentru simplificare, planul tău include rețete precum Buddha bowl de iarnă, acoperit cu un sos cu semințe de floarea-soarelui și lămâie care îți lasă gura apă și pâine prăjită cu avocado... reinventată. Vom folosi pâine Ezekiel în loc de cea obișnuită. Dacă încă nu ești familiarizat cu ea, această pâine este făcută din șapte tipuri diferite de cereale și de leguminoase germinate, de obicei grâu, mei, orz, grâu spelta, soia și linte, făcând-o cu adevărat remarcabilă, atât în ceea ce privește conținutul nutrițional, cât și gustul delicios. Mai multe rețete găsești în capitolul 16 și pe blogul meu (brainfood-blog.tumblr.com).

### *Pește și carne*

În ceea ce privește alte surse de proteine, recomandarea mea este să te concentrezi asupra lor în ordinea următoare: alege pește sălbatic de captură ca principală sursă de proteine, urmat de ouă de la găini crescute liber, lactate organice de la animale hrănite cu iarbă și carne slabă și curată de la păsări de curte.

Peștele gras bogat în Omega 3, precum somonul, sardinele, anșoa și macroul, ar trebui să fie prezente în mod regulat în dieta ta. Recomand în special somonul sockeye sălbatic de Alaska. Cunoscut și ca „somonul roșu", acest pește este prețuit de mulți bucătari și gurmanzi pentru aroma sa robustă, pentru conținutul ridicat de Omega 3 și pentru nuanța aprinsă de roz care se păstrează chiar și după preparare. În plus, fiind deja la nivel avansat, vei aprecia ceea ce eu consider a fi alimentul *desăvârșit* pentru creier: caviarul. Adesea considerat ca un aliment de lux de foarte bună calitate, caviarul negru constă în icre de sturion conservate prin sărare. În afară de faptul că este incredibil de bogat în grăsimi sănătoase pentru creier, caviarul conține niveluri extrem de ridicate de vitamine antioxidante și de minerale, în combinație cu o cantitate considerabilă de vitamine B și de aminoacizi esențiali. E nevoie de doar 2-3 lingurițe de caviar pentru a atinge doza zilnică de DHA *și* de colină atât de sănătoase pentru creier. Întinde puțin pe biscuiți sărați din orez pentru o gustare rapidă și apetisantă sau pe pâine prăjită din cereale integrale, cu puțin iaurt grecesc pe deasupra pentru a-l servi ca antreu. Investește într-un borcan mic care nu ar trebui să coste mai mult de 20 de dolari și vezi dacă îți place. Eu îl cumpăr pe al meu de la o piață cu specific oriental, Sahadi's, din Brooklyn, dar poți să îl găsești la orice magazin de delicatese rusesc sau chiar on-line.

Consumă cât de mult pește și fructe de mare vrei și limitează consumul cărnii de pasăre (de la animale crescute în libertate), precum cea de pui, curcan, prepeliță și ouăle lor.

În ceea ce privește lactatele, iaurtul simplu, neîndulcit, este o excepție de la regula nu-prea-multe-lactate. Având în vedere că este o sursă excelentă de nutrienți esențiali pentru creier și de probiotice, poți mânca 1 ceașcă zilnic. Încearcă iaurtul de capră și de oaie. Au un profil nutrițional incredibil și o aromă mai interesantă în comparație cu iaurtul din laptele de vacă, totodată fiind și mai ușor de digerat. A mânca iaurt cu regularitate este de o importanță crucială pentru o digestie sănătoasă, care, la rândul ei, susține sănătatea creierului. O bucățică de brânză organică grasă cam o dată pe săptămână poate fi bună pentru tine, în special brânza de capră sau brânzeturile uscate precum Pecorino.

Un alt pas important de a avea grijă atât de sănătatea creierului, cât și de cea a intestinului este să elimini complet din dietă carnea provenită de la animalele crescute în scopuri comerciale. Carnea afumată, șunca și produsele din porc, precum baconul, mezelurile și cărnurile ambalate, sunt arhipline de chimicale, de toxine și chiar de bacterii – și nu își au locul într-un corp sănătos ca al tău.

De asemenea, revizuiește-ți consumul de uleiuri sănătoase. Probabil ești deja familiarizat cu uleiul de măsline extravirgin nerafinat și cu uleiurile de in, de cocos și de avocado presate la rece. Uleiul de macadamia îl folosește cineva? Uleiul de alune? Este timpul să explorezi toate opțiunile disponibile. Mai ales pentru nivelul tău, îți recomand uleiul de cânepă. Uleiul de cânepă este esențial în dieta centenarilor din Bama Yao. Acest ulei este foarte bogat în acizi grași esențiali, precum și în vitamina E antioxidantă. Raportul dintre Omega 6 și Omega 3 este în jur de 3:1. Acest raport favorabil asigură beneficii antiinflamatorii pentru sănătate, care ar putea ajuta la compensarea supraconsumului general de acizi Omega 6 tipic dietei occidentale.

Este la fel de important să fii conștient de punctele de ardere ale acestor uleiuri și când e mai bine să le mănânci crude versus când e mai bine să gătești cu ele (vezi capitolul 12).

### *Zahăr, sare și alimente procesate*

Chiar dacă în mod obișnuit eviți alimentele procesate și încărcate cu grăsimi trans, este important să faci un efort conștient pentru a le elimina complet din dieta ta. Deși, cel mai probabil nu folosești prea multe alimente gata preparate, alte tipuri de *junk food*, mai puțin evidente pot uneori să se strecoare în dieta ta, reprezentând o amenințare. Ai grijă la dulciuri, la gogoși, la brioșe, la plăcinte și la creme tartinabile din comerț – nici chiar biscuiții sărați nu sunt așa de inocenți pe cât par. Cu excepția celor organice și proaspăt preparate, aceste alimente nu merită mâncate, iar tu ești singurul care, în sfârșit, poate gestiona depășirea acestei problemei cu ajutorul planificării atente.

Ciocolata neagră, în schimb, merită întotdeauna consumată. Așa cum probabil ai observat, ciocolata te face fericit. Nu este doar în imaginația ta – este un adevăr dovedit științific! Totuși, secretul este să te concentrezi pe ciocolată neagră de foarte bună calitate, cu conținut ridicat de cacao și cu puțin zahăr adăugat sau deloc. Așa că atunci când vine vorba de ciocolată, cu cât e mai neagră, cu atât mai bine. Din moment ce ești la nivelul Avansat, posibil să fii deja obișnuit să mănânci ciocolată neagră cu un conținut de cacao de 75%. Te provoc să crești conținutul de cacao la 85% sau la 90% și să observi dacă simți diferența. Multe studii au confirmat că ciocolata neagră bogată în cacao aduce beneficii atât creierului și inimii, cât și sistemelor circulator și nervos. Iar asta se întâmplă deoarece componentele prezente în acest tip de ciocolată[10] scad rezistența la insulină, reduc tensiunea arterială, cresc elasticitatea vaselor de sânge și luptă cu inflamația.

Te invit să vizitezi blogul meu (brainfood-blog.tumblr.com) pentru mai multe rețete delicioase și sănătoase, îndulcite natural, precum înghețată de casă cu ciocolată, bomboane Raffaello cu unt de cocos, dar și o diversitate de brioșe și de deserturi pe bază de fructe. Ca să fie clar, niciuna dintre aceste rețete nu include zahăr.

De fapt, dacă nu ai făcut-o deja, acum este momentul să-ți iei adio de la zahărul alb o dată pentru totdeauna și să trântești ușa în nas oricăror îndulcitori artificial ca Splenda, Sweet'n Low sau Equal. Printre alegerile mai sănătoase se numără mierea crudă, lăptișorul de matcă, siropul de arțar, zahărul din trestie organic, zahărul de cocos, siropul din orez brun și stevia, dar și unturile din fructe (mai ales untul de mere neîndulcit) și fructele uscate, precum curmalele Medjool. În special pentru profilul tău, îți recomand să încerci îndulcitori naturali mai rari, care se laudă și cu beneficii nutriționale excepționale, precum siropul de yacón.

Siropul de yacón este un superaliment în ascensiune care nu are cum să nu treacă de radarul experților. Acest sirop provine din rădăcina unei plante care crește în America de Sud. Unii spun că are gust de stafide, în timp ce alții afirmă că aroma seamănă mai degrabă cu merele sau caramelul. În mod normal, este destul de dulce și se pretează pentru multe deserturi. Dar adevăratul beneficiu este că acest îndulcitor natural este foarte bogat în oligozaharide, un tip de zahăr prebiotic care hrănește bacteriile bune din intestinul tău, susținându-ți astfel sănătatea digestivă.

În cele din urmă, nu-i permite sării să scoată ce e mai bun din tine. Prea mult sodiu te poate deshidrata, totodată crescându-ți tensiunea arterială. Drept rezultat, sarea de masă adăugată ar putea fi un subiect controversat. Dacă ai nevoie de numai un pic, nu uita că sarea albă de masă este interzisă. Crezi sau nu, sarea de masă este un aliment foarte procesat. Este rafinată până în punctul în care majoritatea mineralelor sale valoroase sunt înlăturate, iar ceea ce rămâne este 99% clorură de sodiu. Aditivi dăunători precum hidroxidul de aluminiu ar putea fi de asemenea adăugați pentru a preveni aglutinarea. Așa cum am discutat, metalele, ca aluminiul, nu sunt bune, din moment ce se pot depune la nivelul creierului și pot cauza inflamații. Alte săruri mai pure, nerafinate, ca sarea de mare sau sarea roz de Himalaya autentică sunt mult mai bune pentru creier, pentru că asigură mai multe minerale fără atât de mult sodiu și nu au aditivi.

Aminați din nucă de cocos, aminați lichizi marca Bragg, tamari, pasta miso, drojdia de bere, drojdia nutritivă și tot felul de ierburi și de condimente sunt alte soluții excelente.

### *Mărimea porțiilor și postul 5:2*

De obicei, cei mai mulți de la nivelul Avansat nu mănâncă în exces și nici nu iau gustări târziu în noapte. De cele mai multe ori, iau cina devreme pentru a lăsa suficient timp între digerarea mâncării lor și mersul la culcare și apoi se abțin de la mâncat până a doua zi de dimineață. Făcând astfel, au încorporat deja unele obiceiuri-cheie ale centenarilor în rutinele lor.

Mărimea porțiilor și postul intermitent sunt instrumente subtile, dar puternice din trusa centenarilor. În cazul în care nu le-ai încercat încă, să trecem împreună peste fundamentele acestor practici. Mai întâi, încearcă să micșorezi mesele pe măsură ce înaintezi în zi. Începe-ți ziua cu un mic dejun consistent, urmat de un prânz mare și termin-o luând cea mai mică masă la cină. În ceea ce privește porțiile, ai aici un ghid rapid. Când vine vorba de carne sau de pește, porția ar trebui să fie cât palma ta (în jur de 85 g). Brânză? O felie de lungimea degetului mic. O porție de fructe ar trebui să oglindească mărimea unui măr mic.

Odată ce stăpânești acest proces, treci la postul intermitent și practică-l cât de des poți. Iată cum să începi: ia cina devreme, în jur de ora 18, și abține-te din a mânca până la 7-8 în dimineața următoare. Poți bea cât de multă apă sau ceai din plante dorești. Poți reuși să ții acest post de 12 ore chiar și fără prea mare efort, din moment ce vei dormi în cea mai mare parte a timpului. Cercetările arată că postul ținut peste noapte este o cale bună de a-ți face creierul mai puternic și mai rezistent.

Odată ce devii confortabil cu postul ținut peste noapte, vezi dacă poți adopta dieta 5:2. Dieta 5:2 presupune să mănânci normal 5 zile pe săptămână și nu mai mult de 600 de calorii pe zi în cele 2 zile rămase. Verifică mostra de meniu care începe la pagina 336 pentru un exemplu practic. Studii recente arată că acest regim dietetic reduce inflamația și rezistența la insulină, dar scade și nivelurile tensiunii arteriale, ale colesterolului și ale trigliceridelor. Poate fi eficient în doar câteva luni.[11] Un avertisment: reacția fiecăruia la post este diferită, iar postul nu este pentru toată lumea. Discută acest aspect cu medicul tău înainte să începi.

***Exercițiu și activitate fizică***

În timp ce îți perfecționezi dieta pentru a-ți maximiza sănătatea creierului, la fel de important este să duci și activitatea fizică la următorul nivel. Propune-ți 1-2 ore pe săptămână de exerciții *energice* în paralel cu zilele tale de obicei pline.

Dacă exercițiile energice sunt deja o parte a antrenamentului tău săptămânal, încă există căi de a adăuga diversitate și provocare activităților tale pentru a-ți lucra corpul în moduri diferite și noi. De exemplu, există o formă de exerciții energice care se potrivește mănușă creierului tău: drumețiile. Din ce în ce mai multe studii arată cât de mult îi place creierului uman să fie în natură. Exercițiile făcute afară, chiar și moderate, precum o plimbare lungă în parc, au un efect liniștitor[12] asupra creierului și au efectiv puterea de a îmbunătăți sănătatea mintală. Acest lucru ar putea fi evident dintr-un punct de vedere evoluționist. La urma urmelor, ne-am născut în junglă. Dar astăzi, cea mai mare parte dintre noi trăiește, în schimb, în jungla urbană. Orașele făcute din metal, din sticlă și din ciment mai degrabă decât din spații verzi, naturale, în care specia noastră a fost obișnuită să înflorească, ne fac să suferim. Ca locuitori ai orașelor, petrecem mult mai puțin timp afară decât strămoșii noștri, ceea ce a fost corelat cu niveluri mai ridicate de stres, de anxietate, de depresie și de alte tulburări mintale. În schimb, oamenii cei mai bătrâni și mai sănătoși ai lumii noastre nu locuiesc în orașe poluate, înghesuite, ci se grupează în comunități mai mici, de-a lungul versanților și al râurilor izolate, cufundându-se în medii naturale necontaminate. Cred cu tărie că trebuie să existe o legătură între acestea. Din moment ce a depune efort și a fi în natură sunt două lucruri atât de bune pentru creier, e logic că a le face în același timp nu e deloc o idee rea. Propune-ți să urci o pantă fără să te oprești în primele 25 de minute până la 1 oră pentru asigurarea efortului aerobic.

În plus, a planifica o drumeție lungă în pădure cu prietenii sau cu familia cel puțin o dată pe săptămână este în același timp o cale minunată de îmbunătățire a sănătății celor la care ții. Acest lucru va susține nevoia creierului de a fi activ din punct de vedere social, aspect de o importanță crucială pentru condiția cognitivă optimă pe termen lung.

### *Apă și alte băuturi*

Calea de urmat este: 8 pahare pline de fluide care constă în apă plată, apă infuzată cu fructe sau ceai din plante în fiecare zi. De asemenea, îți recomand să încerci sucul de aloe vera pentru a-ți hidrata și mai bine întregul corp.

Personal, în fiecare dimineață, la începutul zilei, beau 1 pahar cu apă amestecată cu 28 de ml de suc de aloe vera și cu 1 lingură de clorofilă lichidă. Recomand foarte mult această poțiune. Deși e posibil să fi auzit de proprietățile antiinflamatorii și de hidratare recunoscute ale aloei vera, poate că nu ești la fel de familiarizat cu clorofila. Comercializată de obicei ca un „deodorant intern" împotriva respirației urât mirositoare și a mirosurilor corporale, aceste remediu străvechi a fost îndelung folosit la vindecarea rănilor[13], la producerea de noi globule roșii și la îmbunătățirea oxigenării sângelui. Acest simplu truc îți va stimula digestia, totodată susținându-ți circulația și făcându-te să te simți revigorat și energizat încă de la începutul zilei.

Pe măsură ce progresezi urmând planul nivelului Avansat, ia în considerare un alt supliment favorit de-al meu: sucul de noni. În fiecare dimineață, fiica mea de 2 ani și cu mine împărțim o doză de suc de noni, urmată de băutura cu aloe menționată mai sus.

Am început să fac așa când avea 18 luni și la început lua doar câte o înghițitură. Apoi câte două înghițituri. Acum își cere singură doza în fiecare dimineață. Aceasta nu este o dietă tipică unui copil, desigur. Cunoașterea pe care am dobândit-o în laboratorul de cercetare ne-a transformat complet bucătăria – și felul în care mi-am crescut fiica.

Am descoperit sucul de noni cu ani în urmă, pe când studiam alimentele antiîmbătrânire. Fiind încă în stadiul de cercetare, e posibil să nu fi auzit de noni până acum. Mă bucur să ți-l prezint.

Noni (*Morinda citrifolia*) este un arbore veșnic verde care se găsește din estul Asiei până în Australia, mai ales în Polinezia. Sucul este obținut din fructul de noni, care seamănă cu o dudă supradimensionată sau cu un cartof mic cu cocoloașe. Aroma lui e cam la fel de apetisantă ca aspectul său. Nu mai e nevoie să precizez că majoritatea mărcilor comerciale îl amestecă cu suc, cum e cel de afine, pentru a-l face mai gustos.

Așadar, ce mi-a atras atenția la singuraticul noni?

Mai întâi de toate, am încredere și pun preț pe tradiție în multe feluri. Sucul de noni este folosit ca medicament în insulele din Oceanul Pacific de peste 2000 de ani. Se folosește și astăzi pentru diferite probleme ale pielii, într-o așa mare măsură, încât chiar și supermodelele îl încorporează în regimul lor de îngrijire a pielii. Noni mai este folosit și pentru tratarea unor afecțiuni asociate vârstei, ca artritele și reumatismul, durerile menstruale și abdominale și chiar infecțiile parazitare. Când oamenii continuă să bea ceva în ciuda gustului său, trebuie să existe un motiv bun.

Acum știm că efectele benefice ale lui noni provin din portofoliul său nutritiv. Noni oferă cantități considerabile de vitamina C, potasiu, magneziu, fier, zinc și chiar unii aminoacizi. Dar ceea ce face acest suc cu adevărat important pentru sănătatea creierului este nivelul de antioxidanți conținut care depășește standardele normale.[14] Sucul de noni este surprinzător de bogat în antioxidanți, de la antocianine și flavonoide la beta-caroten, luteină, licopen și chiar seleniu. Acești nutrienți antiîmbătrânire atât de necesari lucrează împreună pentru a preveni distrugerea celulelor și pentru a reduce inflamația, mai ales pe măsură ce înaintăm în vârstă.

Potrivit National Institute of Health (nccih.nih.gov/health/noni), nu avem suficiente informații despre noni pentru a-l recomanda să facă parte cu regularitate din dietele noastre. Cu alte cuvinte, poate să funcționeze sau poate să nu funcționeze, în funcție de fiecare. Pentru mine, funcționează suficient de bine cât să nu treacă o zi fără el. Pe lângă impulsul energizant imediat și efectele sale pozitive asupra pielii mele, am descoperit că sucul de noni stimulează digestia și susține eliminarea sănătoasă, sprijinind astfel și sistemul imunitar. Dacă te simți gata de o nouă provocare, vânzătorii on-line *en detail* vând mai multe mărci de suc de noni din Tahiti. Sugestia mea este să cumperi versiunea originală nediluată și neîndulcită – dacă îl găsești prea amar, adaugă chiar tu un pic de miere, de concentrat de cireșe negre sau de rodie.

În plus, am creat o rețetă de smoothie personalizată pentru nivelul tău: smoothie verde hrănitor. Acest smoothie cu densitate mare de nutrienți este un generator de antioxidanți grație amestecului specific de chia, semințe de in și açaí și fructe de goji. Acestea se combină cu migdale bogate în Omega 3, cu laptele de capră hrănitor și cu apa de cocos neîndulcită, cea mai hidratantă apă naturală. Și da, va fi de un verde strălucitor. Asta pentru că smoothie-ul va conține și spirulină. Spirulina se laudă cu cel mai mare conținut de proteine față de orice aliment de pe planetă. De asemenea, bogată în fier, multe vitamine B și vitamine A, C, D și E. Ca să îți faci o idee despre puterea sa, doar 1 lingură din această pudră catifelată, verde închis, oferă 70% din doza zilnică de vitamina B12 și peste 300% din vitamina A.

Majoritatea celor de la nivelul Avansat nu beau deloc băuturi carbogazoase cu cafeină, nici nu exagerează cu cafeaua. Ca regulă de aur, recomand nu mai mult de 1 ceașcă de espresso sau 2 cești de americano. Ține minte că espresso are cel mai mare efect antiîmbătrânire dintre toate băuturile. Dacă tremuri de la cafea, ceaiul este o alternativă minunată. Amintește-ți numai că ceaiul verde conține mai mulți antioxidanți decât ceaiul negru și de aceea este mai bun pentru tine și pentru creierul tău delicat.

În ultima instanță, dar la fel de important, ciocnește un pahar cu vin roșu organic. Dacă nu bei alcool sau vrei să faci o schimbare, încearcă sucul de rodie. Așa cum am menționat în capitolul 11, sucul de rodie oferă un repertoriu unic de taninuri, antocianine și acizi grași nesaturați. Aceste substanțe sunt atât de puternice, că unele sucuri de rodie, în special cele concentrate, pot avea o capacitate antioxidantă până la de trei ori mai mare decât cea a vinului roșu[15] și a ceaiului verde la un loc. Diluează-l cu un pic de apă și adăugă o felie de lime pentru un cocteil șic la petreceri.

### *Exemplu de meniu*

Toate rețetele sunt incluse în capitolul 16. Pentru mai multe rețete sănătoase pentru creier, vizitează blogul meu (brainfood-blog.tumblr.com).

**DUPĂ MERS**

1 pahar cu apă cu suc de aloe vera și clorofilă cu mentă

**MICUL DEJUN**

1 ceașcă de ceai de ghimbir cu lămâie și miere crudă
1 ceașcă cu fructe de pădure proaspete (afine, căpșune, mure etc.)
Ovăz suedez lăsat la înmuiat peste noapte

*sau*
Pâine prăjită cu avocado

**GUSTAREA DE DIMINEAȚĂ**

Smoothie verde hrănitor (jumătate)
Supliment probiotic

**PRÂNZ**

Supă cu fasole mung ayurvedică
Zucchini făcuți la aburi cu ulei de măsline extravirgin
*sau*
Buddha bowl de iarnă
1 ceașcă de cafea, ceai de cacao sau ceai de păpădie

**„CEAIUL DE LA ORA 5"**

Smoothie verde hrănitor (cealaltă jumătate)
Măr Gala cu unt de migdale
*sau*
Caviar pe biscuiți sărați din ovăz

**CINĂ**

Somon la grătar marinat cu usturoi și ghimbir
Broccoli făcuți la aburi
1 ceașcă de orez sălbatic cu ulei de cocos și tamari
*sau*
Cartofi dulci la grătar cu salată proaspătă de spanac și sos de iaurt și tahini
Frunzele de păpădie ale *nonnei* cu suc de lămâie și ulei de măsline extravirgin
1 pahar cu vin roșu

**ÎNAINTE DE CULCARE**

Ceai din plante sau apă infuzată cu plante

# 16
# Rețete pentru eficientizarea creierului

## MICUL DEJUN

### Pâine prăjită cu avocado

Dacă pâinea prăjită cu avocado nu face parte din rutina ta săptămânală, această rețetă va aduce o schimbare. Nimic nu întrece această pâine prăjită clasică. Începe cu un avocado mătăsos, plin de grăsimi sănătoase pentru inimă și pentru creier, și condimentează-l cu ulei de măsline extravirgin (sau cu un alt preferat al inimii/creierului, precum uleiul de in), cu un pic de sare roz și cu fulgi de ardei iute pentru aromă.

Contribuția mea, din punct de vedere neuronutrițional, este să înlocuiesc pâinea din comerț cu pâine Ezekiel. Pâinea Ezekiel este preparată prin metode tradiționale de înmuiere, germinare și coacere care există de secole. Conține mai multe tipuri diferite de cereale și de leguminoase germinate, de obicei grâu, mei, orz, grâu spelta, soia și linte. Din moment ce nu are deloc conservanți, pâinea Ezekiel este cel mai bine păstrată prin congelare. Pentru că nu conține deloc zaharuri adăugate, această pâine oferă o cantitate bună de glucoză sănătoasă pentru creier fără o încărcătură glicemică mare.

**INGREDIENTE** (*2 porții*)

**2 felii de pâine Ezekiel**
**1 avocado copt**
**1 lingură de suc de lămâie proaspăt**
**1 vârf de linguriță de sare de Himalaya**
**fulgi de ardei iute**
**1 lingură de ulei de măsline extravirgin**

**INSTRUCȚIUNI:**

**PASUL 1.** Prăjește pâinea în toaster.

**PASUL 2.** Taie în jumătate fructul de avocado, îndepărtează sâmburele și scoate pulpa cu o lingură într-un castron. Adaugă sucul de lămâie și sare de mare după gust. Strivește ingredientele cu o furculiță, păstrând textura cu un pic de cocoloașe.

**PASUL 3.** Întinde piureul de avocado pe fiecare bucată de pâine prăjită, decorează-l cu niște fulgi de ardei iute și stropește-l cu puțin ulei de măsline extravirgin. (Dacă preferi fructul de avocado tăiat în felii, și nu zdrobit, presară-l deasupra feliei condimentate.)

## Muesli Bircher în stil scandinav

Muesli în stil scandinav a fost creat spre sfârșitul secolului al XIX-lea de medicul elvețian Maximilian Bircher-Benner pentru pacienții săi. Încă este un mic dejun popular în Elveția și în Germania. Muesli (propunțat *miuz-li*) este un amestec nefiert de nuci, semințe, cereale, fructe uscate și condimente. Deși ingredientele ar putea să-ți amintească de granola, principala diferență este că muesli nu conține uleiuri sau zaharuri adăugate și se mănâncă crud.

Acest muesli este amestecat de obicei cu lapte de nuci, iaurt sau suc de fructe în care se înmoaie peste noapte. Înmuierea reduce cantitatea de acid fitic prezent în cerealele integrale, în nuci și în semințe, făcându-le mai ușor de digerat. În plus, înmuierea crește capacitatea corpului de a absorbi minerale esențiale pentru creier, precum zincul, fierul și de asemenea calciul.

Există un număr infinit de variante la rețeta Bircher de bază. Mai jos, vei găsi cele două alegeri pe care le consider cele mai bune. Ambele sunt pentru un mic dejun ușor, dens în nutrienți, și sunt incredibil de simplu de făcut și de servit. Preparându-le din timp și păstrându-le în frigider, vei avea un mic dejun sănătos, gata în fiecare dimineață. Dacă le ții într-un recipient etanș în frigider, pot rămâne proaspete până la două săptămâni.

## Muesli Bircher în stil scandinav

INGREDIENTE (*8 porții*)

PENTRU MUESLI:

**1 ceașcă de fulgi de ovăz granulat**
**⅔ ceașcă de fulgi de grâu**
**½ ceașcă de germeni de grâu prăjiți**
**1 lingură de tărâțe de psyllium integrale**
**¼ ceașcă de semințe de in, măcinate**
**⅓ ceașcă de migdale și/sau nuci, tocate grosier**
**2 linguri de fulgi de cocos neîndulciți**
**½ ceașcă de curmale fărâmițate, caise uscate sau smochine deshidratate**
**2 linguri de miere locală, crudă**
**1 linguriță de pudră de Mesquite**
**1 vârf de cuțit de scorțișoară**
**3 cești de apă filtrată**
**2 cești de iaurt simplu, organic (prefer iaurtul din lapte de capră)**

INSTRUCȚIUNI:

**PASUL 1.** Într-un castron de mărime medie, amestecă bine toate ingredientele (cu excepția iaurtului). Transferă muesli în borcane mici de sticlă. Lasă-l să stea acoperit peste noapte.

**PASUL 2.** Dimineața, adaugă iaurtul.

## Ovăz elvețian făcut peste noapte (reinventat)

INGREDIENTE (*4 porții*)

PENTRU MUESLI:

**2 cești de fulgi de ovăz granulat**
**1¾ ceașcă de lapte integral organic de la animale hrănite cu iarbă**
**¼ ceașcă de suc de mere organic**
**3 linguri de suc de lămâie proaspăt**
**1 măr, curățat de cotor și ras cu tot cu coajă**
**2 linguri de miere locală, crudă**
**¼ ceașcă de stafide**
**1 lingură de semințe de chia**
**puțină scorțișoară măcinată**

PENTRU TOPPINGURI:

**1½ ceașcă de iaurt simplu, organic**
**1 ceașcă de afine (și alte fructe de pădure merg la fel de bine)**
**½ ceașcă de alune, tocate**

INSTRUCȚIUNI:

**PASUL 1.** Într-un castron de mărime medie, amestecă bine toate ingredientele pentru muesli. Transferă muesli în borcane mici de sticlă. Lasă-l să stea acoperit peste noapte.

**PASUL 2.** Dimineața, adaugă iaurtul și acoperă muesli cu afinele și cu alunele.

## Brioșe cu banane și mure

Sunt brioșele bune pentru tine? Desigur, dacă știi cum să le prepari!

Rețeta este *plină* de nutrienți sănătoși pentru creier. Există vitamina E și Omega 3 din migdale și din nuci. Este asigurată o bogăție de minerale esențiale grație semințelor de chia și mierii. Fulgii de ovăz pun la dispoziție în această rețetă o cantitate bună de fibre solubile, în timp ce uleiul de cocos le oferă acestor brioșe grăsimi sănătoase. Colina, care susține memoria, și triptofanul, care sintetizează serotonina, provin din ouăle organice folosite, în timp ce vitaminele A și C și o mulțime de antioxidanți sunt furnizate de fructele de pădure.

Aceste brioșe sunt destul de dense și de sățioase, așa că folosesc de obicei o tavă cu 12 forme pentru brioșe. Ca întotdeauna: calitate, nu cantitate, și totul cu moderație.

Savurează-ți brioșele cu o ceașcă de ceai (la această rețetă merge bine unul cu lapte) și cu o cantitate suplimentară de fructe de pădure pentru un mic dejun sau pentru o gustare mulțumitoare și plăcută, sănătoasă pentru creier.

INGREDIENTE (*8 porții*)

**1½ ceașcă de fulgi de ovăz**
**5½ linguri de ulei de cocos extravirgin**
**1 ceașcă de migdale organice**
**½ ceașcă de alune de pădure organice, tocate**
**2 linguri de semințe de chia**
**2 lingurițe de praf de copt**
**¼ linguriță de bicarbonat de sodiu**

**2 ouă organice, de la găini crescute în libertate, plus 1 albuș**

**1 ceașcă de iaurt din lapte de capră**

**2 lingurițe de scorțișoară măcinată**

**coaja de la ½ lămâie**

**¼ ceașcă de miere locală, crudă**

**2 banane medii coapte**

**1 ceașcă de mure organice**

INSTRUCȚIUNI:

**PASUL 1.** Încinge cuptorul din timp la 180°C. Unge ușor o tavă de brioșe cu 1½ lingură de ulei de cocos.

**PASUL 2.** Folosind un robot de bucătărie sau un blender de mare viteză, macină fulgii de ovăz și migdalele până ce au textura unei făini. Într-un castron mare, combină ovăzul și migdalele măcinate, nucile, semințele de chia, praful de copt și bicarbonatul de sodiu.

**PASUL 3.** Într-un castron separat, bate ușor ouăle. Adaugă iaurtul și mixează până când compoziția devine omogenă.

**PASUL 4.** Pune uleiul de cocos, scorțișoara, coaja de lămâie și mierea într-o crăticioară așezată pe foc foarte mic și amestecă până când compoziția ajunge la consistența unui sirop.

**PASUL 5.** Încorporează compoziția cu ou în cea uscată și amestecă înainte să înglobezi amestecul cu ulei de cocos.

**PASUL 6.** Pasează bananele și adaugă-le în bol. Încorporează cu grijă murele.

**PASUL 7.** Umple fiecare cupă de brioșe ¾ din volumul complet. Coace-le 25-30 de minute sau până ce partea de sus e aurie. Lasă-le să se răcorească 15 minute înainte să le scoți din tavă.

## Ouă jumări siciliene

Un fel de bază în multe diete americane, ouăle jumări sunt un mic dejun sățios și merg la fel de bine și la un prânz târziu sau la o cină rapidă și ușoară. Cu excepția celor care au o sensibilitate la colesterolul dietetic, mulți dintre noi nu mai suntem sfătuiți să evităm ouăle, din moment ce, consumându-le cu moderație, nu există probabilitatea de a ne crește nivelurile de colesterol din sânge. „Cu moderație" înseamnă nu mai mult de 1-2 ouă la o masă și nu mai mult de o dată sau de două ori pe săptămână.

Ouăle oferă proteine și multe vitamine B esențiale pentru creier, precum colina, B12 și B6, dar și seleniul, cu efecte antiîmbătrânire, ceea ce le face o completare sănătoasă a dietei tale. În combinație cu alte ingrediente nutritive, ca spanacul, roșiile și măslinele, valoarea lor nutrițională este sporită și mai mult. Această rețetă italiană rapidă și simplă abundă nu doar în nutrienți, ci și în aroma puternică de busuioc proaspăt, usturoi iute și ulei de măsline extravirgin.

INGREDIENTE (*4 porții*)

**6 ouă organice de la găini crescute în libertate**
**2 roșii prunișoară coapte, tăiate cubulețe**
**¼ ceașcă de măsline Kalamata, tăiate cubulețe**
**¼ ceașcă de lapte integral organic, de la animale hrănite cu iarbă**
**½ ceașcă de Feta**
**1 lingură de ulei de măsline extravirgin**
**2 căței de usturoi, tocați mărunt**
**2 cești de baby spanac**
**½ ceașcă de busuioc proaspăt**
**Sare de mare și piper negru**

INSTRUCȚIUNI:

**PASUL 1.** Într-un castron mediu, bate cu putere ouăle, roșiile, măslinele, laptele și Feta.

**PASUL 2.** Într-o tigaie mare, încinge uleiul de măsline pe foc moderat. Sotează usturoiul 1 minut sau până când e ușor rumen. Adăugă spanacul și busuiocul și gătește-le încă 1 minut.

**PASUL 3.** Toarnă compoziția cu ouă în tigaie și amestec-o cu o spatulă 2-3 minute. Ouăle ar trebui să fie moi, dar nu lichide. Presară-le cu sare și piper după gust. Servește-le imediat.

# FELURI PRINCIPALE

## Supă cu fasole mung ayurvedică

Această rețetă ayurvedică tradițională este de mii de ani folosită pe tot continentul asiatic ca medicament. Renumită pentru efectele sale nutritive și detoxifiante, supa cu fasole mung este o masă delicioasă, având proprietăți antiinflamatorii care acționează ca un tonic pentru sistemul nervos. Cu o sursă bună de fibre și de plante aromatice calmante, precum ghimbirul, această rețetă este excelentă pentru cei care au probleme digestive, cum ar fi balonare, flatulență și constipație.

INGREDIENTE (*4 porții*)

**2 cești de fasole mung despicată, organică**
**1 lingură de ulei de cocos extravirgin**
**1 linguriță de curcuma măcinată**
**Un pic de chimion măcinat**
**1 ceapă galbenă mică, tăiată în felii groase**
**3 căței de usturoi, tocați**
**1 bucată de ghimbir proaspăt de 2,5 cm, ras**
**1 morcov organic, curățat și tocat mărunt**

**2 tije de țelină apio organică, tocate mărunt**
**½ linguriță de rozmarin uscat**
**6 cești de supă-bază de legume organică**
**Sare de mare**

INSTRUCȚIUNI:

**PASUL 1.** Înmoaie fasolea în multă apă pentru cel puțin 5 ore sau peste noapte (fasolea înmuiată este mai ușor de digerat și nu va cauza balonare).

**PASUL 2.** Încinge uleiul într-o cratiță mare, robustă, pe foc mediu. Pune în cratiță curcuma și chimionul și amestecă-le 1 minut.

**PASUL 3.** Adăugă ceapa și soteaz-o, amestecând-o frecvent, până când e aurie și moale, în jur de 5 minute. Încorporează usturoiul și ghimbirul și gătește amestecul încă 2 minute.

**PASUL 4.** Înglobează morcovii, țelina apio, fasolea mung înmuiată și rozmarinul. Toarnă deasupra supa-bază și dă-o în clocot. Dă focul la mic. Asezonează-o cu sare de mare după gust. Acoper-o și las-o să fiarbă înăbușit 25 de minute sau până când fasolea este gătită, dar nu zdrobită.

## Somon sălbatic de Alaska simplu

Aceasta este o altă rețetă preferată de-ale noastre. Soțul meu spune că acest fel de mâncare foarte simplu este printre cele aflate în fruntea listei preferințelor lui.

Te va surprinde simplitatea rețetei, din moment ce abia dacă ai ceva de gătit. Atât aroma savuroasă, cât și amestecul nutritiv se bazează pe cele mai proaspete ingrediente disponibile, de foarte bună calitate, care se combină atât de bine.

Ce este sănătos pentru creier la această rețetă? Totul.

Mai întâi, peștele. Peștele de apă adâncă, precum somonul, este bogat în acizi grași polinesaturați Omega 3, în special DHA, esențial pentru funcționarea creierului. DHA se găsește în proporție de 50% în fosfolipidele creierului, care sunt de o importanță crucială în păstrarea membranelor celulelor creierului flexibile și funcționale pe măsură ce înaintăm în vârstă. În plus, s-a dovedit științific că Omega 3 are efecte antiinflamatorii.

Să vezi înseamnă să crezi, motiv pentru care îmi tratez familia cu cea mai bună sursă posibilă de DHA: somonul sălbatic de Alaska. Din moment ce este capturat, somonul sălbatic de Alaska este „mai curat" și mai sănătos decât peștele de crescătorie, este plin cu PUFA Omega 3 și conține 22 g de proteine slabe, care includ toți aminoacizii esențiali per doar 7 g de grăsimi (dintre care majoritatea sunt grăsimi esențiale)! Toate aceste bonusuri se găsesc în nu mai mult de 85 g de pește. Și sosul este important aici, din moment ce întregește preparatul.

INGREDIENTE (*4 porții*)

**450 g de file de somon de Alaska, tăiat în 4 bucăți (folosesc somon sălbatic de Alaska congelat când nu am acces la cel proaspăt)**
**¼ ceașcă de apă filtrată**
**2 linguri de ulei de cocos extravirgin**
**2 linguri de tamari**
**Sucul de la ½ lămâie**

INSTRUCȚIUNI:

**PASUL 1.** Spală peștele și aranjează fileurile cu pielea în jos într-o farfurie de făcut plăcintă, emailată sau din sticlă. Toarnă deasupra apa. Lasă farfuria de plăcintă într-un aparat de gătit la aburi până ce peștele este pătruns, în jur de 8-10 minute.

Poți folosi și o tigaie.

Încinge o tigaie pe foc mic. Așază fileurile în tigaie cu pielea în jos și adăugă apa. Acoperă-le și lasă-le să fiarbă înăbușit 4-5 minute.

**PASUL 2.** Într-o cratiță mică, încinge uleiul de cocos, tamari și sucul de lămâie și amestecă 1 minut.

**PASUL 3.** Mută peștele pe o farfurie și stropește-l cu sosul de tamari și lămâie. Servește imediat. Eu îl servesc de obicei cu o ceașcă mică de orez brun.

## Buddha bowls

Un Buddha bowl este plin de tot felul de bunătăți, astfel încât, atunci când este servit are înfățișarea unei burți rotunde (asemănătoare cu burta lui Buddha).

Uneori supranumit bol glorios sau hippie, un Buddha bowl este un fel consistent, sățios, făcut din legume crude sau coapte, leguminoase, ca fasole și linte, și din cereale sănătoase, precum quinoa sau orezul brun. În funcție de rețeta pe care alegi să o urmezi, farfuria poate conține un curcubeu de ingrediente. Uneori, ele includ și toppinguri, ca nuci și semințe – și sosuri incredibil de aromate. Și cea mai bună parte este că rețetele de Buddha bowl prezentate mai jos sunt ușor de făcut și supraaglomerate cu nutrienți consistenți și cu vitamine care te hrănesc și îți protejează creierul.

### Buddha bowl în culorile curcubeului cu sos de tahini și sirop de arțar

Această rețetă este foarte sățioasă, iar sosul este „cireașa de pe tort" – o adaptare a unui sos delicios pe care l-am mâncat la Life Alive, „o cafenea organică ca o oază urbană" aflată în Cambridge, Massachusetts. Soțul meu a lucrat la Massachusetts Institute of

Technology (MIT) și ori de câte ori am petrecut un weekend acolo, am mers la Life Alive și ne-am bucurat de felul lor de mâncare reprezentativ, „The Goddess", inspirația mea pentru acest Buddha bowl în culorile curcubeului.

Așa cum poți vedea, un Buddha bowl ia timp pentru preparare, așa că fii înțelept: pregătește o cantitate mai mare și păstrează ce rămâne pentru altă zi!

INGREDIENTE (*4 porții*)

**½ ceașcă de frunze baby kale, tocate mărunt (3 frunze mari)**
**½ ceașcă de morcovi descojiți și tocați**
**½ ceașcă de sfeclă roșie curățată și tocată**
**½ ceașcă de broccoli tocat**
**¼ ceașcă de fulgi de migdale**
**½ ceașcă de tofu solid tăiat în cuburi**
**1 ceașcă de orez sălbatic gătit**
**½ ceașcă de quinoa gătită**

PENTRU SOS

**2 căței mici de usturoi**
**1 bucată de ghimbir de 5 cm, descojită**
**2 linguri de sos tamari sau nama shoyu**
**Sucul de la ½ lămâie**
**2 linguri de tahini organic**
**1 lingură de ulei de măsline extravirgin**

INSTRUCȚIUNI

**PENTRU BOL:**

**PASUL 1.** Așază frunzele de kale, morcovul, sfecla și broccoli într-un aparat de preparat la aburi sau într-o cratiță mare cu ¼ ceașcă de apă. Lasă-le să se gătească la aburi pe foc moderat până când ajung la textura dorită, 2-4 minute.

**PASUL 2.** Într-o tigaie pusă pe foc mediu, prăjește migdalele 1 minut, amestecând constant.

**PASUL 3.** Amestecă legumele făcute la aburi, migdalele prăjite și orezul și quinoa cu tofu într-un bol de servire.

**PENTRU SOS:**

Așază toate ingredientele într-un robot de bucătărie sau într-un blender de mare viteză și procesează-le până când sosul este cremos.

**PENTRU A PREGĂTI BOLUL:**

Adaugă sosul în bol, amestecă totul, servește și bucură-te de preparat!

## Buddha bowl cu năut și cartofi dulci

Această rețetă se face cu patru tipuri de legume, alături de năutul bogat în fibre și în proteine, cartofii dulci bogați în antioxidanți și cerealele sănătoase care are un amestec sănătos de vitamine B. Toate acestea sunt desăvârșite de un sos de tahini cu sirop de arțar așa de bun, încât vei vrea să-l pui *peste tot.*

INGREDIENTE (*4 porții*)

PENTRU BOL:

**2 cartofi dulci medii, tăiați în jumătate (încearcă să folosești cartofii dulci din Okinawa în locul obișnuitelor igname)**
**½ ceapă roșie, tăiată în sferturi**
**2 linguri de ulei de cocos sau de sâmburi de struguri extravirgin**
**2 cești de broccolini tocați (tulpinile mari, înlăturate)**
**1 ceașcă de pălării de ciuperci shiitake**

**¼ linguriță de sare de Himalaya sau de sare cușer**
**1 ceașcă de orez brun gătit**
**2 cești de baby spanac**
**2 cești de verdețuri asortate**

**PENTRU NĂUT:**

**1 conservă (425 g) de năut, scurs, clătit și tamponat cu un prosop de bucătărie ca să se usuce**
**1 linguriță de chimion măcinat**
**½ linguriță de curcuma măcinată**
**1 linguriță de semințe de muștar**
**2 căței de usturoi, tocați**
**1 vârf de pudră de ardei iute**
**1 vârf de sare roz de Himalaya**
**1 lingură de ulei de cocos**

**PENTRU SOS:**

**¼ ceașcă de tahini organic**
**2 linguri de sirop de arțar organic**
**Sucul de la ½ lămâie**
**1 cățel de usturoi**
**1 bucată de 2,5 cm de ghimbir proaspăt**
**2-4 linguri de apă fierbinte**

**INSTRUCȚIUNI:**

**PENTRU LEGUME:**

**PASUL 1.** Încinge cuptorul din timp la 200°C. Aranjează cartofii dulci, cu coaja în jos și ceapa într-o tavă de copt. Stropește-le cu 1 lingură de ulei, asigurându-te că exteriorul cartofilor este bine acoperit.

**PASUL 2.** Coace-le 10 minute, apoi scoate-le din cuptor, întoarce cartofii și adaugă broccoli și ciupercile. Stropește legumele cu un pic mai mult ulei și asezonează-le cu sare. Coace-le încă 8-10 minute, până când cartofii sunt moi, apoi ia tava din cuptor și pune-o deoparte.

**PENTRU NĂUT:**

**PASUL 1.** Într-un castron mediu, amestecă năutul și condimentele.

**PASUL 2.** Încinge uleiul de cocos rămas într-o tigaie mare, așezată pe foc moderat. Odată ce uleiul este încins, sotează năutul, amestecând frecvent, în jur de 10 minute sau până când este rumenit și aromat. Ia-l de pe foc și lasă-l deoparte.

**PENTRU SOS:**

Introdu toate ingredientele într-un blender de mare viteză și amestecă-le intermitent 1 minut până la omogenizarea lor, adăugând apă fierbinte, dacă e necesar, pentru a subția sosul. Pune-l deoparte.

**PENTRU A PREGĂTI BOLUL:**

Taie cartofii în bucăți de mărimea unei îmbucături. Împarte orezul, legumele și verdețurile în 4 boluri și acoperă-l cu năutul și cu sosul de tahini. Dacă preferi, presară și niște nuci tocate și semințe.

## Buddha bowl de iarnă

Această rețetă se face cu legume crucifere sănătoase pentru creier, precum broccoli și conopida, împreună cu frunze de kale bogate în fibre și proteine, quinoa și fasole. Toate acestea sunt desăvârșite cu un sos cu unt de semințe de floarea-soarelui și lămâie care aproape e prea bun ca să fie adevărat. Amintește-ți să adaugi niște legume murate (în saramură) pentru hrănirea și pentru susținerea microbiomului!

INGREDIENTE (*4 porții*)

**2 cești de buchețele de broccoli tocate**

**3 cești de varză de Bruxelles tăiată în jumătăți**

**1 ceașcă de frunze de kale toscane**

**1 morcov, tocat**

**2 linguri de ulei de măsline extravirgin**

**Sare de mare**

**PENTRU SOS:**

**1 ceașcă de nuci caju**

**2 căței de usturoi mici**

**½ ceașcă de frunze de salvie proaspete**

**4 linguri de semințe de cânepă decorticate, plus o cantitate pentru presărat pe deasupra**

**2 linguri de unt din semințe de floarea-soarelui**

**1 linguriță de pastă miso roșie**

**Sucul de la ½ lămâie**

**3 linguri de tamari**

**1 linguriță de miere locală, crudă**

**¼ ceașcă de apă**

**1 ceașcă de cereale spelt gătite**

**1 ceașcă de hrișcă gătită**

**1 ceașcă de mei gătit**

**1 avocado Hass, curățat de coajă și de sâmbure, tăiat în cubulețe**

**Legume murate (în saramură), după preferință**

**INSTRUCȚIUNI:**

**PENTRU LEGUME:**

**PASUL 1.** Încinge cuptorul în prealabil la 200°C. Pune legumele într-un castron mare și amestecă-le cu sare și ulei de măsline (și orice alte condimente) după gust.

**PASUL 2.** Așază legumele într-o tavă de copt și coace-le 25 de minute sau până când încep să se caramelizeze. Scoate-le din cuptor și lasă-le deoparte.

**PENTRU SOS:**

**PASUL 1.** Înmoaie nucile caju pentru cel puțin 30 de minute sau peste noapte. Scurge-le și aruncă apa.

**PASUL 2.** Pune restul ingredientelor pentru sos într-un robot de bucătărie și procesează-le pe treapta cea mai înaltă până când consistența devine cremoasă.

**PENTRU A PREGĂTI BOLUL:**

**PASUL 1.** Așază legumele într-un castron de servire mare. Peste ele pune cerealele. Acoperă-le cu avocado și legume murate.

**PASUL 2.** Stropește cu sos legumele și cerealele. Presară pe deasupra cantitatea suplimentară de semințe de cânepă.

## Supă cu fasole cannellini și grâne străvechi

Fasolea cannellini este plăcută mai ales în compania ierburilor proaspete și a grânelor antice, precum amarantul și hrișca. Aceste ingrediente fac împreună o supă viguroasă și consistentă, suficient de sățioasă pentru a fi un fel principal. Pentru o supă foarte bogată și cremoasă, paseaz-o mai degrabă pe toată decât să lași jumătate din boabe întregi.

INGREDIENTE (*4 porții*)

**2 linguri de ulei de măsline extravirgin**
**3 tije de praz, doar partea albă, tăiate felii**
**3 căței de usturoi, tocați**
**½ ceașcă de amarant**
**½ ceașcă de hrișcă**
**3 fire de rozmarin proaspăt, tocat**
**10 frunze de salvie proaspete, tocate**
**1 frunză de dafin**
**1 lingură de pastă de roșii organică concentrată**
**2 cești de supă-bază de legume**
**2 cești de fasole cannellini gătită, clătită și scursă**
**1 vârf de cuțit de drojdie de bere per porție**
**Sare de mare și piper după gust**

INSTRUCȚIUNI

**PASUL 1.** Încinge uleiul de măsline într-o cratiță mare, robustă, pusă pe foc mediu. Gătește prazul în cratiță, amestecând frecvent, până când e auriu și moale, în jur de 5 minute. Adaugă usturoiul și prăjește amestecul încă 1 minut, apoi pune amarantul, hrișca, rozmarinul, salvia, frunza de dafin și pasta de roșii și amestecă-le din nou.

**PASUL 2.** Toarnă supa în cratiță și dă-o în clocot. Lasă focul la mic, acoper-o cu un capac și fierbe-o înăbușit 30 de minute.

**PASUL 3.** Ia cratița de pe foc și lasă supa să se răcorească treptat. Înlătură frunza de dafin. Adaugă 1 ceașcă de fasole și folosește un blender de mână sau un zdrobitor de cartofi pentru a face amestecul piure în cratiță până când devine catifelat. Încorporează fasolea rămasă, răsfiră pe deasupra drojdia de bere și asezonează supa cu sare și piper după gust.

# Tikka masala cu năut

Năutul este o sursă încântătoare, prețioasă de proteine vegetale care se îmbină frumos cu mirodeniile vioaie din garam masala, aromele caracteristice ale renumitei tikka masala din India. Garam masala este un amestec înmiresmat de condimente indiene care include chimion, coriandru, scorțișoară, cardamom și piper negru măcinate. Fiecare dintre aceste condimente conține numeroși fitonutrienți cunoscuți că ar avea proprietăți antioxidante puternice și că ar susține digestia. Au și efect carminativ (ceea ce înseamnă că te vor scăpa de balonare). În plus, în timp ce adaugă o notă de dulceață naturală, scorțișoara ajută la reducerea tensiunii arteriale și stabilizează nivelurile de zahăr din sânge.

Dacă nu găsești garam masala la băcănia de lângă tine, o poți prepara cu ușurință sau comanda on-line. Mie îmi place să adaug curcuma la amestec pentru protecție antioxidantă suplimentară și pentru aromă.

Rețeta intenționează să fie o versiune vegetariană a mult mai cunoscutei tikka masala cu pui. Năutul înlocuiește puiul, iar laptele de cocos înlocuiește iaurtul și smântâna obișnuite. Este delicioasă singură sau servită peste orez. Această rețetă se potrivește de minune cu orezul basmati brun.

INGREDIENTE (*4 porții*)

**2 linguri de ulei de cocos extravirgin sau ghee organic**
**1 ceapă roșie, tăiată cubulețe**
**4 căței de usturoi, tocați mărunt**
**1 vârf de sare de mare**
**1 lingură de garam masala**
**1 linguriță de curcuma măcinată**
**1 bucată de ghimbir proaspăt de 5 cm, ras**
**3 cești de năut organic, fiert, scurs și clătit**
**1 conservă (800 g) de roșii cuburi organice**

**1 ceașcă de lapte de cocos nedegresat**
**1 lingură de pastă de roșii organică concentrată**
**1 mână de frunze de coriandru proaspete, tocate grosier**

**INSTRUCȚIUNI:**

**PASUL 1.** Încinge uleiul într-o cratiță mare, pusă pe foc moderat. Pune în cratiță ceapa, usturoiul și sarea și amestecă. Sotează-le până când ceapa este parțial translucidă și ușor rumenă pe margini, 3-4 minute.

**PASUL 2.** Încorporează garam masala, curcuma și ghimbirul și gătește-le până ce sunt foarte înmiresmate, 1-2 minute.

**PASUL 3.** Adaugă năutul și roșiile cu sucurile lor și adu amestecul la punctul de fierbere. Lasă la foc mic și fierbe înăbușit 15 minute. Înglobează laptele de cocos, pasta de roșii și ghee sau uleiul și lasă-l iarăși să fiarbă înăbușit 5 minute. Ia cratița de pe foc și încorporează coriandrul.

## Pui copt cu lămâie ca la tata acasă

Rețeta mea de pui copt cu lămâie ca la tata acasă este o descoperire care merită cu siguranță încercată. Pentru o notă picantă adusă rețetei clasice de pui: un pui întreg (organic, crescut în libertate) este uns în interior și în exterior cu ierburi aromatice, apoi copt cu suc de lămâie proaspăt stors și cu ulei de măsline extravirgin, devenind astfel un preparat italienesc ușor și aromat. În combinație cu cartofi copți, acest fel de mâncare asigură o masă perfectă. În plus, rețeta este plină de nutrienți esențiali pentru creier, în special de toți aminoacizii esențiali pe care creierii noștri îi folosesc pentru a produce neurotransmițători, ca dopamina și serotonina. Mai mult, salvia și rozmarinul au fost îndelung apreciate pentru efectele lor de susținere a memoriei și pentru calitățile de neurotonifiere.

INGREDIENTE (*6 porții*)

**1 pui întreg organic, crescut în aer liber (de circa 900 g)**
**6 căței de usturoi**
**4 fire de rozmarin proaspăt**
**1 legătură mică de salvie proaspătă**
**2 lingurițe de ulei de măsline extravirgin**
**Sucul de la 1 lămâie**
**2 lingurițe de sare roz de Himalaya**

INSTRUCȚIUNI:

**PASUL 1.** Încinge cuptorul din timp la 150°C.

**PASUL 2.** Așază puiul într-o tavă de copt, cu pieptul în sus. Presară cățeii de usturoi peste tot în tavă, dar și în interiorul puiului. Umple puiul cu rozmarinul și salvia. Adaugă uleiul în tavă și stropește puiul cu suc de lămâie. Presară pe deasupra sare.

**PASUL 2.** Bagă tava în cuptor și coace puiul 60 de minute.

## Frunzele de păpădie ale *nonnei* cu suc de lămâie și ulei de măsline extravirgin

Frunzele de păpădie sunt atât un aliment delicios, cât și o plantă medicinală pe care oricine o poate găsi, crește și întrebuința. Această plantă cu flori este bogată în vitaminele A și C, în mai multe vitamine B, fier, potasiu, zinc și în fibre. În plus, conține un număr de nutrienți care hrănesc bacteriile prietenoase din intestinul tău. Aceasta este rețeta originală a *nonnei* mele, pe care obișnuiam să o savurăm aproape în fiecare weekend.

**INGREDIENTE** (*4 porții*)

**450 g de frunze de păpădie organică**
**Circa 1 litru de apă filtrată**
**2 linguri de ulei de măsline extravirgin**
**Sucul de la 1 lămâie**
**1 vârf de sare de mare**

**INSTRUCȚIUNI:**

**PASUL 1.** Spală verdețurile și așază-le într-o cratiță mare. Acoperă-le cu apa și dă-le în clocot pe foc moderat. Fierbe-le 8-10 minute sau până când sunt moi, dar nu precum terciul.

**PASUL 2.** Transferă-le într-un castron de servire și stropește-le cu ulei de măsline și suc de lămâie, apoi presară sare după gust.

## Supă de legume esențială

Aceasta este cea mai sănătoasă supă pentru creier, care conține o gamă largă de supernutrienți. Mazărea dulce este o sursă bună de glutation, antioxidantul suprem al corpului nostru. Cepele sunt carbohidrați sănătoși, bogate în glucoză și bune la hrănirea microbiomului nostru bun din intestin. Broccoli este un generator de nutrienți, bogat în fibre și în vitaminele A, C și B6, împreună cu o mulțime de fitonutrienți antioxidanți. Edamame este o sursă bună de proteine slabe de origine vegetală pe care creierii noștri se bazează pentru a funcționa corespunzător. În cele din urmă, drojdia de bere este o sursă excelentă de colină și vitamina B12, esențiale pentru creier. De parcă asta nu ar fi suficient, aceste arome se combină pentru a da naștere unui preparat grandios. Ideal ar fi să folosești doar legume organice. Prefer să le gătesc *al dente*, din moment ce îmi place mai mult consistența lor decât făcute terci și consider că așa se păstrează și capacitatea legumelor de a-și oferi nutrienții.

INGREDIENTE (*6 porții*)

**450 g de broccoli, tocat mărunt**
**1 ceașcă de varză roșie, tocată mărunt**
**6 morcovi medii, tocați mărunt**
**6 cepe verzi, tocate mărunt, doar partea albă**
**4 tije de țelină apio organică, tocate mărunt**
**4 căței de usturoi, tocați mărunt (usturoiul copt este mai bun!)**
**2 cești de mazăre dulce organică (congelate sunt la fel de bune)**
**1 ceașcă de edamame organice (scoase din păstaie și congelate sunt la fel de bune)**
**1 bucată de ghimbir proaspăt de 2,5 cm, ras**
**Circa 2 litri de supă-bază de legume (fără sare)**
**6 linguri de drojdie de bere, 1 linguriță per persoană**

INSTRUCȚIUNI:

PASUL 1. Așază toate legumele într-o cratiță mare. Toarnă deasupra supa-bază. Dă supa într-un clocot, acoper-o și fierbe-o înăbușit 20 de minute sau până când legumele sunt moi.

PASUL 2. Împarte supa în boluri. Presară câte 1 linguriță de drojdie de bere peste fiecare porție. Poți adăuga orez brun pentru un plus de textură.

## Salată verde pentru vitalitate

Această salată este un adevărat dinam nutrițional și un fel de bază des întâlnit în familia noastră. De obicei, eu prepar o cantitate mare din această salată, care devine prânzul nostru pentru o masă și apoi capătă o altă înfățișare, devenind garnitura pentru următoarele câteva zile. Pentru a mă asigura că rămâne proaspătă, depozitez salata în frigider, în recipiente de sticlă ermetice. Această rețetă se face cu tot felul de plante înmiresmate, verzi, combinate cu ceapa verde bogată în glucoză, cu baby fenicul calmant și cu avocado și măsline sănătoase pentru inimă. În plus, varza proaspăt murată și ridichile asigură beneficii probiotice, în timp ce oferă textură și o fac mai crocantă.

(Câteva cuvinte despre ridichi. Aceste legume sunt alcătuite din carbohidrați nedigerabili, ceea ce facilitează digestia și înlătură toxinele. În plus, ridichile sunt o sursă bună de antocianine, aceiași fitonutrienți cu proprietăți antioxidante care le dau afinelor și cireșelor culoarea lor frumoasă.)

**INGREDIENTE** (*4 porții*)

**PENTRU SALATĂ:**

**1 ceașcă de frunze de baby kale, tocate**
**1 ceașcă de baby spanac, tocat**
**1 ceașcă de amestec de verdețuri, tocate**
**4 cepe verzi, doar partea albă, feliate**
**½ ceapă albă, feliată subțire**
**4-5 ridichi, feliate subțire (preferata mea este rapanello, o ridiche tânără rotundă, cu coajă magenta și pulpă albă; are un gust foarte pătrunzător, ușor amărui)**
**1 bulb de baby fenicul, feliat subțire**
**¼ ceașcă de măsline Kalamata, curățate de sâmbure și tocate**
**½ ceașcă de varză proaspăt murată**
**1 avocado copt, curățat de coajă și de sâmbure, tăiat în cuburi**
**½ ceașcă de mure sau afine proaspete (cele mai bune când sunt în sezon)**

**PENTRU SOS:**

**1 lingură de ulei de in**
**Sucul de la ½ de lămâie**
**1 lingură de oțet din cidru de mere**

**INSTRUCȚIUNI:**

**PASUL 1.** Așază toate legumele într-un castron mare și amestecă-le.

**PASUL 2.** Într-un blender, pune toate ingredientele pentru sos și procesează-le pe treapta cea mai înaltă până ce amestecul e omogen. Toarnă sosul peste salată și amestecă până când legumele sunt acoperite. Poți pune pe deasupra semințele tale preferate – cânepă, floarea-soarelui sau dovleac –, stafide, bucățele de curmale sau chiar alune. Servește imediat.

## Cartofi dulci la grătar cu salată proaspătă de spanac și sos de tahini și iaurt

Dacă vrei să adaugi un pic de culoare meselor tale, atunci alege cartofii dulci din Okinawa. Cunoscuți și ca *beni imo*, acești cartofi în nuanțe de purpuriu fac parte din familia zorelelor, plantele agățătoare râvnite pentru frumoasele lor flori purpuriu-închis. Cu o aromă bogată și plini de beneficii nutriționale, cartofii dulci din Okinawa sunt considerați a fi unul dintre motivele pentru care locuitorii din insulă sunt printre cei mai longevivi oameni din lume și care suferă mult mai puțin de boli legate de vârstă, cum ar fi bolile de inimă, cancerul, diabetul și boala Alzheimer. Dacă nu ai acces la cartofii dulci din Okinawa sau cartofii dulci Strokes, îi poți înlocui cu ignamele obișnuite.

La această rețetă se adaugă un delicios sos de tahini și iaurt, care conferă savoare amestecului. Semințele de susan nu sunt nici ele puse la întâmplare: ele sunt un aliment grozav pentru creier! În Evul Mediu valorau greutatea lor în aur, și pe bună dreptate! În afară de faptul că au proprietăți antioxidante și antiinflamatorii, aceste semințe micuțe sunt surse bune de triptofan, pe care creierul îl folosește pentru a produce serotonină, neurotransmițătorul care ne face să ne simțim bine.

**INGREDIENTE** (*4 porții*)

**4 cartofi dulci din Okinawa sau cartofi dulci Strokes organici**

**3 linguri de ulei de cocos extravirgin**

**1 ceașcă de iaurt organic nedegresat**

**2 linguri de tahini organic**

**2 linguri de sirop de arțar organic**

**4 cești cu baby spanac**

**2 linguri de ulei de măsline extravirgin**

**Sucul de la ½ lămâie**

**Sare și piper**

**INSTRUCȚIUNI:**

**PASUL 1.** Încinge din timp grătarul sau grillul.

**PASUL 2.** Taie cartofii dulci pe lungime în felii groase de 1,3 cm. Într-un vas mare, dă în clocot 3 cești de apă pe foc mare. Opărește cartofii dulci 2-3 minute. Lasă-i să se răcească și tamponează-i cu un prosop de bucătărie pentru a-i usca.

**PASUL 3.** Unge grătarul cu ulei de cocos. Când uleiul sfârâie, întinde pe grătar cartofii dulci într-un singur strat și gătește-i până când au urme de grătar pe ei, în jur de 5 minute pe fiecare parte.

**PASUL 4.** Într-un bol mic, amestecă viguros iaurtul, tahini și siropul de arțar. Apoi lasă amestecul deoparte.

**PASUL 5.** Pune spanacul într-un castron de mărime medie. Stropește-l cu uleiul de măsline și sucul de lămâie. Amestecă atât cât să se acopere cu sos.

**PASUL 6.** Împarte spanacul la 4 farfurii. Așază deasupra cartofii dulci, asezonează-i cu sare și piper după gust și stropește-i cu sosul de tahini și iaurt. Servește-i calzi.

# Somon la grătar marinat cu usturoi și ghimbir

Aceasta este rețeta pe care mă bazez ori de câte ori nu vreau să fac ceva complicat, dar tot îmi doresc să-i servesc o cină plăcută familiei mele. Calitatea ingredientelor este cea cu adevărat importantă în cazul acestui fel. Mai ales somonul sălbatic este încărcat cu proteine și cu cei doi acizi Omega 3 faimoși, DHA și EPA – susținătorii-vedetă ai dezvoltării creierului, nervilor și ochilor noștri. Din moment ce corpul nu poate să producă acizi grași Omega 3, cea mai bună cale de a-i obține este din alimentele pe care le mâncăm – iar somonul sălbatic este una dintre cele mai bune surse de pe planetă. Această rețetă intensifică aroma peștelui cu o marinadă care oferă rezultatul dorit în doar câteva ore.

INGREDIENTE (*2 porții*)

**4 linguri de ulei de rapiță nerafinat**
**1 bucată de ghimbir proaspăt de 2,5 cm, ras**
**3 căței de usturoi, tocați**
**Sucul de la ½ lămâie**
**1 lingură de sirop de arțar organic**
**2 linguri de tamari (cel mai bine e să fie organic)**
**170 g de file de somon sălbatic de Alaska, tamponat cu un prosop de bucătărie pentru a fi uscate**
**Sare de mare și piper cayenne**

INSTRUCȚIUNI:

**PASUL 1.** Pentru a pregăti marinada, combină 3 linguri de ulei, ghimbirul, usturoiul, sucul de lămâie, siropul de arțar și tamari într-o pungă de plastic cu închidere tip fermoar. Agit-o bine. Adaugă peștele în pungă, resigilează și agită din nou până când este bine acoperit. Lasă punga la frigider pentru 3-4 ore.

**PASUL 2.** Încinge din timp grătarul sau grillul pe foc iute. Scoate peștele din pungă și aruncă marinada. Presară sare și piper.

**PASUL 3.** Unge grătarul cu uleiul rămas. Când uleiul sfârâie, pune peștele pe grătar și gătește-l până când are urme rumene, în jur de 4 minute pe fiecare parte.

## Supă de linte cu spanac

Lintea este o sursă bună de fibre și de carbohidrați complecși care te va menține sătul pentru mai mult timp, în același timp hrănindu-ți creierul cu glucoză care se eliberează treptat. Această rețetă include plăcutele ierburi chimion și cardamom, precum și curcuma, esențială în bucătăria din India. Curcuma conține curcumin, un antioxidant puternic testat clinic, cunoscut de mult timp pentru efectele sale antiîmbătrânire. În plus, curcuminul are beneficiul suplimentar de a stimula DHA în creier și de a facilita conversia ALA (forma acizilor Omega 3 care se găsește în plante) în DHA. Din moment ce ALA este în mod normal convertită ineficient în DHA, adăugând curcuma la felurile vegetariene este în mod special util în acest scop, nemaivorbind de savoare.

INGREDIENTE (4 porții)

**2 linguri de ulei de măsline sau de ulei de cocos extravirgin**
**1 ceapă albă, tocată mărunt**
**1 linguriță de chimion măcinat**
**¼ linguriță de cardamom măcinat**
**4 căței de usturoi, tocați mărunt**
**2 linguri de ghimbir, tocat mărunt**
**2 cești de linte roșie, spălată și scursă**
**4 cești de supă-bază de legume**
**1½ cești cu roșii proaspete tocate, cu tot cu sucul lor**
**2 cești cu spanac tocat sau mangold**

**⅓ ceașcă de coriandru proaspăt, tocat**
**1 linguriță de curcuma măcinată**
**½ ceașcă de lapte de cocos nedegresat**
**Sare de mare**

**INSTRUCȚIUNI:**

**PASUL 1.** Încinge uleiul într-o cratiță mare, așezată pe foc moderat spre mare. Călește cepele în cratiță până se înmoaie, în jur de 5 minute.

**PASUL 2.** Adăugă chimionul, usturoiul și ghimbirul și prăjește-le, amestecând frecvent, până când devin înmiresmate, circa 2 minute.

**PASUL 3.** Pune în cratiță și lintea, supa, roșiile și sucul lor, spanacul, coriandrul, curcuma, laptele de cocos și sare după gust și dă amestecul în clocot. Redu focul la moderat spre mic, acoperă cratița cu un capac și fierbe compoziția înăbușit, amestecând frecvent, până când lintea devine moale, aproximativ 5 minute. Pune supa în boluri cu un polonic și servește.

## File de tilapia cu crustă de covrigei

Soțul meu a preparat acest fel cu ceva timp în urmă și de atunci este preferatul nostru. Dacă nu te consideri un amator de pește, aceasta este rețeta care te va convinge. La fel ca mâncărurile clasice, ca batoanele de pește sau peștele cu cartofi prăjiți, acest fel este crocant într-un mod plăcut și este foarte apreciat, dar de data asta textura crocantă vine de la covrigei. De parcă asta nu ar fi suficient, este foarte ușor de făcut și oferă toate lucrurile cu care este încărcat peștele, de la Omega 3 la proteine complete, în același timp diminuând colesterolul și consumul de grăsimi saturate.

Un file de 230 g, tăiat în jumătate, ar trebui să fie perfect pentru două persoane.

INGREDIENTE (*2 porții*)

**½ ceașcă de făină integrală de grâu**
**Sare de mare (doar dacă folosești covrigei nesărați)**
**1 ou organic, de la o găină crescută în libertate**
**1 ceașcă cu covrigei (cel mai bine e să fie din făină integrală sau din cereale germinate)**
**230 g de file de tilapia**
**2 linguri de unt nesărat, organic, din lapte de la animale hrănite cu iarbă sau ulei de cocos extravirgin**
**Sucul de la ½ lămâie**

INSTRUCȚIUNI:

**PASUL 1.** Așază făina pe o farfurie mare și asezonează-o cu sare.

**PASUL 2.** Într-un castron mare, puțin adânc, bate oul.

**PASUL 3.** Folosind un robot de bucătărie, zdrobește covrigeii cât mai fin posibil și transferă-i pe o farfurie.

**PASUL 4.** Dă tilapia mai întâi prin făină, apoi prin ou, permițând excesului de lichid să se scurgă. Acoperă fileurile de pește cu firimiturile de covrigei.

**PASUL 5.** Încinge untul într-o tigaie mare, așezată pe foc mediu spre mare. Întinde tilapia în tigaie pe un singur strat. Gătește fileurile fără să le miști, în jur de 3 minute, până când crusta este aurie în partea de jos. Întoarce-le și gătește-le încă 3 minute, până când cealaltă parte este aurie și peștele e pătruns. Stropește-l cu suc de lămâie. Servește-l imediat. Merge bine alături de o salată verde simplă.

# GUSTĂRI

## Amestecul de fructe uscate sănătos pentru creier

Povestea spune că primul amestec de fructe uscate a fost inventat în anii '60 ca un mod de a realimenta corpul în timpul drumețiilor sau în timpul desfășurării unei activități intense continue. Din moment ce era ușor și portabil, dar și plin cu ingrediente cu densitate energetică ridicată, ca fructele deshidratate, nucile și ciocolata, era perfect pentru a lua gustări pe traseu. Amestecul de fructe deshidratate de modă veche conține arahide și stafide, dar noi vom combina tot felul de fructe deshidratate, nuci și semințe de foarte bună calitate pentru a face o gustare foarte nutritivă. Inutil să mai spunem, acest amestec conține mai ales nutrienți esențiali pentru creier.

INGREDIENTE (*12 porții*)

**½ ceașcă de stafide**
**½ ceașcă de curmale fărâmițate**
**¼ ceașcă de semințe de floarea-soarelui**
**¼ ceașcă de semințe de dovleac**
**¼ ceașcă de nuci de Brazilia**
**¼ ceașcă de fructe de goji**
**¼ ceașcă de alune coapte**
**½ ceașcă de alune de pădure tăiate în jumătăți**
**½ ceașcă de fulgi de cocos neîndulciți**
**¼ ceașcă de miez din boabe de cacao neîndulcit**
**¼ ceașcă de fistic descojit**
**½ ceașcă de migdale feliate**
**¼ ceașcă de inimi de cânepă**
**½ chipsuri de banană neîndulcită**

**INSTRUCȚIUNI:**

Combină toate ingredientele și depozitează amestecul într-un recipient care se închide ermetic. Va ține în frigider până la 2 săptămâni.

## Gustări energizante cu unt de arahide

Acestea concurează cu deserturile fără coacere. Atât de bune la gust *și* atât de bune pentru tine. De fiecare dată când fac aceste gustări energizante mi se cere rețeta. Sunt un succes atât pentru copii, cât și pentru adulți, și întotdeauna dispar rapid de pe farfurii. Pentru un răsfăț cu un adevărat superaliment, adaugă în amestec 1 linguriță de pudră de spirulină și 1 linguriță de pudră din rădăcină de maca. Spirulina va face amestecul să devină verde, dar aminoacizii esențiali pe care îi asigură creierului tău merită un pic de culoare!

INGREDIENTE (*8 porții*)

**1 ceașcă de fulgi de ovăz (poți să-i alegi fără gluten, dacă preferi)**
**½ linguriță de scorțișoară măcinată**
**7 sau 8 curmale Medjool**
**1 strop sirop de arțar**
**3 linguri de unt de arahide organic, cu textură catifelată**
**½ ceașcă de arahide tocate**

INSTRUCȚIUNI:

**PASUL 1.** Într-un robot de bucătărie, combină fulgii de ovăz și scorțișoara. Procesează-le până când ovăzul ajunge la o consistență asemănătoare cu cea a unei făini. Adaugă curmalele și siropul de arțar. Mixează-le până ce se formează o pastă.

**PASUL 2.** Încorporează untul de arahide și procesează amestecul până când devine moale. În funcție de robotul de bucătărie folosit, e posibil să fie necesar să adaugi 2 linguri de apă caldă pentru a ajunge la consistența dorită.

**PASUL 3.** Lucrând cu circa 1 lingură de amestec odată, rulează-l în 12 bile. Dă fiecare bilă prin arahidele tocate. Ține-le la frigider o oră, apoi servește-le.

# SMOOTHIE-URILE

Un smoothie este o opțiune de gustare convenabilă și o cale inteligentă de a furniza nutriție concentrată într-un dulce savuros, comod, pe care îl poți lua oriunde! Doar amestecă ingredientele, toarnă într-un pahar și savurează.

Chiar dacă singure nu pot repara o dietă săracă, smoothie-urile sunt o cale ușoară de a încorpora în dieta ta mai multe fructe și legume, precum și nutrienți specifici, esențiali pentru creier. Personal, am învățat să apreciez proprietățile terapeutice ale smoothie-urilor din alimente integrale, făcute din fructe, legume proaspete, organice și din nuci și semințe. Încorporez de asemenea suplimente naturale, cunoscute că ar susține sănătatea creierului și abilitățile cognitive, cum ar fi extract de salvie, ginkgo și ginseng.

Mai jos se află recomandările mele pentru fiecare nivel neuronutrițional: Începător, Intermediar și Avansat. Poftă bună!

## Smothie verde hrănitor

INGREDIENTE (*2 porții*)

**1 ceașcă de apă de cocos**
**½ ceașcă de lapte de capră sau lapte de migdale**

**1 pumn de migdale crude**
**1 lingură de semințe de chia**
**1 linguriță de semințe de in**
**1 linguriță de pudră de fructe açaí**
**1 linguriță de goji**
**1 lingură de pudră de cacao crudă, neîndulcită**
**1 linguriță de pudră de maca**
**1 lingură de pudră de spirulină organică**
**Extract Red Panax ginseng cu lăptișor de matcă și polen (5 ml) (opțional)**
**Extract de salvie (certificat organic, fără alcool, 1 ml) (opțional)**

INSTRUCȚIUNI:

Combină toate ingredientele într-un blender de mare viteză. Amestecă-le 1 minut. Savurează.

## Smoothie cu cacao liniștitor

INGREDIENTE (*2 porții*)

**1 lingură de pudră de cacao crudă, neîndulcită**
**1 lingură de migdale măcinate**
**1 lingură de semințe de chia**
**1 linguriță de goji**
**1 lingură de suc de aloe vera organic**
**¼ ceașcă de pudră vegană din ciocolată (sau vanilie) sau din proteine din zer**
**1 ceașcă de apă de cocos**
**1 ceașcă de lapte de cocos nedegresat**
**Extract Red Panax ginseng cu lăptișor de matcă și polen (10 ml) (opțional)**

INSTRUCȚIUNI:

Combină toate ingredientele într-un blender de mare viteză. Amestecă-le 1 minut pe treapta cea mai înaltă. Savurează.

## Smoothie cu fructe de pădure condimentat

INGREDIENTE (*2 porții*)

**1 lingură de pudră de fructe açaí (sau 1/3 pachet de fructe açaí congelate)**
**1 mână de afine congelate**
**1 linguriță de goji**
**1 bucată de ghimbir proaspăt de 2,5 cm**
**½ măr organic Red Delicious**
**1 lingură de pudră de spirulină organică**
**1 vârf de piper cayenne**
**½ linguriță de curcuma măcinată**
**1 lingură de sirop de arțar**
**2 cești de apă filtrată**
**1 ginkgo biloba (240 de mg, capsulă în formă de V) (opțional)**

INSTRUCȚIUNI:

Combină toate ingredientele într-un blender de mare viteză. Procesează-le 1 minut pe treapta cea mai înaltă. Savurează.

# MULȚUMIRI

Cercetarea care s-a materializat în această carte a fost un efort de echipă. Vreau să-mi exprim aprecierea profundă față de numeroșii colegi și colaboratori care au strâns din dinți și au perseverat în fața numeroaselor termene-limită, a nenumăratelor respingeri, a criticilor aspre, a schimbărilor de ultim moment, a eșecurilor cercetărilor, a deficitului de fonduri, a verificării studiului și a multor altor impedimente. Perseverența și hotărârea lor, precum și ale oamenilor de știință din întreaga lume, sunt cele care ne-au permis în cele din urmă să explorăm temeinic puterea *prevenției* bolilor creierului, precum Alzheimer.

Sunt recunoscătoare National Institute of Aging al National Institute of Health, Alzheimer's Association și mai multor fundații private și binefăcătorilor generoși pentru implicarea lor continuă și pentru susținerea lor de-a lungul anilor. Fără ei, cercetarea pur și simplu nu ar fi fost posibilă.

Multe mulțumiri merg și la fetele mele, în special Kimberli, Lauren, Silvia, Bonnie, Amber și Ramona, pentru că mi-au fost mereu alături, în ciuda faptului că am fost ca o fantomă în ultimul an; răposatului meu prieten, Kenneth Rich, doctor în medicină, care m-a învățat adevăratele valori și sensul bunătății și respectului față de ceilalți și care mi-a arătat piețele de fermieri și magazinele cu alimente sănătoase; pe frontul italian, le mulțumesc prietenelor mele de-o viață, mai ales următoarelor: Sonia, Gaia, Elena,

Francesca, Foscarina, Valeria, Checco, Isa, Simone și Franchina. Mi-e foarte dor de voi!

Mulțumiri speciale *sorellinei* mele americane, Susan Verrilli Dutilh. Nu doar că mi-ai făcut cunoștință cu untul de arahide și cu dulceața de la 5 ani, dar ai fost alături de mine la fiecare pas și la fiecare pagină din această carte, cu o răbdare nesfârșită și cu bunătate infinită.

Sincere mulțumiri editorului meu, Caroline Sutton, și agenților mei literari, Katinka Matson și John Brockman, pentru că mi-au oferit în primul rând oportunitatea de a scrie această carte. Sunt foarte recunoscătoare pentru susținerea voastră imensă și pentru uimitoarele cunoștințe de specialitate necesare transformării conceptelor și a ideilor într-un instrument tangibil care poate fi pus la treabă pentru o sănătate mai bună și pentru binele tuturor.

În ultimul rând, dar nu cel din urmă, familiei mele. *Mamma e papà*, vă mulțumesc pentru iubirea și pentru susținerea de neclintit, chiar și cu un ocean între noi – și pentru că mi-ați arătat cum să mă orientez atât în laboratorul de cercetare, cât și în bucătărie. Mulțumiri imense *nonnei* Marj, care a corectat cu răbdare această carte de mai multe ori.

În final, *alle luci dei miei occhi*, Kevin și Lily, vă iubesc mai mult decât oricine a iubit pe cineva vreodată.

# NOTE


**Capitolul 1: Ce amenință sănătatea creierului**

1 K. Zhaurova, *Nature Education*, vol. 1, 2008, p. 49.
2 D.E. Barnes, K. Yaffe, *Lancet Neurology*, vol. 10, 2011, pp. 819–828.
3 World Health Organization (WHO). who.int/mental_health/neurology/neurological_disorders_report_web.pdf.
4 R.A. Sperling *et al.*, *Nature Reviews Neurology*, vol. 9, 2013, pp. 54–58.
5 L. Mosconi *et al.*, *Neurology*, vol. 82, 2014, pp. 752–760.
6 E.M. Reiman *et al.*, *Proceedings of the National Academy of Science USA*, vol. 101, 2004, pp. 284–289.
7 J.B. Aimone *et al.*, *Nature Neuroscience*, vol. 9, 2006, pp. 723–727.
8 O. Lazarov *et al.*, *Trends in Neuroscience*, vol. 33, 2010, pp. 569–579.
9 Y. Stern, *Lancet Neurology*, vol. 11, 2012, pp. 1006–1012.
10 F. Mangialasche *et al.*, *Lancet Neurology*, vol. 9, 2010, pp. 702–716.
11 R.E. Tanzi, L. Bertram, *Neuron*, vol. 32, 2001, pp. 181–184.
12 G. Jimenez-Sanchez *et al.*, *Nature Genetics*, vol. 409, 2001, pp. 853–855.
13 A.M. Herskind *et al.*, *Human Genetics*, vol. 97, 1996, pp. 319–323.
14 W.C. Willett, *Science*, vol. 296, 2002, pp. 695–698.
15 S. Norton *et al.*, *Lancet Neurology*, vol. 13, 2014, pp. 788–794.
16 D.R. Davis *et al.*, *Journal of the American College of Nutrition*, vol. 23, 2004, pp. 669–682.
17 L. Mosconi *et al.*, *Journal of Prevention of Alzheimer's Disease*, vol. 1, 2014, pp. 23–32.
18 L. Mosconi, P.F. McHugh, *Current Nutrition Reports*, vol. 4, 2015, pp. 126–135.

## Capitolul 2: Să facem cunoștință cu creierul uman, un mofturos

1 M. Segal, „Blood-brain barrier“, în *The Oxford Companion of the Body*, C. Blackmore și S. Jennett (ed.), Oxford University Press, New York, 2001.
2 W.R. Leonard *et al.*, *Annual Review of Nutrition*, vol. 27, 2007, pp. 311–327.
3 C. Stringer, *Nature*, vol. 423, 2003, pp. 692–693.
4 M.F. Teaford, P.S. Ungar, *Proceedings of the Nation Academy of Science USA*, vol. 97, 2000, pp. 13506–13511.
5 S.C. Cunnane *et al.*, *Nutrition and Health*, vol. 9, 1993, pp. 219–235.
6 C.L. Broadhurst *et al.*, *British Journal of Nutrition*, vol. 79, 1998, pp. 3–21.
7 J.C. Joordens *et al.*, *Nature*, vol. 518, 2015, pp. 228–231.
8 P.S. Ungar, *Journal of Human Evolution*, vol. 46, 2004, pp. 605–622.
9 S.B. Eaton, M. Konner, *The New England Journal of Medicine*, vol. 312, 1985, pp. 283–289.
10 L. Cordain *et al.*, *American Journal of Clinical Nutrition*, 2000, pp. 1589–1592.
11 A.G. Henry *et al.*, *Nature*, vol. 487, 2012, pp. 90–93.
12 T.E. Cerling *et al.*, *Proceedings of the National Academy of Sciences USA*, vol. 110, 2013, pp. 10501–10506.
13 R. Wrangham *et al.*, *Current Anthropology*, vol. 40, 1999, pp. 567–594.
14 L.C. Aiello, P. Wheeler, *Current Anthropology*, vol. 36, 1995, pp. 199–221.
15 S.B. Eaton, S.B. Eaton III, *European Journal of Nutrition*, vol. 39, 2000, pp. 67–70.
16 U.S. Department of Agriculture, Agricultural Research Service, 1997. ncbi.nlm.nih.gov/pmc/articles/PMC1929441/pdf/pubhealthreporig00112-0059.pdf.
17 Wellcome Trust Case Consortium, *Nature*, vol. 447, 2007, pp. 661–678.

## Capitolul 3: Apa vieții

1 H. McIlwain, H.S. Bachelard, *Biochemistry and the Central Nervous System*, ed. a 5-a, Churchill Livingstone, Edinburgh, 1985.
2 K.A. Mahler, D.J. Stevenson, *Nature*, vol. 331, 1988, pp. 612–614.
3 M. Amiry-Moghaddam, O.P. Ottersen, *Nature Reviews Neuroscience*, vol. 4, 2003, pp. 991–1001.
4 B.M. Popkin *et al.*, *Nutrition Reviews*, vol. 68, 2010, pp. 439–458.
5 A.B. Goodman *et al.*, *Prevention of Chronic Disease*, vol. 10, 2013, p. E51.

6 D.P. Streitburger *et al.*, *PLoS One*, vol. 7, 2012, e44195.
7 M.D. Benefer *et al.*, *European Journal of Nutrition*, vol. 52, 2013, pp. 617–624.
8 C.J. Edmonds *et al.*, *Frontiers Human Neuroscience*, vol. 7, 2013, p. 363.
9 M.J. Farrell *et al.*, *Proceedings of the National Academy of Science* USA, vol. 105, 2008, pp. 382–387.
10 R.P. LaComb *et al.*, *Food Surveys Research Group Dietary Data Brief No. 6*, august 2011.
11 E.M. Haas, *Staying Healthy with Nutrition: The Complete Guide to Diet & Nutritional Medicine*, Celestial Arts, Berkeley, California, 1992.

## Capitolul 4: Despre grăsimea din creier

1 H. McIlwain, H.S. Bachelard, *Biochemistry and the Central Nervous System*, ed. a 5-a, Churchill Livingstone, Edinbugh, 1985.
2 S. Brady *et al.*, *Basic Neurochemistry: Principles of Molecular, Cellular and Medical Neurobiology*, ed. a 8-a, Elsevier, Academic Press, Amsterdam, 2012.
3 J.S. O'Brien, E.L. Sampson, *Journal of Lipid Research*, vol. 6, 1965, pp. 545–551.
4 P.S. Sastry, *Progress in Lipids Research*, vol. 24, 1985, pp. 69–176.
5 W.M. Pardridge, L.J. Mietus, *Journal of Neurochemistry*, vol. 34, 1980, pp. 463–466.
6 R.W. Mitchell *et al.*, *Journal of Neurochemistry*, vol. 117, 2011, pp. 735–746.
7 P.S. Sastry, *Progress in Lipids Research*, vol. 24, 1985, pp. 69–176.
8 H.S. Bachelard, *Brain Biochemistry*, ed. a 2-a, Chapman and Hall, Londra, 1981.
9 J. Edmond, *Journal of Molecular Neuroscience*, vol. 16, 2001, pp. 181–193.
10 C.M. Williams, G. Burdge, *Proceedings of the Nutrition Society*, vol. 65, 2006, pp. 42–50.
11 M.C. Morris, C.C. Tangney, *Neurobiology of Aging*, vol. 35, supl. 2, 2014, pp. 59–64.
12 A.P. Simopoulos, *American Journal of Clinical Nutrition*, vol. 54, 1991, pp. 438–463.
13 P.M. Kris-Etherton *et al.*, *American Journal of Clinical Nutrition*, vol. 71, 2000, pp. S179–188.

14 Food and Nutrition Board of the Institute of Medicine of the Nation Academies, *Dietary Reference Intakes for Energy, Carbohydrate, Fiber, Fat, Fatty Acids, Cholesterol, Protein and Amino Acids* (2002/2005).
15 M.C. Morris *et al.*, *Archives of Neurology*, vol. 60, 2003, pp. 194–20.
16 J.V. Pottala *et al.*, *Neurology*, vol. 82, 2015, pp. 435–442.
17 Z.S. Tan *et al.*, *Neurology*, vol. 78, 2012, pp. 658–664.
18 M. Fotuhi *et al.*, *Nature Clinical Practice Neurology*, vol. 5, 2009, pp. 140–152.
19 M.C. Morris, C.C. Tangney, *Neurobiology of Aging*, vol. 35, supl. 2, 2014, pp. S59–S64.
20 M.H. Fernstrom, *Nutritional Pharmachology*, Liss AR Inc., New York, 1981.
21 M.C. Morris *et al.*, *Archives of Neurology*, vol. 60, 2003, pp. 194–200.
22 L. Djoussé, J.M. Gaziano, *Current Atherosclerosis Reports*, vol. 1, 2009, pp. 418–422.
23 M.C. Morris *et al.*, *Archives of Neurology*, vol. 60, 2003, pp. 194–200.
24 O.I. Okereke *et al.*, *Annals of Neurology*, vol. 72, 2012, pp. 124–134.
25 N.D. Bernard *et al.*, *Neurobiology of Aging*, vol. 35, 2014, pp. 65–73S.
26 M.C. Morris *et al.*, *Archives of Neurology*, vol. 60, 2003, pp. 194–200.
27 R.P. Mensink, M.B. Katan, *The New England Journal of Medicine*, vol. 323, 1900, pp. 439–445.
28 Food and Drug Administration, „FDA food labeling: trans fatty acids in nutrition labeling; consumer research to consider nutrient content and health claims and possible footnote or disclosure statements“, 11 iulie 2003, p. 41059.
29 M. Orth, S. Bellosta, *Cholesterol*, vol. 2012, 2012, pp. 292–298.
30 G. Di Paolo, T.W. Kim, *Nature Reviews Neuroscience*, vol. 12, 2011, pp. 284–296.
31 M. Kivipelto *et al.*, *Annals of Internal Medicine*, vol. 137, 2002, pp. 149–155.
32 A. Solomon *et al.*, *Dementia Geriatric Cognitive Disorders*, vol. 28, 2009, pp. 75–80.
33 M. Kanter *et al.*, *Advances in Nutrition*, vol. 3, 2012, pp. 711–717.
34 L. Djoussé, J.M. Gaziano, *Current Atherosclerosis Reports*, vol. 1, 2009, pp. 418–422.
35 M. Orth, S. Bellosta, *Cholesterol*, vol. 12, 2012, pp. 292–298.
36 *Ibidem.*
37 J.M. Berg *et al.*, *Biochemistry*, ed. a 5-a, W.H. Freeman, New York, 2002.
38 R.W. Mitchell *et al.*, *Journal of Neurochemistry*, vol. 117, 2011, pp. 735–746.

## Capitolul 5: Beneficiile proteinelor


1 J. Laterra *et al.*, „Blood-Brain Barrier“, în Basic *Neurochemistry: Molecular, Cellular and Medical Aspects*, G.J. Siegel, B.W. Agranoff, R.W. Albers *et al.* (ed.), ediția a 6-a, Lippincott-Raven, Philadelphia, 1999.

2 E.R. Kandel *et al.*, *Principles of Neural Science*, ediția a 5-a, McGraw-Hill, New York, 2012.

3 W.J. McEntee, T.H. Crook, *Psychopharmacology*, vol. 103, 1991, pp. 143–149.

4 R.J. Wurtman, J.D. Fernstrom, *American Journal of Clinical Nutrition*, vol. 28, 1975, pp. 638–647.

5 Food and Nutrition Board of the Institute of Medicine of the Nation Academies, *Dietary Reference Intakes for Energy, Carbohydrate, Fiber, Fat, Fatty Acids, Cholesterol, Protein and Amino Acids* (2002/2005).

6 R.J. Wurtman, J.D. Fernstrom, *American Journal of Clinical Nutrition*, vol. 28, 1975, pp. 638–647.

7 P. Calabresi *et al.*, *Trends in Neuroscience*, vol. 23, 2000, pp. 57–63S.

8 J.D. Fernstrom, M.H. Fernstrom, *Journal of Nutrition*, vol. 137, 2007, pp. 1539S–1547S.

9 Food and Nutrition Board of the Institute of Medicine of the Nation Academies, *Dietary Reference Intakes for Energy, Carbohydrate, Fiber, Fat, Fatty Acids, Cholesterol, Protein and Amino Acids* (2002/2005).

10 L.V. Kalia *et al.*, *Lancet Neurology*, vol. 7, 2008, pp. 742–755.

11 J. Shen *et al.*, *Proceedings of the Nation Academy of Science USA*, vol. 96, 1999, pp. 8235–8240.


## Capitolul 6: Carbohidrați, zaharuri și alte lucruri dulci


1 F. Du *et al.*, *Proceedings of the National Academy of Science USA*, vol. 105, 2008, pp. 6409–6414.

2 L. Sokoloff, *Journal of Neurochemistry*, vol. 29, 1977, pp. 13–26.

3 *Ibidem.*

4 *Idem*, *Annals Reviews Medicine*, vol. 24, 1973, pp. 271–280.

5 *Idem*, *Journal of Neurochemistry*, vol. 29, 1977, pp. 13–26.

6 C. Sims-Robinson *et al.*, *Nature Reviews Neurology*, vol. 6, 2010, pp. 551–559.

7 M.S. Morris, *Lancet Neurology*, vol. 2, 2003, pp. 425–428.

8 G.J. Biessels, L.P. Reagan, *Nature Reviews Neuroscience*, vol. 16, 2015, pp. 660–671.
9 P.K. Crane *et al.*, *The New England Journal of Medicine*, vol. 369, 2013, pp. 540–548.
10 A. Convit *et al.*, *Proceedings of the National Academy of Science USA*, vol. 100, 2003, pp. 2019–2022.
11 A.M. Tiehuis *et al.*, „SMART Study Group", în *Diabetes Care*, vol. 37, 2014, pp. 2515–2521.
12 J. Ferlay *et al.*, *Cancer Incidence and Mortality Worldwide*, IARC CancerBase No. 1, GLOBOCAN, vol. 1, nr. 1, 2012, globocan.iarc.fr.
13 W. Willett *et al.*, *American Journal of Clinical Nutrition*, vol. 76, 2002, pp. 274–280S.

## Capitolul 7: Să înțelegem vitaminele și mineralele

1 R. Spector, *Journal of Neurochemistry*, vol. 53, 1989, pp. 1667–1674.
2 R.J. Wurtman, *Trends in Neuroscience*, vol. 15, 1992, pp. 117–122.
3 H.H. Jensen *et al.*, *The FASEB Journal*, vol. 21, 2007, p. lb219.
4 Food and Nutrition Board of the Institute of Medicine of the Nation Academies, *Dietary Reference Intakes for Thiamin, Riboflavin, Niacin, Vitamin B6, Folate, Vitamin B12, Pantothenic Acid, Biotin, and Choline*, 1998.
5 M.S. Morris, *Lancet Neurology*, vol. 2, 2003, pp. 425–428.
6 S. Seshadri *et al.*, *The New England Journal of Medicine*, vol. 346, 2002, pp. 476–483.
7 J.A. Luchsinger *et al.*, *Archives of Neurology*, vol. 64, 2007, pp. 86–92.
8 C.C. Tangney *et al.*, *Neurology*, vol. 72, 2009, pp. 361–367.
9 G. Douaud *et al.*, *Proceedings of the National Academy of Science USA*, vol. 110, 2013, pp. 9523–9528.
10 F. Jernerén *et al.*, *American Journal of Clinical Nutrition*, vol. 102, 2015, pp. 215–221.
11 P. Jenner, *Lancet*, vol. 344, 1994, pp. 796–798.
12 M.C. Morris *et al.*, *JAMA*, vol. 287, 2002, pp. 3230–3237.
13 M.J. Engelhart *et al.*, *Journal of the American Medical Association*, vol. 287, 2002, pp. 3223–3229.
14 M. Maden, *Nature Reviews Neuroscience*, vol. 8, 2007, pp. 755–765.
15 M. Meydani, *Lancet*, vol. 345, 1995, pp. 170–175.

16 M.W. Dysken *et al.*, *Journal of the American Medical Association*, vol. 311, 2014, pp. 33–44.

17 M. Liu *et al.*, *American Journal of Clinical Nutrition*, vol. 77, 2003, pp. 700–706.

18 World Health Organization (WHO), *Neurological disorders associated with malnutrition*. who.int/mental_health/neurology/chapter_3_b_neuro_disorders_public_h_challenges.pdf.

19 S.C. Bondy, *Neurotoxicology*, vol. 52, 2016, pp. 222–229.

20 P.M. Doraiswamy, A.E. Finefrock, *Lancet Neurology*, vol. 3, 2004, pp. 431–434.

21 I. Singh *et al.*, *Proceedings of the National Academy of Science USA*, vol. 110, 2013, pp. 14771–14776.

22 M.C. Morris *et al.*, *Archives of Neurology*, vol. 63, 2006, pp. 1085–1088.

## Capitolul 8: Mâncarea este informație

1 H. Eiberg *et al.*, *Human Genetics*, vol. 123, 2008, pp. 177–187.

2 R.E. Tanzi, L. Bertram, *Neuron*, vol. 32, 2001, pp. 181–184.

3 R. Sachidanandam *et al.*, *Nature*, vol. 409, 2001, pp. 928–933.

4 R.L. Jirtle, M.K. Skinner, *Nature Reviews Genetics*, vol. 8, 2007, pp. 253–262.

5 M.J. Dauncey, *Proceedings of the Nutrition Society*, vol. 71, 2012, pp. 581–591.

6 M. Muller, S. Kersten, *Nature Reviews Genetics*, vol. 4, 2003, pp. 315–322.

7 *Ibidem*.

8 R.J. Williams, *Biochemical Individuality: The Basis for the Genotrophic Concept*, Wiley & Sons, New York, 1956.

9 C.R. Scriver, *American Journal of Clinical Nutrition*, vol. 48, 1988, pp. 1505–1509.

10 S.A. Tishkoff *et al.*, *Nature Genetics*, vol. 39, 2007, pp. 31–40.

11 J. Qin, R. Li, J. Raes, M. Arumugam *et al.*, *Nature*, vol. 464, 2010, pp. 9–65.

12 P.J. Turnbaugh *et al.*, *Nature*, vol. 449, 2007, pp. 804–810.

13 J.C. Venter *et al.*, *Science*, vol. 291, 2001, pp. 1304–1351.

14 S.M. Collins *et al.*, *Nature Reviews Microbiology*, vol. 10, 2012, pp. 735–742.

15 V. Braniste *et al.*, *Science Translational Medicine*, vol. 6, 2014, p. 263.

16 A. Fasano *et al.*, *Lancet*, vol. 355, 2000, pp. 1518–1519.
17 E.A. Mayer *et al.*, *The Journal of Neuroscience*, vol. 34, 2014, pp. 15490–15496.
18 N. Sudo *et al.*, *Journal of Physiology*, vol. 558, 2004, pp. 263–275.
19 J.A. Bravo *et al.*, *Proceedings of the National Academy of Science USA*, vol. 108, 2011, pp. 16050–16055.
20 J.F. Cryan, T.G. Dinan, *Nature Reviews Neuroscience*, vol. 13, 2012, pp. 701–712.
21 E.Y. Hsiao *et al.*, *Cell*, vol, 155, 2013, pp. 1451–1463.
22 K. Tillisch *et al.*, *Gastroenterology*, vol. 144, 2013, pp. 1394–1401.
23 M.J. Claesson *et al.*, *Nature*, vol. 488, 2012, pp. 178–184.
24 *Ibidem.*
25 United States Food and Drug Administration (FDA). Reports and data. The 2012–2013 Integrated NARMS Report. fda.gov/downloads/AnimalVeterinary/SafetyHealth/AntimicrobialResistance/NationalAntimicrobialResistanceMonitoringSystem/UCM453398.pdf.
26 B. Chassaing *et al.*, *Nature*, vol. 519, 2015, pp. 92–96.
27 J.R. Biesiekierski *et al.*, *American Journal of Gastroenterology*, vol. 106, 2011, pp. 508–514.

## Capitolul 9: Cele mai bune diete pentru creier din lume

1 M. Poulain *et al.*, *Experimental Gerontology*, vol. 39, 2004, pp. 1423–1429.
2 D. Buettner, „The Island Where People Forget to Die", în *The New York Times Magazine*, 2012.
3 B.J. Willcox *et al.*, *Annals of the New York Academy of Science*, vol. 1114, 2007, pp. 434–455.
4 L. Rosero-Bixby, *Demography*, vol. 45, 2008, pp. 673–691.
5 G.E. Fraser, D.J. Shavlik, *Archives of Internal Medicine*, vol. 161, 2001, pp. 1645–1652.
6 R.W. Owen *et al.*, *Lancet Oncology*, vol. 1, 2000, pp. 107–112.
7 C. Vallas-Pedret *et al.*, *JAMA Internal Medicine*, vol. 175, 2015, pp. 1094–1103.
8 R. Corder *et al.*, *Nature*, vol. 444, 2006, p. 566.
9 L. Mosconi *et al.*, *Journal of Prevention of Alzheimer's Disease*, vol. 1, 2014, pp. 23–32.
10 Y. Gu *et al.*, *Neurology*, vol. 85, 2015, pp. 1744–1751.

11 D.C. Matthews *et al.*, *Advances in Molecular Imaging*, vol. 4, 2014, pp. 43–57.
12 C. Samieri *et al.*, *Annals of Internal Medicine*, vol. 159, 2013, pp. 584–591.
13 M.C. Morris *et al.*, *Alzheimer's & Dementia*, vol. 11, 2015, pp. 1007–1014.
14 M.S. Tan *et al.*, *Journal of Alzheimer's Disease*, vol. 43, 2015, pp. 589–603.
15 M.S. Lee *et al.*, *Journal of Alzheimer's Disease*, vol. 18, 2009, pp. 339–344.
16 V. Chandra *et al.*, *Neurology*, vol. 57, 2001, pp. 985–989.
17 G.P. Lim *et al.*, *Journal of Neuroscience*, vol. 21, 2001, pp. 8370–8377.
18 N. Brondino *et al.*, *Scientific World Journal*, vol. 2014, 2014, p. 174282.
19 M.P. Mattson, T. Magnus, *Nature Reviews Neuroscience*, vol. 7, 2006, pp. 278–294.
20 W. Cai *et al.*, *Procedings of the National Academy of Science USA*, vol. 111, 2014, pp. 4940–4945.
21 J. Uribarri *et al.*, *Journal of the American Dietary Association*, vol. 110, 2010, pp. 911–916.
22 *Ibidem.*
23 M.P. Mattson, R. Wan, *Journal of Nutritional Biochemistry*, vol. 16, 2005, pp. 129–137.
24 *Ibidem.*
25 A.V. Witte *et al.*, *Proceedings of the National Academy of Science USA*, vol. 106, 2009, pp. 1255–1260.
26 V.D. Longo, M.P. Mattson, *Cell Metabolism*, vol. 19, 2014, pp. 181–192.
27 M.N. Harvie *et al.*, *International Journal of Obesity*, vol. 35, 2011, pp. 714–727.
28 M. Maalouf *et al.*, *Brain Research Reviews*, vol. 59, 2009, pp. 293–315.
29 T.B. Vanitallie *et al.*, *Neurology*, vol. 64, 2005, pp. 728–730.
30 M.A. Reger *et al.*, *Neurobiology of Aging*, vol. 25, 2004, pp. 311–314.
31 A. Trichopoulou, *Public Health Nutrition*, vol. 7, 2004, pp. 943–947.
32 J. Joseph *et al.*, *Journal of Neuroscience*, vol. 29, 2009, pp. 12795–12801.
33 D. Mastroiacovo *et al.*, *American Journal of Clinical Nutrition*, vol. 101, 2015, pp. 538–548.
34 M.H. Eskelinen *et al.*, *Journal of Alzheimer's Disease*, vol. 16, 2009, pp. 85–91.
35 N.L. Price *et al.*, *Cell Metabolism*, vol. 15, 2012, pp. 675–690.
36 E.L. Wightman *et al.*, *British Journal of Nutrition*, vol. 114, 2015, pp. 1427–1437.
37 N. Pellegrini *et al.*, *Journal of Nutrition*, vol. 133, 2003, pp. 2812–2819.

38 S.J. Hyung *et al.*, *Proceedings of the National Academy of Science SUA*, vol. 110, 2013, pp. 3743–3748.
39 L.M. Willis *et al.*, *British Journal of Nutrition*, vol. 101, 2009, pp. 1140–1144.
40 S. Kalmijn *et al.*, *Neurology*, vol. 62, 2004, pp. 275–280.

## Capitolul 10: Nu e totul despre mâncare

1 H. Van Praag, *Trends in Neuroscience*, vol. 32, 2009, pp. 283–290.
2 C.H. Hillman *et al.*, *Nature Reviews Neuroscience*, vol. 9, 2008, pp. 58–65.
3 C.W. Cotman *et al.*, *Trends in Neuroscience*, vol. 30, 2007, pp. 464–472.
4 M. Gleeson *et al.*, *Nature Reviews Immunology*, vol. 11, 2011, pp. 607–615.
5 N. Scarmeas *et al.*, *Journal of the American Medical Association*, vol. 302, 2009, pp. 627–637.
6 *Ibidem.*
7 O.C. Okonkwo *et al.*, *Neurology*, vol. 83, 2014, pp. 1753–1760.
8 D.C. Matthews *et al.*, *Advances in Molecular Imaging*, vol. 4, 2014, pp. 43–57.
9 K.I. Erickson *et al.*, *Annals of Neurology*, vol. 68, 2010, pp. 311–318.
10 C. McCay *et al.*, *Bulletin of the New York Academy of Medicine*, vol. 32, 1956, pp. 91–101.
11 S.A. Villeda *et al.*, *Nature Medicine*, vol. 20, 2014, pp. 659–663.
12 I.M. Conboy *et al.*, *Nature*, vol. 433, 2005, pp. 760–764.
13 M. Sinha *et al.*, *Science*, vol. 344, 2014, pp. 649–652.
14 G.R. Mundy, *American Journal of Clinical Nutrition*, vol. 83, 2006, pp. 427–430S.
15 R.N. Kalaria *et al.*, *Lancet Neurology*, vol. 7, 2008, pp. 812–826.
16 2013 ACC/AHA Guideline on the Assessment of Cardiovascular Risk: A Report of the American College of Cardiology/American Heart Association Task Force on Practice Guidelines, *Journal of the American College of Cardiology*, vol. 63, 2014, pp. 2935–2959.
17 C. Dufouil *et al.*, *European Journal of Epidemiology*, vol. 29, 2014, pp. 353–361.
18 J. Verghese *et al.*, *Neurology*, vol. 66, 2006, pp. 821–827.
19 S.M. Landau *et al.*, *Archives of Neurology*, vol. 69, 2012, pp. 623–629.
20 Max Planck Institute for Human Development and Stanforf Center of Longevity (Max Planck Gesellschaft). longevity3.stanford.edu/

blog/2014/10/15/the-consensus-on-the-brain-training-industry-from-the-scientific-community.

21 S.L. Willis *et al.*, ACTIVE Study Group, *Journal of the American Medical Association*, vol. 296, 2006, pp. 2805–2814.

22 A. Lampit *et al.*, *PLoS Medicine*, vol. 11, 2014, e10001756.

23 J.F. Dartigues *et al.*, *British Medical Journal*, vol. 3, 2013, e002998.

24 J. Holt-Lunstad *et al.*, *PLoS Medicine*, vol. 7, 2010, e1000316.

25 L. Fratiglioni *et al.*, *Lancet*, vol. 355, 2000, pp. 1315–1319.

26 R. Strickgold *et al.*, *Science*, vol. 294, 2001, pp. 1052–1057.

27 J.J. Iliff *et al.*, *Journal of Clinical Investigations*, vol. 123, 2013, pp. 1299–1309.

28 L. Xie *et al.*, *Science*, vol. 342, 2013, pp. 373–377.

29 A.P. Spira *et al.*, *JAMA Neurology*, vol. 70, 2013, pp. 1537–1543.

30 T. Ngandu *et al.*, *Lancet*, vol. 385, 2015, pp. 2255–2263.

## Capitolul 11: Sănătatea creierului din punct de vedere holistic

1 B.J. Willcox *et al.*, *Annals of the New York Academy of Science*, vol. 1114, 2007, pp. 434–455.

2 United States Department of Agriculture. ERS Food Availability (Per Capita) Data System (FADS), 2015, ers.usda.gov/data-products/food-availability-per-capita-data-system/.

3 M. Mitka, *Journal of the Medical American Association*, vol. 315, 2016, pp. 1440–1441.

4 K.M. Phillips *et al.*, *Journal of the Medical American Dietetic Association*, vol. 109, 2009, pp. 64–71.

5 A. Yashin *et al.*, *Antioxidants*, vol. 2, 2013, pp. 230–245.

6 M.H. Carlsen *et al.*, *Nutrition Journal*, vol. 9, 2010, pp. 3–10.

7 *Ibidem.*

8 V. Berti *et al.*, *Journal of Nutrition Health and Aging*, vol. 19, 2015, pp. 413–423.

9 L. Mosconi *et al.*, *British Medical Journal* (*Open Access*), vol. 4, 2014, e004850.

10 V. Berti *et al.*, *op. cit.*

11 G.L. Bowman *et al.*, *Neurology*, vol. 78, 2012, pp. 241–249.

## Capitolul 12: Ține cont de calitate în detrimentul cantității

1 United States Department of Agriculture (USDA). ers.usda.gov/data-products/adoption-of-genetically-engineered-crops-in-the-us/recent-trends-in-ge-adoptin.aspx.
2 J.W. Anderson *et al.*, *The New England Journal of Medicine*, vol. 333, 1995, pp. 276–282.
3 R.A. Koeth *et al.*, *Nature Medicine*, vol. 19, 2013, pp. 576–585.
4 D. Stuckler, M. Nestle, *PLoS Medicine*, vol. 9, 2012, e1001242.
5 D.R. Davis *et al.*, *Journal of the American College of Nutrition*, vol. 23, 2004, pp. 669–682.
6 M.S. Tan *et al.*, *Journal of Alzheimer's Disease*, vol. 43, 2015, pp. 589–603.
7 M.S. Lee *et al.*, *Journal of Alzheimer's Disease*, vol. 18, 2009, pp. 339–344.

## Capitolul 13: O săptămână obișnuită pentru un creier sănătos

1 A. Chaix *et al.*, *Cell Metabolism*, vol. 20, 2014, pp. 991–1005.
2 S.F. Clarke *et al.*, *Gut*, vol. 63, 2014, pp. 1913–1920.

## Capitolul 15: Cele trei niveluri ale îngrijirii neuronutriționale

1 N. Pellegrini *et al.*, *Journal of Nutrition*, vol. 133, 2003, pp. 2812–2819.
2 A. Trichopoulou, *Public Health Nutrition*, vol. 7, 2004, pp. 943–947.
3 M.C. Morris *et al.*, *FASEB Journal*, vol. 29, 2015, pp. 260–263S.
4 C.J. Edmonds *et al.*, *Frontiers Humans Neuroscience*, vol. 7, 2013, p. 363.
5 M. Bergamin *et al.*, *Clinical Intervantions in Aging*, vol. 8, 2013, pp. 1109–1117.
6 S.J. Strath *et al.*, *Circulation*, vol. 128, 2013, pp. 2259–2279.
7 A. Trichopoulou, *Public Health Nutrition*, vol. 7, 2004, pp. 943–947.
8 N. Pellegrini *et al.*, *Journal of Nutrition*, vol. 133, 2003, pp. 2812–2819.
9 *Ibidem.*
10 A. Buitrago-Lopez *et al.*, *British Medical Journal*, vol. 343, 2011, d4488.
11 M.N. Harvie *et al.*, *International Journal of Obesity*, vol. 35, 2011, pp. 714–727.
12 G.N. Bratman *et al.*, *Proceedings of the National Academy of Science USA*, vol. 112, 2015, pp. 8567–8572.

13 K. Climpoy *et al.*, *International Journal of Cancer*, vol. 125, 2009, pp. 2096–2094.

14 A.D. Pawlus, B.-N.Su, Y. Deng *et al.*, „Noni“, în *Encyclopedia of Dietary Supplements*, P.M. Coates, J.M. Betz, M.R. Blackman *et al.* (ed.), ed. a 2-a, Informa Healthcare, New York, 2010, pp. 570–576.

15 M.I. Gil *et al.*, *Journal of Agriculture Food Chemistry*, nr. 48, 2000, pp. 4581–4589.

# INDICE

## E

## L



## M

Z